普通高等学校市场营销专业规划教材

# 市场营销学原理

## （第 2 版）

梅清豪　编著

電子工業出版社
Publishing House of Electronics Industry
北京 • BEIJING

## 内 容 简 介

本书主要介绍营销的基本概念和方法。营销管理开始于企业对市场的研究与分析，决策怎样生产出最好的产品，怎样发掘销售该产品的最好市场，营销的功能还延续至产品售后如何衡量消费者购买产品的满意度，以及企业如何继续改进产品。本书中加入了大量的案例解析，插入"营销窗口"，并在每章后附有案例讨论，以重点培养解决市场营销实际问题的能力。

全书共 16 章，包括营销学的基本观念、顾客满意和客户关系管理、营销战略的制定、公司的营销过程、市场环境分析、市场顾客行为分析、如何进行市场细分和定位、怎样管理产品与开发、制定定价目标与方法、设计营销渠道和价值网络、如何导入整合营销传播、开展网络营销和国际营销。可以说，本书包括了从事市场营销工作者所必须具备的营销基础知识。

本书既可作为高等学校营销专业本科生的教材，也可作为工商管理类相关专业本科生的教材，同时还可以作为企事业单位从事营销工作人员的培训教材。



**图书在版编目（CIP）数据**

市场营销学原理 / 梅清豪编著. —2 版. —北京：电子工业出版社，2014.11
普通高等学校市场营销专业规划教材
ISBN 978-7-121-24391-2

Ⅰ. ①市… Ⅱ. ①梅… Ⅲ. ①市场营销学－高等学校－教材 Ⅳ. ①F713.50

中国版本图书馆 CIP 数据核字（2014）第 219995 号

策划编辑：刘宪兰
责任编辑：郝黎明
印　　刷：北京京师印务有限公司
装　　订：北京京师印务有限公司
出版发行：电子工业出版社
　　　　　北京市海淀区万寿路 173 信箱　邮编　100036
开　　本：787×1092　1/16　印张：22　字数：536.2 千字
版　　次：2006 年 12 月第 1 版
　　　　　2014 年 11 月第 2 版
印　　次：2016 年 12 月第 4 次印刷
定　　价：45.00 元

凡所购买电子工业出版社图书有缺损问题，请向购买书店调换。若书店售缺，请与本社发行部联系，联系及邮购电话：（010）88254888。

质量投诉请发邮件至 zlts@phei.com.cn，盗版侵权举报请发邮件至 dbqq@phei.com.cn。

服务热线：（010）88258888。

# 作 者 简 介

**梅清豪**

华东理工大学商学院教授，担任中国市场学会常务理事、中国高校市场学会理事、上海商业经济学会副会长和上海市场学会常务理事。是当代市场学权威菲利普·科特勒在中国的合作者和当今市场营销界最活跃的理论研究者之一。从 1984 年起翻译科特勒《营销管理》（共 8 个版本）和麦肯锡《基础营销学》（共 2 个版本），出版《21 世纪新营销》、《超越期望的营销》、《市场管理》、《市场战略与规划》、《市场营销实务》、《营销调研》、《新编国际营销学》、《打造品牌法则》、《鼠标宣言》、《互联网商规》和《Shopping 大解码》等。多年来深入企业，参与了许多跨国公司和本土企业的营销策划和调研工作。

联系方式：[ 200237 ] 上海华东理工大学商学院

qhmei@ecust.edu.cn

凡将本书作为教材者，请联系，我们将免费提供：

（1）全套 PowerPoint 课件；

（2）营销习题库；

（3）营销案例集。

# 第 2 版前言

营销学是市场经济的产物，它是一门研究市场如何在资源配置中起决定性作用、如何满足顾客需要、引导消费和繁荣经济的学科。对营销学所做的一个最简短的定义就是“市场管理的学问”。当今的世界正在走向知识经济和经济全球化的时代，中国的企业将面对更多不确定的因素和种种挑战。企业不仅要与国内的公司竞争，还要与国外的公司竞争。许多企业在占领国内市场的同时，也要开拓新的国外市场。

营销不仅是一门知识，也是一种思维方式；营销是一门科学，也是一种艺术。一本好的教材，不仅要授人以“鱼”，也要授人以“渔”。本书不仅阐述了营销的原则与道理、观念与内容，也希望能启发大家创造性地学习。我国正在建设创新型国家，在新的经济社会环境中，造就了一批新兴企业和创业者，但大多数企业和营销经理跟不上时代的步伐，这迫使我们重新反思过去赖以制胜的市场假设、观念与操作形式。可以说，迅速变化的形势使企业昔日取胜的法宝成为过眼烟云。想象力与创新、市场远见与洞察力、对环境的敏感与适应性，将日趋重要。企业的生存、发展和灭亡将与正确的营销决策、适应的能力与创新的速度时刻联系在一起。

本课程的教学目的和任务是通过学习，不断更新知识，理解现代营销的新知识和新发展。市场营销思想在某一企业内的运作，远远先于产品的制造这一环节。实际上，营销管理工作开始于企业对市场的研究与分析，决定怎样生产出最好的产品，怎样发掘销售该产品最好的市场，营销的作用还延续至产品售后如何衡量消费者购买产品的满意度，以及企业如何继续改进产品。本书包括了从事营销工作者所必须具备的基本知识。

笔者多年来从事高校教学工作，参加过多种职业岗位策划和培训工作，包括市场总监、营销经理、国际商务师、职业经理人、外销员等。《市场营销学原理》（第 1 版）曾被教育部评为普通高等教育“十一五”国家级规划教材，也被教育部考试中心和中国市场学会选为市场总监和营销经理的培训教材。但随着形势的变化和技术的进步，很多内容逐渐陈旧，特别是案例发生了很多变化，有些已经不适于现代市场营销相关课程的教学应用。因此不断更新知识，展现现代营销的新知识和新发展，就显得极为迫切和重要。为此根据最近几年教学体验和相关知识积累，笔者对第 1 版教材内容进行了修订。修订后的教材基本保留了第 1 版的框架结构，在原理部分增加了部分内容，如“品牌的设计和建设”，并更新了全部案例。本书力求在理论和案例中体现当前最新的营销管理学内容，使之更适应市场的发展和变化，符合现代教学需求和要求。

作为教材，本书追求更现代、更系统和更国际化。全书不仅阐述了营销的原则与道理、观念与内容，而且以案例为导向，采用了当前国内外市场营销方面最新的案例，包括世界上许多著名公司和近年中国的一些营销大事。书中内容通过分析成功企业的经验，揭示营销新观念及营销实践中的盲点和陷阱，以开拓学员的营销新视野。为方便阅读和学习，全书还加入了大量的案例解析，插入“营销窗口”，并在每章后附有案例讨论，力争方便和有效地培养学员解决市场营销实际问题的能力。可以说，本书也是笔者二十多年来不断搜集和总结有中国特色营销的结晶。

编著者感谢英国格林威治大学林新法教授、香港浸会大学陈洁光教授和华东理工大学陆军老师，他们为本书提供了不少的资料。同时，也要感谢电子工业出版社的首席策划编辑刘宪兰女士一丝不苟的工作精神。当然，由于笔者水平有限，书中难免存在值得商榷之处，谨请广大读者提出宝贵意见，以便今后修正。

编著者

2014 年于华东理工大学

# 第1版前言

营销学是市场经济的产物，它是一门研究如何满足顾客需要、引导消费和繁荣市场的经济管理学科。对营销学所做的一个最简短的定义就是“市场管理的学问”。如今的世界正在走向知识经济和经济全球化的时代。随着中国加入世界贸易组织，中国的企业将面对更多不确定的因素和种种挑战。企业不仅要与国内的公司竞争，还要与国外的公司竞争。许多企业在占领国内市场的同时，也在开拓新的国外市场。

营销不仅是一门知识，也是一种思维方式；营销是一门科学，也是一种艺术。一本好的教材，不仅要授人于“鱼”，也要授人于“渔”。本书不仅要阐述营销的原则与道理、观念与内容，也希望能启发大家创造性的学习。我们的国家正在建设一个创新型的国家，在新的经济社会环境中，造就了一批新兴企业和创业者，但大多数企业和营销经理跟不上时代的步伐，这迫使我们重新反思过去赖以制胜的市场假设、观念与操作形式。可以说，迅速变化的形势使企业昔日取胜的法宝成为过眼烟云。想象力与创新、市场远见与洞察力、对环境的敏感与适应性，将日趋重要。企业的生存、发展和灭亡将与正确的营销决策、适应的能力与创新的速度时刻联系在一起。

本课程的教学目的和任务是通过学习，不断更新知识，理解现代营销的新知识和新发展。市场营销思想在某一企业内的运作，远远先于产品的制造这一环节。实际上，营销管理工作开始于企业对市场的研究与分析，决定怎样生产出最好的产品，怎样发掘销售该产品的最好的市场，营销的作用还延续至产品售后如何衡量消费者购买产品的满意度，以及企业如何继续改进产品。本书包括了从事营销工作者所必须具备的基本知识。

作者多年来从事高校教学，参加多种职业岗位策划和培训工作，包括市场总监、营销经理、国际商务师、职业经理人、外销员等。2002 年，作者编著了《市场营销学原理》一书，短短 4 年重复印刷了 10 次，被许多高校选为营销学的基本教材，也被教育部考试中心和中国市场学会选为市场总监和营销经理的培训教材。作者也曾经翻译过世界上一些营销名著，其中包括菲利普·科特勒《营销管理》的 8 个版本。这为本书参加教育部评审、纳入普通高等教育“十一五”国家级规划教材打下了基础。

作为教材，本书追求更现代、更系统和更国际化。本书的理论和案例将体现当前最新的营销管理学内容。本书通过分析成功企业的经验，揭示营销新观念及营销实践中的盲点和陷阱，开拓学员的营销新视野。本书中加入了大量的示例解剖，插入“营销窗口”，并在每章后附有案例讨论，力争培养学员解决市场实际问题的能力。本书中的案例包括了世界上许多著名公司和近几年来中国的一些营销大事。可以说，本书也是作者二十多年来不断搜集和总结有中国特色营销的结晶。

作者要感谢英国格林威治大学林新法教授、香港浸会大学陈洁光教授、上海大学的陈祝平教授和上海海事大学的骆温平教授，他们为本书提供了不少的资料。同时，也要感谢本书的责任编辑刘宪兰女士一丝不苟的编辑工作和对本书申报“十一五”国家级规划教材所做出的贡献。当然，由于作者水平有限，书中不免有值得商榷之处，谨请广大读者提出宝贵意见，以便今后修正。

编著者

于华东理工大学

# 目　　录

CHAPTER 1

# 第 1 章 营销学的核心内容

## 引导案例

苹果公司的成功得益于它的两个基本营销思路：品牌建设和营销战略。

苹果品牌建设走的是科技时尚的路子，它一会讲故事，二能把科技产品精致艺术化，从而吸引名人。英国女王伊丽莎白二世就是苹果的忠实拥趸，2005 年，她购买了当时最新款式的 iPod 用于收录她个人最喜欢的 1500 首歌曲。2009 年，美国总统奥巴马访英时又送给她一款 iPod。在看到威廉王子和哈里王子展示他们各自的苹果平板电脑后，女王遂立即差人去订购了一台 iPad 2。女王买 iPad 2，王子们觉得女王简直太酷了。民歌天后宋祖英手持的是苹果土豪金，辣妹维多利亚·卡洛琳·贝克汉姆用的是价值 23 万人民币的真黄金……

苹果品牌的成功，得益于科技和艺术的结合。只要是艺术和文化，别人就无法模仿。苹果在核心技术上全面采用了拿来主义的策略，也就是说苹果很多产品，核是别家的或是收购的，然后再在外面加了一个壳。比如，iOS 操作系统和 Safari 浏览器都是在别人的核心上加了一个苹果自己的壳，但它把用户体验做到了极致。

苹果公司的营销战略与时俱进，从优质优价战略到硬件与软件相结合战略再到平台公司战略，历经三个阶段。随着网络化的深入，人类也开始变得高度互联，信息不再是稀缺资源，企业要成为一个优化资源的平台。平台公司特征主要体现在：网络技术是基础，资源整合是关键，生态繁荣是核心。2003 年，“愤怒的小鸟”的开发者芬兰 Rovio 公司成立并推出游戏。同年，在老乡诺基亚举办的手机游戏开发比赛中，它获得第一桶奖金，但诺基亚没有给它开一扇共享的门。2010 年“愤怒的小鸟”进入了苹果的平台，置于英国 AppStore 应用商店。很快，它在苹果的游戏平台里攀升到第一位。

诺基亚公司成立于 1865 年，1982 年，诺基亚生产了第一台北欧移动电话 Senator，后成为全球最大手机生产商。诺基亚经历了优质优价战略到硬件与软件相结合战略，但没有进入平台公司战略。由于营销战略的失误，2013 年 9 月，微软宣布，公司将以 72 亿美元收购诺基亚设备和服务业务。而苹果公司得益于战略成功，从 2011 年起已连续三年成为全球市值最大的公司，其市值大于泰国或南非的年度 GDP 总值，可谓富可敌国。

2011 年 10 月 5 日，奥巴马评价乔布斯：“乔布斯在自己的车库创建了世界最成功的公司之一，证明了美国独创力的精神所在。他开创了个人计算机时代并将互联网装进我们的口袋，不仅让人们感受到信息革命，还让信息革命直观而有趣。他将自己的才华转化为讲故事，为数百万孩子和成人带来了快乐。乔布斯改变了我们的生活，重新定义了整个行业，并铸就了人类历史上最罕见的一个奇迹——他改变了我们每个人看待世界的方式。”

本章将阐述关于营销和市场概念的各种问题：

- 什么是营销和营销管理？
- 营销学的核心内容有哪些？
- 社会上存在着哪些对待市场的哲学思想？
- 客户管理的方法是什么？

# 1.1　营销学的基本观念

什么是营销（**marketing**）？从英文字面分析，即在“市场”后面拖了一根尾巴，这就是说，它是一门市场管理的学问。营销的思想是 20 世纪初在美国创立的。1901 年，西奥多·罗斯福在改革经济、社会和政治弊端的浪潮中当选为总统，当时，经济学的研究正处于鼎盛时期。美国西北大学菲利普·科特勒教授在美国营销协会 50 周年的纪念大会上曾经说过：“经济学是营销学之父”。

经济学是在英国创立的，其创始人是英国哲学家亚当·斯密，他反对政府干涉商业和商业事务，赞成低关税和自由贸易，提出市场是“一只看不见的手”。经济学研究的是一个社会如何利用稀缺的资源生产有价值的商品，并将它们在不同的个体之间进行分配。如果说经济学偏重市场经济的方向研究和制度建设，那么营销学就偏重研究市场方法和力争打赢每一场战役。

党的十八届三中全会提出：“市场在资源配置中起决定性作用”。如今，世界正在走向经济全球化的时代。根据中国海关统计，2013 年中国进出口总值 25.83 万亿元（折合 4.16 万亿美元），中国首次超越美国成为全球最大贸易商品进出口国。中国（上海）自由贸易试验区的建立开创了中国贸易的新的升级版。目前，中国正在建设 18 个自贸区，涉及 31 个国家和地区。其中，已签署 12 个自贸协定，分别是中国与东盟、新加坡、巴基斯坦、新西兰、智利、秘鲁、哥斯达黎加、冰岛和瑞士的自贸协定，内地与香港、澳门，以及大陆与台湾的海峡两岸经济合作框架协议。

新贸易时代的崛起，将对我们现有的生活和思维方式，包括教育、生产经营乃至领导决策等活动，产生重大影响。新时代将使营销成为最热门和最有价值的学科。一个企业可以没有金钱、房屋，甚至连工作人员也不要，但它不能没有营销。当前，中国的企业“蹄疾而步稳”，市场营销发展呈现出 4 个趋势：从实物营销走向服务营销；从分销零售走向网络营销；从战术营销走向战略营销；从企业营销走向社会营销。

## 1.1.1　怎样定义营销

营销辨别人与社会的需要，把需要变成商机。菲利普·科特勒认为：营销是个人和集体通过创造，提供出售，并同别人自由交换产品和价值，以获得其所需所欲之物的一种社会过程。

为了说明营销所包含的内容，让我们考虑一下化妆品市场。化妆品是一个国家社会生活和群众生活水平达到一定层次的标志。但当你在购买护肤品和香水时，你是否知道，它的生产成本只占它销售价的 20%～30%。其中，它的营销成本要大大高于原料采购和生产成本。

消费者的需要使化妆品的生产和销售复杂化。一家公司决定生产和销售化妆品的前后要决策以下一些事项：

（1）分析可能购买化妆品的人的需要，并且决策公司想满足哪些人的需要，如男人或女人，成年人或小孩。

（2）研究不同顾客所需的类型，看他们需要哪些雪花膏、香脂和润肤乳液。

（3）估计将有多少人用化妆品以及他们会购买多少。

（4）精确预测这些人何时想买化妆品。

（5）确定这些人在什么商店购买。

（6）估计他们愿支付的价格。

（7）当向潜在顾客介绍化妆品时，公司应采取何种促销手段。

（8）预测有多少竞争对手生产化妆品，它们的产量、品种和价格怎样。

（9）分析公司在化妆品销售中是否有利可图。

上述活动并不属于生产范畴。相反，它们属于一个更大的过程——营销，该过程为生产提供必要的指导，并且帮助确认恰当的产品和服务被生产出来，从而以一定方式提供给顾客。

然而，许多公众和企业经理，对营销概念有许多误解，最普遍的误解就是把“营销”等同于“推销和广告”。这也不是偶然的，因为在第二次世界大战之前，这两个词确实可以通用，在内涵上没有什么重大区别。但是，随着营销理论和实践的发展，“营销”一词已经有了更加丰富的内涵，它同“推销”就不再是同义词了。针对这种情况，有必要指出：营销最重要的部分不是推销！推销仅仅是营销几个职能中的一个，而且往往并非是最重要的一个。

## 1.1.2 营销学的基本概念

我们学习营销的一个重要原因是，营销几乎影响着生活的每个方面。你购买的所有商品和服务，你逛的商店，以及那些有付费广告的广播和电视节目之所以存在都是因为营销。甚至你的个人简历表也是营销活动的一部分，目的是为了把你自己推销给某位雇主。学习营销的另一原因是，作为一名顾客，你为营销活动支付了费用。

营销学包含了许多基本概念，其中主要有：需要、欲望和需求，商品和服务，市场和行业，市场细分和目标市场，营销组合和营销管理。

### 1. 需要、欲望和需求

人的需要和欲望是市场营销学的出发点。人们为维持生存，需要空气、水、食品、衣服和住所。除此之外，人们对精神生活，如娱乐、教育等，也有着强烈的欲望。

**需要（need）**是指人们没有得到某些基本满足的感受。人们在生活中，需要食品、衣服、住所、安全、爱情，以及其他一些东西。这些需要都不是社会和营销者所能创造的，它们存在于人自身的生理结构和情感条件中。

**欲望（want）**是指人们想要得到这些基本需要的具体满足物的愿望。一个人需要食品，想要得到一个汉堡包；需要引人注意，想要得到一件名牌西装；需要娱乐，想要到电影院去看一场电影。

**需求（demand）**是指人们有能力购买并且愿意购买的某个具体商品的欲望。当具有购买能力时，欲望便转换成需求。许多人都想要一辆轿车，但只有少数人愿意并能够购买一辆。因此，公司不仅要估量有多少人想要本公司的商品，更重要的是，应该了解有多少人真正愿意并且有能力购买。

营销者并不创造需要，需要早就存在于营销活动出现之前。营销者，连同社会上的其他因素，只是影响了人们的欲望。他们向消费者建议，一辆轿车可以满足人们对社会地位和交通的需要，他们只是试图指出一个什么样的商品可以满足这方面的要求。营销者力图通过使商品富有吸引力、适应消费者的支付能力和容易得到来影响需要。

人们一般的印象是，销售经理的任务主要是刺激消费者对本公司产品的需求。但是，对销售经理所贯彻的营销任务仅限于这一范围就过于狭窄了。营销的任务需要帮助企业以达到自己目标的方式来影响需求的水平、时机和构成。营销管理实质上就是**需求管理**（**demand management**）。

考虑顾客所说的他想要一辆“经济型”轿车，我们可以区分出5种类型的需要。

- 表明的需要：顾客需要一辆不贵的汽车。
- 真正的需要：顾客需要的汽车是运营成本低而不是首次购买的售价。
- 未表明的需要：顾客期望从销售商处得到好的服务。
- 令人愉悦的需要：顾客在购买汽车时，意外地得到了导航系统。
- 秘密的需要：顾客想被朋友看做是一个聪明的消费者。

由此可见，在市场上仅表面响应顾客的需要是不够的。许多消费者不知道他们想从产品中得到什么。我们需要把**响应营销**（**responsive marketing**）、**预知营销**（**anticipative marketing**）与**创造营销**（**creative marketing**）区别开来。响应营销是寻找已存在的需要并满足它；预知营销走在顾客需要前头；而创造营销是发现和解决顾客并没有提出要求，但他们会高度喜欢的产品。真正优秀的企业家，首先要有想象力。有想象力，才会创新；其次要有很强的洞察力，能够发现事物之间的规律；第三是有很好的执行力，能够把理想变为现实。

**2. 商品和服务**

在商品经济社会，人们靠商品来满足自己的各种需要和欲望，我们从广义上对**商品**（**goods**）的定义是：任何能满足人类某种需要或欲望而进行交换的东西都是商品。

商品这个词通常使人想起一个实物，例如汽车、电视机或饮料。一般用商品和服务这两个词来区分实体商品和无形商品。但在考虑实体商品时，其重要性不仅在于拥有它们，更在于使用它们来满足我们的欲望。我们买自行车不是为了观赏，而是因为它可以提供一种被称为交通的服务。所以，商品实际上是向我们传送服务的工具。

相比之下，**服务**（**service**）是一种无形产品，它是将人力和机械的使用应用于人与物的结果。例如，医院里的健康检查、儿童看护、太极拳训练课程等。

当购买者购买一个商品时，实际上是购买他们认为的该商品所提供的利益和满意程度。例如，劳力士手表，它的销售并不只是在于告诉人们时间，而是为了表现消费者的一种成功的身份。实际上，服务是建立在使顾客满意的承诺上的购买。由图像和符号表达的承诺，能够帮助消费者对有形和无形产品做出购买的判断。通常，符号和无形的产品让消费者感到更有形或更真实。

人们不是为了商品的实体而购买商品的。人们买化妆品是由于它能提供一种服务，可以使人变得更好看。买钻头是由于它能提供一种服务，钻出一个洞孔。商品实体是服务的外壳。营销者的任务是推销商品实体中所包含的利益或服务，而不能仅限于描述商品的形貌，否则，目光就太短浅了。

3. 市场和行业

交易往往在市场上进行，交易概念引申出市场概念。**市场（market）**由那些具有特定的需要或欲望，而且愿意并能够通过交换来满足这种需要或欲望的全部顾客所构成。因此，市场的大小取决于那些表示有某种需要，并拥有使别人感兴趣的资源，而愿意以这种资源来换取其需要的东西的人数。具体来说，市场由三要素构成：人员、购买力和购买愿望。只有当三要素同时具备时，企业才拥有市场，或者说拥有顾客。其表达式如下：

市场=顾客=人员+购买力+购买愿望

这就是说，买方构成了市场。那么，行业是指什么呢？**行业（industry）**是指一组提供同类相互密切的替代商品的公司。行业和市场的关系如图 1.1 所示，从图中可以看出，卖方和买方通过4条通路联系起来。卖方把商品、服务的信息传送到市场，反过来他们收到货币和信息。内圈表示货币和商品、服务的交换，外圈表示信息与传播的交换。

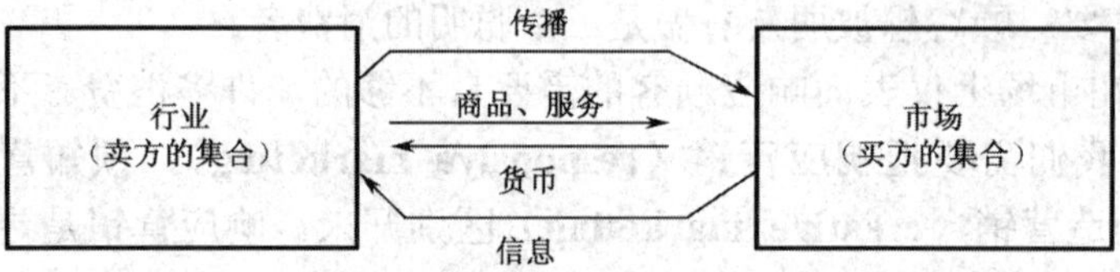


图1.1　市场与行业的关系

4. 市场细分和目标市场

在市场上，人们很难做到使每一位顾客都满意。顾客各有所好，他们不会喜欢喝同一种软饮料、住同一家旅馆、在同一家餐厅吃饭、驾驶同一品牌的小汽车、选择同一所大学就读或看同一部电影。针对这一现象，营销者就得从市场细分开始。根据顾客所喜欢或需要的不同产品和营销组合，营销者可以把他们分成具有明显特征的消费群体。

**市场细分（market segmentation）**是根据消费者在人文、心理及行为上的差异来划分顾客群体。然后，公司可以判断出能为他们创造出最大机会的服务对象，这就是他们的目**标市场（target markets）**。公司为每一个目标市场，开发市场供应品和服务。供应品的开发以目标购买者来定位，它的性能要能够给顾客带来核心利益。例如，宝马轿车确定其目标市场是那些把安全作为第一考虑的购买者，因此，它的小汽车定位是消费者所能买到的最安全的轿车。

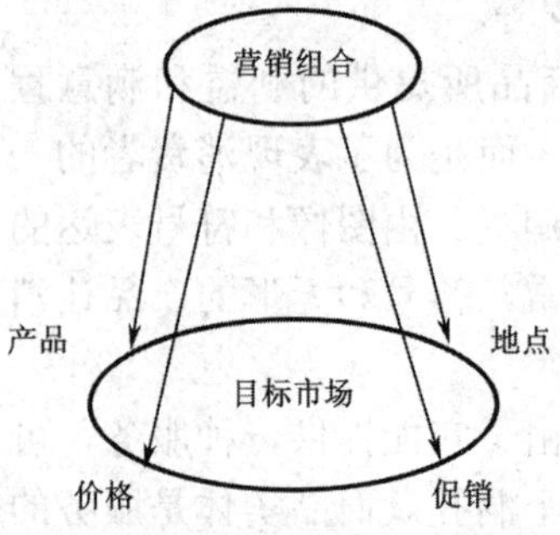


图1.2　营销组合的4 Ps

5. 营销组合

E·麦卡锡（McCarthy）提出**营销组合（Marketing Mix）**概念，即把各种营销因素归纳为四大类：**产品（Product）**、**价格（Price）**、**地点（Place）**和**促销（Promotion）**，简称 4 Ps（参见图 1.2）。所谓营销组合，也就是这 4 个 P 的适当组合与搭配，它体现着在市场营销观念指导下的整体营销思想。营销组合因素常被视为企事业可控制的因素，因为它们可以被修改。然而，销售经理改动它们也是有限度的。经济条件、竞争机制或政府法规都可能阻挠销售经理经常或显著地改变营销组合因素。

成功营销活动的结果就是使产品成了日常生活的一部分，例如，多年来顾客喜欢使用的海尔冰箱、拜耳阿司匹林和 3 M 即时贴。营销组合中的产品因素包括处理和调查顾客的需要和欲望，并设计能满足他们的产品。

价格因素与建立定价目标和政策及产品价格的成本和策略有关。价格是营销组合中至关重要的部分，因为顾客关心的是在一场交易中获得的价值。价格常被用来作为竞争的手段。激烈的价格竞争有时导致价格大战，但高价也会被用来建立产品的形象。

为了满足顾客，产品必须出现在合适的时间和便捷的地点。在处理销售地点因素时，一个销售经理要使市面上的产品的数量尽可能地满足目标市场的顾客，把存货、运输和仓储的总体成本降至最低。

促销因素与用来告知顾客或团体关于组织和它的产品的行为有关。促销可以用来提高公众对一个组织和一个新的或现有的产品的认知程度，参见营销窗口 1.1。

| 营销窗口 1.1 | 中国的星巴克——85 度 C |
| --- | --- |

2011 年 12 月 22 日，85 度 C 以“美食达人”的名称一下子蹿上云端。当天，其以 168 元新台币的发行价在中国台湾上市，并以 400 元新台币收盘。其传奇的创始人——吴政学，小学转学四次，中学转学三次，这是他所有的在校经历。跟着父母做各种小生意，臭豆腐、肉羹面……四处漂泊，这是他的童年。

85 度 C，咖啡在 85℃时最好喝。吴政学的雄心是“来自台湾，打败星巴克”，2007 年底从上海的第一家门市开始，以高品质的产品、平民化的价格，普及到世界各角落，用高级的原料与技术，呈现出精美、平价的商品，让人人都能享有五星级的待遇与感受。

定位：星巴克是将传统的意大利贵族咖啡馆平民化。85 度 C 在星巴克基础上进一步将西点生活方式普及化和生活化。

产品：台湾时尚餐饮公司，面包师傅是 85 度C的灵魂，靠面包打江山。

价格：价格平易近人，与星巴克相比，咖啡与茶等饮品价格约只有 1/3。

地点：上海一年开上百家专卖店，与物业拥有者谈判，以合作入股的方式降低租金。策划近百位肯德基基层干部跳槽到公司工作。

促销：以高雅明亮的店装搭配简洁的品牌形象，让消费者在明亮的开放式空间里享受甜食所带来的美感与诱惑，营造一个动感视觉、味觉、嗅觉的新型餐饮创意店。

然而，应该注意到，从指导思想的角度出发，消费者是起支配作用的一方，销售者应当根据消费者的意愿和偏好来安排货源。销售者只要销售消费者所需要的商品，就不仅能增加消费者的利益，而且可使自己获得利润，否则，他们的商品就没有销路。

4 Ps 实际上代表了销售者的观点，这对于如何适应日益挑剔的消费者并不十分贴切。罗伯特·劳特伯恩（Robert Lauterborn）强调每一营销工具都应从顾客出发，为顾客提供利益，所以，他提出了与 4 Ps 相对应的顾客 4 Cs：

- **顾客问题解决（Customer solution）**，即商品能否满足消费者的需要。

- **成本（Cost）**，即消费者为获取这一商品所承担的费用。
- **便利（Convenience）**，这种商品是否容易买到？它有多少销售网点？提供什么服务？就顾客而言，便利性属于服务范畴。
- **传播（Communication）**，企业用什么方式同购买者进行信息交流？顾客通过什么途径才能获取关于商品和服务的知识？企业又如何将商品展示给潜在顾客？

**6. 营销管理**

在市场上从事交易活动需要相当多的工作和技巧。**营销管理（marketing management）**是为了实现各种组织目标，创造、建立和保持与目标市场之间的有益交换和联系而设计的方案的分析、计划、执行和控制。

企业可以设想一个在目标市场上预期要达到的交易水平。同时，实际的需求水平可能低于、等于或者高于这个预期的需求水平。这就是说，可能没有需求、需求很小、需求很大或者超量需求，营销管理就是要应对这些不同的需求情况。

营销人员通过营销计划、营销执行和营销控制来贯彻这些任务。在营销计划中，营销者必须进行有关目标市场、市场定位、商品开发、价格制定、分销渠道、信息传播和促进销售等各项决策。然后，执行营销任务以实现企业的使命和目标。

## 1.2 企业导向的演变

营销管理作为一种有意识的活动，是在一定的经营思想指导下进行的。有人曾把营销描述为在市场上达到预期交换结果的自觉努力。但用什么思想来指导这些营销努力呢？如何摆正组织（organization）、顾客（customers）和社会（society）三者的利益关系呢？很显然，营销活动应该在效率、效果和社会责任方面，经过深思熟虑而产生的某种哲学思想的指导下进行。

社会上存在着4种对待市场的导向，企业和其他组织无一不是在其中某一个导向的指导下从事其营销活动的，它们是：生产导向、销售导向、营销导向和全面营销导向。

### 1.2.1 生产导向

**生产导向（production orientation）**的经营者认为，消费者喜爱那些可以随处买到的、价格低廉的产品。生产导向型组织的管理层总是致力于获得高生产效率和广泛的分销覆盖面。

在19世纪的后50年里，工业革命在西方如火如荼。电力、火车运输、劳动分工、装配线和大规模生产，使货物生产变得更有效。随着新技术和新的劳动力使用方法的使用，产品大量涌入对生产出来的货物需求极强的市场。

当时的企业认为消费者主要对可以买到产品和价格低廉感兴趣，这至少在两种情况下是合理的。第一种情况是对某个产品的需求大于供应，因而顾客最关心的是能否得到这个产品，而不是关心产品的细小特征，于是，供应者需要集中力量想方设法扩大生产。第二种情况是产品成本很高，必须通过提高生产效率，降低成本来扩大市场。

## 1.2.2　销售导向

**销售导向（the selling orientation）**认为，如果对消费者任其自然的话，他们不会足量购买某一组织的产品。因此，该组织必须主动推销和积极促销。

20 世纪 20 年代，西方发达国家对产品的强烈需求消退了，企业意识到他们必须向买方“卖”产品。从 20 世纪 20 年代中期到 50 年代早期，企业把销售视为提高利润的唯一途径，这个时期成了销售导向。企业家认为最重要的营销活动就是人员推销、广告和分销。

这一观念认为，消费者通常表现出一种购买惰性或者抗衡心理，因此，需要用好话去劝说他们多买一些。公司可以利用一系列有效的推销和促销工具去刺激他们大量购买。

大多数公司在产品过剩时，也常常奉行销售导向。他们的近期目标是销售其能够生产的东西，而不是生产能够出售的新产品。在一个现代化的工业经济中，生产能力已经被提高到这样一个水平，即大多数市场都是买方市场（也即买方居支配地位），卖主不得不拼命地争夺顾客。潜在顾客受到大量电视广告、报纸广告、直接邮寄广告、推销电话的围攻。在每一个回合中，总有人尽力地想卖掉一批东西，其结果是公众把营销同高压式推销和广告混为一谈了。

其实，市场营销中最重要的内容并非推销。推销只不过是营销冰山上的顶点。著名管理理论家彼得·杜拉克（Peter Drucker）曾经这样说过：可以设想，某些推销工作总是需要的。然而，营销的目的就是要使推销成为多余。营销的目的在于深刻地认识和了解顾客，从而使产品或服务完全适合他们的需要而形成产品自我销售。理想的营销会产生一个已经准备来购买的顾客，剩下的事就是如何便于顾客得到产品或服务。

## 1.2.3　营销导向

营销导向是作为对上述诸导向的挑战而出现的一种企业经营哲学。它的核心原则直到 20 世纪 50 年代中期才基本定型。

**营销导向（marketing orientation）**认为，实现组织诸目标的关键在于正确确定目标市场的需要和欲望，并且比竞争对手更有效、更有利地传送目标市场所期望满足的东西。

哈佛大学教授西奥多·李维特（Thodore Levitt）对销售导向和营销导向进行了深刻的比较：销售导向注重卖方需要，营销导向则注重买方的需要。推销以买方需要为出发点，考虑如何把产品变成现金；而营销则考虑如何通过产品及与创造、传送产品和最终消费产品有关的所有事情，来满足顾客的需要。

销售导向采用从内向外的顺序。它从企业出发，以企业现存商品为中心，并要求通过大量推销来获利。销售导向认为，顾客不会主动购买企业的产品，而是要通过卖方的销售刺激，才被诱导着采取购买行动。因此，企业只要对已生产出来的产品进行大力推销，就能增加销量，获得利润。而营销导向以顾客需要为中心，企业应协调所有影响顾客的活动，并通过创造性地满足顾客来获利。表 1.1 表明了推销与营销两种导向的区别。

**表 1.1　销售导向与营销导向的区别**

| 导向 | 起点 | 重点 | 手段 | 终点 |
|---|---|---|---|---|
| 销售 | 企业 | 产品 | 推销和促销 | 通过销售获得利润 |
| 营销 | 市场 | 顾客需要 | 整合营销 | 通过满足顾客获利 |

营销导向的理论基础是“消费者主权论”，即决定生产何种商品的主权不在于生产者，也不在于政府，而在于消费者。在生产者和消费者的关系上，消费者是起支配作用的一方。生产者应当根据消费者的意愿和偏好来安排生产。生产者只要生产消费者所需要的商品，就不但可增加消费者的福利，而且可使自己获得利润。否则，他们的产品就没有销路。这显然是以买方市场为前提的，在卖方占支配地位的供不应求的市场上，是不可能实现真正的消费者主权的。

从方法论说，推销是卖给顾客所需要的，而营销是卖给顾客所想要的。推销只是营销的一个功能。这也就是说，营销使商品好卖，而推销使商品卖好。

## 1.2.4　全面营销导向

**全面营销导向（holistic marketing orientation）**认识到营销贯穿于“事情的各个方面”——而且是广阔的，具有统一的前景，它基于4个主要支柱：关系营销、整合营销、内部营销和社会责任营销。图1.3所示为全面营销导向的4个维度。

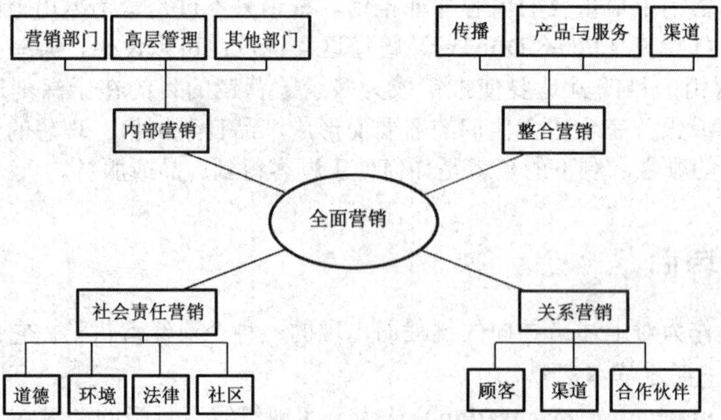


图1.3　全面营销导向的4个维度

### 1. 内部营销

**内部营销（internal marketing）**确保组织中每个人都有适当的营销准则，尤其是高管人员。内部营销的任务是雇用、培养、激励那些能服务好顾客的员工。聪明的营销人员知道内部营销是同样重要的，有时甚至比公司外部营销更重要。在公司员工没有准备好提供优质服务之前，向顾客的承诺是毫无意义的。

内部营销发生在两个层次。一方面，各种不同的营销职能（销售人员、广告、客户服务、产品管理、市场调研）须协调工作。另一方面，营销部门需要其他部门的支持，他们也必须“考虑顾客”。营销部门不是全公司唯一须时时念及顾客的部门，公司上下都应该从市场的角度来思考问题。

### 2. 整合营销

营销者的任务是设计营销活动和整合全部营销计划，为消费者创造、传播和传递价值。营销计划中包括大量的应用营销活动而增值的决策。**整合营销（integrated marketing）**的两大内容是：①传播和传递价值要通过不同的营销活动来实现；②以合作效益最大化为目标来调整不同的营销活动。换句话讲，设计与执行营销计划是全盘考虑的。该过程需整合需求管理、资源管理和网络管理。

### 3. 关系营销

**关系营销（relationship marketing）**包括为正确的成员培育正确的关系。营销不仅要建立客户关系管理（CRM），而且要建立合伙人关系管理（PRM）。营销的 4 个关系群体是：顾客、员工、营销合伙人（渠道、供应商、分销商、经销商、代理商）和金融领域成员（股东、投资者、分析者）。

关系营销的成果是建立企业独特的关系网络。一个**营销网络（marketing network）**包括企业和与之有互惠利益关系的合作者（顾客、员工、供应商、分销商、零售商、代理商和利益攸关者等）。这样，竞争已经不单单在企业之间展开，而是在市场网络之间展开，从而导致企业不断建立更好的关系网络。

### 4. 社会责任营销

每年 6 月 5 日是世界环境日。联合国环境规划署曾公布了一本显示地球 30 年变迁的卫星图片集“一颗星球，云集众生”。30 年间，人类把地球弄得面目全非。最近几年，有人提出这样的问题：我们还能吃什么？英国的“疯牛”、比利时的“二噁英”、中国的“果子狸”、美国的“苏丹红”？在环境恶化，资源短缺，人口爆炸，世界性饥荒和贫困，社会服务被忽视的年代里，市场营销导向是不是一个适当的组织目标呢？这个问题意味着，一个在了解、服务和满足个体消费者需要方面做得十分出色的企业，是否必定也能满足广大消费者和社会的长期利益？市场营销导向回避了消费者需要、消费者利益和长期社会福利之间隐含的冲突。

例如，快餐行业可能提供可口的但是不营养的食品。汉堡包脂肪含量太高，油煎食品和肉馅饼含有过多的淀粉和脂肪。出售时采用方便包装，因而导致了过多的包装废弃物。在满足消费者需求的同时，它们可能损害了消费者的健康，同时污染了环境。

在解释营销在社会中的作用时，我们描述了市场导向体制的某些优点。它提供了“有效的”和“公平的”交易，提高了人们的生活水平。然而，我们必须承认，营销仍存在许多可争议之处。对营销的典型的抱怨包括：

- 广告经常太过吵闹、误导和浪费。
- 许多商品不安全或质量太差。
- 促销使人们过于生活物质化，它鼓励人们朝“物质”努力而非以社会需要为重。
- 便利的消费者信贷使人们购买那些他们本来不需要或支付不起的东西。
- 产品包装和标签经常混乱和带有欺骗性。
- 中间商增加了分销的成本，他们大幅度提价，使消费者看不懂价格。
- 营销刺激了人们对那些污染环境产品的兴趣。

这些抱怨不能也不应该被轻视。它们表明许多人对于营销体制的某些部分不满意。上述情况的出现要求有一种新的导向来修正或取代市场营销导向，这就是社会营销导向。

**社会营销（social marketing）**认为，组织的任务是确定诸目标市场的需要、欲望和利益，并以保护或者提高消费者和社会福利的方式，比竞争者更有效、更有利地向目标市场提供所期待的满足。

社会营销导向要求营销者在营销活动中考虑社会与道德问题。他们必须平衡和评判公司利润、消费者需要的满足与公共利益三者的关系。社会营销导向的理论基础是“环境保护主义”。

公司们也已注意到社会营销问题。事实上，它与孔子的某些价值观一样，在社会营销中尤其要重视孔子的两个重要概念，即“礼”和“仁”的思想。“礼”就是礼教、礼节和礼貌，它为我们在各种情景下提供了应有的行为规范。“仁”的文字由两部分构成，即“人”和“二”，表示要为他人着想。孔子强调说，人类的关系应该以“仁”的道德情操为基础，人应为了他人的利益而做出积极的努力。由此，这些概念创造了一种文化，这种文化不是构建在个人的单独利益基础上，而是构筑在群体的团结一致上，这也是道德营销问题。

营销理论和实践的发展起源于实体产品的销售。然而，近年来主要大趋势之一就是服务业的惊人增长。但迄今为止，服务公司营销工作的应用方法仍落后于制造业公司。这里不妨研讨一下银行营销发展的过程，参见营销窗口 1.2。

| 营销窗口 1.2 | 中国银行营销的缓慢进程 |
|---|---|

多年以前，银行界对营销既不理解也不重视。银行大门是朝南开的。银行大楼在人们的心目中犹如古希腊神殿，使人深深感受到银行的重要和可靠。银行大楼内庄重威严，出纳员的脸上很少有笑容。主管贷款的银行职员在办公室安排借款人坐在他的大写字台前面一个比他自己低得多的凳子上，办公室的窗口开在这个银行职员的背后，阳光倾注在孤立无援的顾客身上，这位顾客正在努力地诉说着他为什么要借款的理由。这一切便是营销时代以前的银行的写照，你如果有机会，不妨到上海外滩原汇丰银行的旧址去感受一下这种气氛。

然而，银行在缓慢地认识到没有营销，它将不能生存。银行对营销的认识有以下 6 个过程。

**1. 银行营销是广告、促销和公共宣传**

营销进入银行界，并不是以“营销观念”的形式，而是以“广告和促销观念”的形式。银行和其他金融机构正经历着储蓄方面的激烈竞争。一些金融机构决定增加广告和促销预算，它们通过赠送雨伞、肥皂和其他“诱饵”以吸引更多新的顾客。它们的竞争对手也被迫采用了同样的措施，急不可待地雇用了一批广告代理商和促销专家。

**2. 银行营销是微笑和客户友好**

银行日益认识到要吸引一批人并不难，难的是要使这批人成为忠实顾客。这些银行开始形成一个更全面的营销概念，即要尽力博得顾客的欢心。银行职员必须学会微笑；出纳员必须重新培训，必须移走出纳员窗口前的栏杆；银行大楼内的布置必须重新设计，以营造一种温暖、友好的气氛；甚至连银行本身那种古希腊神殿式建筑的外貌也必须加以改变。然而，它们的竞争者很快察觉到所发生的一切，于是兴起了同样的友谊培训和装饰改进的热潮。结果，家家银行都变得亲切感人，以至于人们很难以哪一家态度友好为决定因素来选择银行了。

### 3．银行营销是市场细分

银行开始寻找新的竞争工具，它们对市场进行细分，并开发新品种为每个目标细分市场服务。例如，银行今天向顾客提供的金融服务多达几百种以上。然而，金融服务相当容易模仿，优势的寿命很短。所以，一个银行只有始终不断地创新，它才能一直处于领先地位。

### 4．银行营销是金融定位

如果所有的银行都做广告，都微笑服务，细分市场和创新，那又将会发生什么情况呢？显然，它们开始看起来是一样的了。于是，银行被迫去探求新的有所区别的东西。它们发现没有一家银行能够同时成为所有顾客心目中的最佳银行，没有一家银行能提供顾客需要的全部服务。一家银行必须有所选择。它必须研究它的各种机会，并在金融市场上确定一个位置。

### 5．银行营销是市场分析、计划和控制

1995 年里森在新加坡输掉了有 200 多年历史的英国巴林银行，给银行业敲响了警钟。之后，东南亚的金融危机更使银行认识到需要对市场进行分析、计划和控制。这是一种比较高级的银行营销观念，它显示了现代营销的本质。这个问题就是银行是否要建立一个有效的制度来进行营销。

### 6．银行营销是定制营销

据预测，在未来的 10 年中，美国的银行将被关掉一半。从根本上讲，美国银行关闭的一个原因是手工银行的成本很高。举例来说，手工交易的成本将超过自动取款机交易成本的两倍以上，它也是网上交易成本的 10 倍。同样，金融服务方式也在通过互联网不断地发展。分支银行关闭的另外一个原因是：银行现有的顾客可能逐渐地走向那些能提供更广范围服务的机构。银行上亿的资金由于金融互联网的出现而消失；无银行抵押把业务扩展到了家庭和企业的小额贷款；其他类似银行的服务机构也正如雨后春笋般地涌现。

目前，银行的出路只有一条：根据顾客的需要定制营销，特别是移动网络营销的开发。定制营销思维的核心即用户思维。用户思维，是从用户的角度考虑，了解并尊重用户需求，以用户体验为基础进行见证、评判。作为服务业，现代银行营销需要为顾客定制网络服务。

2013 年 5 月 29 日是余额宝诞生的日子，但到了 2014 年春节，它的规模就达到 2500 亿元和 5000 万的用户。余额宝的这两个数字，颠覆了银行传统货币基金的营销模式。这就是金融跨界定制成功的例子。从支付宝到余额宝，并不是产品创新，只不过是根据储户需要的金融营销定制。银行们要记住马云 2008 年末的那句豪言壮语：“如果银行不改变，我们就改变银行。”

## 1.3　顾客满意和客户关系管理

斯堪的纳维亚航空公司的简·卡尔森说："在我们的资产负债表上，你可以看到资产方面有多少架飞机价值多少亿。然而，这错了，我们是在自己欺骗自己。我们在资产方面应该填的内容是去年我们的班机共有多少愉悦的乘客。因为这才是我们最重要的资产——对于我们的服务感到高兴并会再来买票的乘客。"一个愉悦的乘客是一个高度满意的顾客。一个高度满意的顾客会购买更多的产品，为企业和它的产品说好话，甚至忽视竞争品牌、广告，并对价格不敏感，能够向企业提出产品或服务建议，保持忠诚。企业如何赢得顾客和战胜竞争者，答案就是要在满足顾客需要、使顾客满意方面做好工作。只有以顾客为中心的企业才能赢得胜利，这需要它们向目标顾客提供优质的服务。这些企业需要建设顾客队伍，并非仅仅是生产产品。一个比较典型的实现顾客满意的企业是麦当劳，参见营销窗口1.3。

| 营销窗口1.3 | 麦当劳的顾客满意方法 |
|---|---|

你一定听说过麦当劳，或许你还在那里吃过些什么，那里的菜单永远是不变的：汉堡包、土豆条、饮料和色拉，等等。这家举世闻名的餐馆却始终坚持着如下的经营理念：

- 顾客花钱就是要吃到优质的食品。
- 顾客需要得到快速且优质的服务。
- 顾客应看到自己的食品的制作过程。
- 顾客需要看到我们的微笑。

麦当劳的桌子是清洁的，那些戴着公司标志帽的年轻人始终微笑着使它们保持干净整洁；在需要的时候，餐馆服务人员会随时听从顾客召唤，以使顾客不必在柜台前等得太久；如果一个顾客认为他的汉堡包凉了，餐馆马上替他调换一份热的汉堡包。

"顾客是我们的上帝。"这句话在麦当劳永远是对的。

每一个以顾客为中心的组织者都应把"顾客是我们的上帝"这句话作为他们的行动准则。没有顾客就不能赢利，这一点再清楚不过了。因此，可以说顾客是支付经营者及其雇员工资的人。

假定我们是麦当劳的员工，让我们一起来回答下面的问题。

我们想要成为什么样的企业？

我们想要成为一个能提供优质标准套餐的企业，我们要确保在洁净的环境中提供快速且优质的服务，我们要成为一个高品质的企业。我们的座右铭是：食品、亲情和快乐。

我们服务的对象是哪一类顾客群？他们期望得到什么？

对青年人，是价格合理的快餐；对孩子，是在和睦的氛围中提供快乐。

这里我们列出构成企业"成功秘诀"的几个必要的因素：

- 没有顾客的存在，企业的财产就没有什么价值。
- 企业的中心任务是创造和抓住顾客。
- 顾客由于优质的产品和需求的满足而被吸引。
- 营销的任务就是向顾客提供优质产品和保证顾客满意。

> 高明的企业都在寻找通过顾客满意所创造的市场机会。麦当劳推出了 CS=QSC+V，通过质量（Quality）、服务（Service）、清洁（Cleanliness）和价值（Value）达到顾客满意。它要求它的供应商、特许经营店业主、雇员和其他关联人员共同向顾客提供他们所期望的高价值。为了使顾客满意，麦当劳的经理仔细研究并确定出汉堡包对顾客应具有的价值，即完全有保证的产品质量，快速服务，绝对的清洁卫生和友好的服务态度。它针对每一项“价值”制定出具体的标准并培训员工，然后把工资、奖金与员工工作的好坏挂起钩来。这是由营销导向引起的组织革新。

## 1.3.1　顾客是价值最大化者

今天的顾客面对如此众多的产品、品牌、价格和供应商，他们将如何进行选择？我们相信，顾客能够判断哪些产品具有最高价值。在一定的搜寻成本，有限的知识、灵活性和收入等因素的限定下，顾客是价值最大化的追求者，他们形成一种价值期望，并根据它做出行动反应。然后，他们会了解产品是否符合他们的期望价值，这将影响他们的满意程度和再购买的可能性。顾客将从那些他们认为能提供最高顾客让渡价值的企业那里购买产品。

多数顾客不会买自己不需要的东西，他们认定一个价值的期望值并实践它。购买者将从能提供给他们认为的最高顾客让渡价值的企业那里购买产品。

**顾客让渡价值（customer delivered value）**是指总顾客价值与总顾客成本之差。**总顾客价值（total customer value）**就是顾客从某一特定产品或服务中获得的一系列利益。而**总顾客成本（total customer cost）**是在评估、获得和使用该产品或服务时引起的顾客预计费用，如图 1.4 所示。

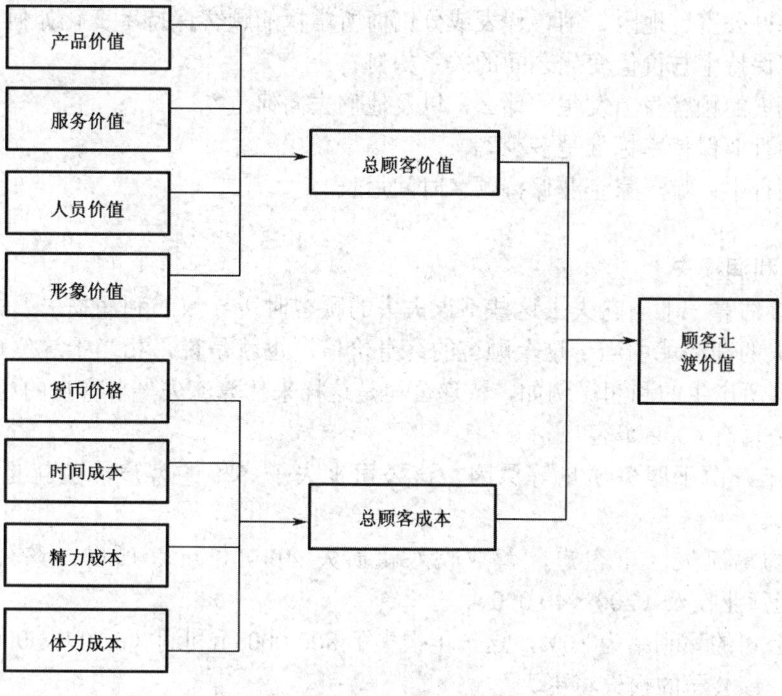


图 1.4　顾客让渡价值

## 1.3.2　计算流失顾客的成本

有些顾客不可避免地会停止购买，原因可能是破产、搬家、不满意等，企业的任务是通过**顾客赢回战略**（**customer win-back strategies**）说服不满意的顾客再次回来。一般来说，由于企业已了解了前期顾客的情况和历史，说服过去的顾客重新购买比寻找一个新的顾客更容易。

今天的企业应密切关注其顾客的流失率（流失顾客的百分比），并采取措施降低流失率，其措施分为3个步骤。

### 1．确定顾客保持率

企业必须确定和统计它的顾客保持率，例如，一本杂志应有续订率，一所大学应有低年级升高年级的比率，或者毕业后的就业率。

### 2．分析顾客流失原因

企业必须找出导致顾客流失的不同原因，并找出那些可以改进的地方。有些流失是企业无能为力的，例如，顾客离开该地区或者改行。但是，有许多地方是企业可以有所作为的，例如，顾客流失是因为服务差、产品次、价格太高等。企业应备有一个流失率分布图，以显示因各种原因离开本企业的顾客的比例。

为了创造有效的顾客保持率，营销经理需要确定顾客流失的几种形式。这个分析起始于内部记录，如销售日记、定价报告和客户调查结果；然后调查这些顾客流失的外部原因，如研究同行竞争者和行业协会的统计资料。下面是需要研究的关键问题：

- 今年顾客流失的变动率是多少？
- 由各办公室、地区、销售代表或分销商所掌握的顾客保持率变化如何？
- 顾客保持率与价值变化之间的关系如何？
- 在流失的顾客身上发生了什么，以及他们去向何方？
- 你的行业保持率标准是多少？
- 在同行中，哪一家企业保持顾客时间最长？

### 3．估计利润损失

企业应该估算一下当它失去这些不该失去的顾客时所导致的利润损失。如果是一个顾客的话，损失的利润就相当于这个顾客的终身价值，也就是说，相当于这位顾客在正常年限内持续购买所产生的利润。例如，快递公司是这样来估算流失一群客户的利润损失：

（1）该公司有4000个客户。

（2）今年，由于服务质量等原因，该公司丧失了5%的客户，也就是200个客户（0.05×4000）。

（3）平均每流失一个客户，营业收入就损失40 000元。所以，该公司一共损失8 000 000元营业收入（200×40 000）。

（4）该公司的赢利率为10%，这一年损失了800 000元利润（0.10×8 000 000）。随着时间的推移，该公司的损失将更大。

## 1.3.3　培养忠诚顾客

**忠诚营销（loyal marketing）** 是企业发展忠诚顾客的策划过程。企业的忠诚顾客越多，企业的收入越多，发展忠诚顾客的获利率也往往高于企业的其他业务活动。然而，另一方面，企业对忠诚顾客的支出也越多。一个企业应该在顾客关系活动中投入多少呢？怎样使成本不超过收益呢？

每一个市场由不同数量的购买者组成。一个品牌忠诚者的市场是一个对品牌坚定的忠诚者在买主中占很高百分比的市场。例如，牙膏市场和啤酒市场就是具有相当多的品牌忠诚者的市场。在一个品牌忠诚者市场推销产品的公司，要想获得更多的市场份额就得经历一段艰难时期。一家企业可以从分析它的品牌忠诚程度中学到很多东西。

（1）企业通过研究自己的坚定忠诚者的特征，可以确定产品的战略。例如，高露洁公司发现它的坚定忠诚者多数是中等收入、子女众多，以及注重身体健康的家庭，这为高露洁企业准确确定了目标市场。

（2）企业通过研究它的中度忠诚者，可以确认对自己最有竞争性的那些品牌。如果许多购买高露洁产品的买主，同时也购买佳洁士产品，则高露洁公司可设法改进它的定位来与佳洁士抗争，或者采用两种品牌直接进行比较的广告。

（3）企业通过考察从自己的品牌转移出去的顾客，可以了解到自己营销方面的薄弱环节，并且能够及时纠正它们。对于多变者，因为他们的人数正在增加，所以企业可以通过变换销售方式来吸引他们，但吸引他们也是不容易的。

需要留心的是，品牌忠诚者购买模式的出现也可能反映出习惯、无差异性、低价、高转换成本或对其他品牌的不适应性。因此，企业必须仔细地分析，观察购买形式的后面究竟是什么，确定用户是属于忠诚者，还是多变者或新顾客，并根据这些现象灵活地开展营销活动。

为什么使目标顾客满意是极端重要的呢？因为企业每一时期的销售，基本上来自两种顾客群：新顾客和老顾客。有人评估过，吸引一个新顾客的成本是维护一个满意的老顾客的成本的 5 倍。对赢利率来说，增加新顾客与丧失一个老顾客相差 15 倍。因此，保持老顾客比吸引新的顾客更加重要。

正确对待投诉顾客并解决投诉，顾客就会再次同该组织做生意。如果投诉得到很快解决，顾客人数会有惊人的上升。而且，顾客对该组织妥善解决投诉并感到满意后，他们也会把处理的情况告诉他的许多朋友。

当一家企业认识到拥有一个忠诚的顾客在几年内可使企业增加巨大收益这一事实时，如果发现存在忽视顾客或在小事上使顾客委屈或同顾客争吵，从而发生得罪甚至失去顾客的情况，就会采取一切办法来挽回顾客，使其恢复原来的满意度。

## 1.3.4　顾客满意追踪方法

### 1．建立投诉和建议制度

一个以顾客为中心的组织应为其顾客投诉和提建议提供方便。许多饭店和旅馆都备有不同表格，请客人表达他们的意见与感受。医院可以在走廊上设立建议箱并向病人提供评议卡，出钱雇一位病人去收集病员的意见。有些以顾客为导向的企业，开设了“顾客热线”，为顾客提要求、建议、发牢骚敞开了大门。这些信息为企业带来了大量好的创意，使它们能更快地采取行动，解决问题。

**2．进行顾客满意调查**

仅仅靠一个投诉和建议，企业无法全面了解顾客满意和不满意的情况。一些研究表明，顾客每 4 次购买中会有 1 次不满意，而只有 5% 以下的不满意的顾客会抱怨。顾客可能觉得他们的抱怨无关紧要，或者觉得这样做有点傻，或者认为说了也没有人理会。大多数顾客会少买或直接转向其他供应商，而不是抱怨，其结果就导致企业失去了顾客。所以，企业不能以抱怨水平来衡量顾客满意度。敏感的企业通过定期调查，直接测定顾客满意状况。它们在现有的顾客中随机抽取样本，向其发送问卷或打电话咨询，以了解顾客对企业业绩各方面的印象。它们还可向买主征求其对竞争者业绩的看法。

**3．分析流失的顾客**

对于那些已停止购买或转向另一个供应商的顾客，企业应该与他们接触一下以了解发生这种情况的原因。当企业流失一个顾客时，需要尽一切努力去了解他们，由此知道企业在什么地方做错了——是价格定得太高、服务不周到，还是产品不可靠等。企业不仅要和那些流失的顾客谈话，而且还必须控制顾客流失率。如果流失率不断增加，无疑表明该企业在使其顾客满意方面做得不尽如人意。

## 1.3.5　衡量有利益的顾客

尽管以顾客为中心的企业寻求创造顾客满意氛围，但未必追求顾客满意最大化。首先，企业可以通过降低价格或提高服务质量来提高顾客的满意度，但这样可能会降低利润；其次，企业可以通过其他途径来增加利润，如改善其制造能力或增加研究开发投入等；第三，因为企业有许多利益攸关者，包括雇员、经纪人、供应商和股东等，增加了提高顾客满意方面的开支，就是转移了部分原来用于提高其他“合伙人”满意率的资金；最后，企业必须遵循这样一个理念，在总资源一定的限度内，企业必须在保证其他利益攸关者至少能接受的满意程度下，尽力提供高水平的让顾客满意的服务。

然而，每个企业都会在某些顾客上损失利润。著名的 80/20 规则认为：在顶部的 20% 顾客创造了企业 80% 的利润。威廉 · 谢登把它修改为 80/20/30，其含义是“在顶部的 20% 顾客创造了企业 80% 的利润，而其中的一半被在底部的 30% 的差顾客丧失掉了”。这就是说，一个企业应该“剔除”其最差顾客以改进利润收入。

什么样的顾客才是有利益的呢？一个**有利益顾客（benefit customer）**就是指能不断产生收入流的个人、家庭或企业，其收入应超过企业吸引、销售和服务该顾客所花费的在可接受范围内的成本。

我们进一步分析，为企业带来最大利润的并不是最大的顾客。最大的顾客常常要求相当多的服务和很大的价格折扣，从而降低了企业的获利水平；购买量小的顾客付全价，而且企业对其服务也最少，但与小客户的交易降低了企业的利润；中等的顾客受到良好的服务，支付的价格接近全价，在很多场合，他们带来的利润最大。由此可以解释为什么历来仅以大客户为目标顾客的大企业最近纷纷看好中等的客户市场。例如，许多大的航空公司发现，它们不能忽视小的和中等的国际运输商。为此，它们计划为小客户设立速递箱网络，对放入速递箱网络的信件和包裹给予优惠折扣。联合快件服务公司甚至为在海外开学术会议的专家设立快递服务以争取小客户。

## 1.3.6　关系营销与价值让渡网络

哈佛大学的迈克尔·波特教授提出了**价值链（value chain）**这个概念，作为企业的一种工具，用以识别创造更多顾客价值的各种途径。每个企业集合了设计、生产、销售、送货和售后服务等一系列活动。价值链在某一特定行业中创造价值和产生成本的诸种活动，可分解为在战略上相互关联的 9 项活动，这 9 项活动又分为 5 项基础活动和 4 项支持性活动，如图 1.5 所示。

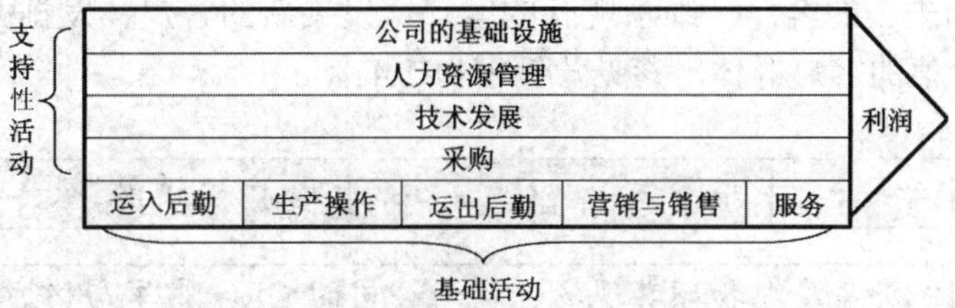


图 1.5　创造性的顾客价值链

顾客价值链的基础活动是指：企业购进原材料（运入后勤），进行加工生产成最终产品（生产操作），将其运出企业（运出后勤），上市销售（营销与销售），以及售后服务（服务）等。支持活动始终贯穿在这些基础活动中。例如，采购是指各项基础活动所需要各种投入物的采购，而其中只有一小部分是由采购部门办理的；所有部门都需要人力资源管理；企业的基础设施涉及由全部基础活动和支持性活动产生的一般性管理、计划、财务、会计、法律和政府有关事务所需要的开支。

企业的成功不仅取决于每个部门做得如何，还取决于不同部门之间如何协调。通常，各部门强调部门利益最大化，而不是企业和顾客的利益最大化。一个信贷部可能会用很长的时间去检查潜在顾客的信用状况，这样可以避免出现坏账。然而同时，顾客就要等待，推销人就会受挫。一个运输部门会选择火车运送货物，以节约部门开支，然而，顾客又要等待较长时间。各个部门都高筑壁垒，以致不能及时给顾客提供优质服务。

解决问题的途径是加强管理，保证核心业务的顺利进行，其中大部分涉及跨职能部门的投入和合作。核心的业务程序包括以下内容。

（1）产品实现过程：快速、高质和按预算开发及生产产品所涉及的所有活动，包括识别、研究、发展和成功地推出新产品。

（2）存货管理过程：原材料、中间产品的存货管理所涉及的所有活动，避免因库存过多而增加成本，同时保证足够的供货。

（3）订单与付款过程：从接受订单、按时送货到收取货款过程中所涉及的全部活动。

（4）顾客服务全过程：在为顾客提供各种便利的过程中所涉及的所有活动，包括帮助顾客较快地找到要去的部门，获得快速而满意的服务、答案和解决问题的办法。

为了成功，企业还需要超越其自身价值链，进入其供应商和最终顾客价值链中寻求竞争优势。今天，越来越多的企业与特定的供应商和分销商合伙，以创造优秀的**价值让渡网络（value-delivery network）**。

关系营销的最终结果是建立起企业的最好资产，即一个营销网。价值让渡网络由企业与它的供应商、分销商和顾客组成，以建立固定的互利关系。这样，竞争不是在企业之间进行的，而是在整个网络之间进行的，一个建立了更好关系网的企业将获胜。该操作原则是简单的，与关键的利益方建立良好的关系网后，利润会滚滚而来。

客户关系管理（Customer Relationship Management，CRM）是什么？学术界有多种不同的定义，但在一点上基本达成共识：CRM 不仅仅是网络技术，它还是一整套的管理思想，它通过将管理资源、业务流程与专业技术进行有效的整合，最终成为企业服务客户或消费者的完美的集合，使得企业可以更低成本、更高效率地满足客户的需求，并与客户建立起基于学习型关系基础上的一对一营销模式，从而让企业可以最大限度地提高客户满意度和忠诚度，赢回失去的客户，维系现有的客户，发展新的客户，发掘并牢牢地把握住能给企业带来最大价值的客户群体，参见营销窗口 1.4。

**营销窗口 1.4　　小米培养忠诚顾客**

2013 年中国经济年度人物颁奖现场，小米公司的 CEO 雷军与格力电器董事长董明珠设“赌局”。雷军说：“小米模式能不能战胜格力模式，我觉得看未来 5 年。请全国人民作证，5 年之内，如果我们的营业额击败格力的话，董总输我 1 块钱就行了。”而坚信小米绝不可能超过格力的董明珠，豪气地将这个 1 元“赌局”上升到了 10 亿元。这是“赌局”吗？这是夺人眼球的营销策划——它引爆了传统制造业与互联网新经济在模式与思维上的冲突与碰撞。

2010 年 4 月 6 日，“为发烧而生”的北京小米科技有限责任公司（即小米）成立，同年 8 月 16 日，在第一款小米手机上市之前，小米一直在吊人胃口。从开始的内部供应商爆料，到关键信息公开，直到最后，雷军以乔布斯超级粉丝的名号召开了一场酷似苹果的发布会，一点点地积累期望和眼球，各个环节都充满了话题性，最终产生了两天预定超过 30 万台的结果。从现象上看，小米卖手机的方式和明星开演唱会并没有什么不同，找准目标市场，努力包装自己，开演唱会之前放出一些八卦传闻来炒作预热，吊足了粉丝的胃口之后，定好时间，发出邀请，粉丝们长久积累的热情终于有了释放的通道，于是票房大卖，皆大欢喜，所有人都期待着下一个循环。

以某个人、某件事或者某种爱好为纽带的圈子形成之后，情绪就可以在这个有共同特质的圈子里飞快传播。粉丝团的特征在于，圈外人看得云里雾里，常常表示无法理解，而圈内人则乐在其中，享受着与同好们分享感受的认同感和亲密感，他们的标的物可能是某个明星、某种产品或某种服务方式，这些将人们联系起来，使大家有了聚在一起的理由。很多时候，他们一起做的事情已经超出爱好的范围，比如小米粉丝团的活动就延伸到了同城交友之类，跟手机本身已经没太大关系了。表面上看，粉丝们是在追捧偶像，实际上他们是籍此来寻找同类，缓解现代社会中的孤独感。

小米 2012 年销售手机 719 万台，销售额 126.5 亿元；2013 年销售手机 1870 万台，销售额 316 亿。小米的成功就在于它玩转了互联网时代的粉丝经济学，营建了活跃的粉丝关系社区，从研发到销售，始终同它的客户在一起。

## 复习题

1. 什么是营销？
2. 人们的需要、欲望与需求有什么区别？
3. 市场的组成要素有哪些？
4. 营销管理的任务是什么？
5. 4 Ps 和 4 Cs 有何区别？
6. 营销与推销有什么区别？
7. 全面营销包含哪些内容？
8. 为什么社会营销事实上与孔子的某些价值观是一样的？
9. 为什么顾客是价值最大化追求者？
10. 什么是顾客让渡价值？
11. 威廉·谢登的 80/20/30 比例说明了什么问题？
12. 客户关系管理是什么？怎样正确认识它？

## 案例讨论

### 阿里巴巴梦想成真

温家宝曾经说过："一个有理想的人和一个有理想的企业，都有一个不屈的灵魂。阿里巴巴为青年人开了一扇门，这扇门可能很小，但穿过这扇门，前面就是光明的坦途，要坚定不移地走过去。"

1988 年，马云从杭州师范学院英语专业毕业，之后当了 7 年英语老师。1995 年，他出访美国，第一次接触因特网，回国后创办了网站"中国黄页"。1997 年 12 月，对外贸易经济合作部中国国际电子商务中心（EDI）诚邀马云出任该中心信息部总经理。于是，马云领着他的 13 人的创业团队，踏上了进京的列车。1998 年底，马云对 13 人说："你们要是跟我回家二次创业，工资只有 500 元，不许打的，办公就在我家那 150 平方米里，做什么还不清楚，我只知道我要做一个全世界最大的商人网站。如何抉择，我给你们三天时间考虑。"五分钟后抉择就出来了：全部跟马云回杭州！

1999 年，马云和 17 位创始人从 50 万元起步，创立阿里巴巴。阿里巴巴的梦想：通过发展新的生意方式创造一个截然不同的世界；使命：让天下没有难做的生意；愿景：通过小企业的 IT 化，解决小企业采购、销售、管理和融资的难题。

2003 年 5 月，阿里巴巴投资 1 亿元人民币建立个人网上贸易市场平台——淘宝网。

2004 年 10 月，阿里巴巴投资成立支付宝公司，面向中国电子商务市场推出基于中介的安全交易服务。2005 年 8 月 17 日雅虎创始人杨致远与马云沟通了一天后，决定花费 10 亿美元购买阿里巴巴 40% 股份。阿里巴巴的股权结构如下：

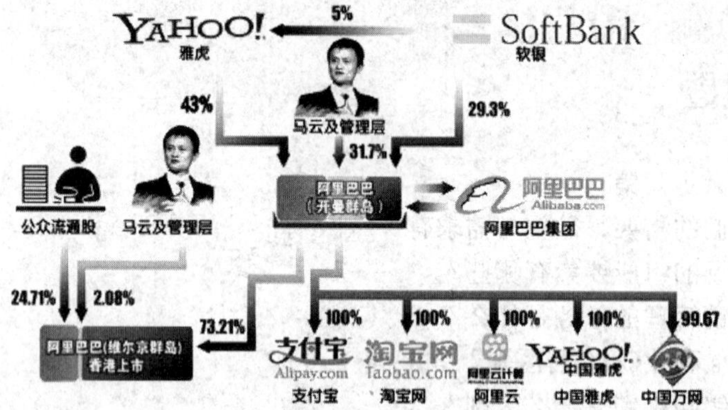


2012 年 5 月 21 日，阿里巴巴和雅虎达成协议，阿里巴巴将回购雅虎持有的公司股份的一半（即阿里巴巴集团 20%的股份）。雅虎因此能将 71 亿美元收归囊中，7 年的投资回报达到 14 倍。而软银的回报更是高达 130 倍。

2013 年 10 月 31 日，在李克强召开的经济形势座谈会上，马云说："虽然公司只有两万五千名员工，但在淘宝网开店的公司数是 900 万家。预计今年全年的销售额占中国整体社会消费品零售总额的比重超过 10%。"听到这里，李克强赞许地说："你们创造了一个消费时点。"李克强说："我们对新经济要重新认识、高度重视。新经济不仅仅解放了老的生产力，更主要是创造了新的生产力。"

## 问题讨论

1. 阿里巴巴从 50 万人民币起步，到现在其价值增加了多少倍？
2. 你认为阿里巴巴的成功经验有哪些？

# 第 2 章
# 设计营销战略

CHAPTER 2

## 引导案例

孟山都公司（Monsanto Company）是一家跨国农业生物技术公司。公司的“草毒死”专门针对玉米和大豆农田里的杂草，被认为是人畜无害的“毒药”。公司的拳头产品“农达”畅销30年，现在是全球市场占有率最高的除草剂。除此之外，公司在转基因产品生产方面也傲视群雄，现有的转基因生物中有90%出自孟山都。在很多农作物的种子市场上，孟山都的份额都达到70%以上，在美国本土更突破了90%。在人们的观念里，孟山都基本上可以和转基因画等号。

孟山都创办于1901年，其产品逐步扩大至塑料、化工及相关产业。然而，公司在1985年就开始对主营商品进行调整。在不到10年的时间内，孟山都公司从一个塑料和织物制品公司改头换面成一个现代生物技术公司，致力于食品及营养品事业。1996年，公司首席执行官罗伯特·夏皮罗放弃了孟山都的核心业务：30亿美元的化学制剂。孟山都通过了公司重组的计划，成立了生命科学公司和化工公司。1996年公司总销售收入达92.62亿美元。

世界人口每年都在增加，夏皮罗认为生物技术是养活并提高人们营养水平的关键。他宣称，用基因技术优化玉米、小麦、西红柿及大豆等农作物后，产量大幅提高，而且可以防止某些疾病。夏皮罗相信，在未来的20年里，人类会经历一个生物技术和基因工程的革命，将农作物、食物及营养品行业合并成一个单独的生命科学行业。夏皮罗现在开始吞并小企业，并减少与经营农作物的企业的商业往来，转而花费上千万美元积累各种生物技术专利。

孟山都的新市场定位使它获得了比老行业多20倍的收益。不过，公司也得面对怀疑不定的消费者和易被激怒的环保主义者。在英国，人们不赞成修改基因用做商业用途，而让消费者忧心如焚的疯牛病更是让人们觉得做过基因修改的作物还是不吃为妙。在法国，除玉米外，所有修改基因的作物都在禁止之列。环保主义者担心基因修改对作物免疫力的长远影响。孟山都在英国《太阳日报》以整版的篇幅做了一系列的广告，标题为：“我们相信食物应当在更少的杀虫剂的环境下生产出来”，“生物技术越多，工业化就越小”，以及“担心我们后代的饥饿问题不能得到解决，但生物技术却可以”。

每条孟山都的广告都附有热线电话和网址，包括那些反对基因修改的团体，如绿色和平与地球之友。并且，它鼓励读者多接受各方面的意见，然后再做出决定。孟山都不仅将自己定位成一个生物技术革新的先锋，而且让自己成为这个争论不休但又激动人心的新领域中各种公众讨论的倡导者。

孟山都把化学公司划时代地战略转换成了生产生命科学的企业。

**本章将讨论关于战略的一些问题：**

- **营销战略的特征是什么？**
- **怎样设计公司战略？**
- **公司的发展战略有哪些？**

## 2.1 营销战略的规划

**战略（strategy）**一词，源自希腊文，原意是“将军的艺术”，现在意指“领导的艺术”。战略一词可以把它理解为：为了实现某一目标而设计的重大的、长期的和决定全局的行动方案。

**营销战略（marketing strategy）**，是指企业管理者在现代营销观念的指导下，为了完成企业的任务，对企业在一定时期内的营销拓展的总体设想和规划。对一个企业来说，没有营销战略，就会犹如一只无舵的航船，茫然而没有方向。

营销战略一般有以下 5 个特点。

（1）全局性：体现企业全局的发展需要和利益。

（2）长期性：着眼于未来，要指导和影响一个相当长的时期。

（3）系统性：企业的战略是一个整体的系统工程，系统有层次之分，彼此紧密配合，成为一个有机的整体。

（4）适应性：外部环境是企业战略的出发点，环境发生重大变化时，战略应不失时机地加以调整。

（5）风险性：由于环境的不确定性，使企业的战略带有风险，但威胁和机会是可以互相转化的。

今天，营销战略的主要目标是帮助一家企业选择和组织它的业务，使企业健康发展，即使是在它的特定领域或产品线上发生了不可预见的事件，也能从容应对。古人说：“运筹帷幄，决胜千里。”企业要赢得市场，战略工作和执行必不可少。一个成功的企业和高绩效的业务应该知道怎样适应不断变化的市场环境并能做出反应，它们熟识市场导向的战略计划的艺术，并有执行与控制和完成该战略计划的能力。

所有企业最高管理层在设计战略时，必须着手做的活动包括：确定公司愿景，进行企业形象的设计与重塑，建立战略事业单位，为每个战略事业单位安排资源，开发新业务和放弃过时业务。

### 2.1.1 确定公司愿景

**公司愿景（company vision）**是一种表示组织未来发展目标、事业或使命的景象，是一个组织凝聚力的核心。愿景是一种追求，尽管说的是将来，但愿景总是以现在时出现，就似正在实现一样。

#### 1. 愿景的发展

1982 年，汤姆·彼得斯（Thomas J. Peters）和罗伯特·沃特曼（Robert H. Waterman）合著的《追求卓越》（In Search of Excellence），论述杰出企业成功的 8 大秘诀：①倾向行动；②接近顾客；③让员工发挥自主性和创业精神；④通过人来提高生产力；⑤建立正确价值观并积极行动；⑥做内行的事；⑦组织形式简单和极少的幕僚人员；⑧宽严并济。

被《今日美国》誉为“继《追求卓越》之后最引人注目的企业研究力作”的，是吉姆·柯林斯（Jim Collins）在 1994 年出版的《基业长青》（Built to Last）。该书从《财富》

杂志 500 强工业企业和服务类公司两种排行榜中选出 18 家高瞻远瞩的公司进行追根究底的研究，得出的结论是：那些能够长期维持竞争优势的企业，都有一个基本的经营理念，是这些企业发展史中最重要的成分。这种核心理念，柯林斯将它定义为“愿景”，那些拥有愿景的企业被称之为“高瞻远瞩公司”（visionary company）。

时下，“愿景”一词已成为许多企业理论研究者及实际经营者的口头禅。尤其是彼得·圣吉（Peter Senge）的《第五项修炼》中又有“塑造共同愿景”（building shared vision）一说。2003 年，哈佛商学院出版社出版了马克·利普顿（Mark Liption）的《愿景引领成长》。利普顿 25 年来一直致力于协助公司管理层进行大规模的变革。他与 CEO 和高级经理们一对一地交流，与事业部团队及整个组织系统一起工作，来寻找独特的解决方案。他的研究范围甚广，从国有跨国企业到中等家族企业均有涉及。利普顿在该书中构建了一个关于企业实现愿景管理的可操作的指导体系。

光辉（Korn/Ferry）国际咨询有限公司从事了一项调查，涵盖 20 个不同国家的 1500 名高级管理人员，其中有 870 名首席执行官。当这些经理人被问及“21 世纪的首席执行官应该具备什么主要的特征或能力”时，选择频率最高的回答是“有传递愿景的能力”。98%的被调查者认为这是首席执行官最重要的一个特征，相较于其他任何一项能力而言，要高出 20%。

许多组织制定愿景说明书是为了让它们的经理、员工和顾客共同负有其愿景感。一份有效的愿景说明书将向企业的每个成员明确地阐明有关目标、方向和机会。愿景说明书引导着广大而又分散的职工各自但却一致地朝着同一个组织目标进行工作。当企业愿景成为一个“几乎不可能的梦想”，并被这一前景所引导时，则可达到最高境界，它能使企业为此奋斗 10 年或 20 年。索尼公司的前董事长盛田昭夫要求每个员工研究“个人可移动的声音”，结果他的公司发明了随身听和影碟随身听。

好的愿景说明书有 3 个明显特点。第一，它们集中在有限的**目标（goals）**上。请看这份说明书：“我们要生产质量最高的产品，并以最低的可能价格建立最广泛的分销网和提供服务。”这听上去是不错的，但在企业管理层面临重大决策时，却不能提供明确的指导。第二，愿景说明书强调企业想要遵守的主要政策和价值观。**政策（policies）**表明了企业如何处理它的股东、雇员、顾客、供应商、分销商和其他重要集团的关系。政策将个人自主的范围加以限制，以便员工能对主要的目标行动一致。第三，它们应明确企业要参与的主要**竞争范围（competitive scopes）**。

美国哈佛大学教授李维特曾在《哈佛商业评论》中发表了有关**“营销近视症”（Marketing Myopia）**的文章。该文指出，企业营销者最大的危险是把企业的愿景定得太狭窄，即“营销近视症”。以美国铁路业为例，因为决策人把其经营范围定为“铁路业”，而非“运输业”，以致受到其他运输业的打击而一蹶不振。美国好莱坞电影业也是如此，开业初期，好莱坞大亨强调其是“电影制作者”，而非“娱乐业”，几乎惨遭毁灭，后因及时调整其经营范围才重整旗鼓。

由此可见，企业决策者如何界定企业愿景，对于企业发展影响甚大。过于广阔也可能使企业投身于非自身能力所及的虚幻业务上，对企业也是不利的。在自问企业的愿景时，必须在太广阔和太狭窄之间斟酌。应站在市场导向的角度上，综合考虑外部环境和企业内部资源，以便做出最恰当的选择。IBM 的愿景参见营销窗口 2.1。

| 营销窗口 2.1 | IBM 的愿景：点亮智慧的地球 |
| --- | --- |

国际商业机器公司（International Business Machines，IBM），总部在纽约州阿蒙克市，1911 年创立于美国，是全球最大的信息技术和业务解决方案公司，目前拥有全球员工 30 多万人，业务遍及 160 多个国家和地区。

1914 年，当托马斯·沃森（Thomas Watson）将计算制表记录公司（CTR）改名为 IBM 时，它还只是一家以生产计时系统、磅秤、自动切肉机等为主营业务的默默无闻的企业。其子也是其继任者小托马斯·沃森（Thomas Watson Jr.），经过无数次与父亲及公司高层的争执后，果断地将 IBM 乃至人类带入了大型计算机时代。郭士纳（Lou Gerstner Jr.）提供了展现几近完美的企业再造艺术的机会，也使其成为 20 世纪末最优秀的 CEO 之一。他的目标是让大象跳舞。2000 年初，彭明盛成为 IBM 的总裁兼首席运营官时，网络泡沫破碎，IT 产业进入其历史上最漫长的一次整体滑坡。而他还必须面对"9·11"过后的惶恐情绪和安然公司等一系列丑闻引发的投资者对大型企业的强烈不满。彭明盛把 IBM 改造成一个 IT 业的解决问题公司。

2009 年，IBM 充分把握"感知化、互联化、智能化"的科技大势，提出"智慧的地球"、"智慧城市"的愿景。2011 年 11 月，股神沃伦·巴菲特控股的伯克希尔·哈撒韦公司已持有 6400 万股 IBM 股票，占其流通股股本的 5.4%，市值 107 亿美元。伯克希尔公司成了 IBM 两个最大的股东之一。

多年来，带有 8 条条纹的 IBM 标准字，已成为"前沿科技和智慧"的代名词。IBM 的愿景是：点亮智慧的地球。IBM 的经营观念是：顾客和需求第一。IBM 的精神标语是：IBM 就是服务。IBM 的管理原则是：尊重个人，致力工作。IBM 的企业特征是：IBM 不是销售产品，而是解决问题。

在 1914 年改名为 IBM 公司时，老托马斯·沃森为公司制定了"沃森哲学"，它对公司的成功所贡献的力量，比技术创新、市场销售技巧，或庞大财力所贡献的力量更大，主要包括：必须尊重个人；尽可能给予顾客最好的服务；追求优异的工作表现。IBM 的愿景使公司形成一种明显的基调——乐观、热诚、兴奋和进步的综合精神。

曾收购 IBM 个人计算机业务的联想集团有限公司成立于 1984 年，由中科院计算所投资 20 万元人民币、11 名科技人员创办，到今天已经发展成为一家在信息产业内多元化发展的大型企业集团。面对新的挑战，联想的愿景是"高科技的联想、服务的联想、国际化的联想"。联想将自身的使命概括为"四为"：为客户，提供信息技术、工具和服务，使人们的生活和工作更加简便、高效、丰富多彩；为员工，创造发展空间，提升员工价值，提高生活质量；为股东，回报股东长远利益；为社会，服务社会文明进步。联想经过 30 年的奋斗，到 2014 年成为全球个人电脑生产商的老大。

### 2．企业形象的设计与重塑

**企业形象识别（Corporation Identity，CI）**在企业中的应用起源于美国。美国企业偏重于视觉识别，并以标准字和商标作为其主体内容。随后 CI 的策划传到了日本，日本企业在实践中丰富和完善了 CI 的内容，在原来的企业视觉识别上，加上了行为识别和理念识别，构成了 CI 策划的完整的 3 个内容：MI（理念识别）、VI（视觉识别）和 BI（行为识别）。目前，CI 已成为设计和塑造良好企业形象的一种新的经营手法和技术。

根据国际设计协会的一个统计显示，在企业形象上每投入 1 美元，可产出 227 美元，产出是投入的 227 倍。所以，企业形象的竞争，是现代市场的更高层次的竞争。企业没有良好的形象，是很难做大生意的。

曾经做过 50 多次 CI 设计的日本 PAOS 公司创办人中西元男认为：“什么是 CI？简单地说，为企业改头换面，换血强身，这就是 CI。”因此，可以将 CI 比做一场企业“改革”。它没有停留在表层形象上，而是整体经营上的革新。其进行的类型和方法包括以下 4 个内容：

- 超越传统的行业分类，自创有独特个性的企业范围。
- 革新业绩不振的经营理念和政策。
- 员工的意识改革和企业素质的改善。
- 设计视觉识别，寻找标准化和一体化。

（1）企业理念识别是企业的“心”

**企业理念识别（mind identity）**是构成 CI 的核心因素。企业理念包括经营观念、精神标语、管理原则、企业特征等要素。企业理念是 CI 的灵魂，可以比做企业的“心”。

（2）企业行为识别是企业的“手”

**企业行为识别（Behavior Identity）**是 CI 的动态识别形式，包括对内组织、管理和教育，对外活动、反馈和促销。任何营运正常的企业，都有两种不同的力量，其一是向心力，其二是离心力。向心力是一种向内部集中，借以强化共同体的凝聚力；离心力是企业向外拓展的作用力，包括服务活动、公共关系等。企业的行为识别是企业的“手”。

（3）企业视觉识别是企业的“脸”

**企业视觉识别（Visual Identity）**是 CI 的静态识别符号，是企业形象具体化、视觉化的表达形式。一个好的企业视觉识别能把企业的基本特征表现出来，让顾客一目了然地掌握其所要传达的信息，轻易地达到识别和认知的目的，因此，VI 是企业的“脸”。

为了有效地实施企业的 CI 系统，企业必须设计体现其 CI 精神的手册。CI 手册内容结构包括基本设计系统和应用设计系统。基本设计系统主要有：企业标志、标准字、标准色、组合标志、象征图形、指定字体、专用字体等。

应用设计系统分为多个子系统：标志招牌、建筑物、办公用品、制服、运输工具、产品造型、包装、室内布置、陈列展示。CI 手册在其应用系统中展开的角度不同，形成了不同内容和风格的 CI 手册。美国可口可乐公司的 CI 手册，总册量为 6 册，内容包括基本设计系统、包装单位、饮具系统、陈列展示、赠品、招牌、广告、服饰、车辆等，应用设计应有尽有，成为当今世界上内容最庞大的 CI 手册之一。

### 2.1.2 建立战略事业单位

在确定公司愿景的基础上，企业的高层领导要对经营的几项业务进行分析和安排。大企业一般有相当多的不同的业务范围，它的每项业务都要有自己的战略。通用电气公司把它所经营的业务称为**战略事业单位（Strategic Business Unit，SBU）**。一些多元产品企业通过设立战略事业单位来改善其经营。一个战略事业单位是企业某一产品-市场的组织性单位，并且它是一个独立的利润中心。通过设立战略事业单位，一家企业可以正式确立其不同的业务领域。

分析企业战略事业单位的目的，就是要赋予这些单位开发独立的战略和安排适当的资金的权力。两种最著名的投资业务组合评估模型是波士顿模型和通用电气公司模型。

**1．波士顿模型**

波士顿咨询公司（Boston Consulting Group，BCG）是一家美国管理咨询公司，首创和推广了**增长–份额矩阵法（growth-share matrix）**，如图 2.1 所示。

具体地说，纵坐标上的**市场增长率（market growth rate）**代表这项业务所在市场的年销售增长率。数字从 0 到 20%，当然还可以列入较大的幅度。大于 10% 的增长率被认为是高的。横坐标上的**相对市场份额（relative market share）**表示该战略事业单位的市场份额与该市场最大竞争者的市场份额之比。0.1 的相对市场份额表示该公司战略事业单位的销售额仅占市场领导者销售额的 10%。而 10 表示该企业的战略事业单位是该市场的领导者，并且是占市场第二位的企业销售量的 10 倍。以 1.0 为分界线，相对市场份额分为高份额和低份额。相对市场份额是用对数尺度绘于图上的，所以，同等距离表示按相同的比率增加。增长–份额矩阵分成 4 格，每格代表一类业务。

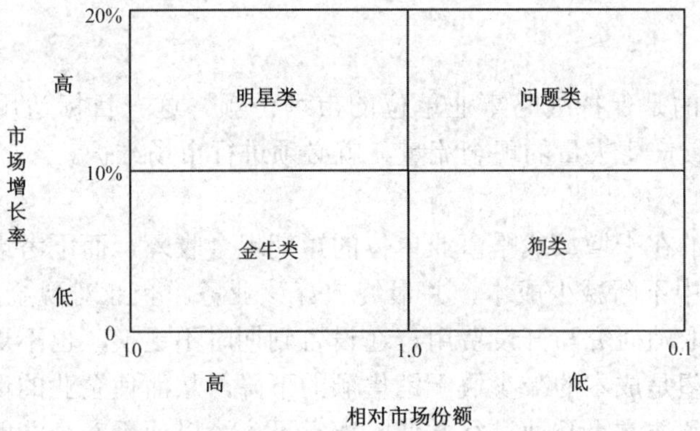


图 2.1　波士顿公司的市场增长–份额矩阵

（1）问题类（question marks）

问题类是市场增长率高而相对市场份额低的业务。大多数业务都从问题类开始。问题类业务要求投入大量现金，因为企业必须添置厂房、设备和人员，以跟上迅速增长的市场需要，此外，它还要赶超领导者。问题类业务必须小心确定，因为企业必须认真考虑是否要对它进行大量投资或者及时摆脱出来。

（2）明星类（stars）

一个企业如果在问题类业务上经营成功，就变成明星。明星是高速增长市场中的领导者。但这并不等于说，明星类能给企业带来大量现金。企业必须投大量金钱来维持市场增长率和击退竞争者的各种进攻。明星类业务常常是现金消耗者，同时，它们也常常会成为企业未来的金牛类业务。

（3）金牛类（cash cow）

当市场的年增长率下降到 10%以下时，而它仍保持较大的市场份额，则明星类业务就成了金牛类业务。这类业务之所以称其为金牛是因为它为企业带来了大量的现金收入。由于市场增长率低，企业不必大量投资，同时，也因为在该类业务中是市场领导者，它还享有规模经济和较高的利润率优势。企业用它的金牛业务收入来支付账款和支持明星类、问题类和狗类业务。

（4）狗类（dogs）

狗类业务是指市场增长率低缓、市场份额也低的业务。一般来说，它们的利润很低。对狗类业务的继续经营，通常要占用企业管理层较多的时间，这可能是得不偿失的，需要进一步收缩或者淘汰。

把业务在一个增长-份额矩阵图上定位后，企业可确定它的业务组合是否健康。一个失衡的业务组合就是有太多的狗类和问题类业务或太少的明星类和金牛类业务。

企业下一步的工作是为每个战略事业单位确定目标、战略是什么，并做出预算计划。企业可以采取 4 种不同的战略。

（1）发展

发展战略的目的是扩大战略事业单位的市场份额，甚至不惜放弃近期收入来达到这一目标。"发展"目标特别适用于问题类业务，如果它们要成为明星类业务，其市场份额必须有较大的增长。

（2）维持

维持战略的目的是保持战略事业单位的市场份额。这一目标适用于强大的金牛类业务，如果它们要继续产生大量的现金流量，就必须进行市场维护。

（3）收获

收获战略的目的在于增加战略事业单位的短期现金收入，而不考虑长期影响。收获活动包括决策在计划中不断减少成本，并最终放弃该业务。企业对现金的计划是"收获"。收获活动常常包括取消研究与开发费用，在设备到期时不更换，也不更换销售人员，减少广告费用等。其愿望是成本的减少快于销售额的下降，从而使企业的现金流量成为正的增加。成本的减少必须非常小心地进行并使人察觉不到，以便不对企业的员工、顾客和分销商造成明显的伤害。

（4）放弃

放弃战略的目的在于出售或清算业务，以便把资源转移到更有利的领域。它适用于狗类和问题类业务。这类业务常常会拖企业赢利的后腿。

随着时间的推移，战略事业单位在增长-份额矩阵中的位置也会发生变化。成功的战略事业单位有一个生命周期。它们从问题类开始，转向明星类，然后成为金牛类，最终成为狗类，从而走向其生命周期的终点。因此，企业不能仅仅注意其业务在增长-份额矩阵图上现有的位置，还要注意它变化着的位置。每个业务都应该回顾它去年、前年以至更往前的年份处在哪里，还要展望明年、后年甚至更远的年份大概将处在哪里。如果某项业务的预期轨迹不太令人满意，企业就应该要求业务经理提出新战略和可能产生的结果。这样，增长-份额矩阵就成为企业总部战略计划者的计划构架。他们使用它来评估每项业务，安排企业最合理的目标。

企业可能犯的最大错误就是要求所有的战略事业单位都要达到同样的增长率或投资回报率。战略事业单位的分析重点是每项业务有不同的潜量与它自己目标的要求。另外的错误包括：给金牛业务的留存资金太少，在此情况下，这些业务的发展就会减弱；或者留给金牛业务的留存资金太多，使企业无法向新的增长业务投入足够的资金。给狗类业务投入大量资金，希望扭转局面，但每次都失败了；保留太多的问题类业务并逐项投资，问题类业务要么得到足够的支持以获得细分优势，要么干脆放弃。

**2．通用电气公司模型**

一家企业有许多机会要进行评估时，它通常要对这些机会进行比较，这个问题可以用图表的方法加以解决。例如，通用电气公司设计并被其他公司广泛采用的“九方格图”营销战略，这些格子能帮助企业对其战略方案投资组合进行评估。

**通用电气公司模型（General Electric Model）**如图 2.2 所示。它要求企业管理人员对现有的产品-市场计划中的业务优势和市场吸引力做出 3 种判断（高、中、低）。这种方法可以帮助管理者对企业营销环境的信息和关于战略本身的信息进行组织，并将其转化为相关的审核标准。

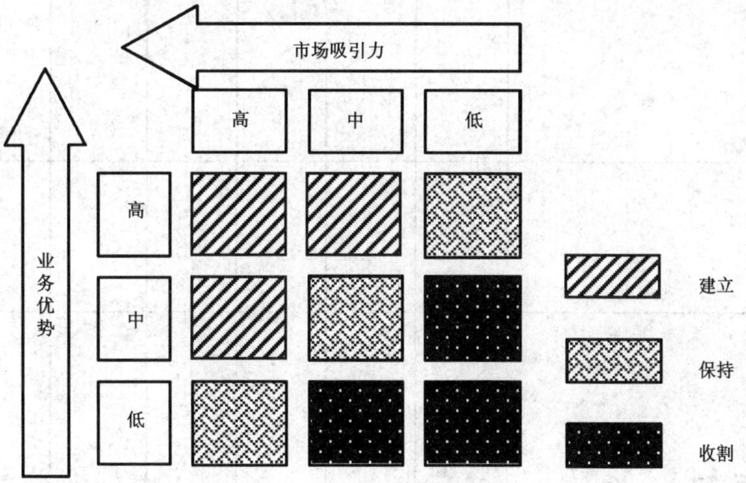


图 2.2　通用电气公司模型图

每项业务的评定，主要根据两个变量，即**市场吸引力（market attractiveness）**和**业务优势（business strength）**。这两个变量对评定一项业务具有极妙的营销意义。企业如果进入富有吸引力的市场，并拥有在这些市场中获胜所需要的各种条件，它就可能成功。如果缺少其中一个条件，就很难得到显著的效果。一个实力雄厚的企业不可能在一个夕阳市场中大展宏图，同样，一个孱弱的企业也不可能在一个朝阳市场中大有作为。

市场吸引力部分帮助管理者回答“这个计划是否是个好主意”的问题。为回答这个问题，管理者必须对一些要素做出判断，诸如市场规模、增长率、竞争的性质、该计划的潜在环境和社会影响，以及法律会如何影响它等。值得注意的是，一个机会可能对某些企业具有吸引力，但对某一特定企业的优势（或劣势）却并不适合。这就是通用电气公司的表格要将业务优势考虑进去的理由。

业务优势部分侧重于企业有效地寻求产品-市场计划的能力。为了对此部分做出判断，管理者必须评估企业是否有合适的人选去执行方案；该方案是否与企业的形象和利润目标相一致；在目前的技术能力、成本和规模条件下，企业是否能抢占足以赢利的市场份额等。这里再次提出了审核标准对不同企业和不同市场状况有所差异的问题，参见表 2.1。

**表 2.1　企业绩效优势/劣势分析检查表**

| | 绩效 | | | | | 重要性 | | |
|---|---|---|---|---|---|---|---|---|
| | 特强 | 稍强 | 中等 | 稍弱 | 特弱 | 高 | 中 | 低 |
| **营销能力** | | | | | | | | |
| （1）公司信誉 | | | | | | | | |
| （2）市场份额 | | | | | | | | |
| （3）顾客满意 | | | | | | | | |
| （4）顾客维系 | | | | | | | | |
| （5）产品质量 | | | | | | | | |
| （6）服务质量 | | | | | | | | |
| （7）定价效果 | | | | | | | | |
| （8）分销效果 | | | | | | | | |
| （9）促销效果 | | | | | | | | |
| （10）销售员效果 | | | | | | | | |
| （11）创新效果 | | | | | | | | |
| （12）地理覆盖区域 | | | | | | | | |
| **资金能力** | | | | | | | | |
| （13）资金成本/来源 | | | | | | | | |
| （14）现金流量 | | | | | | | | |
| （15）资金稳定 | | | | | | | | |
| **制造能力** | | | | | | | | |
| （16）设备 | | | | | | | | |
| （17）规模经济 | | | | | | | | |
| （18）生产能力 | | | | | | | | |
| （19）甘愿奉献的劳动力 | | | | | | | | |
| （20）按时交货的能力 | | | | | | | | |
| （21）技术和制造工艺 | | | | | | | | |
| **组织能力** | | | | | | | | |
| （22）有远见的领导 | | | | | | | | |
| （23）具有奉献精神的员工 | | | | | | | | |
| （24）创业导向 | | | | | | | | |
| （25）弹性适应能力 | | | | | | | | |

通用电气公司的方法认为位于模型左上角的机会是最佳的增长机会。管理者对于有这样机会的业务优势和行业吸引力均有很高的评价。而与之相反，右下角的格子就意味着无增长的政策。这些格子内的业务可能会继续带来收入，但它们绝对不值得再进行大量投入。中间格子的业务代表边界业务，即它们可能向两个方向发展。通用电气公司可能会继续支持这些业务，也许会拒绝新的方案，这仅仅因为根据相关的审核标准，该业务还不

够好。

通用电气公司的“刹车信号”评估方法是一种多要素方法，它可以避免掉入陷阱，以及由于使用过于简单的标准（如投资报酬率或市场份额分析）所带来的可能的失误。相反，高层管理者会审视不同的审核标准以帮助做出总结。然后，他们可以做出一个集体性判断。这种方法一般会达成一致，这也可以帮助每一个人理解公司为什么会支持这些机会而不是别的机会。

通用电气公司的方法考虑那些能反映其目标的要素。另一家企业可能会修改其评价方案，并将重点放在其他一些要素上——这取决于其自身的目标和考虑实施的产品-市场计划。不同的企业会注重不同的审核标准，在评估替代性机会时，它们分析多种要素以确保管理者将所有的顾虑都加以考虑。

与单一产品或产品目标市场较为单一或相类似的企业相比，那些多元产品的企业的战略计划显然难度更大。多元产品企业必须针对不同的业务设计出不同的战略方案，同时，它们必须平衡这些方案和可控制的资源以便实现整个企业的目标。这就意味着它们必须采用类似于通用电气公司的营销方案图方法，对替代方案进行分析，并采用那些对整个企业有意义的方案，哪怕采用这些方案会要求其他一些业务做出牺牲或受到削弱。通用电气的战略之路参见营销窗口 2.2。

**营销窗口 2.2　通用电气公司的营销战略之路**

通用电气公司（General Electric Company，GE），世界上最大的提供技术和服务业务的跨国公司。GE 的历史可追溯到托马斯·爱迪生，他于 1878 年创立了爱迪生电灯公司。1892 年，爱迪生电灯公司和汤姆森-休斯顿电气公司合并，成立了 GE。GE 的品牌口号是“梦想启动未来”。GE 是在公司多元化发展当中，较为出色的跨国公司。目前，公司业务遍及世界 100 多个国家，拥有员工 31 万多人。

在企业管理体制上，GE 采取了一种新的战略性措施，即在事业部内设立“战略事业单位”。这种“战略事业单位”是独立的组织部门，可以在事业部内有选择地对某些产品进行单独管理，以便事业部将人力物力能够机动有效地集中分配使用，对各种产品、销售、设备和组织编制出严密的有预见性的战略计划。

1981 年，杰克·韦尔奇担任 GE 公司的董事长及首席执行官。他提出作为首席执行官要规划公司 20 年以后的市场发展业务单位。1998 年，韦尔奇卸任时，GE 除了生产消费电器、工业电器设备外，还是一个巨大的军火承包商，可以制造宇宙航空仪表、喷气飞机引航导航系统、多弹头弹道导弹系统、雷达和宇宙飞行系统等。闻名于世的可载原子弹和氢弹头的阿特拉斯火箭、雷神号火箭就是这家公司生产的。旗下公司包括：GE 资本、GE 航空金融服务、GE 商业金融、GE 能源金融服务、GE 金融、GE 基金、GE 技术设施、GE 航空、GE 企业解决方案、GE 医疗、GE 交通、GE 能源设施、GE 水处理、GE 油气、GE 能源、GE 消费者与工业、GE 器材、GE 照明、GE 电力配送。韦尔奇实现了 20 年前其所规划的市场发展业务单位。

从 1981 年韦尔奇就任总裁到 1998 年，GE 各项主要指标一直保持着两位数的增长。在此期间，GE 的年收益从 250 亿美元增长到 1005 亿美元，净利润从 15 亿美元上升为 93 亿美元，而员工则从 40 万人削减至 30 万人。从所创下的股东收益方面来看，无论是微软公司的比尔·盖茨、英特尔的安德鲁·格罗夫，还是沃伦·巴菲特或者沃尔玛零售大王山姆·沃顿，都无法同杰克·韦尔奇相比。GE 的股东通过公司的储蓄计划已拥有 170 亿美元以上的 GE 股票。1998 年，GE 股票每股的总回报率高达 41%；而在过去 18 年中，GE 给予股东的年均回报率为 24%。

阿里巴巴集团也受到了通用电气公司的影响。2013 年 1 月 10 日，阿里巴巴集团在杭州宣布，为了面对未来复杂的商业系统生态化趋势，以及无线互联网带来的机会和挑战，同时让组织能够更加灵活地进行协同和创新，集团现有业务架构和组织将进行相应调整，成立 25 个事业部，事业部的业务发展将由各事业部总裁（总经理）负责。

马云向全体员工发出的《变革未来》的信件中作出诠释说，本次组织变革的方向是把公司拆成“更多”小事业部运营，“给更多的阿里年轻领导者创新发展的机会，我们不仅仅需要看见相关业务的发展和他们团队、个人的成长，我们更希望看到他们各自的小事业部可以把我们的商业生态系统变得更加透明、开放、协同、分享，更加美好”。

## 2.2　营销战略的过程

企业愿景决定企业整体业务的发展方向和它的操作进程。企业、部门与业务单位三者的计划在营销过程中应体现一体化。作为企业中心的营销部门，将如何管理营销活动？营销管理过程应包括哪些步骤？为了履行他们的职责，营销经理应通过所谓的营销程序来完成自己的工作。

企业发展战略需要分析企业业务和市场机会，研究与选择目标市场，设计战略发展方向和控制营销活动。

### 2.2.1　分析企业业务

任何企业的任务都是向市场提供有赢利的价值，至少有两种**价值让渡过程**（**value-delivery process**）观点。传统的观点是企业生产产品，然后销售它们。例如，电视机生产企业生产了电视机，然后雇用销售员销售它们。依这种观点，营销发生于价值让渡过程中的后半阶段。该传统观点的假设基础是企业知道生产什么和市场将会购买足够的数量，并为企业提供利润。

这种传统观点在短缺经济时代为企业提供了最好的成功机会。但这种业务过程在更具竞争的经济社会中是行不通的，因为人们面临丰富的选择机会并有较强的鉴别力。“大众化市场”被分割为许多微观市场，每一个人都有自己的需要、偏好和购买标准。因此，精明的竞争者必须设计为正确界定的目标市场所需要的供应品。

而业务过程的新观点认为，营销开始于业务计划过程之前。与制造和销售观点不同，该业务过程由价值创造和随后的传递组成。两种价值创造的观念对比如图 2.3 所示。

业务过程包括三个阶段。第一个阶段是**选择价值**（**choosing the value**）。在任何产品产生以前，必须先做营销“作业”。营销工作过程是细分市场，选择适当的市场目标，开发提供物的价值定位。其处理方法是 **STP**，即细分（**segmentation**）、目标（**targeting**）和定位（**positioning**）。

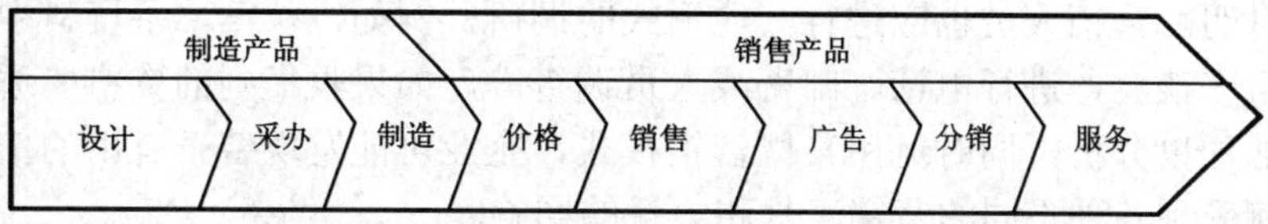


（a）传统实体过程

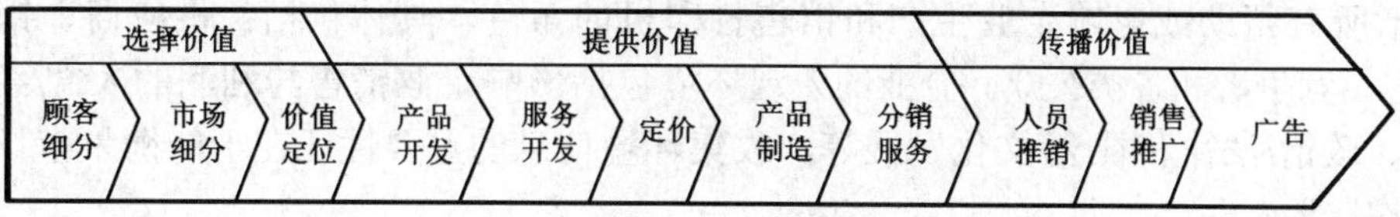


（b）价值创造和传递过程

图 2.3 两种价值创造的观念对比

第二个阶段是在选择好目标市场的价值后，准备**提供价值**（**provide the value**）。产品和服务必须是具体明确的，目标价格必须建立，产品必须制造和分销给市场。在第二个阶段，要开发特定产品的性能以便分销它们。

第三个阶段的任务是**传播价值**（**communicate the value**）。营销工作在延伸，包括：组织销售力量、促销、广告和其他推广活动，以通知市场。

营销过程始于产品生产以前，行于产品开发之中，在产品销售之后还应延续。

## 2.2.2 研究市场机会

营销管理层面临的第一个任务就是分析市场上的各种长期机会，以改进企业的工作。例如，在发展企业办公设备这一领域里，充满着各种机会。未来的办公室是今后 10 年内主要的投资领域，世界经济正在成为一种服务性经济，办公室工作人员将超过工厂的工人。但是，在文件处理、信息等基本活动方面，特别是在最新技术的应用方面，办公室的设备常常显得过于落后。许多制造商在这个市场上十分活跃，他们试图提供包括打印机、微型计算机、复印机、传真机、电子信息系统在内的综合系统。它们都在发展办公用的各种硬件和软件，为提高办公效率服务。

假如企业的长期目标是成为全套办公机器的制造商，眼下它就可以提出一个改进其打印机产品线的计划。即使在打印机这一领域，也存在着许多机会。例如，可以把办公用打印机改制成一种家庭用打印机，并广泛宣传它是一种具有“办公效率”的家庭打印机；或者可以设计一种“高灵敏度”打印机；也可以考虑设计一种文字处理机，比电子打印机具有更多的记忆功能和文章编辑能力；还可以设计一个综合显示工作站，它能执行大量功能；最后，可以发展 3D 打印机。

为了辨认与评价它的机会，企业需要建立和操作一个可靠的营销信息系统。营销调研是现代营销不可或缺的组成部分，企业只有通过研究顾客的各种需求欲望，研究顾客所在的地区和购买实践等，才能为其市场提供良好的服务。有几种不同程度的正规调研可供企业选择。最低限度，企业的营销管理层需要一个完善的内部会计制度，该制度能及时、准确地报告目前的销售情况，它包括：打印机式样、顾客、行业与规模、顾客所在地、销售人员和分销渠道。此外，企业管理层还要收集有关顾客、竞争者、中间商的市场信息，随时保持耳聪目明。营销人员也应进行其他形式的调研，例如，从第二手资料中获得情报，组织几个小组座谈会，进行电话、邮寄或人员调查等。如果收集到的资料能通过先进的统计方法很好地加以分析，同时运用某些营销模式，企业可能发现若干有用的信息，它们将表明销售如何受到各种不同的营销工具和力量的影响。

企业调研的目的在于收集与该企业营销环境相关的有用的和连续的信息。企业的微观环境包括所有帮助或影响企业生产和销售打印机的角色，具体包括：供应商、销售中间商、顾客、竞争者和各类公众。企业的宏观环境包括影响企业销售与利润的人文/经济、物质/技术、政治/法律和社会/文化发展等。收集环境信息的重要性还在于能衡量市场潜量和预测未来需求。

如果企业决定制造专供家庭用的打印机，它就要了解消费者市场。它需要掌握：有多少人计划购买新打印机？谁在购买和为什么购买？顾客注意何种产品特色和能接受何种价格？他们希望在何处购买？他们对不同品牌的印象如何？

企业也向业务市场出售产品，包括大公司、专业商行、零售商、政府等。大型组织通常有代理商或通过采购机构采购，他们在设备估价方面都是行家。企业需要详细了解组织购买者的购买方式。并且，无论是向消费者还是向组织出售，企业都需要能训练有素地介绍产品优点的销售队伍。

企业还必须密切注意识别和监视竞争者。企业必须预见其对手的可能行动和了解怎样迅速地做出决定性的反应。企业可以采取某些惊人之举，在这种情况下，它需要预计其对手的反应。

一旦企业分析了它的营销机会，它就可以准备选择目标市场。现代营销实践要求把市场划分成主要的细分市场，对这些市场分别进行评价，然后，选择和瞄准若干企业能为其做最好服务的目标市场。

## 2.2.3 运用审核窄化方法

每一个积极进取的企业总是在不断寻找商机，一旦发现了机会，就会对其进行仔细研究评估。一般来说，一个企业无法追求所有可能的商机，它必须尽量使这些机会与它的资源和目标相一致。首先，管理层必须迅速分辨出那些明显不相配的机会，这样才能更有针对性地对剩下的机会加以仔细分析。

### 1. 制定和运用审核标准

企业首先要分析一个自己拥有的资源（优势和劣势）、其所面临的环境趋势以及高级管理层所制定的目标。此后，把它们都汇集成一套产品-市场审核标准。这些标准既有定量的，也有定性的。定量的因素包括公司的目标，如销售量、利润及投资报酬率等。定性方面的因素包括这家企业所希望从事的行业，不希望涉足的行业，它需要避免的弱点以及可以利用的资源优势和变化趋势等。

制定一套审核标准是非常困难的，但也是非常值得的。它以量化的标准涵盖了企业希望达到的目标，以及达到这样的目标的途径。这样，营销决策就不会只是凭本能或感觉被机械地接受了。另一方面，如果这些标准随着焦点在机会中的转移而变化，那么决策的制定也会随之变动，而不会一成不变。

这套审核标准必须是可行的，也就是说，它们是可以达到的。经过这套标准筛选出来的机会应该能够转化成为帮助企业利用其现有资源的战略目标。

表 2.2 列举了一家零售商的产品-市场审核标准。这些标准可以帮助这家企业的管理人员剔除不合适的机会，而发现更有吸引力的、可以转化成具体战略和计划的机会。

**表 2.2 零售商的产品-市场审核标准**

| |
|---|
| 1．定量标准 |
| • 未来 5 年每年销售额增长 15% |
| • 新企业的税前投资报酬率至少为 12% |
| • 新企业一年内实现盈亏平衡 |
| • 必须有足够的机会，一方面保证实现利润目标，同时企业现有的资源又足以应付 |
| • 为实现分散风险的目标，应同时寻求多个机会 |
| 2．定性标准 |
| （1）优先考虑业务的性质 |
| • 应利用网上订购系统的便利小生 |
| • 向现有的客户提供新的产品和服务以加强已有的关系 |
| • 提供高品质的产品，同时不影响现有产品的销售 |
| • 几年内竞争冲击较弱而且机会难以为他人所模仿 |
| • 市场对此有强烈的需求，从而降低促销成本，并允许“高”价格 |
| （2）限制因素 |
| ① 不包括现有业务的属性 |
| • 制造业 |
| • 任何需要大量固定资本投入的业务 |
| • 任何需要大量人工和监督的行业 |
| ② 地理范围 |
| ③ 概述 |
| • 利用现有力量 |
| • 通过以下 5 个基本方面加强市场的吸引力：技术、人文、社会、经济和政治 |
| • 市场不能和以上 5 个方面相冲突 |

### 2．对整个计划进行评价

企业有必要对符合定量标准的营销战略的实施后果进行预测，因为只有计划得以实施才能带来销售、利润和投资回报。采用这种方法，管理层可以预测在方案实施期内潜在的成本和销售额，并进而评估可能的利润。管理者可用对在 5 年的计划期内每月或每年的成本和销售额进行估计的方法对每一个方案的前景进行评估。

对于一个简单的筛选，企业只需在一个合理的时期对利用每一个投资机会所能产生的后果进行评估。如果产品的周期为 3 年，那么，好的战略可能在 6～12 个月内不能带来利润。然而从 3 年的角度来评估，这个产品就将成为最后的赢家。在对可能的机会的替代效应进行评估时，对整个计划进行评估是非常重要的。

在成为被实施的产品-市场战略计划之前，对通过筛选的机会均应做进一步的详细评价（若事先未经筛选，则对所有机会均应进行评价）。一般而言，一家企业面临的机会远多于其自身所掌握的资源的承受能力。因此，它必须在机会当中加以选择，以便使机会与其自身的资源和战略目标相吻合。

## 2.2.4　开发差异化战略

差异化战略在军事上的含义就是“出其不意，攻其不备”。每个企业都要制定达到目标的与众不同的战略。

尽管可以提出各种各样的营销差异化战略，但哈佛大学的迈克尔·波特将其归纳为 3 种类型：总成本领先、市场差别化、市场集中化。

### 1．总成本领先

一个企业致力于达到生产成本和销售成本最低化，这样，它就能以低于竞争对手的价格赢得较大的市场份额。奉行这一战略的企业必须善于工程管理、采购、制造和实体分配。浙江省的许多企业便是这一战略的主要实践者。这种战略的问题是，其他企业通常会表现出更低的成本。真正的关键是企业应在战略有差别或中心战略相近的竞争者之中获得最低的成本。

### 2．市场差别化

奉行此战略的企业通过对整个市场的评估找出某些重要的顾客利益区域，集中力量在这些区域完善经营。它可努力在服务、质量、款式和技术等方面成为领导者，但它难以在上述各方面全面领先。企业应培育发展那些在某些效益范围内会产生差别经营利益的优势。这样，追求质量优势的企业必须制造或购买最好的配件，精心安装，仔细检查等。这正是日本佳能公司在复印机生产中的战略。

### 3．市场集中化

一个企业应将其力量集中在为几个细分市场服务上，而不是追求全部市场。企业从了解这些细分市场的需要入手，在选中的细分市场上，运用成本领先、产品差别或两者兼有的战略。同时，企业又不断地寻找可为其服务的其他补缺领域。

那些采用相同战略指向相同市场的企业组成了一个战略群。施行此战略最佳的企业便能赢得最高利润。这样，在采取降低成本这一战略的那些企业里，成本最低的企业干得最出色。一个没有明确战略的企业即走中间道路的企业往往干得最糟。走中间道路者试图在所有的战略方面都干好，然而，由于各个战略范围要求运用不同的方法，而且往往不是前后一致的方法来组织一个企业，所以这些走中间道路的企业最终什么事都没干好。

## 2.2.5　营销发展战略

企业设计它的营销发展战略可以通过 3 个方法：密集型成长、一体化成长、多样化成长，具体参见表 2.3。

**表2.3 发展机会的主要类型**

| 密集型成长 | 一体化成长 | 多样化成长 |
|---|---|---|
| 市场渗透 | 后向一体化 | 同心多样化 |
| 市场开发 | 前向一体化 | 水平多样化 |
| 产品开发 | 水平一体化 | 跨行业多样化 |

### 1．密集型成长（intensive growth）

企业管理层先要审视一下是否存在改进其现有业务成效的各种机会。首先，企业应该考虑，在现有市场上，现有产品是否还能得到更多的市场份额，如果可以，它们可以开展市场渗透战略；然后，它应该考虑是否能为其现有产品开发一些新市场，即市场开发战略；下一步，它考虑是否能为其现有的产品发展若干有潜在利益的新产品，即产品开发战略。

（1）市场渗透战略（market-penetration strategy）

在现有市场上增加现有产品的市场份额有 3 种主要方法。企业可以尽力鼓励现有顾客多买，在一定时间内使用更多的企业产品。如果大多数顾客都是偶然购买企业产品的，能向他们显示多买企业产品的好处，那么，上述做法尤为奏效。或者，企业可以尽力将竞争者的顾客吸引到自己的产品上来。如果企业注意到，竞争者的产品或营销方案的一些弱点，而它有能力利用这些弱点展开攻势，这样做效果最佳。最后，企业可以尽力说服那些目前不用企业产品的顾客使用其产品。如果有许多顾客至今还没有使用同类产品，这一方法就更为有效。

（2）市场开发战略（market-development strategy）

企业管理层怎样寻找一些新市场，即用企业现有产品就能满足其需要的新市场？首先，在当地寻找潜在顾客，这些顾客目前尚未购买企业产品，但是他们对企业产品的兴趣有可能被激发。所以，如果企业以前一直是向消费者市场出售企业产品的，现在它可以考虑进入办公室市场和工厂市场。其次，企业可点考虑利用当地的新渠道把商品分销给其他用户。最后，企业可以考虑在当地或国外增加新的销售点。

（3）产品开发战略（product-development strategy）

为了渗透或开发市场，企业应该考虑开发新产品的可能性。它可以发展企业产品的一些新特色，或开发出新产品。

### 2．一体化成长（integrative growth）

要增加某项业务的销售和利润，可以考虑实施后向一体化、前向一体化或者本行业水平一体化。企业可以考虑收买一个或几个供应商以增加赢利或加强控制（**后向一体化——backward integration**）。或者，企业可以考虑收买若干批发商或零售商，特别是当他们利润很高时（**前向一体化——forward integration**）。最后，企业可以考虑收买一个或几个竞争者（**水平一体化——horizontal integration**）。

在考虑了可能的一体化行动后，企业将发现在今后 10 年中增加销售额的若干新途径。如果这些新途径可能还不足以达到企业所希望的水平，它们必须考虑多样化成长。

### 3．多样化成长（diversification growth）

若在目前业务范围以外的领域发现了好机会，就可以采用多样化成长战略。好机会是指在行业中有很大的吸引力，并且企业也具备成功的组合业务力量。多样化成长有 3 种可能。首先，企业可以开发与本企业现有产品线的技术或营销有协同关系的新产品，以便使这些产品吸引一群新顾客（**同心多样化战略——concentric diversification strategy**）。企业可以在掌握如何制作现有产品中，充分了解它将进入一个新市场和面临一个跟以前不同的顾客阶层的基础上，从事一种新的制作业务。其次，企业可以研究某种能满足现有顾客需要的新产品，尽管这种新产品与企业的现有产品在技术上关系不大（**水平多样化战略——horizontal diversification strategy**）。企业也可以开发某种与企业现有技术、产品或市场毫无关联的新业务（**跨行业多样战略——conglomerate diversification strategy**）。

**4．放弃过时的业务**

企业不仅需要开发新业务，而且也应仔细削减、放弃软弱的和过时的业务，以释放需要的资源和减少成本。软弱的业务需要较多的管理注意力。应该把目光集中在企业的成长机会上，而不应该把精力和资源浪费在挽救大量流失的业务之中。

## 2.2.6　企业发展战略

国际上许多大企业正在制定营销全局战略。据日本最大的咨询机构——野村综合研究所的调查报告，企业发展的五大战略是：人才开发战略、技术开发战略、信息开发战略、知识生产战略和国际化战略。

**1．人才开发战略**

企业对特别优秀的职工加以重点培训，让他们挑起企业的大梁，这不仅要求职工简单地完成工作，还要充分开发职工的智慧，不断创新。在这方面日本本田公司的做法主要有两点：一是吸收各种不同的人才，使他们的个性在相互撞击中产生智慧；二是鼓励创新，创新失败者可以受到表彰，而四平八稳、因循守旧者则坚决淘汰。

**2．技术开发战略**

企业在科研方面应采取的两大步骤：一是建立全球技术信息网，随时掌握新的科研动态；二是在海外设立科研机构，广泛利用多种人才。例如，外国公司在美国硅谷设立研究所，收集最新电子技术情报并和当地科研人员共同开发新的技术产品。近来，一大批企业已经开始把科研机构移向北美、西欧和东南亚等地。

**3．信息开发战略**

能否将有价值的信息迅速传递到企业的决策层是今后企业成功与否的关键。因此，企业应在确立经营目标的基础上，建立“战略信息系统”，使信息的开发、管理和利用综合化和系统化。为此，企业最高管理层应设立信息指挥中心。

**4．知识生产战略**

过去，企业只是从事物质生产。人类进入信息化时代则出现了知识生产。它是一种高度创造性的劳动，因此其附加价值要高出物质生产好几倍这方面的成功者的做法是：采用最先进的通信系统，利用各种途径收集信息，加以综合整理，生产知识产品，向社会出售。这种知识市场正在逐渐扩大，起步晚的企业可能将受制于人。

**5．国际化战略**

世界经济一体化使企业成为名副其实的国际化企业。企业的国际化分为4个阶段。一是建点，比如在海外建立销售点，了解国际市场情况；二是扩网，把所有销售点连成网络，以全面掌握国际经济动向；三是建厂，把一部分产品生产转向海外，使生产与销售结合起来；四是设立国际经营总公司，全面利用国际上最便宜的资源、最优秀的人才和最自由的市场，使生产经营全球化。

## 复习题

1．什么是营销战略？
2．营销战略一般有哪些特征？
3．企业怎样设计它的营销发展战略？
4．什么是企业差异化战略？
5．一个组织的存在是为了完成某些事，公司愿景应包括哪些根本性问题？
6．某企业包含了 5 个战略事业单位，列于表 2.4 中。用波士顿公司的战略事业单位投资分析确定每个战略的相对市场份额，分析这家企业是否运行正常，并为该企业今后的战略提出建议。

**表2.4　某企业的5个战略事业单位**

| 战略事业单位 | 销售额（亿元） | 竞争者数目 | 3个最大公司的销售额（亿元） | 市场增长率 |
|---|---|---|---|---|
| A | 5.0 | 8 | 7.0，6.0，5.0 | 8% |
| B | 1.6 | 22 | 1.8，1.6, 1.0 | 18% |
| C | 1.8 | 14 | 1.8，1.2，1.0 | 5% |
| D | 3.2 | 5 | 3.2，0.8　0.7 | 4% |
| E | 1.0 | 10 | 4.0，1.8，1.5 | 2% |

7．企业如何设计它的营销发展战略？
8．企业发展战略有哪些？

## 案例讨论

### 格兰仕战略的转移

格兰仕集团是一家世界级综合性白色家电品牌企业。自 1978 年创立至今，格兰仕由一个 7 人创业的乡镇小厂发展成为拥有近 5 万名员工的跨国白色家电集团，是中国家电业最具影响力的龙头企业之一。格兰仕，这个蝉联全球微波炉产销量冠军长达 20 多年的企业，这个被人们称作“降价、降价、再降价——就成功了”的企业，这个从卖鸡毛掸子到年销售额 200 多亿元的企业，这个标志与整个行业几乎画上等号的企业——这个巨人突然宣布要转身了！

这是一次完全的颠覆性实践，“谁再提‘价格屠夫’就跟谁急”。甚至急于扔掉其曾引以为豪的“世界工厂”之头衔，窥视着另一项更为炫目的桂冠——“世界品牌”。10 年前，格兰仕的权杖由梁庆德传递到儿子梁昭贤手中——意气风发的“贤哥”。显然不愿在父亲的树荫下乘凉，上任伊始就发布了自己的雄心：“重构渠道，重构品牌，实现从“世界工厂”到“世界品牌”的战略转移。在格兰仕经销商年会上，梁昭贤一语道出自己的破题之法。说易行难，此次战略变革的难度有多大？梁昭贤说：“真是牵一发动全身。当这个家不容易，改这个家更不容易”。

1990 年，55 岁的创始人梁庆德率领格兰仕进入微波炉行业，3 年后创造了微波炉销售中国第一的成绩，1998 年成为世界第一。此后，格兰仕微波炉的市场占有率曾一度高达 70%，至今仍然稳定在 50%以上。格兰仕的成功源于其“低价战略”。在格兰仕的营销词典里，低价似乎是唯一的词汇。低价、低价、再低价，格兰仕就胜利了。格兰仕的低价策略曾经一度所向披靡，也为自己赢得了“价格屠夫”的称号。但是，低价形成的杀伤力也遮蔽了格兰仕的双眼。多年以来，格兰仕从不投放硬广告，甚至连中央电视台也从来没有出现过格兰仕的广告。对于一个百亿级的企业而言，这不能不说一个奇迹。

格兰仕低利润还有一个重要原因是，技术创新能力薄弱，难以引领产业重大变革。尽管格兰仕在微波率上做了众多的改进，但都是在原有技术框架内的小改小革。因为没有技术上独有的重大突破，所以尽管有垄断地位，但是却难以设置垄断门槛，一旦价格提升，众多虎视眈眈的窥视者可以很快切人市场。

当价格战的烙印，逐渐地从格兰仕标志的本色上消退之后。对于格兰仕首脑们来说，怎么填补由此带来的格兰仕品牌内涵空白，是当务之急。

格兰仕宣布与中央电视台结成战略合作伙伴，针对国内 5000 万多微波率用户，全力打造“美味中国。三人餐桌”微波率美食节目。一项低调的梁昭贤出现在签约仪式现场，因为有这次活动开始，格兰仕开始启动“百年企业。世界品牌”战略。梁昭贤表示：“大环境已经改变，企业的发展思路和战略也要改变，如果还简单地立足于‘世界工厂’，竞争力将逐步消失。”

伟大的时代孕育伟大的企业。30 多年来，格兰仕聚焦实体经济，专注于家电制造，一步一个脚印，用激情、智慧和汗水推动着“中国制造”走向“中国智造”，推动着中国家电形象由“物美价廉”向“科技时尚”转变。伟大的目标，需要伟大的推动者，通过“格兰仕科技 全球共享”，造福全球消费者。

## 问题讨论

1. 格兰仕“价格屠夫”的营销战略为什么行不通了？
2. 为它设计一个升级版的营销战略方案。

CHAPTER 3

# 第 3 章
# 搜索营销信息

## 引导案例

企业有计划地搜集市场信息，这就是市场调研。市场调研是企业减少盲目性和提高针对性的有效工具。有效的营销调研会使企业获益匪浅。日本丰田公司于 1957 年首次向美国出口“丰田宝贝儿”汽车，成了一时之笑谈。当时只有 5 家商店愿与其打交道，全年只销售了 288 辆。失败迫使丰田公司回到营销调研的轨道上来。不查不知道，一查吓一跳。“宝贝儿”车虽适应日本人腿短的需要，但却使美国人坐在里面非常不舒服；方盒子的外壳不能引起以汽车象征身份的美国人的兴趣；灯光也暗得通不过加州的行车标准……

丰田公司同时还仔细地研究了市场的各个方面，如美国的经销商和消费者还需要什么，外国汽车制造商怎样在美国出售汽车等，发现它们的不足，制定胜其一筹的销售和服务策略。市场细分使丰田公司精确地勾勒出一个按人文和心理因素划分的目标市场。有了对美国市场的精细划分，丰田公司重新设计了适合美国人使用的小汽车，当然仍含有日本的传统风格，外形更小巧，使用更经济，维修更方便。焕然一新的丰田车终于在美国站稳了脚跟，特别是油价上涨以后，丰田车的低油耗和少污染的特点更受美国人的喜爱。丰田在美国实现了“有路必有丰田车”。

**本章将阐述关于市场调研和预测的一些问题：**

- **为什么要开展市场调研？**
- **市场调研的管理功能是什么？**
- **怎样开展市场调研？**
- **怎样进行市场营销预测？**

# 3.1　市场调研的作用

市场调研的作用主要是提供便于领导决策所需的信息。这种重要作用怎么强调都不算过分，这是营销调研存在的理由。没有营销调研信息，管理者很难制定完善的营销决策，甚至可能会导致最终高代价的失败。

## 3.1.1　管理未来就是管理信息

企业怎样察觉不断变化的科技发展和市场变化呢？答案是明显的，企业必须开发和管理信息。要管理好一个企业，必须管理它的未来；而管理未来就是管理现在的信息。

有些企业已建立了先进的营销信息系统，向企业管理层提供最新关于买方的需求信息。然而，许多工商企业的信息处理还不够精细，许多企业还没有营销研究部门，还有许多企业只有小的营销研究部，其工作只限于例行的预测、销售分析和非经常的调查。另外，许多经理对可利用的信息感到不满意，他们的抱怨包括：

- 不了解重要的信息在哪里；

- 无用的信息太多而真正需要的信息太少；
- 重要的信息来得太迟；
- 很难估计收到的信息的准确性。

今天是以信息为基础的社会，开发有用的信息能使一个企业超越它的竞争者。当它调查了市场并获得了它所需要的信息，该企业就能仔细地研究机会和选择其目标市场，以使企业能健康成长。

## 3.1.2　市场调研寻求市场与企业的共谐

**市场调研（market research）**是一种把消费者及公共部门和市场联系起来的特定活动——这些信息用以识别和界定市场营销机会和问题，产生、改进和评价营销活动，监控营销绩效，增进对营销过程的理解。

市场调研实际上是一项寻求市场与企业之间“共谐”的过程。市场调研犹如婚前健康检查一样，如果忽略它，就可能生出低能儿，到那时再一掷千金搞销售，好似给低能儿增加营养一样，又能起多大作用？

因为市场营销的观念意味着消费者的需求应该予以满足，所以企业内部人士一定要通过市场调研，“倾听”消费者的声音。当然，营销调研信息也包括除消费者之外的其他实体的信息。

最近几十年来，电子计算机、传真机、闭路电视、互联网、多媒体设备和其他通信工具的先后问世，给信息处理带来了一场革命。目前，许多企业通过“信息高速公路”寻找保健、能源、交通等方面的机会。机会和问题到处都有，但决策制定者需要信息以帮助他们正确地进行识别和界定。

营销战略付诸实施以后，对其进行监控是一种保证新产品或服务成功的有效方法。任何控制系统都需要向管理层反馈信息，市场调研将信息带给管理人员，使他们可以将实际绩效与所要求的绩效水平进行比较。

## 3.1.3　市场调研的功能

营销调查研究可以用管理功能的方法分类。管理功能的类别包括分析和计划、执行和控制。表 3.1 中列出了在每种管理功能下市场调研分类的情况。

**表 3.1　根据管理功能对调查研究进行分类**

| 管理功能 | 调研所提出的问题 |
|---|---|
| 分析和计划 | 市场是否存在未满足的需求<br>我们公司是否具备满足这一需求所必需的市场营销资源<br>我们目前所服务的市场未来成长潜力如何<br>我们目前未服务的市场未来成长潜力如何 |
| 执行 | 应为我们的新产品提供什么样的特征、风格和建议<br>产品应以哪种价格供应，是市场价格、溢价还是折扣价格<br>是否采用“网络营销”以扩大我们当前的分销系统<br>如果我们减少电视广告并增加促销，将会对销售和利润产生什么影响 |

续表

| 管理功能 | 调研所提出的问题 |
|---|---|
| 控制 | 我们在各地区的销售量如何<br>以顾客账户数目衡量，我们的赢利状况如何<br>从社会责任角度而言，我们在社区中的形象如何 |

## 3.1.4 营销信息系统

**营销信息系统（marketing information system，MIS）**由人、机器和程序组成，它为营销决策者收集、挑选、分析、评估和分配需要的、及时的和准确的信息。每一个企业必须为营销经理组织营销信息流。许多企业在研究它们的经理所需要的信息和设计营销信息系统，以满足对信息的需要。

营销信息系统有 4 个内容：①内部报告系统为管理人员提供结果数据，它是一个订单—收款循环和销售报告系统；②营销情报系统为管理人员提供正在发生的数据，它使公司经理获得日常的关于营销环境发展的信息；③营销调研系统负责系统地设计、收集、分析和提出数据资料，并得出在特定营销状况下的调查研究结果；④营销决策支持系统帮助经理解释相关的数据和信息，并把它们转化为营销活动的基础，如图 3.1 所示。

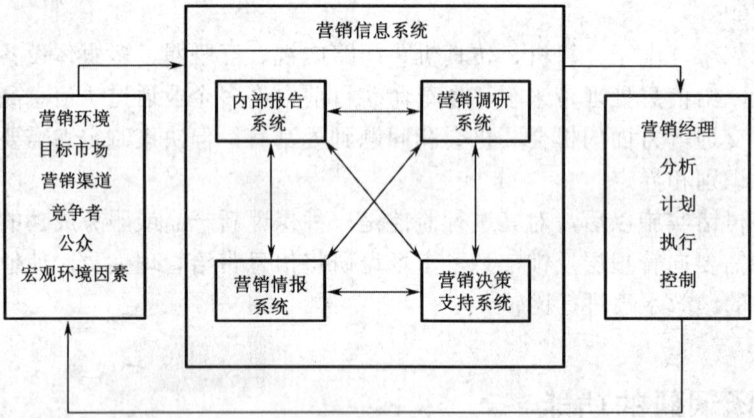


图 3.1 市场营销信息系统

### 1. 内部报告系统

营销经理使用的最基本的信息系统是**内部报告系统（internal record system）**。这是一个包括报告订单、销售额、价格、存货水平、应收账款、应付账款等信息的系统。通过分析这些信息，营销经理能够发现重要的机会和问题。

内部报告系统的核心是**订单-收款循环（order-to-payment cycle）**。销售代表、经销商和顾客将订单送交公司，订货部门准备数份发票副本，分送各有关部门。除存货不足的项目留待以后交付外，需装运的物品一般附上运单和账单，同时还要复印多份分送各有关部门。

今天的企业总是希望迅速和正确地执行这些步骤，因为大多数顾客偏爱那些能及时交货的企业。因此，要求销售代表每天晚上送出他们的订单，在某些情况下，应该立即送出。订单部门应尽快地处理这些订单，仓库应尽快地发货，各种账单都应尽快地发出并催收账款。许多企业为了更快、更准确和更有效地处理订单—收款循环，开始采用**电子数据交换（electric data interchange，EDI）**软件。电子数据交换量随着互联网的不断发展而日益增加，计算机技术已经革命性地将销售代表的工作，从推销的“艺术”转变为工程业务过程。由于使用便携式计算机，销售代表现在能立即得到有关潜在和现行顾客的资料，计算机可迅速反馈和送出销售报告。

### 2. 营销情报系统

**营销情报系统（marketing intelligence system）**是使公司经理获得日常的关于营销环境发展的恰当信息的一整套程序。

经营灵活的企业会采取进一步的措施改进其营销情报的质量和数量。首先，训练和鼓励销售人员去发现和报告新发展的情况。销售代表是企业的“眼睛和耳朵”，他们在收集信息上处于一个有利的地位，是其他方法不能取代的。但因为他们非常忙并常常不能把重要的信息及时转告，所以，企业必须向销售员“推销”一个观念：作为情报来源，销售员是最重要的人，他应该知道各种信息送给什么负责人。

企业同时鼓励分销商、零售商和其他中间商把重要的情报报告公司。例如，企业可安排分销商递交一份包括它们产品在内的销售发货单副本，企业分析这些单据以了解最终用户的特点和帮助分销商改进营销计划。

有些企业安排专业人员收集营销情报。零售商可以派出“佯装购买者”来监视它们的分销商和在自己的商店里为难营业员。另外，企业还应该购买竞争者的产品以了解竞争者，参加公开的商场和贸易展销会，阅读竞争者的出版刊物和出席股东会议，和竞争对手的前雇员、目前雇员、经销商、分销商、供应商、运输代理商等有关人员交谈，收集竞争者的广告，阅读企业出版的报纸杂志等。

企业可以从外界的情报供应商，如 A·C·尼尔逊市场研究公司那里购买信息。这些调研公司用于收集事例和消费者数据的成本比企业各自收集信息的成本要小得多。

一些企业已建立了内部营销信息中心以收集和传递营销情报。营销信息中心职能人员通过审阅较重要的出版物，摘录有关新闻，并制成新闻简报送给营销经理参阅。信息中心建立了一个有关信息的档案，由职能人员协助经理们评估新的信息。所有这些服务都大大改进了可供营销经理使用的信息质量。

### 3. 营销调研系统

**营销调研系统（marketing research system）**是企业系统地设计、收集、分析和提供数据资料，以及提出与企业所面临的特定的营销状况有关的调查研究结果的组织机构。

一个企业可以用多种方式委托进行营销调研。大多数大企业都有自己的营销研究部门，并定期开展商业化的外部调研项目。在亚洲，各国从事营销调研的成本都不一样，下面列举的是可口可乐公司提供的数据，参见营销窗口 3.1。

**营销窗口 3.1　可口可乐公司调研从事营销调研的价格**

可口可乐公司比较了在太平洋周边 13 个国家或地区从事营销调研的价格。为了方便比较结果，可口可乐公司给出了每个国家或地区的价格指数（以 100 为平均值）：

| 最高的国家 | | 高于平均值的国家或地区 | | 低于平均值的国家 | |
|---|---|---|---|---|---|
| 日本 | 269 | 韩国 | 137 | 澳大利亚 | 90 |
| | | 新加坡 | 124 | 泰国 | 75 |
| | | 中国上海 | 122 | 印度尼西亚 | 66 |
| | | 中国香港 | 117 | 菲律宾 | 65 |
| | | 马来西亚 | 104 | 新西兰 | 61 |
| | | | | 巴基斯坦 | 42 |
| | | | | 斯里兰卡 | 21 |

按价格指数的高低顺序将这些国家或地区进行排队。很明显，第 1 组的日本从事营销调研的费用是亚洲国家中最高的；第 2 组是营销调研费用高于平均值的国家或地区，其中包括韩国、新加坡、中国上海、中国香港和马来西亚；第 3 组是营销调研费用低于平均值的国家，其中包括澳大利亚、泰国、印度尼西亚、菲律宾等。

**4．营销决策支持系统**

**营销决策支持系统（marketing decision support system，MDSS）**在软件与硬件的支持下，经过数据采集，利用有关工具和技术进行系统分析，解释企业内部和外部环境的有关信息，并把它转化为营销活动的基础。

为了说明营销决策支持系统的工作过程，假设一位营销经理需要分析一个问题，并在分析之后采取行动。首先，营销经理把问题输入适当的营销决策支持系统模型，通过该系统模型输出可分析的标准化数据；然后，经理使用该方案以决定最合适的行动。经理在实施行动计划时，随着各种环境条件的改变，又会产生新的数据。

营销决策支持系统经常应用大量的新软件，帮助营销经理对他们的工作进行分析、计划和控制。这些软件为设计营销调研方案、细分市场、制定价格和广告预算、分析媒体动态、计划推销队伍活动等提供支持和帮助。营销决策支持系统犹如使营销经理从飞机机舱的控制者成为领航员一样，引导企业在正确的方向上真正“起飞”。

## 3.2　市场调研方法

营销管理人员所需要的资料可以分成两类：第一手资料和第二手资料。**第一手资料（primary data）**指的是研究人员就当前研究的项目而收集整理的资料；**第二手资料（secondary data）**是指别人就其他目的先前已收集好的资料，而不是研究者就研究的项目自己收集的资料。

### 3.2.1　调研第二手资料

第二手资料大致可以分为内部资料和外部资料两类。好的市场调研者总是会知道可以得到哪些内部资料。内部资料的分析是企业营销信息系统中的内部报告系统的一个组成部分。

今天，内部资料的主要信息来源包括消费者、销售量、供货商的有关信息，以及其他的企业希望跟踪的资料数据库。

外部资料是指从企业外部得到的资料。我们将外部资料分为三类，即出版物、联合资料和数据库。出版物资料是指能够在图书馆或其他实体（如商业机构）得到的资料。因为这些信息是来自公共部门，所以，这些资料可能是免费的或者收费很少。

### 3.2.2　数据库管理

**数据库（information bank）**是指用来满足特定信息需求的相关信息的集合。你可以有一个非计算机管理的数据库，但大多数数据库是由计算机管理的，因为计算机可以存储大量的信息，并且用它对大量数据进行编辑、整理和分析都相当便利。

首先，企业要建立**内部数据库（internal information bank）**。这个数据库的信息是由其企业内部收集的，尤其是针对它的客户的。当消费者购买某种产品或要求某项服务时，企业就会从消费者那里获得某些信息，如消费者的名字、住址、电话、传真、电子信箱地址、信用卡号码、银行账号等。加上了解消费者在过去购买商品的情况，以及政府和其他商业机构发布的消息，该企业就有可能会拥有消费者的有关信息，并对消费者的特点有一定了解。尽管这样有可能会涉及一些私人性的问题，但许多企业确实是用这种方法来指导营销，增加与消费者的联系的。

**外部数据库（external information bank）**是由公司以外的机构提供的数据，它可以用来作为第二手资料的一个来源，用户只要缴纳一定费用就可以从一些商业机构获得这些数据库资料。我们可以考虑将这些外部资料作为出版物资源，因为大多数图书馆只需付少量的费用或根本不用付费就可以得到，但大多需预订。

如前所述，大多数数据库是通过计算机管理的。计算机数据库是指通过各种电子媒介所收集数据的集合。现在大多数数据库可以通过互联网直接与数据的提供者建立连接，或通过读取包含数据记录的光盘来获得。数据库可以分为 4 类：文献、数据类、指南和全文。这种分类是根据数据库包含的数据的性质来划分的。

### 3.2.3　调研第一手资料

在市场调研领域有 3 种方式可获得第一手资料，即调查法、观察法和实验法。虽然要获得确切的数字不是件很容易的事，但众所周知，调查法是在商业营销研究领域中为进行数据收集而使用最广泛的方法。大多数市场调研中的调查法有时被称之为“交流”研究，或对总体对象的双向沟通。因而，我们主要阐述如何通过调查法来收集数据。目前，3 种基本的调查法是：人工操作调查、计算机操作调查和自我管理调查。

### 1. 人工操作调查

**人工操作调查（person-administered survey）**就是访问者向被访者提出问题并记录下他们的回答。多年来，这是一种基本的操作方法，然而，随着通信系统的发展和技术的进步，这种方法的使用将越来越少。不过，人工操作调查的方法仍在被普遍应用，因为人工操作调查法具有 4 项独特的优点：可以及时反馈、可以控制质量、可以双向沟通和具有适应性。

### 2. 计算机操作调查

**计算机操作调查（computer-administered survey）**提供了一种可选方案，它更适合于几乎每天都在发生新的发展变化的领域。虽然，由访问员亲自进行访问的调查方式仍是这一领域的主要方式，然而，对计算机操作调查方法进行讨论是十分重要的，因为我们可以确认在可预见的未来，这种调查方式将发展成为一种普遍形式。

简单地讲，计算机操作调查就是利用计算机技术使其在整个访问工作中发挥有益的作用。计算机操作调查的方式多种多样，例如，它可以收录一位电话访问员所提出的问题，也可以将一张调查问卷以磁盘形式邮寄给被访者让其独立回答并反馈。无论采取哪种形式，就互联网上的调查问卷来讲，计算机扮演了一个媒介的角色，通过这个媒介，许多潜在的被访者被调动起来，并且通过计算机，被访者将他们的答复信息返给调研人员。

计算机操作调查的方式有以下优点：访问速度快，访问无误，使用照片、影像和图片，实时获取数据和减少了被访问者对“访问评估”的顾虑。

### 3. 自我管理调查

**自我管理调查（self-administered survey）**就是由被调查者独立完成，因而有别于其他的调查方式。因为它没有代理访问员或计算机来操作整个访问，所以，我们有必要关心访问人“纸、笔”上的标准。与一般调查不同，自我管理调查是被调查者阅读问题并直接将答案写在调查问卷上的方式。在通常情况下，被调查者以他或她自己的方式进行回答，并在大多数情况下，他会自己选择合适的地点和时间来完成调查，他甚至可以决定在什么时候反馈调查问卷。

自我管理调查的优点有：降低了成本，由被调查者主动控制以消除对“访问员评估”的顾虑。

被调查者可以在整个过程中自主地控制访问的进度，这样他们就不会感到仓促。最理想的要求是被调查者在访问过程中始终处于一种轻松愉快的状态，而采用自我管理调查可以满足这样的要求。有些被调查者在回答问题时会感到忧虑，因此无论由访问员操作还是计算机操作或别的什么方法，自我管理调查的方式使调研人员和被访者都感到更为轻松。

自我管理调查需要对所提问题进行清楚的陈述。例如，在一份关于使用洗发水的调研中，有一个问题可能会要求被调查者对 5 种不同品牌的洗发水按顺序进行排序，排序的规则是从最喜欢到最不喜欢，并在牌子的边上注上序号。然而，被调查者可能没有弄清题意而只将他们最喜欢的品牌进行了标记。如果访问员在场，这些错误会很快被纠正和解决；但当访问员不在场时，被访者很可能会犯一些小错误而自己却觉得已经完全正确地回答了问题。

## 3.2.4　问卷设计

认真设计出来的问卷是调查成功的关键，问题必须清楚、易懂和直接，也就是说，问题引出处必须符合数据需求。调查者在设计问卷之前，先要明确目的，因为目的决定了问题所要的细节。设计问卷中最常见的错误就是问些调查者感兴趣，但却无助于决定接受或摒弃某种假设的问题。最后，设定问题的最重要原则就是不可有偏见。

设定问题通常分 3 类：开放式问题、两分式问题和多项选择。

- 开放式问题：你认为中国长城优惠卡怎么样？
- 两分式问题：你是否有中国长城优惠卡？是____否____
- 多项选择问题：你的年龄属于哪一类？

20 岁以下____　20～29 岁____　30～39 岁____

40～49 岁____　50～59 岁____　60 岁及以上____

调查者对于某些问题要谨慎和格外小心。例如，纯属个人隐私或需经受访者同意才可提出的问题，必须要问时也要注意这类问题提法的委婉。一份具体的调查问卷参见营销窗口 3.2。

| 营销窗口 3.2 | 上海城市形象调查 |
| --- | --- |

访问日期：________________　　问卷编号：______________

访问员编号：______________

***开场白***

我是××大学的学生，我们正在开展一份上海城市形象市场调查。希望您能接受我们的访问，并感谢您接受访问。

***甄别部分***

S1．您是否在上海居住了 1 年以上？

（1）是　　（2）否（终止访问）

***调查部分***

1．您心目中的上海城市形象是（单选）：________

（1）文化之都；（2）创新之都；（3）性感之都；（4）动感之都；（5）舒适之都；（6）时尚之都；（7）开放之都；（8）经济之都；（9）浪漫之都；（10）休闲之都；（11）其他（请注明）

2．您认为上海最有代表性的城市景观是：

（1）外滩；（2）豫园；（3）南京路；（4）淮海路；（5）徐家汇；（6）人民广场；（7）新天地；（8）东方明珠；（9）陆家嘴；（10）其他（请注明）

3．以上景观中您印象最好的和最不好的是（写序号即可）：

（1）印象最好的是________　　（2）印象最不好的是________

***个人资料***

1．请问您的职业是什么？________

（1）机关/事业单位干部/教师；（2）非外企一般人员；（3）非外企管理人员；（4）外企一般人员；（5）外企管理人员；（6）个体户/私营企业主；（7）学生；（8）其他（请注明）

2．请问您接受的最高教育程度是：________

（1）没有接受正式的教育；（2）小学；（3）初中；（4）高中/中专/技校/职校；（5）大专；（6）本科；（7）研究生或以上

3．被访者姓名：______________ 联系电话/手机：________

被访者联系地址：__________ 邮编：________

## 3.2.5　典型数据收集方式

我们已经对人工操作调查、计算机操作调查及自我管理调查方式有了一定的了解。在典型数据收集领域里有 10 种不同的收集方法，参见表 3.2。

表 3.2　数据收集的方法

| | |
|---|---|
| 上门家访 | 访问员在被访者家中进行访问并事先通过电话进行预约 |
| 购物中心拦截访问 | 在购物中心的走道上行走的购物者被访问员拦住并邀请其参加调查 |
| 办公室访问 | 访问员与企业业务主管或经理预约，在被访者工作地进行访问 |
| “传统意义”上的电话访问 | 访问员通过电话访问家庭主妇或商业代表 |
| 集中电话访问 | 访问员在一个数据收集公司办公室里或一个工作区内，对每一位被访者进行访问。通常监督人员将旁听访问员的情况以监察他们是否正确地进行操作 |
| 计算机辅助电话访问 | 结合地区中心电话访问形式，将所有问题输入计算机并显示在屏幕上，然后由访问员通过电话读给被访者听并直接将反馈答案输入计算机 |
| 全计算机化访问 | 编制操作管理的计算机程序，使被调查者通过键盘、触摸计算机屏幕或一些其他方法，将他们自己的答案输入计算机 |
| 小组自我管理调查 | 被访者被集中起来组成一个小组，每一位被访者独立完成自己的调查问卷。这种将被访者集中起来成为小组，然后再各自独立完成的调查方式能帮助访问员节省人力物力 |
| 留填问卷调查 | 访问员将调查问卷留给被访者，过一段时间，由操作人员取回完成的调查问卷或者由被访者将答完的问卷寄回访问员处 |
| 邮寄调查 | 访问员将调查问卷寄给预选并已联系好的被访者，由被访者在完成问卷以后再寄回访问员处 |

## 3.2.6　深度调研方法

好的调研需要金钱和时间，但有些课题仅仅进行典型数据收集是不够的，它们需要更深入的调查研究。

### 1．购买者意图调查法

一些调研组织对购买者意图（**buyers’ intentions**）进行了深入的调查，其提问的方法见表 3.3。

表 3.3　你准备在 6 个月内买一辆汽车吗

| 0 | 0.2 | 0.4 | 0.6 | 0.8 | 1.00 |
|---|---|---|---|---|---|
| 不可能 | 有可能 | 可能 | 很可能 | 非常可能 | 肯定 |

这就是所谓的**购买概率量表（purchase probability scale）**。此外，各种调查还包括询问消费者目前和未来的个人财务状况及预期经济状况。在发达的市场上，专业营销调研公司定期测量消费者购买意图的主要变化，以及消费耐用品生产商订阅这些指标，希望通过它们了解消费者购买意图的主要转移方向，从而使其能相应地调整生产和营销计划。

### 2．专家意见法

企业也可以借助**专家意见（expert opinion）**进行深度调研。专家包括经销商、分销商、供应商、营销顾问和贸易协会。例如，汽车企业向它们的经销商定期调查以获得短期需求的预测。然而，经销商的估计和销售人员的估计一般是一样的，他们有着相同的优点和弱点。

企业可以召集专家，组成一个专门小组并进行一个特定的预测，可以请专家们交换意见并做出一个小组的估计（小组讨论法），也可以要求专家们分别提出自己的看法，然后由一位分析家把这些意见进行汇总（个人估计汇总法），还可以由专家们提出各自的估计和设想，由公司审查、修改，并继之以深化。

### 3．专题座谈会

**专题座谈会（focus groups interview）**有选择地邀请 6～10 人，由一个有经验的访问人组织，讨论某一产品、服务、组织或营销实体。访问人必须客观了解讨论的主题和行业情况，并具有小组能动性和消费者行为的知识，否则，讨论会的结果将可能误入歧途。在一情况下，为了吸引参加者，需要付给一些报酬。这种访问的特点是在愉快的环境下进行，可以备有茶点。专题座谈会有 4 个最主要的目标。

（1）获取创意：用该方法为一项新产品、新服务或新的改进做调研。

（2）理解顾客的语言：用该方法了解顾客在描述一项产品或服务时使用的词句，以便于在产品或服务宣传时加以用词方面的改进。这将有助于产品的广告设计和产品宣传手册的设计，也将有助于改进调研问卷的确定，并为以后问题的定量分析设计带来帮助。

（3）揭示顾客对产品或服务的需要、动机、感觉及心态：用该方法真正了解顾客对产品或服务的感受，以便更新营销方法。这一优点会在随后的调研中体现出来。

（4）帮助理解从定量分析中获得的信息：该方法有助于更好地理解从其他调研中获得的数据，也能显示为什么会从该方法中发现这些信息。

专题座谈会是用定性分析法来获取背景资料，以此发现顾客对产品的需要、意见。这种讨论对理解顾客的类型、价值观、购买力等基本信息是十分有帮助的。

## 3.2.7　互联网是一个调研库

互联网是由计算机等设备连接在一起的国际通信网络，每个拥有个人计算机、调制解调器和一些必要的设备和软件的人们，都可以接触到数以千计的信息资源。每个资源都有一个“网址”，同时它也允许个人、团体或公司通过特定的程序拥有一个网址。因为发往网上的数据没有严格的限制，所以不同数据库的质量可以说千差万别。能够使你进入互联网窗口的客户机程序被称做“浏览器”，它可以帮助你在整个网上漫游。浏览器能够通过标准资源锁定地址或调用主页，或连接到搜索引擎，找到你所需的网址并进行第二手资料调查。

要分辨哪个数据库是可信的需要专门的技巧，可以通过阅读商业评论或网络期刊，以及与实践经验的比较来获得，也可依赖一些已有声望的公司。但是，并不是每种资料都可以从互联网上得到，大多数发布者都在利用互联网为他们的产品做广告，因此，在网上可以发现如下的资源。

（1）关于企业年报、新闻、股票信息，有关某个主题的网址、文章或图书的名称的清单，某些电子杂志或已出版书籍的全部内容等。

（2）预订的网络服务，有些资料库只对付费的研究人员开放。

（3）分发服务，有些资料库允许研究人员检索目录，但阅读具体文章需要付费后通过信件、传真或网络分发。

（4）订购商品，网上有关各种商品的广告一般允许人们在网上订购，随后将商品寄来。

（5）特定服务，可以获得用户定制化的服务，通常是付费后，由供应商直接把载有客户要求的信息或文章分发到客户的计算机上。

### 3.2.8 在线调研

随着通信行业的巨大变革，互联网神奇般地改变了顾客获取信息和购物的方式。一方面，有成千上万的消费者正在适应通过互联网获取信息；而另一方面，互联网上并没有可靠的充足的信息提供给这些消费者。互联网上总有各类众多捉摸不定的顾客，你无法预知他们将敲开哪一扇商家的网上之门。因而，众多商家都在思考，这些顾客到底是什么样的人，他们会在哪里寻找信息，他们希望在商家的主页上获取哪些信息？**在线调研（online research）**对营销意义重大，参见营销窗口 3.3。

| 营销窗口 3.3 | 在线英才薪资调查 |
| --- | --- |

中国英才网（www.chinahr.com）开展了在线英才薪资调查，其控制方面的基本操作有：

**1．问卷填写控制**

被测试者不需填写姓名，系统只将电子信箱或 QQ 号作为唯一识别号，并且通过技术手段进行三层筛选，确保同一被测试者不能回答同一问卷两次及更多次。

**2．数据处理和分析**

（1）前期数据修整

① 年薪原始数据修正

if 月薪 then 年薪=12×月薪

按年薪升序排序，剔除年薪低于等于 5000 元的数据。

② 剔除少量缺失数据

考虑到样本容量已经足够大（此次分析的样本容量为 36 291 个），剔除少量数据对分析结果的精度影响微乎其微，并为了方便处理，以下数据不在处理范围内：任职时间 7 个，职务类别 8 个，担任现职务时间 4 个，城市 10 个，现单位性质 11 个，性别 2 个，年龄 6 个。

③ 根据年薪的分布情况截取数据

由于年薪明显呈右偏分布，均值明显受极值影响（方差很大），截取 3%～98%之间的数据，确保剩余数据能涵盖 95%的被测试者的薪金状况，且众数和中位数值不变，并消除极值的影响。

（2）样本容量确定

通过对原始数据的修整和截取，此次分析的样本容量为 36 291 个，除年薪高于 200 000 元的被测试者的数据另做高薪者分析外，如果此次调查数据通过简单随机抽样取得，则所得分析结果精度可达到 99.98%，月平均薪金估计误差低于 50 元人民币。

（3）统计分析

采用简单描述统计和分层交叉分析，得出网民的薪金概况和各层次网民的薪金水平。由于国外的同行业的薪金水平明显高于中国内地，而本次薪金调查主要针对中国内地各行业的雇员，除了按城市薪金分析外，其他分层的薪金分析结果均以中国内地的薪金水平为准。

## 3.3　市场信息预测

“预测”在古代就有过。在埃及、中国或希腊等国，都有过哲人的天才预言或预见，我国唐太宗时期有一个太史李淳风，就曾经成功地进行了一次“日食”的预测，其预测的精确度可以用“分”来计算。

一个企业开展营销调研的主要原因之一是为了确定它的市场机会。一旦调研工作结束以后，企业在选择它的目标市场以前，必须仔细地评估每一个机会。因此，企业特别需要衡量与预测每个机会潜在的规模、预期成长和利润。市场营销预测在财务上被用来筹集投资和经营上所需的现金，被制造部门用以估算能力和产出水平，被采购部门用以获得正确数量的供应物，被人事部门用以确定所需员工的数量。营销部门对制定这些市场预测负有责任，如果它们的预测远离指标，企业要么会承受过剩的能力和库存，要么由于存货短缺而使企业丧失赚钱的机会。

在市场营销中需要预测的内容很多，这里主要介绍以下几种。

### 3.3.1　市场需求预测

估算市场需求时最重要的是不能将其看成是一个固定不变的量，事实上，它是由各种条件结合起来决定的一个变量，或者说是具体条件变量的函数。图 3.2 所示是从营销费用水平这个条件来看市场需求与它的关系。

**市场需求（market demand）**是指一个产品在一定的地理区域和一定的时期内，在一定的营销环境和一定的营销方案下，特定的顾客群体愿意购买的总数量。

市场需求不是一个固定的数字，而是一个在一组条件下的函数。因此，它也被称为市

**场需求函数（market demand function）**。在图 3.2 中，横轴表示在一个规定的时间内企业营销费用可能表现的不同水平，纵轴表示由此而导致的需求水平。这条曲线描绘出市场需求的估计水平与企业营销费用变化水平之间的联系，其**市场下限（market minimum）**表示没有营销费用发生的市场需求。高水平的营销费用会产生先是报酬率递增随后是报酬率递减的高水平的需求。当营销费用超过一定的水平后，就不能再进一步促进需求。因此，可对市场需求假设一个上限，并称为市场潜量。**市场潜量（market potential）**就是在一个既定的环境下，当营销努力达到无穷大时，市场需求所趋向的极限。

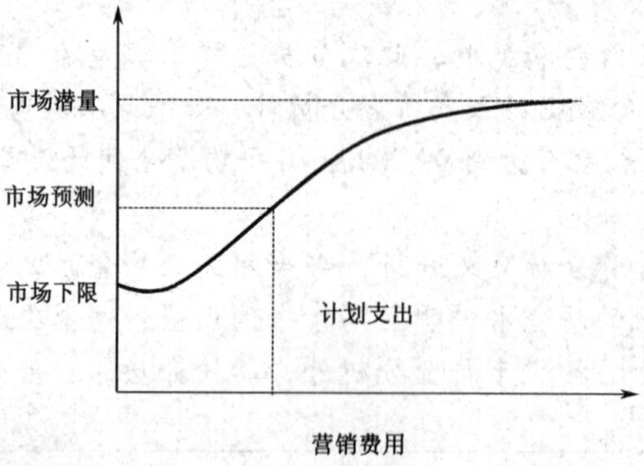


图 3.2　市场需求预测

市场下限和市场潜量之间的差距，表示了全部的**营销需求敏感性（marketing sensitivity of demand）**。可以设想两个极端类型的市场：可扩展市场和不可扩展市场。需要强调的是，市场需求函数无法看出时间对市场需求的影响，更确切地说，这条曲线只显示了在现阶段可选择的当期市场需求预测，与可选择的可能的当期行业营销努力水平之间的关系。

例如，某市海军希望从高级中学招募 2 万新兵入伍，问这一目标能否达到？现可通过下述方法算出市场潜量：

| | | |
|---|---|---|
| 男性高中毕业生总数（每年） | | 10 000 000 人 |
| 其中： | 符合征兵标准者 | 50% |
| | 符合标准乐于到军队服役者 | 15% |
| | 符合标准乐于参军而又愿意加入海军者 | 30% |

于是，连续相乘的结果表明，新兵市场潜量为 22.5 万人，是计划招兵数目（2 万）的 10 倍，海军征募新兵的目标完全有可能达到。

## 3.3.2　公司销售预测

**公司销售预测（company sales forecast）**是指企业以其选定的营销计划的假设营销环境为基础，所预期的企业销售水平。

可以用直线回归的时间序列法来预测企业今后的销售额。在对直线方程 $Y=a+bX$ 中的 $a$ 与 $b$ 参数进行估计时，大多采用“最小二乘法”原理。这个方法使资料期的各实际数据在回归直线方程中的偏差的平方和最小。这个回归直线最能代表实际数据变动所包含的长期趋势，因而最适宜作为预测的依据。

由于时间的变化是等量的，故在估算参数（$n$）时，可用简洁法，即：将资料期（月的或年的）化为 $X_i$，使 $\sum X_i = 0$。其方法是：若 $n$ 为奇数，则取 $X_i$ 的间隔期为 1，将 $X$=0 置于资料期的中央一期；若 $n$ 为偶数，则取 $X$ 的间隔期为 2，将 $X$=−1 与 $X$=1 置于资料期的中央的上、下两期。

用直线方程式表示的公式为：

$$Y = a + bX$$

用最小二乘法导出的标准方程为：

$$\sum Y_i = na + \sum bX_i$$

$$\sum X_i Y_i = a\sum X_i + b\sum (X_i)^2$$

用年份的离中差来计算，因而得出：

$$a = \sum Y_i / n$$

$$b = \sum X_i Y_i / \sum (X_i)^2$$

例如，某产品 2007—2013 年的销售额如下，预测 2014 年的销售额。

| 年份 | 2007 | 2008 | 2009 | 2010 | 2011 | 2012 | 2013 |
|---|---|---|---|---|---|---|---|
| 销售额（万元） | 30 | 40 | 25 | 50 | 45 | 55 | 65 |

用该公式统计和计算如下：

| 年份 | $Y_i$（万元） | $X_i$ | $X_iY_i$ | $(X_i)^2$ |
|---|---|---|---|---|
| 2007 | 30 | −3 | −90 | 9 |
| 2008 | 40 | 2 | −80 | 4 |
| 2009 | 25 | −1 | −25 | 1 |
| 2010 | 50 | 0 | 0 | 0 |
| 2011 | 45 | 1 | 45 | 1 |
| 2012 | 55 | 2 | 110 | 4 |
| 2013 | 65 | 3 | 195 | 9 |
| 总计 | 310 | 0 | 155 | 28 |

$$a=310/7 \approx 44.3$$

$$b=155/28 \approx 5.54$$

$$Y=44.3+5.54X$$

$$Y=44.3+5.54 \times 4 \approx 66.5\text{ 万元}$$

预测 2014 年的销售额为 66.5 万元。

## 复习题

1. 什么是市场调研？
2. 调查研究根据管理功能怎样进行分类？

3．市场营销信息系统由哪些子系统组成？
4．内部报告系统由哪些子系统组成？
5．营销情报系统收集什么信息？
6．营销决策支持系统的作用是什么？
7．怎样进行专题座谈会？
8．假设在评价顾客调查中提出以下问题，那么哪些问法存在问题：
   - 你的妻子最喜爱哪个品牌的时装？
   - 上星期一你看了什么电视节目？
   - 去年你外出吃饭共有多少次？
   - 你能列出一张本月你购买了哪些商品的清单吗？
9．试从公司与市场的角度，比较需求与潜量的异同。任选一个本地企业为例说明你的回答。
10．一家抗衰老保健品的生产商，想要确定其产品在中国大城市的相对市场潜量。请问最有可能成为市场潜量的因素有哪些？
11．某企业在本年度前 5 个月的销售量见下表，用最小二乘法预测 6 月和 7 月的销售量。

| 月份 | 1 | 2 | 3 | 4 | 5 |
|---|---|---|---|---|---|
| 销售量（万台） | 3.2 | 3.0 | 3.4 | 3.5 | 3.3 |

## 案例讨论

### 肯德基“家庭聚会”的调研

1939 年，美国桑德士上校（Colonel Sanders）用其独创的 11 种神秘香料配方与独特烹调方法创建了肯德基（KFC）公司。现在，肯德基隶属总部设于美国肯塔基州的全球百胜餐饮集团，是当今世界上最大的炸鸡快餐连锁集团，其连锁店遍及全球 100 多个国家。

进入 21 世纪，肯德基进入某市场已 20 年，并开设了 300 多家连锁店。肯德基最初定位“白领经济快餐”概念，由于竞争者——麦当劳（已有 200 多家连锁店）的发展及其他快餐公司的流行，肯德基将面临寻找其竞争优势的挑战。肯德基的传统消费者是年轻人，他们一般在在吃饭的时候光顾肯德基。但在当地也有一些具有很浓家庭气氛的餐馆连锁店，这些店具有很强的竞争力。从市场角度出发，肯德基认为需要重新进行定位，它们想把其现有的经营方式转变为家庭聚会形式。很明显，为了适应当地市场，肯德基有必要确定并调查当地市场的家庭价值观。

#### 1．定义调研问题

肯德基营销总监沙格先生会晤了公司的营销部人员及广告代理商。这次会晤的目的是确定最佳方案，以使肯德基的消费对象从青年男性扩展到家庭领域。沙格先生在执行重新定位策略的过程中遇到了 3 个棘手的问题，并由此展开了讨论。首先，多年来肯德基已在当地消费者心目中形成了一种强烈的“白领”式餐馆的印象，且其主要消费者一直都是青年男性。“白领”概念在当地消费者心中已根深蒂固，因此公司可能会花好几年的时间才能使其形象转变为“友好家庭”概念。其次，肯德基的忠实消费者一直是青年男性，由此给人一种否定女性消费者的感觉。经常出入肯德基的都是青年男性，有时甚至是喝醉了酒的男人，因此母亲们都认为把孩子带进肯德基很不安全。第三，竞争者——麦当劳进入当地市场要比肯德基晚3年，但它却迅速地弥补了这个时间上的差距。现在，麦当劳仅用于儿童广告的单项支出就已超过了肯德基的全部广告费用，麦当劳对于家庭的吸引力要比肯德基好很多。

沙格先生和广告代理商意识到，就公司的长期生存能力而言，肯德基重新进行形象定位是至关重要的，因为家庭是快餐行业最大且增长最快的一部分消费者。

由此，肯德基营销管理层即刻面临的问题是：如何使公司对当地的母亲们具有足够的吸引力，以及如何使她们经常购买肯德基的食品作为家庭膳食？所以，当地肯德基面临的两个主要问题是：①相似的“家庭聚会”是否会吸引当地的母亲们？②“家庭聚会”的推出是否会使肯德基的品牌在当地的整体形象及知名度有所提高？

### 2. 确定调研设计方案

对于母亲们进行的“家庭聚会”概念研究，将帮助营销管理层确定肯德基的这个想法在当地是否具有生命力，这也就解决了上述的两个问题。如果它对母亲们具有吸引力，则肯德基“家庭聚会”将在当地全面推行，同时也将开始研究由此而产生的商业及消费者行为。一旦推行“家庭聚会”概念，则将制订相关调查方案，包括第二手资料分析、专题座谈会、对当地母亲们的典型调查，以及最终的销售及消费者追踪研究。

### 3. 实施调查

在专题座谈会阶段，肯德基的研究人员走访了当地有12岁以下孩子的母亲们，并与她们展开了一系列的讨论，如她们喜欢的餐馆及快餐店等。由于不希望造成母亲们的偏见或反对的局面，因此在此过程中并没有提及调查委托人。所有的专题座谈会都用摄影机录下，并将母亲们的观点制作成文件以备分析所用。

特定目的分析是指对不同变量的一系列的比较，如价格、食物的数量及套餐中是否包括餐后甜点或饮料等。公司设计了一份结构性问卷以获得这些资料，同时，为减轻管理的压力，还对该问卷进行了预测。市场追踪问卷是一份标准的并具有结构性和定量性的问卷，它具有一些与先前进行的追踪研究不同的优点。

在定性研究阶段进行的专题座谈会的访问对象来源于当地市场的母亲，每一个小组都含有10～12个在过去3个月内在快餐店中消费过的妇女。定性研究的访问对象来源于主要道路上随机抽取的2000名妇女。市场追踪研究是定期性全国追踪研究的一部分，其访问对象来源与定性研究相似，这将通过在当地具代表性的区域持续进行拦截访问来完成。为了区别在不透露委托人情况下收集到的资料，有关“家庭聚会”的知名度及好处的特定问题将在定期追踪问卷最后被提及。

2000个样本的调查及追踪研究应由专业营销调研公司经过培训和富有经验的访问员来完成，调查过程大约需要两个星期的时间。而一旦决定在全国推行“家庭聚会”，则应在定期追踪研究中加入有关“家庭聚会”的问题，这需要 6 个月的时间来完成。

**4．调查资料分析**

根据调查，肯德基当前正供应一种称为“经济套餐”的膳食，它包括 8 个鸡块和 4 份常规薯条，其售价为 60 元。而准备推行的“家庭聚会”包括 8 个鸡块、4 份常规的薯条、两份大量的定食，如豆子和色拉以及一个适合 4 口人食量的苹果派。在调查过程中，对这两种膳食进行了比较。分析结果表明，如果“家庭聚会”的销价在约 80 元，则它会更受人们的欢迎。人们认为“家庭聚会”的价格更为合理，食物更为充足，人们也更喜欢、更愿意购买“家庭聚会”套餐。在这些研究发现的基础上，肯德基推出了“家庭聚会”套餐。

品牌追踪研究解决的第二个问题，即“家庭聚会”的推出是否会使肯德基的品牌在当地的整体形象有所提高。对于整体价值的追踪调研显示，在推出“家庭聚会”时，肯德基的整体价值信用度要比竞争者——麦当劳低 10 个百分点，但到追踪调研阶段结束时，两者的价值信用度已经相同了。年底时，肯德基豪华膳食销售的比例已从 10%上升到了 20%，整整增加了一倍。

其他的追踪研究因素包括连锁餐馆的知名度、“家庭聚会”的知名度以及“家庭聚会”的销售情况。尽管麦当劳在当地的电视广告是肯德基的 4 倍，但“家庭聚会”的广告还是创造出了前所未有的品牌广告知名度。

人们更喜欢“家庭聚会”，因此其销量远高于“经济套餐”。而从财务角度看，尽管“家庭聚会”的总利润率比“经济套餐”低，但其总利润还是要高于后者。令肯德基员工感到惊讶的是，“家庭聚会”的销量上升了，但同时“经济套餐”的销量却仍然维持在原来的水平。造成这种情况的原因可以从对“家庭聚会”消费者的调查结果中反映出来，即不同类型的消费者对这两种食物具有不同的喜好，一般人口多的家庭喜欢“家庭聚会”，而人口少的家庭仍喜欢购买“经济套餐”。

“家庭聚会”利用了肯德基原有的实力，因此从竞争地位的角度来看，“家庭聚会”能有效地与其他的快餐店展开竞争。除了原有的青年男性购买者外，肯德基还将其消费者领域扩展到了家庭。相对于原有的汉堡包和薯条等食品，母亲们更喜欢肯德基提供的这种有益健康并符合家庭风格的膳食，“家庭聚会”最终成为了肯德基首要的销售项目。在不断重塑自己的良好形象并和其他的快餐店展开有力的竞争中，肯德基从营销调研上获得了很高的收益。

## 问题讨论

1．肯德基定义的调研问题是什么？

2．它是怎样实施调研的？

# 第 4 章 分析市场环境

CHAPTER 4

## 引导案例

已有 140 多年历史的中国老牌国企正广和从亏损走向成功，得益于它扫描市场环境后的两大营销战略：产品从碳酸水走向纯水，使企业走出困境；中国首家网上购物销售公司的成立，又使它率先跨入 21 世纪的新兴市场。

在一次国际会议上，一位中国青年端坐在会议厅的一边，出神地盯着墙角那台流线型饮水机上安放的透明纯净的圆水桶。他，就是当时任正广和总经理的吕永杰。此时此刻，他正在为企业寻找一条新的开发之路。一位热心的美籍华人告诉吕永杰，这台饮水机上的桶装纯净水是每月专程从美国空运而来的，即便在美国这么繁华的国家里，也还有许多城市的管道水不能直接饮用。吕永杰心头不免一亮。返回公司后，他立即派人收集美国饮用水市场的资料。纵观中国的饮用水市场，管道水直饮在近期不可能普及，但桶装水和壶装水呢？正广和的决策者们虽然还不能做出最后的抉择，但希望之光已在他们心头跳跃：他们有市民熟悉和喜爱的知名品牌，有 140 多年锤炼铸就的科学、精湛和成熟的“水处理”技术，一定能在上海打出一片市民饮用水市场的新天地。

当正广和人把甘甜、纯净的饮用水送进千家万户时，他们又开始了新的思考：正广和通过自己独特的送水网络把大桶水送到人们的家中，能不能进一步开发送水网络的功能呢？一个新的动议在正广和的最高决策层产生了：把送水网络建成送货网络，不仅送水，还可以送其他商品，使送水网络成为整个集团的资源，也使饮用水客户享受到更多、更便利的服务。扫描市场环境，追随环境发展，这就是正广和决策者的高明之处。

**本章将阐述分析宏观和微观环境的一些问题：**

- 企业面临的宏观环境是什么？
- 企业面临的微观环境是什么？
- 怎样分析企业的竞争环境？

## 4.1　企业的宏观环境

企业作为社会的细胞，它们的活动往往与其外部环境发生着千丝万缕的联系。一方面，环境与企业相辅相成。营销环境及其正常变化可为企业细胞的新陈代谢提供必需的养料和条件；而无数企业细胞的正常活动又能促进营销环境的稳定。另一方面，环境与企业彼此制约。营销环境的异常变化有时可能超越企业细胞的承受能力，甚至会破坏企业细胞；而无数企业细胞的异常代谢或恶性增生又可能导致营销环境的紊乱。因此，企业必须研究如何适应环境的变化，从而促进它的发展和成长。从某种意义上说，市场营销就是研究企业如何“物竞天择，适者生存”的学科。

销售经理不是在真空状态中制定战略的。在选择目标市场和确定营销战略时，他们一定要处理更广泛的营销环境中的各种要素。

企业的宏观环境（**Macroenvironment**）因素有 6 大类：人口、经济、自然、技术、政治与文化。这些宏观力量给企业提供机会，同时也造成威胁。自然和经济环境，包括萧条或通胀，也会影响战略的抉择。营销者必须学会预测、理解和处理这些变化——包括作为经济环境基础的技术的变化。他们还必须了解各种法律限制，并对政治局势的变化保持一定的敏感度。同时，人口、文化和社会环境在影响人们的行为方式，并涉及市场营销战略是否会成功。

### 4.1.1　人口环境

人口是市场营销人员最感兴趣的环境因素之一，因为市场是由人构成的。总人口、人口的地理分布和密度、家庭数量、年龄构成及人口增长率等对企业的营销计划都有显著的影响。

#### 1．总体人口的继续增长

与世界人口的增长相吻合，我国的总人口将继续增长。1987 年，世界人口为 50 亿人，2000 年，世界人口达到 62 亿人。我国作为发展中国家之一，人口增长速度相当可观：由 1949 年的 5.42 亿人到 1995 年 2 月 15 日的 12 亿人（这一天被命名为“中国 12 亿人口日”）。到 2000 年底，中国内地的人口达到 13 亿人。

人口决定了市场规模，但仅从量的角度来分析人口过于简单。我国的巨大人口产生了两个严重后果：第一，使我国的人均自然资源占有量进一步下降，其中淡水、耕地、森林、能源等方面的问题尤为突出，有限的资源难以达到或维护多数人所渴望的生活水平；第二，人口增长较快的边远地区和农村恰恰是经济不发达和难以养活过多人口的地方。

众多人口既有不利于改善人民生活水平的方面，同时又是一个广阔的消费品市场和廉价劳动力的供给源。显然，在收入水平一定的条件下，人口增加就意味着市场扩大，而廉价和丰富的劳动力资源可以增加产品的竞争能力。

#### 2．人口年龄结构的变化

据统计，我国人口的平均寿命，1949 年以前是 35 岁，1957 年是 57 岁，1980 年是 69 岁，根据第六次全国人口普查汇总资料计算，2010 年我国人口平均预期寿命达到 74.83 岁。人口老龄化的趋势在我国已经出现，这是经济发展和生活条件改善的结果。对此，有关各行业的生产经营者们，应有足够的重视。

此外，各个年龄段人口的增长速度大不相同，这也将对营销者的目标市场战略发生影响。目前有些学者把人口划分为 6 个年龄段：儿童（10 岁以下者）、青少年（10～19 岁）、年轻人（20～34 岁）、早期中年人（35～49 岁）、晚期中年人（50～60 岁）和退休者（60 岁以上）。各年龄段人口数量的增减，将有所不同，需求也各有特点，这些都是营销者需要认真调查研究的。另外，值得注意的是，据联合国人口司统计，在老龄人口中女性多于男性，预计今后 40 年里全世界的老龄人口中女性将比男性多 50%。

人口年龄结构的变化必然对某些行业造成威胁，却为另一些行业提供了市场机会。例如，吉宝公司多年来的广告口号是：“婴儿是我们的事业，我们的唯一事业”，但前些年悄悄放弃了这个口号，转而向老年人推销，改用的口号是：“吉宝现在像对婴儿一样地对待 50 岁以上的老人”。同时，由于年轻的夫妻们有了更多的闲暇和收入，增加了旅游和娱乐活动，因而给旅馆、餐馆、航空公司等行业增加了营销机会。中国的独生子女给儿童用品和教育市场也提供了巨大的机会。

**3. 家庭状况的变化**

家庭是商品购买和消费的基本单位。在我国，“四代同堂”的现象已属罕见，但小型的父母加独生子女“三位一体”的家庭模式已很普遍，家庭居住逐渐由城市向乡镇发展。家庭数量剧增必然会引起对炊具、家具、家用电器和住房等需求的迅猛增长，相关行业的企业应当把握住这些具有诱惑力的市场。

**4. 人口的地理分布**

人口的地理分布是指人口在不同地区的密集程度。任何一个国家、一个地区、甚至一个城市，其人口的分布绝不会是均匀的，我国的人口分布主要要集中在东南沿海一带，人口密度由东南向西北逐渐递减。

人们生活所在地区的自然和经济条件存在很大差异，对各类消费品的需求也不一样。在天气炎热的南方对空调和电风扇的需求量大，而在寒冷的北方则需要暖气设备和御寒服装。同样，农村居民和城市居民的消费偏好也有很大差异。对营销人员来说，尤其要注意，农民占我国人口的大多数，这是一个现实而潜在的巨大市场。同时还要注意人口地理分布正在发生变化，总的趋势是从西北向东南，从内陆向沿海，从农村向城镇转移。

人口的地理分布同时也表明了不同的消费习惯及需求的特征。我国不同地区的食物结构就有很大的不同，南方人以大米为主食，北方人则以小麦为主食。服装也由于地域的不同会形成一定的特色。

人口的地理分布可以为企业准确地寻找自己的目标市场提供依据，对它的正确了解也有助于企业对产品的流向与流量做出判断。

### 4.1.2 经济环境

经济因素很多，对企业营销影响较大的有经济发展阶段、地区与行业的经济发展状况、购买力水平等。

**1. 经济发展阶段**

有些市场比其他市场更为先进或增长更快。各个国家往往处于不同的经济发展阶段，这意味着它们的需求和营销体制会有所不同。

我们将讨论经济发展的 5 个阶段，以形成对潜在市场的可能的不同之处的认识。这些阶段对理解营销会有所帮助，但是，它们是过于简化了的现实世界。这是因为：首先，同一国的不同部分可能处于不同的发展阶段，因此，不可能只用一个阶段来概括该国家或地区。其次，由于外国公司的投资或本国热切希望发展的政府的投资，某些国家会跳过一个或两个阶段。

（1）农业经济

在这一阶段，大多数人是自给自足的农民。可能存在一个简单的营销体制，但大多数人并不属于货币经济。非洲的某些地区和新几内亚正处于这个阶段。从现实意义而言，这些人并不构成市场，因为他们没有钱购买商品。

（2）前工业化经济

中东地区的某些国家处于这一阶段。在这一阶段，我们看到更多的是市场导向的行为。石油、锡、铜等原材料被开采和出口。通常，这是在外国技术和资金的帮助下进行的。商品经济与自然经济共同发展，但彼此不相关。这类活动需要开发一个交通运输系统，以便把开采地区或生长地与货运点连接起来。货币经济在这一阶段发挥作用。

这类国家为大型的工程建设而进口工业机器设备及零部件。它们还需要进口包括奢侈品在内的其他产品，以满足技术人员和管理人员的生活标准。

（3）以制造业为主的经济

企业对金属矿石或曾经以未加工形式出口的工业产品进行加工。例如，印度尼西亚既生产同时又加工糖和橡胶。世界其他地区的公司会在该国建厂以便利用其廉价劳动力。这些工厂的大多数产品用来出口，但是，工人们获得的收入刺激了经济发展。此外，一群正在壮大的专业人员和技术人员，也是发展中的工农业复合体所需要的。这一群体以及正在日益增多的富有的本地人的需要，与较低阶层和正在兴起的中等阶层的需要有很大的不同。尽管第三阶段本地市场得以扩展，但大部分人仍处在商品经济之外，因为本地生产商难以发现足够的需求来开展业务。本地的小制造业开始兴起——特别是那些只需要少量投资就可创业的行业。

（4）后工业化经济

在这一阶段，跨国公司通过在有前途的机会中的投资加速了这些国家的发展。这些国家通常以某种制成品为特色——如钢铁、手表、照相机、电子设备和加工食品。因为衣服是生活必需品，所以纺织业通常是最先发展起来的行业之一。发展中国家对纺织业的较早的重视是造成世界纺织品市场竞争如此激烈的一个原因。企业开始出口制成品。人民变得越来越富裕，他们对多种产品有需求和购买力。实际上，这一阶段的国家之间经常进行大量的贸易，每个国家出口它具有生产优势的产品。在这一阶段，几乎所有消费者都处于商品经济中。可能会有一个很大的中产阶级。

（5）知识和服务经济

近年来，发达国家的主要大趋势之一就是知识产品和服务业的惊人增长。例如，在美国，从事服务业的人数占总就业人数的 79%，其产值占国内生产总值的 74%。

**2．地区与行业的发展**

我国各地经济发展不平衡。在东部、中部和西部三大地带之间，其经济发展水平客观上存在着东高西低的总体区域趋势。同时，在各个地带的不同省市，还呈现出多极化发展趋势。这种各地区经济的不平衡发展，对企业的营销战略制定等会带来巨大影响。

我国行业的发展也有差异。今后一段时间，我国将重点发展农业、原料、能源和高新科技等行业。这些行业的发展将必然带动商业、交通、通信、金融等行业和部门的相应发展，也给市场营销带来一系列影响。因此，企业要根据与本企业联系紧密的行业或部门的发展状况，制定切实可行的营销措施，以适合我国的行业发展需要。

3. 购买力水平

**购买力（purchasing power）**是构成市场和影响市场规模大小的重要因素，而购买力是受宏观经济环境制约的，是经济环境的反映。影响购买力的主要因素有居民的实际收入、币值、消费者的储蓄和信用、消费者的支出模式等。

收入水平决定了购买力的大小，购买力又决定了市场规模的大小。收入水平又反映了国民生活水平。个人总收入是指包括工资、奖金、津贴、利息、股息、红利、租金等的一切货币收入。

个人可支配收入是在个人总收入中扣除税金后的剩余部分。个人可任意支配收入是在个人可支配收入中再减去食品、服装、住房、保险等必需品的支出后的剩余部分。

消费者收入是影响购买力的最重要的因素，但必须区分实际和名义收入（货币收入）。实际收入和货币收入并不总是一致的，由于通货膨胀、失业、税收等因素的影响，有时货币收入虽然增加，但实际收入可能会下降。

消费者支出模式主要取决于消费者的收入水平。德国统计学家 E・恩格尔研究劳工家庭支出构成时指出：当家庭收入增加时，多种消费的比例会相应增加，但用于购买食物支出的比例将会下降，而用于服装、交通、保健、娱乐的开支比例将上升。这种趋势被称为“恩格尔定律”，这对在市场营销中研究需求结构、预测需求变化趋势是很有用的。

### 4.1.3　自然环境

任何企业的生产经营活动都与自然环境息息相关，因为无论制造哪种产品都需要原材料、能源和水资源等。随着生产活动范围的扩大，同时也由于前些年对环境保护的忽视，我国的物质环境在几十年中已遭受了不可弥补的破坏。例如，我国遭受大气污染等的灾害就是自然界对我们破坏生态平衡的惩罚。各种资源的短缺将对企业的生产和经营活动形成很大的制约。

政府与公众对环境保护的关心，一方面限制了某些行业的发展；另一方面也造成了两种营销机会：一是为治理污染的技术和设备提供了一个大市场，二是为不破坏生态环境的新的生产技术和方法创造了营销机会。

### 4.1.4　技术环境

技术环境变化对企业的生产和销售活动有着直接而重大的影响，尤其是在原料、能源严重短缺的今天，技术往往成为决定人类命运和社会进步的关键所在。

当今的世界正在发生着翻天覆地的变革。经济合作与发展组织的一份报告说：世界正在迎接知识经济时代的到来，知识经济是建立在知识和信息的生产、分配和使用之上的经济。这是与农业经济和工业经济相对应的一个概念，用以指当今世界上的一种全新的富有生命力的经济。

知识经济的出现，迫使企业重新反思它的业务使命和营销战略。过去赖以制胜的市场假设、观念、技术和组织形式，如今要再发展和重用。当前，一句响亮的营销口号是“优秀的企业是满足需要，而伟大的企业是创造市场”。企业只有创新，才能不被时代所淘汰，并能持续地保持竞争力。技术创新是一件关系企业全局和长期的大事。

### 4.1.5 政治环境

所谓政治环境，主要是指法律、政府机构的政策法规，以及各种政治团体对企业活动所采取的态度和行动。一个国家政治稳定是大多数企业顺利进行营销活动的基本前提。

为了保证经济的良好运行，各国政府都颁布了相应的经济法规来制约、维护、调整企业的活动。随着经济体制改革和对外开放步伐不断加快，我国日益重视经济立法与执法。近年来，我国颁布了许多经济法规，如《企业法》、《经济合同法》、《商标法》、《广告法》、《环境保护法》、《消费者权益保护法》等。这些法规是保障我国经济协调、稳定发展和维护社会整体利益的有效手段。

对企业管制的立法与保护消费者利益的立法一般很难截然区分开来。譬如，我国的《广告法》是对企业广告行为的规范，这种规范的最终目的又是为了保护消费者的权益。保护消费者权益的立法，其法理基础在于市场信息获得的不对称性。鉴于企业与消费者获取和实际拥有信息的能力不一样，法律要求企业本着诚实守信的态度向消费者提供合格的产品，发布真实的广告信息且只索取合理的价格。保护消费者权益的法律涉及企业的产品、价格、促销、渠道决策的各个方面。

除了制定法律条文外，各国的消费者主权运动也日益高涨。经国务院批准，我国的消费者协会于 1985 年 1 月在北京成立，其任务是：宣传国家的经济（特别是有关消费方面）的法律、方针政策；协助政府主管部门研究和制定保护消费者权益的立法；调查消费者对商品和服务的意见与要求；接受消费者对商品和服务质量、价格、卫生、安全、规格、计量、说明、包装、商标、广告等方面的投诉。我国《消费者权益保护法》于 1994 年获得通过。

保护社会利益的立法主要是关于环境保护、资源开发利用方面的法律。用经济学的术语来说，制定这些法律，是为了避免出现“外部不经济”，这类立法包括《中华人民共和国环境保护法》、《中华人民共和国城市规划法》、《中华人民共和国环境噪声污染防治条例》等。

对于企业而言，国家的法令法规，一方面约束着企业必须在符合全体人民和社会利益的基础上去经营；另一方面，也保护着企业的正当行为和利益。

### 4.1.6 文化环境

被称为“人类学之父”的爱德华·B·泰勒（Adward B.Tyler）在其代表作《原始文化》中给文化的定义是：“文化是一个复合的整体，其中包括知识、信仰、艺术、道德、法律、风俗以及作为社会成员而获得的其他方面的能力和习惯。”泰勒的定义至今不失为经典名言。

作家冯骥才说过：“年文化不是哪一天建立起来的。它是在数千年历史中不断创造、选择、约定俗成和不断加强出来的。它通过大量密集的民俗方式，五彩缤纷的节日包装，难以数计的吉祥图案，构筑起年的理想主义的景象。它既有视觉（颜色与图像）的、听觉

（鞭炮与拜年的呼声）的、味觉（应时食品）的，又有嗅觉（香火和火药）的；它们占有了我们所有感官，直到心灵。我们创造的文化迷住了我们自己。看一看每年腊月里的春运就能感受到文化有多大力量。几亿人加入到浩浩荡荡回家过年的春运队伍。除去春节和年文化，谁能调动起如此阵势的千军万马？这一刻，我深深地感受到中华文化深刻地潜在我们的血液里，一年一度地发作一次。”

#### 1. 物质文化

物质文化通常是指由人类创造的物质产品和技术所产生的与社会活动相关的文化现象，如汽车文化、电视文化、计算机文化等。

#### 2. 语言

人类的全部思想都要通过语言来交流。一种语言只能在一些国家和地区被理解和使用。所以语言是文化中最重要的要素，语言被人们称做“文化的镜子”。

#### 3. 宗教

宗教对于人的生活方式、价格观念、购买的商品和购买行为具有深刻的影响。例如，天主教规定教徒星期五吃鱼；印度教禁止教徒吃牛肉；伊斯兰教不准教徒吃猪肉，也不许教徒喝烈性酒。世界上的宗教节日很多。基督教与伊斯兰教的节日是不同的，信奉伊斯兰教的国家的重要节日是斋日（指伊斯兰教教历第九个月，在该月内，教徒白天禁食）。信奉基督教国家的盛大节日是圣诞节。在西方，大多数国家圣诞节前夕是消费者购物的高峰期。在东方，如中国、朝鲜、越南等，则在春节前购买各种商品。这些不同的节日都直接影响企业销售的日程。

#### 4. 美学

美学包括书法、绘画、造型艺术、民俗传说、价值判断、音乐、戏剧、舞蹈等。不同文化的美学观念影响消费者对产品设计的美学判断和接受程度。营销者应根据不同地区的美学观念来设计和推销产品。

除了核心文化以外，在一个社会中还有**亚文化**（**subculture**）。例如，移民、外侨、特殊阶层等，由于他们的生活经历不同，会表现出不同的信念和价值观，从而有不同的需求和行为。例如，根据我国传统，结婚等喜庆日着红色服装，以示吉祥；但根据西方传统，结婚时着白色礼服，表示纯洁。现在我国沿海城市有许多人受西方文化影响，风俗习惯已有所改变，对其中健康有益的部分，营销者应予以支持；而对那些腐朽有害的内容，则应予以坚决抵制。

## 4.2 企业的微观环境

企业的营销工作不仅要研究宏观环境，而且要研究**微观环境**（**microenvironment**），因为企业是在微观环境中生存和发展的。企业要同各种组织和个人打交道，首先，需要从供应商那里获得各种原材料或其他物料，然后经过企业内部各职能部门和车间的协作生产出产品，最后这些产品要通过各层中间商才能最后到达对产品性能和质量都有一定要求的消费者手中。

由于能向某一目标市场提供产品或服务的企业不止一个，所以，企业必须在很多竞争者的包围和进攻下开展营销活动。同时，社会公众对某些产品和营销活动的态度也深刻地制约着企业的行为，所以，必须对他们进行分析。企业的微观环境因素如图 4.1 所示。

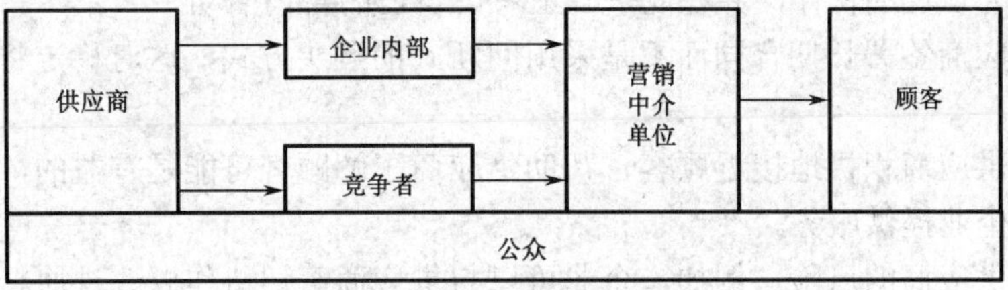


图 4.1　企业的微观环境因素

## 4.2.1　企业内部

企业的营销部门不是孤立的，它面对着企业的许多其他职能部门，如董事会、研究与开发、采购、制造和会计等部门。营销部门在制订和实施营销计划时，必须考虑其他部门的意见，处理好同其他部门的关系。

企业的高层管理者是最高领导核心，负责规定企业的使命、目标、设备和政策，营销者只有在高层管理者规定的范围内做出各项决策，并得到上层的批准后，才能付诸实施。

营销部门还必须同其他职能部门密切配合。营销部门计划的实施过程中资金的有效运用、资金在制造和营销之间的合理分配、可能实现的资金回收率、销售预测和营销计划的风险程度等，都同财务管理有关；新产品的设计和生产是研究与开发部门集中考虑的问题；生产所需的原材料能否得到充分的供应，是由采购部门负责的；制造部门负责生产指标的完成；会计部门负责成本与收益的核算，并帮助营销部门了解营销利润的实现情况。

## 4.2.2　供应商

供应商是向企业及其竞争对手供应各种所需资源的企业和个人，包括提供原材料、设备、能源、劳务和资金等。他们的情况如何会对企业的营销活动产生巨大的影响，如原材料价格变化、短缺等都会影响企业产品的价格和交货期，并且可能会削弱企业与客户的长期合作与利益，因此，营销人员必须对供应商的情况有比较全面的了解和透彻的分析。供应商既是商务谈判中的对手也是合作伙伴。

#### 1. 作为竞争对手的供应商

供应商作为独立的企业，总希望能从买方企业多得一些利益，所以常常把买方作为谈判对手。可采用的策略有：

（1）尽可能地减弱他们与企业讨价还价的能力，以获得更大的收益。

（2）寻找和开发其他备选的供应来源，以尽量减少对任何一个供应商的过分依赖，从而降低其售价，使之成为企业单位产品成本下降的重要部分。

### 2．作为合作伙伴的供应商

企业把供应商作为竞争对手来考虑，往往会引起一些消极的后果。为了获得原材料或者其他材料的稳定供应，维持质量的一致性，应保持与供应商长期而灵活的关系，企业最好把供应商作为自己的伙伴，并在此基础上考虑自己的营销活动。

（1）与供应商签署长期合同而不是采用间断式的购买方式，这对稳定将来的供应关系有很大的作用。

（2）说服供应商积极地接近顾客，帮助供应商了解顾客可能是有益的，它有助于供应商更有效地为企业提供服务。

（3）分担供应商的风险。例如，企业可以与供应商密切协作以改进原料制造工艺和质量，这样有可能降低供应商的成本。在特殊情况下，企业甚至应向供应商投资以促进其对新技术的采用和生产能力的扩大。

### 3．精益生产使供需双方关系更为紧密

为了降低生产成本，减少库存，节约作业时间，提高产品质量，许多现代化的企业都实行了**精益生产（lean production）**。世界最大的企业——美国通用汽车公司与上海汽车集团合资生产别克汽车的过程中，就使用了这种观念。精益生产使企业与供应商的关系体现了下面这些要求。

（1）正点生产

正点生产的目标是质量 100%合格和零库存。它意味着原材料送达用户工厂的时刻与该用户需要这种原材料的时刻正好衔接。它强调供应商与用户的生产同步化。这样一来，作为缓冲作用的库存就没有任何必要。有效地实施正点生产将可以降低库存，提高产品质量、生产能力及应变能力。

（2）严格的质量控制

如果买方从供应商收到优质商品并无需检验，就更能发挥正点生产最大的成本节约优势。这意味着供应商应实行严格的质量控制，如统计过程控制和全面质量控制。

（3）稳定的生产计划

为了让原材料在需要时正点运到，工业用户必须向供应商提供自己的生产计划。

（4）单一供货来源与供应商的前期合作

正点生产是指买卖双方的组织机构密切合作，以便减少各种费用。企业买主认识到供货方是这方面的专家并请他们设计生产过程。这意味着企业买主把长期的订货合同仅仅给予一家可以信赖的供应商。只要供应商可以按时交货并且能够保证质量，合同几乎是自动续订的。

（5）频繁和准时的交货

每天固定时间交货也是唯一防止库存增加的办法。现在越来越多的工业用户开始强调交货期，而不再强调装运期，不再强调如果不能按时装运，则要给予惩罚。上述特征使企业买方与企业售方的关系日趋密切。由于买卖双方在投资的时间、厂址的选择和通信的连接方面的转换成本很高，一个可靠的方法是企业购买者应提高关系营销的技巧，其主要目

标是谋求整个合作的最大效果，而不是追求某一次交易的最大效益。

## 4.2.3　营销中间单位

企业的产品只有经过营销中间单位才到达目标顾客。所谓营销中间单位，是指协助企业推广、销售和分配产品给最终消费者的企业和个人，它们包括中间商、后勤服务公司、营销服务机构和金融机构。

### 1. 中间商

中间商在企业的营销活动中起着十分重要的作用，它帮助企业寻找顾客并直接与顾客进行交易，从而完成产品从生产者向顾客的转移。除非企业建立自己的销售渠道（自销），否则，中间商的销售效率及任何变动对产品从生产领域流向消费领域都会产生非常巨大的影响。企业应该保持与中间商的良好关系，互相协调。协调的目的是把中间商的活动纳入到企业整体营销活动体系中去，这也是企业营销渠道的主要内容。

### 2. 后勤服务公司

后勤服务公司包括仓储、运输等专业公司。仓储公司提供的服务对企业来说是必不可少的，这种服务可以为已经生产出来的产品提供，也可以为原材料及零部件提供，也可以为其他业务提供。运输涉及公路、铁路、水运和空运，它将影响产品的价格、准时到货的执行和运输损耗等情况。

### 3. 营销服务机构

营销服务机构包括各种市场的调研机构、营销咨询公司、广告公司等。这些机构提供的专业服务也是企业营销活动过程中不可缺少的。有的大企业能够自己承担这些机构的业务，但是对大多数中小企业来说，这些机构是非常必要的。企业在利用这些机构时，关键是要选择出最能适合本企业并能有效提供所需服务的机构为它服务。

### 4. 金融机构

金融机构包括银行、投资机构、保险公司、证券公司等。这些机构主要为企业的营销活动提供资金、保险等。在现代化的社会里，金融机构是绝对必需的。每一个企业都要与金融机构建立一定的联系，开展一定的业务往来。银行的贷款利率上升或保险公司的保费率上升都会影响企业的营销活动的正常开展，信贷来源受到限制会使企业的营销活动受阻。因此，金融机构对企业营销的作用是非常大的。

## 4.2.4　顾客

企业与供应商和中间商保持密切关系的目的，是为了有效地向目标顾客市场提供商品与服务。企业的目标市场可以是下列两种顾客市场的一种或组合。

（1）消费者市场：个人和家庭购买商品及服务以供自己消费。

（2）组织机构市场：组织机构购买产品与服务，供生产其他产品及服务所用，以达到赢利或其他目的。

### 4.2.5 竞争者

每个企业在其营销活动中，都面临着竞争者。在市场竞争中，如果企业的营销方针和营销手段与竞争对手相同，顾客就难以分辨两者的优劣。因此，成功的竞争策略是使企业的营销方针和营销策略异于竞争者，比竞争对手更符合顾客的需要。要做到这一点，除了分析了解顾客的需要外，还应分析竞争对手，了解竞争对手的策略、优势和劣势，判断竞争对手对本企业采取的策略可能做出的反应和对策，以己之长击彼所短，保持在市场竞争中的优势地位。

**市场占有率（market share）**是反映竞争的一个指标。它是指在同一市场中，各个企业的销售量占全部市场销售量的比重。可用下式表示：

$$M_i = \frac{X_i}{\sum_{i=1}^{n} X_i}$$

式中，$M_i$ 为第 $i$ 个企业的市场占有率；$X_i$ 为第 $i$ 个企业的产品销售量；$\sum_{i=1}^{n} X_i$ 为 $n$ 个同类产品企业的销售量之和。

### 4.2.6 公众

一个企业不仅仅有竞争对手与之争夺目标市场，而且还有对该企业进行业务活动的方式感兴趣的各类公众。他们或者欢迎，或者反对。由于该企业的活动会影响其他群体的兴趣，这些其他群体就构成了该企业的主要公众。公众的定义如下：公众就是对一个组织完成目标的能力有着实际或潜在兴趣或影响的群体。

公众可能有助于增强一个企业实现自己目标的能力，也可能妨碍这种能力。鉴于公众会对企业的命运产生巨大的影响，精明的企业会采取具体的措施，去成功地处理与主要公众的关系，而不是不采取行动和消极等待。

## 4.3 竞争环境的分析

21 世纪的商业竞争愈演愈烈，它激发了企业对军事战争模式的兴趣，其中企业特别感兴趣的著作有：孙子：《孙子兵法》，宫本武藏：《五轮书》，卡尔·冯·克劳塞维茨：《战争论》，B·H·利德尔·哈特：《战略》。人们认为企业领导应像国家领导人一样，把兴趣放在这样一些战略上，例如，“边缘政策”、“大规模报复”、“有限战争”、“逐步反应”、“暴力外交”和“威胁系统”等。

**竞争环境（competitive environment）**是指销售经理必须面对的竞争者的数量和类型，以及竞争者参与竞争的方式。尽管销售经理通常无法控制这些因素，但他们可以选择避免正面交锋的战略。竞争是不可避免的，但销售经理可以提早做计划。

### 4.3.1　市场竞争的益处

物竞天择，适者生存。商战也有好处，参见营销窗口 4.1：百事可乐和可口可乐的世纪大战。

| 营销窗口 4.1 | 百事可乐和可口可乐的世纪大战 |
| --- | --- |

在第二次世界大战前，可口可乐统治着美国的软饮料行业。那时的确没有其他值得一提的饮料公司。

“在可口可乐的营销下，百事很难有一点被认知的火花”。百事可乐是一种新产品，制造成本较低，与可口可乐相比口味较差一些。百事可乐主要的销售宣传要点是用同样的价格可以得到更多的饮料。百事在它的广告中强调“5 美分可买双倍饮料”。百事的瓶子不美观，贴着纸制标签，搬运中经常被污损，从而给人一种印象：百事是第二流的软饮料。

第二次世界大战期间，百事可乐和可口可乐都随着美国国旗飘扬在世界各地而同时增加了销售量。战后，百事可乐的销售与可口可乐相比开始下降。百事可乐的问题是由很多因素造成的，包括它不良的形象、较差的口味、马虎的包装和差劲的质量管理。而且，由于成本增加，百事不得不提高售价，这使它的性价比不如从前。当时，百事的士气相当低落。

在这关头上，商界素享盛誉的艾尔弗雷德·N·斯蒂尔出任百事可乐的总经理。他和他的同事认为，他们的主要希望在于把百事可乐从可口可乐的廉价仿制品转变为第一流的软饮料。他们也承认这个转变需要若干年的时间。他们设想了一个向可口可乐发动的大攻势，它分两个阶段进行。第一阶段，采取下列步骤：第一，改进百事的口味；第二，重新设计和统一百事的瓶子和商标；第三，重新设计广告活动以提高百事的形象；第四，斯蒂尔决定集中进攻可口可乐所忽视的外卖市场。最后，斯蒂尔选定 25 个城市进行特别的推销以争取市场份额。

到 20 世纪 50 年代后期，百事可乐所有的主要弱点都被克服，销售量大增，于是斯蒂尔准备了第二阶段进攻计划。第二阶段计划包括向可口可乐的“堂饮”市场发动直接进攻，特别是对迅速成长的自动售货机和冰瓶细分市场的进攻。另一个决策是引入新规格的瓶子，使购回家的冰瓶市场的顾客更感方便。最后，百事可乐对想要购买和安装百事可乐自动售货机的瓶商提供财务帮助。之后，百事销售量大幅度增长，发展速度加快。如今的百事可乐加紧了与可口可乐争夺第一把交椅的竞争。

竞争是自然界和人类社会的基本法则。自从有了人类，就有了竞争；自从有了商品，就有了市场竞争。竞争没有把人类打垮，相反，越竞争人类发展得越好。同样，可口可乐与百事可乐打了多年的饮料战，但两家都发展成了饮料世界第一流的跨国公司。

对一个有相同实力的竞争者开展进攻的有进取心的企业可以得到以下好处。

（1）公众可视：竞争会引起社会各界的注意，它会出现在各种媒体的报道上。

（2）导致创新：企业间竞争需要组织广泛协同的解决方法。在汽车轮子下面是无法睡着的。

（3）连续反馈：缠人的竞争要求你了解，你是否落在后面或走在前面，选择道路一定要快。

（4）增补产品：市场增长的成本和建立一个新行业的成本将被分摊。

（5）品牌增多：当存在其他较差的产品时，差异化会更容易，而且能促销你的产品。

（6）进入障碍：当两个竞争者在同类业务开展激烈竞争时，潜在的竞争者会推迟进入。

（7）鼓励士气：竞争使员工多动脑筋，时刻准备战斗，有参与战斗的自豪感。

（8）增加兴趣：它使你每天在玩妒忌的游戏，至少没有虚度光阴。

## 4.3.2 市场的竞争类型

经济学家描述了 4 种基本的竞争形态：纯粹竞争、寡头垄断、垄断竞争和完全垄断。了解这些竞争形态的区别，有助于分析竞争环境。这些情况的重要度见表 4.1。

**表 4.1　关于市场竞争的情况**

| 特征 | 竞争类型 | | | |
|---|---|---|---|---|
| | 纯粹竞争 | 寡头垄断 | 垄断竞争 | 完全垄断 |
| 每个公司产品的独特性 | 没有 | 没有 | 一些 | 独一无二 |
| 竞争者的数量 | 许多 | 少 | 少到多 | 没有 |
| 竞争者大小 | 小 | 大 | 大到小 | 没有 |
| 面对公司的需求弹性 | 完全弹性 | 扭结的需求曲线<br>（有弹性和无弹性的） | 两者之一 | 两者之一 |
| 行业需求的弹性 | 两者之一 | 无弹性的 | 两者之一 | 两者之一 |
| 公司控制的价格 | 没有 | 一些 | 一些 | 完全 |

### 1. 纯粹竞争

**纯粹竞争（pure competition）**是指很多竞争者提供同样的东西。当一个市场有以下特点时发展为纯粹竞争：

（1）同质（相似）产品。

（2）许多购买者和销售者对市场充分了解。

（3）对购买者和销售者来说进入容易，也就是说，新的公司开始业务没有多少的困难。

纯粹竞争在许多农业市场上能被找到。例如，在大米市场上，有成千个小生产者，并且他们是纯粹的竞争。在那种市场情况下，销售经理不得不接受现行的价格。如此高的竞争情况不仅仅发生在农业市场上，许多竞争者在其他市场上同时销售同质的产品，例如，纺织品、木材、煤、印刷和照片冲洗服务。

在纯粹竞争的市场中，价格和利润被压制，直到一些竞争者被迫退出市场。最后，在长期的平衡下，价格水平只有足够低才能保存在市场中。没有人得到利润——他们只能保本。在这种情况下，作为一名销售经理的工作是很困难的！

**2．寡头垄断**

有些市场是寡头垄断市场。**寡头垄断（oligopoly）**是指一个市场中每个企业的产品无独特性，并且竞争者的数量有限。它的特点是：

（1）基本上是同质产品，如基本的化学制品或汽油。

（2）相对少的销售者，如一些大的公司和许多小的跟随大公司的公司。

（3）明显无弹性的行业需求曲线。

这里，各个竞争公司仔细地相互监视市场价格。每个公司必须预料提高它自己的价格超过市场价格不会引起在销量上的大的损失。如果可能，竞争者会跟随价格上升。

**3．垄断竞争**

**垄断竞争（monopolistic competition）**有以下特点：

（1）不同的异质产品。

（2）销售者感到在这个市场上有竞争力。

垄断这个词的意思是每个公司在它自己的小市场里有控制权。但是，竞争的意思是依然有替代品。从长期而言，大多数产品市场是向完全竞争或垄断竞争方向发展的。在这些条件下，竞争者提供非常相似的产品。由于顾客把现有的有差异的产品（营销组合）视做非常接近的替代品，因此，营销者便会用一跌再跌的价格展开竞争，导致边际利润不断减少。有时，营销者并未真正考虑是否能够给营销组合带来新的价值，他们便匆匆降价。应当牢记，能够提供给顾客最大价值的营销组合并不一定是价格最低者。

**4．完全垄断**

**完全垄断（pure monopoly）**是指在市场上没有竞争者。大多数销售经理希望能有一个强有力的营销组合，使之成为顾客心目中唯一可满足他们需要的组合。这种无竞争者的理念，将会引发对突破性时机的寻找。然而，完全垄断，也就是一家企业完全控制一个广阔市场的状态，在市场导向型经济中是极少的。而且，政府一般都制约完全垄断的发展。例如，在世界上很多地区，公用事业的价格都必须经政府部门批准。尽管大多数销售经理不指望能在一个不受制约的完全垄断市场中经营，但他们可以逃避正面竞争。

### 4.3.3　识别企业的竞争地位

企业在其目标市场中占据以下 6 种竞争地位中的一种。

（1）主宰型：这类企业控制着其他竞争者的行为，有广泛选择战略的余地。

（2）强壮型：这类企业可以采取不会危及它长期地位的独立行动，而且它的长期地位也不受竞争者行动的影响。

（3）优势型：这类企业在特定战略中有较多力量可供利用，并在改善其地位上有较多机会。

（4）防守型：这类企业经营情况令人满意，足以继续经营，但它在主宰企业的控制下存在，改善其地位的机会较少。

（5）虚弱型：这类企业经营情况不能令人满意，但仍有改善的机会，不改变就会被迫退出市场。

（6）难生存型：这类企业经营情况很差，并且没有改善的机会。

## 4.3.4 分析竞争者

对销售经理而言，避免正面竞争的最佳途径是找到能够满足顾客需要和提供新颖的或更好的产品的方法。要寻求到突破性机会或其他竞争优势，不仅要了解顾客，还要了解竞争对手，这正是为什么销售经理们求助于**竞争者分析（competitor analysis）**——一种对现有或潜在竞争者的营销战略的优势和弱势的进行评价的方法的原因。

竞争者分析的基本方法非常简单，即将现有的（或计划中的）目标市场和营销组合的优势和弱势与竞争者会对此战略做出的反应相比较。

竞争者分析的第一步是找出潜在竞争者。从目标顾客的观点出发，广泛寻找，这将是十分有益的。为满足同样的需要，企业会提供其不同的产品。但如果顾客认为它们提供的是相近的可替代品时，它们就会成为竞争者，例如，一次性尿布、普通尿布、尿布租借服务，它们都是在同一个婴儿护理品市场上竞争。在大范围内认清潜在竞争者，有助于销售经理理解顾客满足需要的不同方式，有时还能找出全新的机遇。例如，即便那些偏爱普通尿布的父母在旅游时也会对方便的一次性尿布产生兴趣。

然而，在通常情况下，销售经理会迅速将分析的重点集中在**竞争对手（competitive rivals）**——那些最接近的竞争者公司上。提供相似产品的竞争对手极易被发现。但是，用真正新颖而差异化的产品观念看，并不存在提供相似产品的竞争者。因此，最接近的竞争者应是以不同产品来满足相同需要的企业。尽管这样的企业并不像是激烈竞争者，但假如另一家企业开始抢夺顾客时，它们便会用直接竞争产品来反击。

要寻求一个持续性的竞争优势，必须对竞争者的强势和弱势给予特别关注。例如，要想通过相似的战略把早已是市场领先者的企业拉下马来是非常困难的。领先者通常可以迅速模仿一个新进入者的行为，以此来维护自己的地位。可是，已立稳脚跟的竞争者在薄弱环节受到攻击时，它也很难快速还击。

在竞争者分析中，还需考虑**竞争障碍（competitive barriers）**——那些可能使企业在市场竞争中遭遇困难甚至无法参与竞争的条件。这样的障碍会限制企业的计划，或者阻碍对竞争者革新性战略的反应。

## 4.3.5 寻找竞争信息

销售经理应积极寻找有关现有和潜在竞争者的信息。尽管大多数企业会将计划的细节予以保密，但很多公共信息还是找得到的。例如，很多企业一般都会关注竞争者所在地的报纸。有这样一个例子，一篇文章讨论的是竞争者的销售组织的变化，这使一位警惕的销售经理意识到，竞争者的变化是为增强竞争者的实力，并从他们公司的关键目标市场夺走生意。这一早期警报给了他们足够的时间来进行调整。

其他竞争者信息的来源包括：贸易刊物、机灵的销售代表、中间商和其他行业专家。在生意场上，顾客们会告诉你，竞争者所提供的是什么。

互联网正迅速成为获取竞争者信息的强有力的工具。在企业的网站上，企业向顾客发布所有销售信息，这也将使竞争者能够轻易获取信息。同样地，有了计算机程序，就可轻易搜寻成千上万的网上出版物和数据库，以获取竞争者的任何信息。通过指示软件“机器人”，还可以在第一时间内得到想要的信息。这一信息来源在几年前尚不存在，但现在它的强大简直令人难以置信。

搜寻有关竞争者的信息有时会引发职业道德的问题。例如，人们更换工作，跳槽到竞争者的公司，这是司空见惯的事情。这样的人会掌握竞争者的大量信息，但他们使用这些信息是符合职业道德的吗？同样，有些公司也因行为过分而受到批评，例如，他们等候在垃圾箱旁，以期从竞争者的垃圾中发现机密的公司报告。在高科技领域，这种行为就演化成黑客们利用互联网侵入竞争者的计算机网络中，几分钟之内，黑客们便可偷得那些花费十几年才收集起来的信息。

## 4.3.6　孙子兵法：来自古代的竞争策略

孙子兵法写于公元前 4 世纪。《财富》杂志所列的五百强公司的执行官认为，孙子兵法是当今世界商业大战中出奇制胜的法宝。孙子详细描述了战争中的几个取胜要素。

### 1. 制定战略计划

孙子写道：“夫未战而庙算胜者，得算多也；未战而庙算不胜者，得算少也。多算胜，少算不胜，而况于无算乎！吾以此观之，胜负见矣。”同时，孙子还强调了尽量避免发生流血冲突的重要性，他说：“不战而屈人之兵，善之善者也。”通过对自己公司和其他公司各自的优势和弱点分析，以及对市场环境细致的评估，就可以“知彼而知己者，百战不殆；不知彼而知己，一胜一负；不知彼，不知己，每战必殆”。如果能够掌握天时、地利与人和，必定会获得胜利。

### 2. 道义作用

孙子认为士气是指人们甘愿在战斗中与军官合作共渡难关的程度。要想获得这种支持，军队首领必须为其作战目标争取道义上的支持。因此，管理者必须制定一个被所有成员所认可的共同目标。这样就可以使公司上下团结一致，从而在竞争中齐心协力、一致对外。

### 3. 将才素质

一个优秀的将领应具有 5 个素质：智、诚、仁、勇、严。作为将领，不能鲁莽愚勇，脾气暴躁，好大喜功，以及情绪外露。这对于公司领导者也是一样的，他们应该：具备广博的知识，并能分析经营趋势和机会；具备协调能力，以便在管理层和雇员之间建立相互的信任；具备给予惩罚的能力，并能容忍部下的一些非主观的失误；理解属下的困难，并给予他们温暖关怀；避免陷入琐碎事务不能自拔；勇于做出带有风险的决策，但却并非仅仅出于鲁莽和冲动；最后还要赏罚分明，兼顾公平。他强调作为将才要有大局观念，而非仅仅只从技术背景考虑问题。在许多亚洲公司里，一个经理有将才素质比技术素质更重要。

### 4．天时地利

天时是指无法由人们所控制的军事因素。虽然无法控制，但是一名英明的将领应该懂得怎样去合理地运用这些因素，选择恰当的进攻时机，并且把不利的天时转嫁给对手。同样，市场营销人员应该牢牢掌握“商业气候”。这里包括政治气候、经济大势、投资形势及其他一些诸如人口变动和消费者态度之类的因素。为了保持竞争力，公司必须重视经济和经营环境的变化趋势，并相应地调整其策略。管理者必须能够依据环境的约束而改变其战略部署，并选择最佳时机，将这些限制条件变成有利因素。例如，一项进口替代政策会阻碍市场的进入，但同时却又为投资提供了机会，这样可以进入相对封闭的市场。

地利是指军事活动的地域范围。地形是由两维构成的，战场的地理特性多数是不可变的因素，但交战的具体位置却可以自由选择。因此，在经营中，公司必须决定在哪里设置生产基地，以及定位在哪一块市场上。位置的选择应立足于需要。例如，公司需要招募廉价劳动力，那么发展中国家则是最好的场所。

### 5．实力优势

孙子认为，实力是一个相对的概念。在战争中，单纯的数量并不能带来优势。如果不想鲁莽进攻的话，就必须通过对敌人情况的正确分析集中起自己的军事力量，并且鼓舞起全面的士气，这样就很稳妥了。这一军事原则同样能够运用到商业经营中。单纯的组织规模或许能为大企业带来优势，但同时也会导致官僚主义和效率低下。事实上，当前的许多公司重组都试图减小经营规模以追求“适者生存”战略，并争取在捕捉市场机会方面更加灵活。作为一个小企业，它必须能够集中其资源，隐瞒其实力，使对手无法知晓其真实的状况和发展方向，并且运用其商业头脑去获取竞争对手的有关信息。因此，规模较小的亚洲公司正是通过各种可能的渠道获得了技术上的收益，在不长的时间里便发展成极具威胁的竞争对手。

### 6．规范制度

规范制度强调的是完善的法令规章、严格的等级划分、责任的分配以及组织结构的重要性。孙子认为一项重要原则就是要把权力移交到下属的手中。他建议在有权威的领导者和没有领导核心的一盘散沙之间取得一个最佳平衡点，不走任何一种极端。因此管理者们应拥有足够的权力来协调他们的策略。在完成一些不同的任务时，进行充分的权力下放是非常有益的。

### 7．组织培训

按照孙子的观点，培训对于确保取胜是至关重要的。如果士兵连信号都不了解，那又怎么能按要求去行动呢？那些员工训练有素的公司在运转时就能做到高效率、高收益。在当前的全球形势下，为各种类型的培训活动进行投资是公司经营成功的一个重要标志。

### 8．纪律严明

孙子认为，一支优良的部队应该有严格的纪律，这可以通过赏罚分明的一套制度来实现，但是作为指挥员，他应该知道在什么时候实施奖赏，在什么时候进行惩罚。士兵必须受到铁一般纪律的约束，但也应受到人道的对待。军令如山，有令必行。这样一个纪律严明的公司将必然表现出色，有竞争力。因为雇员们知道他们的行为会带来什么后果，从而能够照章办事，一丝不苟。

尽管孙子的上述见解十分精辟，但并非他的所有思想都可以用于商业经营，其中有一些已经完全过时了。例如，孙子总是强调将领的作用而轻视士卒。他说，兵士一向愚笨，但非常容易驱使。而且，在战争与商业经营之间，的确有着本质的区别，商业经营是一种建设性的事业，而军事战争则是破坏性的。

## 复习题

1. 宏观环境因素有哪些？
2. 为什么人口是营销人员最感兴趣的环境因素？
3. 我们讨论经济发展的 5 个阶段是什么？
4. 为什么消费者收入是影响购买力的最重要的因素？
5. 所谓政治环境主要是指什么？
6. 泰勒对文化的定义是什么？
7. 为什么要研究微观环境？
8. 精益生产在企业与供应商的关系上表现了什么？
9. 为什么市场占有率是反映竞争的一个指标？
10. 经济学家是怎样描述竞争形态的？
11. 怎样识别公司的竞争地位？
12. 孙子兵法是怎样描述取胜要素的？

## 案例讨论

### 耐克的与时俱进

1962 年耐克公司成立，耐克的创始人菲利普·奈特（Philip Knight）认为，如果生产这种高质量的跑鞋时能够从国外进口材料将会获得很有竞争力的价格。耐克公司为各种运动员设计款式新颖的鞋子，这一战略使它在美国的消费者中培养了一批忠实的顾客。到 1980 年，耐克已经成为美国生产运动鞋的巨头。同时，耐克产品设计也延伸到很多方面，从手表到高尔夫球棒到游泳帽等。

耐克公司很多员工不到 30 岁，企业所在地就像校园一样，他们中午时间在“校园”里运动 2 小时，然后一直工作到晚上。奈特在谈到他的用人原则时说：首先是要热爱体育，而后是能打破商业行为中的条条框框。正是起用了很多真正热衷于体育的员工，所以耐克总能准确地认识体育产业发展的规律，从而做出了很多正确的产品与宣传定位。

从公司成立开始，耐克就将自己的营销战略定位在让运动员做耐克的代言人。1973 年，与耐克签约的第一位形象代言人是短跑运动员史蒂夫（Steve Prefontanie），史蒂夫的不羁的性格也正体现了耐克的精神。耐克的营销战略还定位在让那些取得成绩的运动员发挥作用。耐克发现了所谓的"影响金字塔"，它认为一小部分超级体育明星的偏好和行为会影响人们对产品和品牌的选择。因此对于耐克来说，在广告宣传中使用专业的运动员是高效和有影响力的。

1985 年，耐克签约的篮球后卫新手迈克尔·乔丹成为了它的形象代言人。当时乔丹还是个新人，但他那时的表现已经非常出色。耐克公司的冒险活动得到了回报："飞人乔丹"这种品牌的篮球鞋脱销，在这个品牌推出的第一年中销售额就超过了 1 亿美元。乔丹还帮助耐克在消费者的心目中建立了品牌形象。菲利普·奈特说："运动是美国文化的核心，因此对运动，人们拥有很多的激情。激情这个词是很难解释的，但是当人们观看运动员挑战极限的表演时就会有一种灵感的东西闪现。在一分钟之内你无法解释很多，但是当你展示迈克尔·乔丹时，你不必要这样做了。"

1988 年，耐克第一次发布了它的"想做就做"（JUST DO IT）广告活动。这个花费了 2000 万美元历时一个月的炫目的广告共有 12 个电视版本，它巧妙地鼓励美国人更加积极参加运动。这个广告战略使得爱好运动的一代人去追求他们的目标：这是耐克认为通过运动使自己变得强大这一观点的很自然的表现。

当耐克开始向海外扩张时，它发现必须让外国人同美国人一样认同它的品牌。耐克必须开展国际品牌的层层渗透。在中国，体育运动人群中，处在金字塔最顶端的是国家级运动队，接着是专业运动员，再就是运动爱好者，最下面的是普通消费者。依循这一规律，耐克建立了一种金字塔般的推广模式，其核心就是"以专业体育用品市场来引导大众市场"。

耐克创始人奈特有个梦想："中国有 26 亿只脚，我们要让他们都穿上耐克！"为此，耐克将自己打扮成了一个生活方式的推广者。耐克不贩卖鞋子，只营销情感。

耐克向上海多所中学进行捐赠，使学生们放学后可以在学校的操场上打篮球。诸如此类的动作很快得到了中国人的回应。随着中国中产阶级的兴起，中国人对自由和个性的渴望也越来越强烈。推销文化、营销情感的耐克正好投其所好。但是，在中国市场，耐克还是遇到了一个无法回避的尴尬：其主要销售业绩来自东部经济发达地区。对耐克来说，在中西部经济欠发达地区，如何再演一出"渗透"的好戏，是他们必须考虑的问题。

耐克在中国聘请了很多退役的专业运动员担任职业经理人，为运动员提供专业服务。李彤就是这样一个典型的例子。耐克成功签约中国 110 米全球跨栏冠军刘翔并起用其作为广告代言人，便是拜李彤而慧眼识珠。耐克与刘翔合作的广告片告诉所有中国人："耐克知道你们骄傲什么！"这应该是对耐克本土化策略的最好总结。

现在，耐克的海外收入超过了在美国的国内收入。

## 问题讨论

1．耐克是怎样寻求新热点的？

2．耐克是怎样借助品牌优势，引导、满足和创造需求的？

# 第 5 章 分析市场顾客

CHAPTER 5

引导案例

挖掘和推广中国美食的“舌尖”活动起源于几年前，微博数十万人参与了一场讨论“舌苔上的南与北”。话题最初是这样引发的，网友“桥东里”在微博上说了一句：“在豆腐脑咸甜事上，最见南北差异……彼此见对方都想吐……”。豆腐脑的差别在于，北方人习惯把豆腐脑当做早点来吃，汤汤水水再加上一块饼或者窝头，就是一顿饭了。南方人则把豆腐脑当做一种饭后甜点，所以习惯往里面加糖。

鲁迅曾在《北人与南人》里写道：“北人的优点是厚重，南人的优点是机灵。北方人是‘饱食终日，无所用心’；南方人是‘群居终日，言不及义’。”对于消费者市场和商务市场的购买行为，我们应该怎样分析呢？

**本章将阐述关于市场顾客的一些问题：**

- **消费者的购买特征是什么？**
- **消费者是怎样做出购买决策的？**
- **商务购买的特征是什么？**
- **商务购买是怎样做出采购决策的？**

# 5.1 消费者的购买行为

**消费者市场（consumer market）**上的购买是一种个人和家庭的购买，因此，它最显著的特点是：购买分散，批量小，具有多样性，变化快，是较多感情型、冲动型的购买，并易受舆论和广告宣传的影响。

## 5.1.1 消费者购买分析

**消费者行为（consumer behavior）**受消费者心理活动支配。心理活动是如何起作用的呢？心理学家们有多种观点。按照“刺激反应”的观点，人们行为的动机是一种内在的心理活动过程，就像一只“黑箱”，是一个不可捉摸的神秘过程。客观的刺激，经过黑箱（心理活动过程）产生反应，引起行为。只有通过对行为的研究，才能了解心理活动过程。商家所要研究的就是消费者对**营销刺激（marketing stimuli）**和其他刺激的反应。

### 1. 外部环境刺激

消费者购买行为中的刺激因素，首先是各种不可控制因素形成的总体环境刺激。它们构成笼罩整个市场的“大气候”，制约着整个消费需求。它们主要由一个国家的经济、技术、政治和文化等要素组成。

营销刺激是指商家开展的营销活动，主要由商家的产品、价格、渠道和促销 4 个营销因素所组成。

**2. 购买者“黑箱”**

消费者购买行为中的“黑箱”，虽然难以一窥其完整的内幕，但它至少包括两方面内容。

（1）消费者购买心理

外部刺激和消费者个人特征，会影响其购买活动中对各种事物的认识、情绪和意志，并制约其反应。

（2）消费者购买的反应过程

消费者的购买活动，并非始于某个商店，也非结束于交款、取货。它从消费者认识到需要开始，购买后使用，消费完毕告一段落，循环往复又不断发生新的变化。在这个过程中，消费者必须做出一系列的判断和决定。这些活动不仅受购买心理气氛的制约，而且受外部刺激的影响。

**3. 购买者决策过程**

在诸多因素的共同作用下，购买者最终将做出一定的反应，以满足其消费的需要和欲望。购买需要从此由观念形态进入现实之中。

（1）谁在购买（Who）

购买者是购买行为的具体承担者。在以家庭为主要单元的消费市场中，消费者、决策者、实际购买者的角色可以由不同的人来扮演，也可以重合。这就要求营销人员认真分析谁是真正的购买者。

（2）为何购买（Why）

消费者购买或消费的动机是什么，它受制于消费者的需要与欲望。了解消费者真实的动机，营销人员才能安排适当的营销刺激以激发其动机。

（3）购买什么（What）

这是消费行为指向的对象。消费者的动机引起行为，行为指向一定的对象。这要求企业开发出能满足消费者需要的商品。

（4）什么时候（When）

从消费者的动机产生到购买行为的发生有一个时间过程，这一时间过程的长短既与消费者本人的个性和爱好有关，也与企业的市场营销刺激有直接联系。

（5）什么地方（Where）

这是指实现购买行为的场所，即消费者行为发生的空间。例如，日常用品，就近购买；贵重商品，在有信誉的商店里购买。

（6）怎样购买（How）

随着人们经济收入的增加，人们在消费支付的方式上也发生了很大的变化，如采用现金、信用卡支付或赊购等形式。在购买的量和购买的频度上也表现出不同特点。

## 5.1.2 影响消费者购买的因素

消费者不可能在真空里做出自己的购买决策，他们的购买决策在很大程度上受到文化、社会、个人和心理等因素的影响。尽管其中大部分因素是营销人员无法控制的，但是，必须充分予以重视并要考察每一因素对购买者购买行为的影响。

### 1. 文化因素

文化属于宏观环境因素之一。人们的风俗习惯、伦理道德、价值观念和思维方式等，都受文化的制约。但传统文化也不是一成不变的，促使传统文化发生变化的因素很复杂，有些显而易见，有些则难以捉摸。在当代主要有如下变化趋势。

（1）知识化趋势

当前许多国家把科教放在第一位，受教育的人越来越多。随着文化教育水平的提高，传统观念必然受到挑战。愈是教育层次高的，思想愈开放，向某些传统观念的挑战愈强烈。在当今知识经济时代，许多人乐于收集诸如衣、食、住、体育娱乐等个人生活方面的信息，他们热衷于猎奇求新，以满足心理上的某种需要。

（2）个性化趋势

中青年一代喜欢表现自己的个性特点，越来越多的人按照自己的观念和爱好来生活，喜欢标新立异。例如，当代法国男人使用的化妆美容品的数量竟然是他们妻子的两倍，这体现了法国男人的与众不同和爱美的个性。

（3）休闲娱乐趋势

当代人喜欢轻松的生活方式，挑选宽松式的家常便服，家庭布置也趋于简单化。

（4）运动导向趋势

各种运动俱乐部正在与日俱增，游泳、体操、爵士舞、中国武术、网球、高尔夫、海浴、冲浪等，提供这些运动的学校、训练室、俱乐部等组织犹如雨后春笋般地出现。如今，奥运会和足球世界杯等活动的关注者也越来越多，运动会的规模一次比一次大。

### 2. 社会因素

市场上，消费者的购买行为同样也受到一系列社会因素的影响，如消费者的相关群体、家庭和社会角色。

（1）相关群体

相关群体是指对个人的态度、意见和偏好有重大影响的群体。人们的生活方式和偏好不是天生的，而是后天形成的。对消费者的生活方式和偏好有影响的各种社会关系，就称为相关群体。相关群体可分为两类：一类是对个人影响最大的群体，如家庭、亲朋好友、邻居和同事等；另一类是与个人并不直接接触，但影响也很显著的群体，如社会名流、影视明星、体育明星等，他们被称为崇拜性群体。这种崇拜性群体的一举一动常常成为人们仿效的对象。耐克公司聘请篮球明星迈克尔·乔丹做广告，结果成千上万的运动鞋就卖出去了，耐克公司一举成名。

（2）家庭

家庭是社会的细胞，对人的影响最大。人们的价值观、审美观、爱好和习惯多半都是在家庭的影响下形成的。在购买者决策的所有参与者中，购买者家庭成员对其决策的影响最大。对购买者决策影响的大小，在不同类型的家庭和不同商品的购买中是不同的。社会学家按家庭权威中心的不同，把家庭分为 4 类：丈夫决定型，妻子决定型，共同决定型，各自为主型。另外，不同的商品，在家庭中购买决策的重心也不同。

（3）角色

角色是指一个人在不同的场合担任不同的角色。具有不同的社会地位的人，会有不同的需要，购买不同的商品。例如，一个人在家是女儿，结婚成家生子后是妻子和母亲，在单位可能是经理、营业员等。地位有别，在衣、食、住、行等方面也就有不同的要求，对消费行为也会产生不同的影响。

### 3. 个人因素

购买者决策也受其个人特征的影响，特别是受其年龄所处的生命周期阶段、职业、经济环境、生活方式、个性和自我概念的影响。

（1）年龄和生命周期阶段

人们在一生中购买的商品和服务是不断变化的，幼年时吃婴儿食品，发育和成熟时期吃各类食物，晚年吃特殊食品。同样，人们对衣服、家具和娱乐的喜好也同年龄有关。

（2）职业

不同的职业决定着人们的不同需要和兴趣，例如，蓝领工人与公司总裁的需要肯定不同，大学教授和打字员的需要也会有很大差别。营销者应当分析出哪种职业的人们对自己的商品有兴趣。有些企业甚至还专门设计生产"老板衫"，某些休闲俱乐部号称"老板俱乐部"，以吸引经理人士加盟。

（3）经济环境

一个人的经济环境会严重影响其商品选择。人们的经济环境包括可花费的收入、储蓄和资产、借款能力及对消费与储蓄的态度等。对某些收入敏感型商品的营销人员来说，应该不断注意每个人的收入、储蓄和利率的发展趋势。如果经济指标显示经济衰退时，营销人员应采取措施，对商品重新定位和重新定价，以便继续吸引目标顾客。

（4）生活方式

生活方式对人们消费需要的影响是显而易见的。有些人虽然出身于同一社会阶层，来自同一文化，具有相似个性，但由于有不同的生活方式，他们的活动、兴趣和见解就不相同。因此，了解目标顾客的生活方式，对营销者很有意义。市场营销是向消费者提供所有可能的生活方式的一个过程，它使消费者有可能按自己的爱好，选择最适当的生活方式。

（5）个性和自我概念

每个人都有影响他的购买行为的独特个性。关于个性，是指一个人所特有的心理特征，它导致一个人对他或她所处环境的相对一致和持续不断的反应。一个人的个性通常可用自信、支配、自主、顺从、交际、保守和适应等性格特征来加以描绘。个性可以分类，它能成为分析消费者购买行为的一个有用变量，某些个性特征同商品或品牌选择之间关系密切。例如，某经营个人智能手机的公司也许会发现，许多有可能成为顾客的人都具有如下个性特征，即他们的自信心、支配和自主意识都极强。这就要求公司运用针对那些购买或拥有智能手机的顾客的某些特征所设计出来的广告手段。

营销人员使用一种与个性有关的概念，那就是一个人的自我概念（或称自我形象）。我们每个人都有一种复杂的内心图像。例如，某公司智能手机的推销目标是那些对质量标准要求最高的人，那么，它的品牌形象必须同顾客的自我形象相匹配，营销人员应该尽力开发符合目标市场自我形象的品牌形象。

### 4. 心理因素

在任何时期，每个人总有许多需要。有些需要是由生理状况（**biogenic**）而引起的，诸如饥饿、口渴、不安等。另外一些需要是**心理性（psychogenic）**的。它是由心理状况紧张而引起的，例如，认识、尊重和归属。当需要升华到足够的强度水平时，这种需要会变为动机，它能够产生足够的压力去驱使人行动。

### 5.1.3 消费者的购买心理

顾客的购买心理在不同的环境下有不同的需求。在大街上行走的销售员想的是快餐，在宾馆里的恋人想的是情调，全家团聚想的是热闹。消费者行为受消费者动机支配，而动机又是由需要产生的。因此，学习消费心理学，研究消费者的需要和动机，是每个营销管理者的必修之课。然而，在实践中，研究消费者动机并非一件简单的事。

首先，消费者的动机往往是多种多样的，有些还深藏不露。例如，曾经有两种牌子的减肥食品同时推出，一个强调美丽苗条，一个强调健康长寿，结果前者获胜。经调查表明，减肥大部分是为了美貌，小部分是为了健康。又如，妇女使用化妆品的动机也是多样的，如保护皮肤、美容、职业上的需要等。

其次，同一动机可引起多种消费行为，如需要交通工具，可租车、借车、买车。如果决定买车，买什么车？是汽车、摩托车，还是自行车等？买什么品牌、型号、颜色等？营销者必须揣摩，以找到他们的购买动机。

关于人的需要动机问题，美国心理学家亚伯拉罕·马斯洛（Abraham Maslow）提出了其广泛为人接受的“需要层次理论”。需要层次理论把人的需要划分为5个基本层次，按其重要性从低级到高级呈阶梯状排列，如图5.1所示。

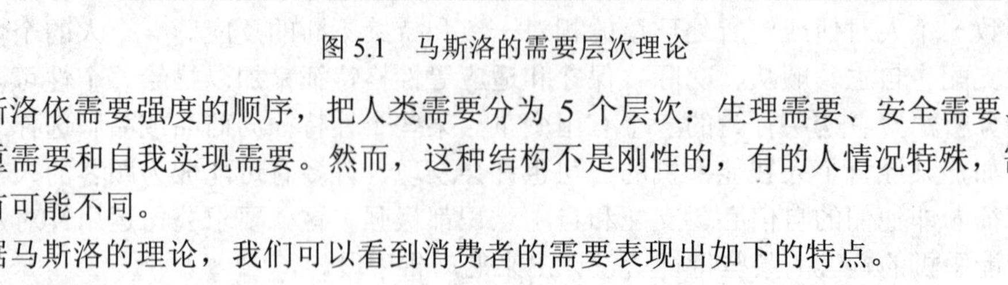


图5.1　马斯洛的需要层次理论

马斯洛依需要强度的顺序，把人类需要分为5个层次：生理需要、安全需要、社会需要、尊重需要和自我实现需要。然而，这种结构不是刚性的，有的人情况特殊，需要层次的顺序有可能不同。

根据马斯洛的理论，我们可以看到消费者的需要表现出如下的特点。

（1）阶梯性

人们的需要是一个由低级向高级发展的阶梯，当低级需要被满足或部分满足后，人们就开始追求较高层次的需要。生理上的需要得到满足之后，就会去进一步寻求安全需要的满足，依此类推，消费者的需要就这样从低级需要向高级需要不断上升。

（2）差异性

不同的消费者会因所处的时代、环境不同而产生出不同的需要，不同的消费者在同一需要层次上的需要内容也会不同，这是由消费者所处的特定外部环境的影响所产生的。

（3）交叉性

在马斯洛的需要层次理论中，为了简便起见，各个需要层次是被描述成相互排斥的，但由于没有任何一种需要是能完全被满足的，所以，在需要之间存在着交叉的现象。例如，消费者购置一件名牌衣服，既是为了满足生理的需要，同时也是为了满足自尊的需要。

马斯洛的需要层次理论具体地分析了各个不同层次的需要，指出人们在各需要之间的有机关系，这对于分析消费者的购买心理是十分重要的。

## 5.1.4　消费者购买的动机分析

虽然消费者的购买动机是多种多样、千变万化的，但购买动机的形成却有一定的原因和条件，是建立在一定的基础之上的。它可以分为生理性购买动机与心理性购买动机。

### 1．生理性购买动机

生理性购买动机是指消费者为保持和延续生命有机体而引起的各种需要所产生的购买动机。如消费者为了寻求温饱安全、组织家庭、繁衍后代、增强体质与智力，需要各种商品以满足这些欲望。而这些动机都是建立在生理需求的基础上的。

（1）生存性购买动机

这是消费者纯粹为了满足其生存需要而激发的购买动机。由于人是生命的有机体，因此，人具有饥、渴、寒、暖、行、止等各种生理本能，与此相适应会产生各种生理的需求。例如，消费者一日三餐是满足其饥饿的本能，穿衣戴帽是为其保暖的需要。患病求医、养育儿女也需要消费各种商品，而这些需求都会形成消费者纯粹的生理性动机。

（2）享受性购买动机

这是基于消费者对享受资料的需求而产生的购买动机。随着人类社会的发展，人们在满足吃、喝、穿、住、行等基本生活需要之外，衍生了享受的需要。人们不仅要吃饱穿暖，还要吃得科学营养，穿得美观漂亮；不仅要有栖身之所，还要住得宽敞，要充分享用现代社会为人们所提供的现代化设施与用具。在现代人的生活中，享受性购买动机越来越成为支配人们购买活动的主要动力，也成为企业研制开发产品的主要诱因。

（3）发展性购买动机

这是消费者由于发展需要而引发的购买动机。消费者发展需要包括两个方面，即体力和智力的发展。消费者体力发展的需要主要表现在：提高身体素质，强壮体魄，免除疾病等；智力的发展是学习科学知识，发展认识能力，提高智力水平和劳动技能等。

上述 3 种不同的购买动机被统称为生理性购买动机。这是因为它们都与维持和发展生命有机体相关，后两种动机是在第一种动机基础上产生和发展的。由生存性购买动机所引发的购买行为，具有经常性、重复性和习惯性的特点；而由享受性购买动机引发的购买行为具有紧跟形势、适应潮流的特点；由发展性购买动机促发的购买行为，也具有一定的代表性。

### 2．心理性购买动机

由消费者心理活动而引发的购买动机称为心理性购买动机。按心理活动特征，它可分为 3 种类型。

（1）理智购买动机

这是建立在消费者对商品客观、全面认识的基础上，对所获得的商品信息经过分析比较和深思熟虑以后产生的购买动机，它具有稳定性的特点。消费者心理活动过程是认识、情感和意志三个过程的统一体。认识活动是购买活动的基础，但是在认识过程的同时，还有情感活动和意志活动的发生。当意志活动占主导地位时，购买活动表现出较强的理智性，这说明动机的形成和发展都受理智的控制。

（2）情感购买动机

这是指消费者在购买活动中由于情感变化而引发的购买动机。由这种动机而引发的购买行为具有冲动性、即景性和不稳定性的特点。消费者在购买活动中，若购买动机主要是由情感活动所引发的，就表现为情感购买动机。引起情感购买活动的主要诱因是，商品新颖奇特的外观造型、流行的款式、精致漂亮的包装、气氛热烈的销售现场等，特别是现场促销十分有效。大多数商家经常有意识地借店庆及各种节日搞些场面宏大、气氛热烈的促销活动，请名人主持表演、现场抽奖、扶贫救灾等，花样翻新，名目繁多。

（3）习惯性购买动机

这是指建立在以往购买经验的基础上，兼有理智和情感动机特征的，对特定企业和品牌形成特殊信任与偏爱的购买动机。这种动机的心理活动相对稳定。研究表明，习惯性购买动机的行为表现就是“顾客忠诚”，这对企业保持一定的顾客群有重要的作用。需要指出的是，在习惯性购买动机支配下，消费者表现为对某种商品和服务经常地购买和使用。

对学龄前孩子的父母挑鞋的动机研究参见营销窗口 5.1。

| 营销窗口 5.1 | 学龄前孩子的父母挑鞋的动机研究 |
|---|---|

王小明在大学时期，在当地一家鞋店兼职做销售员。从这份工作中，他学到了很多有关顾客需要和兴趣的知识。他发现父母为他们的学龄前孩子挑鞋的时候并不满意。不满意就是机会。他发现有 4 种购买动机：

1. 传统主义的父母似乎对从“保质”商店中购买的做工良好的鞋子是满意的。

2. 节约为导向的父母属于较低收入群体。他们需要一种低价的基本型鞋子。

3. 时尚敏感的顾客喜欢给他们的孩子穿的鞋子，看起来像他们给自己买的最新款鞋的缩小版。

4. 细致型父母需要可以满足多种需求的鞋子。他们想让鞋子既时髦，又具有功能。他们并不仅仅需要鞋子合适，而且希望款式和材料真正适合小孩玩耍和学习走路。

王小明对学龄前孩子的父母挑鞋的动机研究后决定：自己只做细致型父母的生意。他没有自己的生产设备，因此，他与温州的一个生产厂商签订合同，按他的构思来制造鞋子。他的构思是与众不同的——他对目标市场的产品进行了改进。与大多数硬质高帮婴儿鞋不同，他设计了有着柔软的橡胶底的软鞋。鞋子寿命更长，因为是缝制的而不是粘制的。特别宽的开口使鞋子更适合扭动的双脚。他还使用了一种特殊的插入物的专利，使得父母可以调节宽度。

产品：实施在色彩、风格和尺码方面有所限制的产品线将会满足目标市场。

地点：通过选出的“儿童产品”零售商来分销，这些零售商将负责整个产品线的销售，并提供良好的店内销售支持和促销。

价格：保持“高于一般”的价格，但是，通过提供大量购买折扣鼓励零售商进行大批量购买订货。

促销：就某些特殊设计的优点和价值以及它们怎样满足顾客需要进行促销。在节日前夕增加当地报纸的广告印刷。

## 5.1.5　消费者购买的过程

消费者的购买活动，是一个解决问题的过程。在购买过程中，既有看不见的心理活动，又有表露于市场上的有形活动，十分复杂。一般来说，消费者的这一过程可分为 5 个阶段，如图 5.2 所示。在每一阶段，消费者都要进行若干决策。

图 5.2　购买过程的 5 个阶段

### 1. 认识需要

消费者的购买决策过程从某一需要开始。行为源于动机，动机源于需要。所谓认识需要，就是消费者发现现实状况与其所想达到的状况之间有一定的差距，因而产生了相应的解决问题的要求。对需要的认识，可能是由人体内在机能上的感受所引发的，如饥饿、寒冷、干渴等；也可能由特定的外部环境刺激所引发，如看到别人吃东西而引起食欲，由于电视广告而产生购买的念头。一般来说，对前者，企业难以充分发挥其影响力；对后者，市场营销活动能够大有作为。

促使消费者认识需要的主要因素有以下 4 个。

（1）物品的短缺：通过消费，某些物品即将用完或失去效用时，会使消费者感到需要。例如，打开冰箱，发现储存物品已经快要用完，消费者便要考虑购买问题。

（2）收入的变化：收入增加，会使消费者认识到新的需要；收入减少，消费者必须考虑减少开支，因而也产生新的需要。

（3）消费的潮流：例如，模特为了换服装方便，从穿皮鞋改为穿拖鞋，结果这成为潮流，许多姑娘以不穿皮鞋穿拖鞋上街为时髦。

（4）促销的力度：企业的促销活动是一个极为重要的影响因素，许多新产品正是在促销活动的影响下，被消费者所认识的。

### 2. 收集信息

消费者收集信息的积极性，会因需要的强度不同而有所不同。对需要感到十分迫切的消费者，会主动去寻找信息；需要强度较低的消费者，会适度寻找信息。例如，一个想在不久的将来购买智能手机的消费者，会对与智能手机有关的广告，商店里的手机商品，熟悉或不相识的人关于手机的议论等，比平时更加留心和注意。若需要的强度继续增加，达到一定程度，他就会像需要一开始就很强烈的消费者那样，进入积极主动寻求信息的状态。

信息来源主要有以下 4 个方面。

（1）个人来源：家庭、亲友、邻居、同事等。

（2）商业来源：广告、营业员、经销商、包装品、展销会等。

（3）公共来源：大众传播媒介、政府和消费者组织等。

（4）经验来源：使用、检查、处理商品的经验。

以上这些信息来源的相对影响随着商品的类别和购买者特征不同而变化。一般来说，就某一商品而言，消费者最多的信息来源是商业来源，也即营销人员所控制的来源。另一方面，最有效的信息展现来自个人来源。不同信息来源对于购买决策的影响不同。商业信息一般起到通知的作用，个人信息来源起到对做出购买决定是否合理或评价的作用。

### 3. 选择评估

消费者在其搜索到的信息基础上，对于能满足需要的各种方案进行比较和评估。选择是消费者对其购买对象不断缩小范围，有关概念不断清晰的过程。以品牌决策为例，假如，一个消费者准备购买智能手机，通过收集信息，他会对市场上现有的各种智能手机的若干品牌形成初步认识，这些品牌便进入了他的“知晓范围”，然而，他会依据一定的标准，做进一步的选择，只考虑一部分品牌，这部分品牌便进入了他的“考虑范围”。对“考虑范围”内的各个品牌，经过比较，会留下更少的几个以备选择，这几个品牌便进入了消费者的“备选范围”。经过反复比较，权衡得失，他最后决定购买某一品牌。

我们再假设，某人将智能手机的品牌选择局限于 4 个：A，B，C，D。再假定他主要对 4 种属性有兴趣，即储存能力、图像显示能力、软件适用性和价格。表 5.1 中显示了他根据这 4 种属性对每种品牌如何进行打分的信念，对品牌 A 打分如下：以 10 为满分，储存能力为 10，图像显示能力为 8，软件适用性为 6，价格为 4（略贵）。同样，他也根据这些属性对其他 3 种品牌的智能手机打分。再假定在重要性方面（即权数），储存能力是 40%，图像显示能力是 30%，软件适用性是 20%，价格是 10%。为了找到他对每种智能手机所理解的价值，用它的权数乘以他对每台智能手机的信念，由此，得出以下认知值：

智能手机 A=0.4×10+0.3×8+0.2×6+0.1×4=8.0

智能手机 B=0.4×8+0.3×9+0.2×8+0.1×3=7.8

智能手机 C=0.4×6+0.3×8+0.2×10+0.1×5=7.3

智能手机 D=0.4×4+0.3×3+0.2×7+0.1×8=4.7

经过分析，我们可以推测他认为理想的手机是 A 品牌。

**表 5.1 消费者对智能手机品牌的信念**

| 品牌 | 储存能力 | 图像显示能力 | 软件适用性 | 价格 |
| --- | --- | --- | --- | --- |
| A | 10 | 8 | 6 | 4 |
| B | 8 | 9 | 8 | 3 |
| C | 6 | 8 | 10 | 5 |
| D | 4 | 3 | 7 | 8 |

#### 4. 购买决定

选择评估阶段会使消费者对选择组的各种品牌之间形成一种偏好。消费者也可能形成某种购买意图而偏向购买他们喜爱的品牌。但是，在购买意图与购买决策之间，有两种因素会相互作用。

（1）他人的态度

假如在购买手机前，他的妻子坚持买价格最低廉的 D，那么反对态度愈强烈，或持反对态度者与购买者的关系愈密切，修改购买意图的可能性就愈大。

（2）意外的情况

购买意图是在预期家庭收入、预期价格和预期获益的基础上形成的，如果发生了意外的情况——失业、其他意外急需或亲友带来该商品令人失望的信息等，则很可能改变购买意图。

消费者修改、推迟或取消某个购买决定，往往是受到已察觉的风险的影响。察觉风险的大小，由购买金额的大小、商品性能的确定程度和购买者的自信心强弱而定。因此，营销者应设法尽量减少消费者所承担的风险，促使消费者做出最后的购买决定。

#### 5. 购后行为

消费者购买之后的行为主要有两种：一是购后的满意程度，二是购后的活动。

（1）满意程度

消费者的满意程度，取决于消费者对商品的预期性能与商品使用中的实际性能之间的对比。就是说，如果购后在实际消费中符合预期的效果，则感到满意；超过预期，则很满意；未能达到预期，则不满意或很不满意。实际同预期的差距愈大，不满意的程度也就愈大。因此，营销者对其商品的广告宣传必须实事求是，符合商品的实际性，以便使购买者感到满意。同时，有些营销者对商品性能的宣传甚至故意留有余地，以增加消费者购后的满意感。

（2）购后活动

购后的满意程度，决定了消费者是否重复购买这种商品，决定了消费者对这一品牌的态度，并且还会影响到其他消费者。商界有句谚语："最好的广告是满意的顾客。"反之，失望的顾客不但永远不会再买这种商品，而且会到处做反面宣传，使原已准备购买的人止步不前。

在消费者的购后行为中，还有一点即企业应该观察购买者最终如何处置商品。如果消费者将商品搁置一边几乎不用，或实质上已经把它废弃，那它就是一种不会长期令人满意的商品，消费者对商品的口头传播也就不会强烈。如果消费者发现商品有一种新用途，这就应该引起关心，因为企业可以为这一新用途大做广告。总而言之，企业需要研究商品的用途和处置，以便找出可能发生的问题或发现新的机会。

## 5.2　商务购买行为

参与商务活动的组织不仅出售产品，它们还买进大量的原材料、制造件、装置、辅助设备、供应品和业务用的服务。当企业准备出售钢铁、计算机和其他商品给买方时，必须了解这些购买组织的需要、资源、政策和购买过程。查尔斯 · S · 古德曼说：“企业并非从事采购，它们是在建立相互关系。”

### 5.2.1 商务市场与消费者市场的对比

**商务市场（business marketing）**是由一切购买商品和服务，将它们用于生产其他商品或服务，以供销售、出租或供应给他人的组织所组成的。组成商务市场的主要行业有：农业、林业和渔业，矿业，制造业，运输业，通信业，公用事业，银行、金融和保险业，分销业及服务业。商务市场与消费者市场相比，具有以下鲜明的特征。

#### 1. 购买者比较少

一般来说，商务营销人员面对的顾客比消费品营销人员面对的顾客要少得多。在商务市场中，轮胎公司的命运取决于来自汽车制造商的订货单。但是，当它出售更新的轮胎给消费者时，它面临的是一个汽车拥有者的市场。

#### 2. 购买量较大

许多商务市场的特点是高的购买比例。诸如飞机引擎和防御武器等，极少数的大购买者购买了其中的绝大部分。

#### 3. 衍生需求

对商务用品的需求最终来源于对消费品的需求。采购棉花，是因为消费者要购买衣服及床上用品。如果对这些消费品需求疲软的话，那么，对所有用于生产这些消费品的企业产品的需求也将下降。因此，行业营销者必须密切监视最终消费者的购买类型和影响他们的各种环境因素。

#### 4. 供需双方关系密切

由于购买人数较少，大买主对供应商来说更具重要性，在商务市场上的顾客与销售者往往关系密切。供应商经常被要求提供企业顾客需要的产品。销售总是在技术规格和交货要求与购买者密切合作的供应商中达成。要求供应商参加由行业顾客举办的特殊研讨会的情况越来越多，以便使他们熟悉买方的质量和采办要求。有时，这些会议除了介绍需采购的材料外，还开展教育与重组的工作。

#### 5. 需求缺乏弹性

许多商务用品和劳务的总需求并不会随价格发生大的变化。例如，布鞋制造商在棉布价格下降时，不会打算采购大量棉布；同样，当棉布价格上升时，他们也不会因此而大量减少对棉布的采购。需求在短期内并无弹性，因为厂商不能对其生产方式做太大变动。对占项目总成本比例很小的行业用品来说，其需求也是无弹性的。例如，鞋上的金属鞋孔价格上涨，几乎不会影响其需求水平。

### 6. 需求波动大

人们对商务用品和服务的需求要比对消费品和服务的需求更为多变，对新工厂和新设备的需求更是如此。消费品需求增加一定百分比，往往能够引起生产追加产出所必需的工厂和设备的需求上升较大百分比，经济学家把这种现象称为**加速效应**（**acceleration effect**）。有时候。消费品需求仅上升 10%，却能在下一阶段引起行业用品需求上升 200%之多。这一现象导致许多企业营销人员将其产品线和市场多样化，以便在商业周期中实现某种平衡。

### 7. 专业性采购

行业的采购是由受过专门训练的采购代理商来执行的。专业采购者将其一生的工作时间都花在学习如何更好地采购方面。其中，许多人是全国采购代理人协会的成员。他们的专业方法和对技术信息评估的能力导致他们进行成本-效益购买。这意味着行业营销者必须提供他们产品和竞争品的大量技术数据，并对这些数据掌握得非常好。

### 8. 影响购买的人多

行业购买中影响决策的人比消费者购买中影响决策的人多得多。采购委员会都是由技术专家组成的，在购买主要商品时经常还有高层经理参加。因此，行业营销人员不得不雇用一些受过优良训练的销售代表，并经常用这支销售队伍来与训练有素的采购人员打交道。尽管广告、销售促进和宣传资料在行业促销组合中起着举足轻重的作用，但是，人员推销仍然不失为一种主要的推销工具。

### 9. 直接采购

行业购买者常常直接从生产厂商那里购买产品，而非经过中间商环节，尤其是那些技术复杂或贵重的项目更是如此，如大型计算机或飞机。

### 10. 互相购买

企业购买者经常选择那些也从他们那里购物的供应商。以纸张制造商为例，他从一家化学公司那里采购生产所需要的化学物品，而这家化学公司也打算购买该纸张制造商的大量纸张。

## 5.2.2　商务购买的参与者

谁在为企业市场所需要的价值达数千亿美元的商品和服务进行采购呢？采购组织的决策单位称为**采购中心**（**buying center**），它是由所有参与购买决策过程的个人和集体组成的，他们具有某种共同目标并一起承担由决策所引发的各种风险。采购中心在购买决策过程中分别承担 7 种角色。

（1）发起者：指提出和要求购买的人。他们可能是组织内的使用人或其他人。

（2）使用者：指组织中将使用产品或服务的成员。在许多场合中，使用者首先提出购买建议，并协助确定产品规格。

（3）决定者：指一些有权决定产品要求和供应商的人。

（4）影响者：指影响购买决策的人，他们常协助确定产品规格，并提供方案评价的情报信息，作为影响者，技术人员尤为重要。

（5）批准者：指有权批准决定者或购买者所提方案行动的人。

（6）购买者：指正式有权选择供应商并安排购买条件的人，购买者可以帮助制定产品规格，但主要任务是选择卖主和进行交易谈判。在较复杂的购买过程中，购买者中或许也包括高层管理人员一起参加交易谈判。

（7）控制者：他们是有权阻止销售员或信息与采购中心成员接触的人。例如，采购代理人、接待员和电话接线员可阻止推销员与用户或决策者接触。

在任何组织内，采购中心会随各不同类别产品的大小及构成而发生变化。为了使努力不白费，行业营销人员必须判断：谁是主要决策的参与者？他们对哪些决策具有影响力？其影响决策的程度如何？每一决策参与者使用的评价标准是什么？

当某一采购中心包含许多参与者时，销售员就没有时间和条件同其中每个人接触。一些较小的公司将注意力集中于接触关键性的购买影响力量。一些较大的公司则采取多层次深度推销，以便尽可能多地接触决策参与者。当前，团队推销日益流行，因此，销售员发现进入推销公司和访问决策者越来越困难。进一步地，企业越来越依赖它们的沟通方案以达到对组织采购的影响。

## 5.2.3 商务购买过程

商务采购者的行动贯穿于整个采购过程。有人确定了工业采购过程的 8 个阶段，并称它为**购买阶段（buyphases）**。这一模式的 8 个阶段适用于新任务采购，其中，有些阶段适用于其他两种采购形式。

### 1. 问题识别

当企业中有人认识到某种需要可以通过得到某一产品或某一服务就能解决时，便开始了采购过程。问题识别是由内在和外在的刺激因素所引起的。就内在因素而言，可能决定推出一种新产品，因而需要新设备和各种材料，以便生产该产品；一台机器报废，需要更新或需要新的零部件；采购的一些材料不尽如人意，转而寻找另一家供应商。

从外在因素来看，采购人员通过浏览广告，或接到某一个能提供物美价廉产品的销售代表的电话，或参观展销会，产生了一些新的购买想法。营销人员可以利用直接发信、电信营销、访问有希望的买主等手段来激发问题的认识。

### 2. 需要说明

一旦认识了某种需要之后，采购者便着手确定所需项目的总特征和需要的数量。就标准项目来说，这不是大问题；而对复杂项目而言，采购者要会同其他部门人员，如工程师，共同来决定所需项目的总特征，它们可能包括可靠性、耐用性、价格及其他属性。营销者可以安排购买方在这个阶段描述产品要求，从而满足组织的总需要说明。

### 3．产品规格

组织的下一步是着手制定开发项目的技术规格说明书。一般来说，公司将委派产品价值分析工程组投入这个项目的工作。

**产品价值分析（product value analysis）**要求对各部件仔细加以研究，以便确定能否对它们进行重新设计或实行标准化，并运用更便宜的生产方法来生产产品。

产品价值分析小组将对某一产品的高成本部件加以核查——通常 20%的部件占有 80%的成本。该组还将找出那些比产品本身寿命还要长的超标准设计的产品部件。该组织确定最佳产品的特征，并有根据地加以说明。文字简洁的说明书将允许采购者对不符合预期标准的货品予以拒绝。

### 4．寻找供应商

购买者现在将设法辨认其最适宜的供应商。他们可以查找交易指南，进行计算机搜索，打电话请其他公司推荐，观看贸易广告和参加贸易展览会。供应商的任务就是要被列入主要的名录中，制订一个强有力的广告和促销方案，争取在市场上建立良好信誉。购买方通常总是拒绝那些生产能力不足、声誉不好的供应商。而对合格的供应商，他们会上门访问，察看制造设备和员工配置。最后，采购者会归纳出一份合格供应商的清单。

### 5．征求供应建议书

购买者会邀请合格的供应商提交供应建议书，有些供应商只送来一份产品目录或派一名销售代表。对复杂或花费大的项目，购买者会要求每一潜在供应商提供详细的书面建议。购买者在淘汰了一些供应商以后，就请余下的供应商提出正式说明。因此，行业营销人员必须精于调查研究、书写和提出建议，他们的建议必须是营销文件，而非只是技术文件。其口头陈述时，应该取信于人。他们应该强调自己公司的能力和资源处于强有力的地位，以便在竞争中脱颖而出。

### 6．供应商选择

在供应商选择以前，采购中心将向有意愿的供应商规定某些属性并指出它们之间的重要性。采购中心会针对这些属性对供应商加以评分，找出最具吸引力的供应商。

### 7．订购商品

购买方现在开始与供应方谈判最后的订单，内容包括产品技术说明书、需要量、预期交货时间、退货政策、担保单等。就保养、维修和经营项目而言，采购人员愈来愈多地转向长期有效的采购合同，而非采用定期购买订单。为每次存货签订所需要的购货新订单，费用是昂贵的，没有一个采购员乐意签订较少的采购订单，因为这就意味着要持有更多的存货。一个长期有效合同建立了一种长期的关系，在这种关系下，供应商答应在一特定的时间之内根据需要按照协议的价格条件继续再供应产品给买方。由于存货由卖方保存着，因此，可称之为无存货采购计划。当需要存货时，采购者的计算机就会自动地传一份订单给销售商。

长期有效合同计划导致更多地向一个来源采购，并从该来源购买更多的项目。这就使得供应商和采购者的联系十分紧密，外部供应商欲涉足其间就十分困难，除非采购者对原供应商的价格、质量或服务不满意。

**8．绩效评价**

采购方对各具体供应商的绩效进行评价。他们可以使用 3 种方法：采购方可以接触最终用户并询问他们的评估意见；或者采购方用几种标准对供应商进行加权评估；或者购买者把绩效差的成本加总，以修正包括价格在内的采购成本。

## 5.2.4　系统采购和系统销售

越来越多的组织在采用能通过采购一次性整合解决其问题的方法，而不是对涉及的各种问题分别做出决策，我们称它为系统采购。**系统采购（systems buying）**最初用于政府购买重要武器和通信系统方面。政府不是购买各种部件，并将它们集中起来，而是要求主要承包商开价。这些承包商将承包全部采购或系统。获胜的主要承包商将负责招标和组装零部件。这样，该承包商也就提供了一种**交钥匙解决方案（turnkey solution）**，之所以这样说，是因为购买者只需转动一下钥匙就能使工作运转。

商务购买者喜欢以这种方法采购产品，并且已经接受了**系统销售（system selling）**的方法，并把它作为一种营销工具。系统推销有不同的形式。供应商销售一组连锁产品，例如，某供应商既出售胶水，又出售胶水刷和催干剂。供应商销售生产、存货控制、分销及其他服务系统，以迎合采购者经营活动顺利进行的需求。还有一种形式就是**系统承包（system contract）**，即由一个单独的供应商给采购者提供其维护、修理、操作所需的全部物料。这样，从购买方来说，由于存货的任务转嫁给销售方，就可以降低成本，同时由于减少了挑选供应商的时间也可以降低费用支出，并由于有合同条款的规定而使价格得到保障；从卖方来说，由于有固定的需求和减少了单证工作，也使经营成本降低。

例如，印度尼西亚政府准备在雅加达附近招标建一个水泥厂。一家美国公司上交一份建议书，其中包括选择厂址、设计工厂、招聘建筑工程队、调集材料和设备，最后交给印尼政府一个建好的工厂。另一家日本公司，在拟定建议书时，除包括以上各条款之外，另外还包括雇用和培训工人，并通过其贸易公司替该厂把水泥向国外出口，用该厂生产的水泥修建一些通往雅加达的公路，在雅加达建一些办公大楼。尽管日本的建议书耗资较多，但该建议的吸引力更大，因而中了标。显然，日本公司并不是仅仅从建一个水泥厂来看问题（狭义的系统推销观点），而是把建厂与给国家带来经济利益联系在一起。它们并不把自己仅仅当做一个工程建筑公司，而是当做一个经济发展机构。它们从最宽的角度来看待顾客的要求，这才是真正的系统推销。

## 5.2.5　政府采购

**政府采购（government buying）**是指各级政府为了开展日常政务活动或为公众提供服务，在财政的监督下，以法定的方式、方法和程序，通过公开招标、公平竞争，由财政部门直接向供应商付款的方式，从国内外市场上为政府部门或所属团体购买货物、工程和劳务的行为。其实质是市场竞争机制与财政支出管理的有机结合，其主要特点是对政府采购行为进行法制化的管理。政府采购主要以招标采购、有限竞争性采购和竞争性谈判为主。

### 1．政府是大顾客

在很多国家，政府是组织购买品的主要购买者。据专家估计，中国政府各级采购的总量约占 GDP 的 10%左右。美国各级政府购买货物和服务的价值为 15 000 亿美元，这就使得山姆大叔成为了世界上最大的主顾。根据美国总资源管理促进数据中心的统计，每年都有超过 2000 万个人与政府签订的合同在实施，虽然大多数项目的购买在 2500～25000 美元之间。

一般说来，政府需要其他组织顾客所需要的任何产品和服务，除此之外，政府还有其他组织不具备的需要，包括对社会服务及一切与防务有关的产品和服务的需要。

政府市场对于很多企业来说，充满了吸引力。企业一旦进入了政府市场，就意味着有了稳定的、具有保障性的、较高收益的回报。而且，进入政府市场往往也有助于企业良好形象的树立，为企业进入其他市场做了有力的宣传。其原因就在于能够为政府提供产品的企业都是经过严格竞标产生的，具有较强的竞争力。

### 2．政府采购的特征

政府市场是一个巨大的、充满诱惑力的市场，对于任何一个有意进入政府市场的组织来说，都必须首先了解政府采购的特点。与其他组织类顾客相比，政府类顾客具有以下几方面特点。

（1）政府采购一般是按照年度预算进行的，年度预算具有法律效应，不会轻易变动，也就是说，政府在一个财政年度内的采购规模基本上是固定不变的，这是政府市场相对稳定的一个重要原因。政府的有关部门对于有意进入政府采购市场的供应商要求提供规定的资料，用以说明其能够提供的产品类别和规格、企业的实力、资信等情况。只有经审定被列入政府采购准供应商名单中的企业才有可能参加有关政府采购的竞标活动。

（2）政府采购往往通过竞争性的招标采购、有限竞争性采购和竞争性谈判等方式来选择合适的供应商。对于很多产品，政府有关部门会制定出详细的标准和细则，包括技术规范、运送货物的时间要求、包装要求、保证书要求及其他采购要求。

（3）已经被列入政府采购准供应商名单的企业必须能够提供完全符合这些标准和细则的产品和服务才有资格进入竞标阶段。在竞标阶段，价格基本上是唯一的竞争因素，政府一般会选择竞标价最低的企业作为供应商，除非竞标价次低的企业能拿出有力的证据来说明竞标价最低的企业所提供的产品和服务不符合要求。

（4）政府采购出于保护本国产业的目的更倾向于采购本国供应商而非外国供应商的产品。

## 复习题

1．消费者在受到外部环境刺激后，将做出哪些反应？

2．马斯洛的需要层次理论分为哪几个层次？
3．消费者受哪些社会因素的影响？
4．人们在购买中扮演哪些角色？
5．消费者购买过程的 5 个阶段是什么？
6．一个人的信息来源有哪些？
7．新任务采购分几个步骤？
8．什么是系统采购和系统销售？
9．政府采购的特征是什么？
10．美国亨氏公司曾推出老年系列食品，在欧美市场强调这是专为老年人生产制作的。亨氏食品进入中国市场后也做这种宣传，从消费心理分析，它会成功吗？

## 案例讨论

### 麦当劳的“老年”餐馆

苏珊是一家美国的麦当劳特许经营快餐店的经理。这里常常有一些“老年人”光顾。她注意到，一些老年人不仅是餐馆的定期顾客，而且他们常常到这里来吃早饭，并且会一直待到下午 3 点钟。这些老年人一开始是被每月一次的餐厅对 55 岁及以上老人以优惠价格供应早餐所吸引进来的。早餐价格是 6 美元，再加免费的茶水。每月的第四个星期会有 50～100 名老年人挤在苏珊的餐馆里，希望享受这种优惠。但是，现在许多人天天都到这里来，将快餐店变成了聚会的场所。他们可以坐几个小时，拿着一杯咖啡与朋友们闲谈。几乎每天都会有大约 50 个人在这里待 1～4 小时。

苏珊的员工会非常友好地招待他们，用他们的名字来称呼他们。实际上，当她的员工和这些老人建立起良好的关系后，她的店成了一个非常快乐的地方。一些员工在他们的顾客生病住院后还会到医院去看他们。苏珊说：“我确实依恋他们。他们就像我的亲人，我们从心里关心他们。”所有的人都是“朋友”，这就是麦当劳的合作理念之一。与它的顾客友好相处，并且给他们所服务的社区有所回报。

这些老年顾客是非常有规律的，并且会友好地与每位走进来的顾客相处。他们是较为注重形象的一群人。每次离开前，都会仔细地清理干净他们的桌子。渐渐地，苏珊开始意识到应该为她的“非快餐食品”顾客做些什么。现在，在那些老年人愿意来的时间段里，还不存在顾客拥挤的情况。但是，如果顾客数量持续增长，拥挤将会成为首要问题。并且，苏珊还在担心她的餐馆有可能会被认为是“老年人”餐馆，这样有可能会失掉许多年轻的顾客。如果顾客觉得这里太拥挤，会认为他们得不到快速服务。但另一方面，一个忙碌的地方会被认为是一个“好的去处”及“友好的去处”。

苏珊还在担心她所为之奋斗的目标的形象。接受顾客长时间的停留及相互的交往会不会彻底地改变快餐店的整体形象？最终，苏珊的餐馆有可能会成为欧洲风格的饭店，顾客从来不用急着做什么，他们会感到非常舒服地将一杯茶水喝上 1 小时甚至 2 小时！苏珊知道，这些老年顾客的消费水平与平均消费水平相差不多。但是，这些老年人使用各种设施的时间确实相对要长一些。不过，大部分的老年顾客都会在 11:30 前即在中午的拥挤时段到来前离开。

苏珊还在考虑其他的可能性。如果为这些老年人服务是正确的，那么，她还能为他们提供些什么呢？比如，她的游戏室将扩大到可以供 50 人使用，她也在考虑能不能为他们提供纸牌博弈游戏——在上午不太忙的时段里，从早上 9 点到 11 点。纸牌博弈游戏在老年人中非常流行。除了食品和饮料以外，这也许可以成为一个新的收入点。她说，她会按每个人玩 2 小时 5 美元进行收费，这项收费将作为本店购买的赠券给老人使用。

## 问题讨论

1．苏珊这项决策会不会提高麦当劳的形象？
2．请尝试为中国的老年顾客设计一份麦当劳的营销方案。

CHAPTER 6

# 第6章 市场细分和定位

## 引导案例

世界软饮料市场为可乐饮料所独霸，人们一谈饮料就是可乐，能脱口叫出的多是“可口可乐”、“百事可乐”等。然而，在这样一片浓浓的“可乐”氛围中，“七喜”汽水却独树一帜，以其全新的“非可乐”型面貌出现在消费者面前。“七喜”风靡全球的广告词是这样的：“饮料有可乐型和非可乐型之分，七喜最能满足你对非可乐型饮料的要求。”这段广告词的背后有一个非常精辟的策划，它出人意料地将饮料分成两种类型，引起了人们极大的兴趣。而那些原来对可乐型饮料并不热衷的消费者立刻领悟：唔，看来我是适合喝非可乐型饮料的！市场差异化就是塑造出本企业产品与众不同的、给人印象鲜明的个性或形象，然后将这种形象有效地传递给顾客，从而完成市场定位。

**本章将讨论以下问题：**

- ■ **企业怎样辨认合适的细分市场？**
- ■ **企业怎样选定目标市场？**
- ■ **市场差异化的工具有哪些？**
- ■ **企业怎样进行差异化定位？**

## 6.1　辨认细分市场

世界上任何一个企业，不论其资源如何雄厚都不能满足整个市场的需求，更何况每个顾客对任何一种商品的需求都是不同的。对于为数众多、爱好不一的购买者，每个商家都应该采取 3 个步骤：一是按照一定的标准对市场进行细分；二是评估选择对本企业最有吸引力的细分市场作为目标市场；三是确定自己在市场上的地位，搞好市场定位。

**市场细分（market segmentation）**就是指企业按照某种标准将市场上的顾客划分成若干个顾客群，每一个顾客群构成一个子市场，不同子市场之间，需求存在着明显差别。市场细分是选择目标市场的基础。

市场营销在企业的活动包括细分一个市场并把它作为公司的目标市场，设计正确的产品、服务、价格、促销和分销系统“组合”，以满足细分市场内顾客的需要和欲望。营销经理在设计企业营销时要面对下列问题：

- 我们的市场是什么？
- 我们怎样细分市场？
- 每个细分市场的需要和欲望是什么？
- 我们怎样度量每个细分市场的大小？
- 我们的竞争者是怎样满足市场的需要和欲望的？
- 哪些细分市场是我们的目标？
- 哪种产品模式能最好的满足目标市场？
- 对我们的目标顾客最优的价格是什么？

- 我们应该怎样分销产品给我们的细分市场顾客？
- 对我们的目标顾客使用哪种促销方法最有效？

### 6.1.1　市场细分的作用

对商家来说，市场细分的作用至少表现为以下 3 个方面。

（1）有利于企业发掘新的市场机会。通过市场细分，企业可以了解哪些顾客有哪些未满足的需求，这些都是企业的新的市场机会。

（2）有利于企业针对目标市场制订适当的营销方案，使商品、价格、地点、促销等策略更加适合目标市场的特点。

（3）有利于企业扬长避短，获得竞争优势。

更为精确地认识市场是当今营销管理中最为重要的一项工作。这是因为消费者的需求日益复杂化、细分化。随着市场细分的日益深化，顾客需求被越来越精确地识别，当代企业的营销攻势正日益逼近每一位目标顾客。在这一过程中，原有的大众营销术业已力不从心，一些针对“个人”市场的新营销术逐渐演绎、萌生、成熟。

如果某一商品根本没有吸引力，那么世界上再精明的营销也无能为力。沟通某一特定消费者群组的最有效方法依然是用商品本身去打动他们。随着大众市场不断地分化变小，即便是行销全球，已被市场普通接受的最为著名的标准化商品也同样走上了多品种道路，而且细分化程序日益加深。可口可乐目前已衍生出多种子品牌：可口可乐（传统口味）、健怡可乐、樱桃可乐、健美樱桃可乐、无咖啡因可乐、无咖啡因健怡可乐等。正如美国哈佛大学教授李维特所说的，“在市场上，细分化是无处不在的”。

### 6.1.2　有效细分的条件

市场是可以细分的。要使市场细分成为最有用的话，它必须具备下列特征：

#### 1．差异性

在该商品的整体市场中确实存在购买与消费上明显的差异性，足以成为细分依据。例如，肉食品、糕点等商品有必要按汉民和回民细分；而大米、食盐就不必要按民族细分。用统计术语来说，就是“组与组之间的差别越大越好，组内的差别越小越好”。

#### 2．衡量性

市场细分要求各种变量是可以测量的，细分出来的各个分市场的规模大小和购买水平也是大致可以确定的。有些细分变量是比较容易识别的，如收入、年龄、职业等；而有些则较难衡量，如吃东西的口味等，这样的市场规模衡量起来就特别困难。

#### 3．足量性

细分市场的规模要大到足够获利的程度。在企业对企业市场上，有时一家顾客就足够大并且具有自己的特点，可以作为一个单独的市场来对待。但是，一般来说，细分市场只有在具有相当数目的顾客时，才有实际意义。

**4．达到性**

企业分析能否进入某细分市场并为之提供有效服务的程度，也就是说，该细分市场是企业的营销活动能够对其产生影响的市场。如果商品无法通过一定的分销渠道抵达该市场，或者有关的营销信息无法与该市场的潜在消费者进行传播，那么，该细分市场对企业是没有意义的。

**5．价值性**

细分市场能否保证企业获得足够的经济效益，如果容量太小，销量有限，得不偿失，则不足以成为细分依据。例如，汽车公司不可能专门为身高 1.5 米以下的人设计一种汽车。

## 6.1.3　市场细分的模式

市场是按照收入的高低和年龄的大小进行细分的，从而形成了不同的人文细分市场。假如，请购买者回答他们对商品两种属性的需要程度如何（如冰激凌中的甜分和奶油两种属性）。那么，根据被询问者的回答，就能在市场中识别具有不同偏好的细分市场。由此产生 3 种不同的偏好模式，如图 6.1 所示。

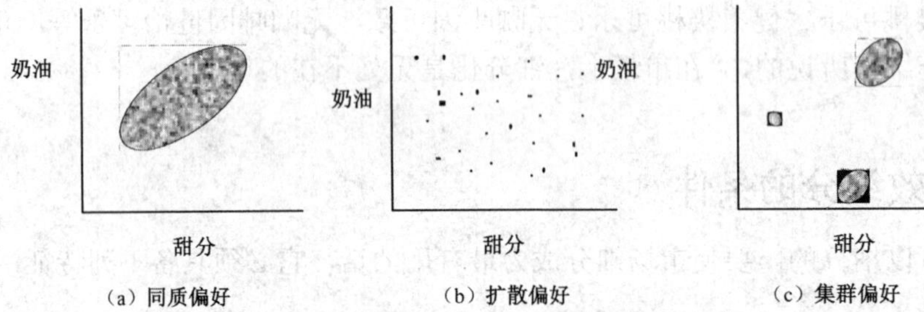


图 6.1　3 种偏好模式

**1．同质偏好（homogeneous preferences）**

同质偏好是指一个所有消费者都有大致相同偏好的市场，如图 6.1（a）所示。这个市场显示出并不存在惯常的细分市场，至少对奶油和甜分两种属性而言都是关注的。对这些商品的所有现存品牌将会是类同的，并且都处在偏好的中心。

**2．扩散偏好（diffused preferences）**

扩散偏好指消费者的偏好可能在空间四处散布，如图 6.1（b）所示。这表示消费者对于商品的要求存在差异。假如有一个品牌存在于该市场中，它很可能定位在市场的中心，以迎合最多的购买者。一个位于中心的品牌可使所有消费者总的不满为最小。新进入市场的竞争者，可能把它的品牌设置在原先的品牌附近，从而引发一场争夺市场份额的战斗，或者把它的品牌设置在一个角落里，以赢得那个对位于市场中心品牌不满的消费者群体。

如果这个市场上有好几个品牌，则它们很可能定位于整个空间的各处，各显示其实质差异，来迎合消费者偏好的差异。

3．集群偏好（clustered preferences）

市场可能出现有独特偏好的密集群，这些密集群可称为惯常的细分市场，如图 6.1（c）所示。每一个进入此市场的公司有 3 种选择：它可以将商品定位于中心，以迎合所有的群体；它也可以将商品定位在最大的细分市场内；它还可以推出好几种品牌，分别定位于不同的细分市场内。显而易见，如果公司只发展一种品牌，那么，竞争者就会进入其他的细分市场，并在那里树立许多品牌。

## 6.1.4　市场细分的标准

市场细分并不存在统一的标准因素。就消费者市场而言，一般可考虑 4 个重要的因素：地理、人文、心理和行为。

1．地理细分

人们都生活在一定的地域范围内。处在不同地理位置的消费者，会产生不同的需要和爱好，并对企业的同一商品及其他市场营销手段产生不同反应。例如，我国的食品口味，就有所谓的“东甜南辣西酸北咸”之说。

**地理细分（geographic segmentation）**对于分析研究不同地区消费者的需求特点、需求总量及其发展变化趋势是有一定价值的。地理变量容易识别和分析，常常是营销人员细分市场重要考虑的因素。但是，地理因素是一种静态因素，而人口则是始终处于流动之中的，而且，即使是处于同一地理位置的消费者仍然会存在很大的需求差异。因此，企业在细分市场时，还必须进一步考虑其他因素。

2．人文细分

**人文细分（demographic segmentation）**是将市场按人口统计变量，如年龄、性别、职业、种族等为基础划分成不同的群体。人文变量是区分消费者群体最常用的依据。其理由之一是消费者的欲望、偏好和商品使用率经常与人文变量有密切的联系，另一个理由是它比其他类型的一些变量更容易衡量。

消费者的欲望和能力随年龄增长而变化。即使 6 个月的婴儿，在他们的消费潜力方面也不同于 3 个月的婴儿。一家玩具制造厂认识了这方面的区别后，为 3 个月到 1 岁之间各个不同阶段的婴儿设计了不同的玩具，例如，给开始伸手拿东西的婴儿做一个栅栏供其抓握，给第一次拿东西的婴儿玩拨浪鼓等。这种细分方便了婴儿的父母和送给婴儿礼物的人，他们可以根据婴儿的年龄，选择合适的玩具。

美国通用食品公司把相同的策略运用于狗的食品。许多养狗的人懂得狗的食品需要也会随着狗的年龄变化而有所不同，因此，通用食品公司配制了 4 种不同类型的狗罐头食品：幼年的狗用周期一号、成年的狗用周期二号、超重的狗用周期三号、老年的狗用周期四号。通用食品公司设法通过这种创造性的细分化策略，来攫取一个大的市场份额。

#### 3．心理细分

用人文因素细分市场，各个顾客群体中的消费者仍会表现出差别极大的心理特性。因此，企业也可根据消费者所属的社会阶层、生活方式及个性特点等心理因素，进行**心理细分（psychographic segmentation）**。

越来越多的企业用心理因素来细分市场。例如，大众汽车公司按照不同的生活方式设计不同的汽车：有专为强调经济、安全和生态环境的“好公民”而设计的汽车，也有为强调容易操纵、转动灵活和运动型的“玩车者”而设计的汽车。女性服装制造商也在进行市场细分，为“简朴的女性”、“时髦的女性”和“有男子气质的女性”分别设计不同的服装。

#### 4．行为细分

按消费者的购买行为细分市场，包括购买时机、寻求利益、使用状况、应用频率、忠诚程度、待购阶段和态度等行为变量，这些行为变量一般认为是消费者市场有效细分的最佳依据。

运用**行为细分（behavioral segmentation）**，首先，必须了解消费者购买某种商品所寻求的主要利益是什么；其次，要调查寻求某种利益的消费者是哪些人；再次，要了解市场上的竞争品牌各自适合哪些利益，以及哪些利益还没有得到满足。

美国学者哈雷对牙膏市场的分析，是运用利益细分法取得成功的一个范例，见表 6.1。他发现牙膏使用者寻求的利益主要有 4 类：价廉物美、防治牙病、洁齿美容和口味清爽。

**表 6.1　牙膏市场的利益细分**

| 利益细分 | 人文特征 | 行为特征 | 心理特征 | 符合该利益的品牌 |
|---|---|---|---|---|
| 价廉物美 | 男性 | 大量使用者 | 自主性强者 | 大减价中的牙膏 |
| 防治牙病 | 大家庭 | 大量使用者 | 忧虑保守者 | 佳洁士 |
| 洁齿美容 | 青少年 | 吸烟者 | 社交活动多者 | 美加净 |
| 口味清爽 | 儿童 | 果味爱好者 | 清洁爱好者 | 高露洁 |

## 6.2　目标市场选定

在市场细分化的基础上，企业根据自己的资源和目标，选择一个或几个细分部分作为自己的目标市场，这样的营销活动，就称为目标营销或市场目标化。

### 6.2.1　目标市场选定的因素

企业选择目标市场之前，应全面考虑以下因素。

#### 1．企业的资源

如果企业在人力、物力、财力及信息各方面资源不足，能力有限，无力把整个市场作为目标市场，可采用单市场集中模式，实行密集型营销。实力雄厚的大企业，不仅可以采用差异性市场策略及无差异性市场策略覆盖整个市场，其他各种模式也可根据需要采用。

**2．商品的同质性**

商品的同质性是指这一类商品提供了类似的功效。同质性商品本身差异性较小，如石油、大米、食盐、钢铁等，比较适合于无差异性市场营销。如果商品设计变化较多，如服装、食品等，则宜采用差异性市场营销。

**3．市场的同质性**

市场的同质性是指所有购买者爱好相似，对市场营销刺激的反应也相同。在这种情况下，企业可采用无差异市场策略；反之，就应选用差异性市场策略、集中性市场策略或市场专门化模式。

**4．商品所处的生命周期阶段**

当企业把一种新商品导入市场时，现实的做法是仅强调商品的一种特点，因此无差异性市场营销最能奏效。当此商品进入生命周期的成熟阶段时，差异性营销则开始起更大的作用。而采用新技术的新商品，应采用一对一的市场策略。

**5．竞争对手的目标市场策略**

一般来说，企业应该同竞争者的策略有所区别，反其道而行之。如果对手是强有力的竞争者，实行的是无差异性营销，则本企业实行差异性营销往往能取得良好的效果；如果对手已经实行差异性营销，本企业仍实行无差异性营销，势必失利，在这种情况下可考虑实行更深一层的差异性营销或集中营销。当然，也没有固定不变的公式，还要依竞争双方的实力对比和市场的具体情况而定。

## 6.2.2　目标市场机会

营销战略计划尽力为公司的资源（它能做什么）和它的目标（最高管理层想要做的是什么）协调机会。成功的战略开始于一个富于创造性的经理定位出一个有吸引力的市场机会。然而，对于一个公司来说，有吸引力的机会对其他公司来说不一定有吸引力。对一个特定公司有吸引力的机会要因企业而异，其中，突破性的机会是最好的。

**突破性机会（breakthrough opportunities）**是指帮助企业开发难以模仿的营销战略，并在一段较长的时间里是非常有利可图的。这是重要的。因为总有许多模仿者——如果他们能够的话，想分享创新者的利益。如果竞争对手能够容易地模仿你的营销组合，持续地为目标顾客提供优越的价值是困难的。

即使一个管理人员不能找到一种突破机会，公司也应该尽力去获得一种竞争优势来增加它获得利润或生存的机会。**竞争优势（competitive advantage）**意味着公司在同一个目标市场上的营销组合比竞争对手公司的营销组合要好。一种竞争优势在公司不同区域的努力中可能会产生不同的效果——削减生产成本，创新的研究和发展部门，比较有效率的购买成分，或者有新的便利的分销资金。同样，一支强有力的销售队伍，一个著名的品牌，或者一个好的经销商在把握机会方面可能提供了一种竞争机会。无论什么资源，一个竞争优势是否成功，在于它与一些竞争对手相比，是否为公司提供了较多的卓越价值和满意的顾客。

有时，一家公司通过简单协调好它目前的营销组合，或者发展同自己的消费者比较接近的关系，就能获得突破性的机会和竞争优势。其他时候，公司可能需要研究新的技巧，在世界新区域的新的人口，以及所有解决问题的新方法。但是，每一个公司都需要某些竞争优势——可使促销人员有某些独特的东西出售，而非仅仅以提供越来越低的价格为成功的关键因素。

把营销战略计划过程细化是有效的。该过程开始于广泛地寻找市场——专门化地注意顾客需要、企业的目标和资源以及竞争者。如果能迅速窄化目标，它将能帮助企业确定新的和独特的机会。

企业可根据商品的特性、自身的实力和竞争能力的分析，在众多的细分市场中，选择一个或几个有利于发挥企业优势、最具吸引力、又能达到最佳或满意的经济效益的细分市场作为目标市场。目标市场的选择，一般有 4 种策略。

### 1. 无差异性营销

**无差异性营销（undifferentiated marketing）**是指企业把整体市场作为目标市场。它强调市场需求的共性，而忽视其差异性。企业为整个市场设计生产单一商品，实行单一的市场营销方案的策略，来迎合绝大多数的顾客。例如，微软公司的 Windows 2000 就是采用这种无差异性市场营销策略。

无差异性营销的优点是品种少，适合大批量生产，发挥规模经济的优势，可以降低生产、存货和运输成本，进而以低成本在市场上取得优势。

无差异性营销的缺点是：如果许多企业同时在一个市场上实行无差异性营销，竞争必然激化，获利的机会反而不多；同时，仅以一种商品一种营销方案，要想得到不同层次、不同类型所有顾客的满意，也是很难的。

### 2. 差异性营销

**差异性营销（differentiated marketing）**是企业决定同时经营大多数细分市场，并为每个细分市场设计不同的商品。例如，对一个牙膏市场进行调查分析，可能显示一些人买牙膏因为它口感好（感觉细分）；一些人则关心牙齿清洁和口气清新对他们的社会形象影响（社交的）；然而，有些人担心蛀牙或牙垢（担忧者）；而另一些人仅对他们的钱用得最有价值感兴趣（价值寻找者）。通过提供不同的商品的营销变化，企业希望在每个细分市场中获得较高的销售额和更为牢固的地位，并希望在几个细分市场中所得到的牢固地位，会增强顾客对生产该类商品的公司有全面的认识。

差异性营销的一个典型例子是美国爱迪生兄弟公司。爱迪生兄弟公司所经营的 900 家鞋子商店，可分为 4 类不同的连锁店，以此来迎合不同的细分市场。查达勒连锁店出售高价的鞋子，贝克连锁店出售中等价格的鞋子，伯特连锁店出售廉价的鞋子，威尔达·佩尔连锁店着重面向非常喜欢时髦式样鞋子的顾客。人们可以发现查达勒、贝克、伯特 3 家连锁商店分别设置在芝加哥民族大街的 3 个街段上。尽管商店位置设置得这样接近，却并不影响它们的业务，原因在于它们的目标是女鞋市场中的各种不同的细分市场。这一策略，使得爱迪生兄弟公司成为美国最大的女鞋零售公司。

差异性营销较之无差异性营销可创出较高的销售额，但同时也会使营销成本提高，因为差异性营销势必增加设计、制造、管理、仓储和促销等方面的成本，这就有可能得不偿失。所以要权衡一个商品差异到什么程度最有利。为了解决这个矛盾，许多企业宁可只经营少数品种，而尽量使每个品种能适应更多消费者的需要。

#### 3. 集中性营销

**集中性营销（concentrated marketing）**特别适用于资源有限的公司。它是指厂商力求能在一个或几个子市场中占有较大的份额，而不是从一个大市场中只得到小的份额。

通过集中性营销，企业能在为之服务的细分市场里取得强有力的市场地位，这是因为它们对这些细分市场的需求有较多的了解。此外，由于生产、分配和促销方面的专业化，商家享有许多业务上的经济性。如果商家能正确选择细分市场，那么它就能获取较高的投资报酬率。

但是，集中性营销所冒的风险却比一般来得大。因为公司集中营销的细分市场可能会转坏。例如，如果年轻的女性突然停止购买运动衫，就会使女用运动衫专业公司的收益产生很大的赤字；或者是某一竞争者可能决定进入同一细分市场，从而[illegible]化。由于这些原因，许多公司喜欢将市场目标分散于好几个细分市场[illegible]

#### 4. 一对一营销

目标市场策略的最后一个层次是“细分到个人”和“定制营销”[illegible] **marketing**）。现在的各种新技术和信息工具，例如，互联网、电子信[illegible]线通等，使公司能对个人开展营销，定制各人所要求的商品。

一对一营销可使人们参与生产完全符合自己愿意的商品，许多情况表明，人们喜欢这种方法。在餐馆中，色拉餐柜日趋流行，这是因为人们可以调制自己喜欢的色拉。同样地，在某些冷饮店里，顾客可自行调制冰激凌。

不但商品可按顾客要求定制，服务也是如此。在金融服务业，顾客走进一家金融机构，坐在业务部里，就有一位资历很深的专家前来为他提供咨询。该专家与顾客一起商讨，通过计算机终端建立金融业务关系。例如，顾客可能会询问如何开立存款业务关系。专家就会问一些基本问题：顾客想要得到利息吗？开支票吗？经常转账吗？想要贷款吗？根据顾客的答复，顾客需要得到的服务会得到落实，并且根据顾客的不同需要确定应付的费用。

即使在向业务市场提供标准化商品时，它也不限于仅仅是制造某一标准的营销供应品。顾客还可能仅对其中的内容进行选择、裁剪和重新组合，例如，选择商品性能、交货条件、培训、财务结算方法、技术服务选择等。我们的结论是：即使商品是不能顾客化定制的，然而营销方法是可以顾客化定制的。

总之，由于一对一顾客化定制营销成本的下降，它已与细分市场的费用成本相差不大，越来越多的企业将转向顾客化定制营销。

## 6.3　市场差异化的工具

一旦了解了顾客需要什么，就能决定是否保持产品原状或重新定位它。这可能意味着产品的物理改变或简单的建立在促销基础上的形象改变。例如，大多数可乐的饮用者在盲试中不能挑选出他们喜欢的品牌，因此，对物理改变重新差异化一种可乐的意义不大。于是，百事可乐广告描绘了百事饮用者是“新一代的选择”（12～24 岁的男孩）。同时，七喜提醒我们，它是不含咖啡因的非可乐：“根本没有咖啡因，将来也不会有。”这就是**市场差异化（market differentiation）**。

一个企业在产品上的竞争优势取决于它能否比竞争者有更好、更新、更快或更便宜的价值创造。企业可以采用不同的工具使其为市场提供的产品与竞争者相区别，这些工具大致可归纳为以下 4 个方面。

## 6.3.1 产品差异化

**产品差异化（product differentiation）**主要包括产品工作质量、产品特色、产品设计[redacted]方面的差异化。

[redacted]造成该细分市场的恶 客的需要为起点，以顾客的知觉为终点。
[redacted]。 么这些就构成了顾客眼中的质量。质量
[redacted] 了确保顾客认知质量，制造商必须在整
[redacted]，**即一对一营销（1:1**
[redacted]音箱、调制解调器、一 能的某些增补，它也是产品差异化的一
[redacted] ，其原因之一就在于其特别擅长创造
[redacted] 摩托车、计算器、摄影机等产品上增
添一些新的特色，由此吸引了大量顾客。实践证明，率先推出某些有价值的特色产品，是一个十分有效的竞争途径。

**产品设计（product design）**是一个综合性的因素。上述种种差异化都取决于设计。产品设计者将决定该产品应具有哪些特色、性能如何、稳定性如何、是否耐用等。从企业的角度看，好的设计要求外表美观、操作简单、使用方便、经久耐用等。产品设计者应该全面考虑这些因素，并且越来越多的企业开始意识到产品设计的重要性。

## 6.3.2 服务差异性

除了产品实体差异化外，企业也可以对所提供的**服务差异化（service differentiation）**。别具一格的良好服务，不仅会给企业带来众多的顾客、广阔的市场和可观的利润，并且对树立企业形象、建立产品信誉起到极为重要的作用。服务差异化主要表现在订货方便、交货、安装、客户培训、客户咨询、维修等多种服务上。

### 1. 订货方便

**订货方便（ordering ease）**是指如何使顾客能方便地向公司订货。例如，许多银行现在都供应家用银行软件，以帮助顾客获得信息和使划账更有效。

#### 2. 交货

**交货（delivery）**是指产品或服务如何送达顾客，包括速度、准确性和文明送货。顾客经常选择那些在准时交货方面享有良好信誉的制造商。上海通用汽车公司通过正点生产技术，加快汽车生产的过程管理，以使曾供不应求的赛欧汽车快速交货。

#### 3. 安装

**安装（installation）**是为确保产品在预定地点正常使用而必须做的工作。重型设备的买主期望从供应商那里获得良好的安装服务。

#### 4. 客户培训

**客户培训（customer training）**是指对客户单位的雇员进行培训，以便使他们能正确有效地使用供应商的设备。例如，日产公司刚开发无限汽车的时候，就把它的培训方案制度化了，并建立起无限汽车大学。而在以前的汽车行业中这种培训方案是没有的。如今，它在开拓新业务之前，每一个员工，从总经理到办公室文员，必须接受 6 天的培训。公司职员每年也必须有一两次返回学校，继续接受有关如何解决现实中业务问题的教育。

#### 5. 客户咨询

**客户咨询（customer consulting）**是指卖方向买方无偿或有偿地提供有关资料、信息系统和提出建议等服务。例如，一家大型的药品批发公司帮助独立的药店建立会计和存货系统、计算机订货系统等。这种服务帮助它的客户提高竞争力，并使他们更忠实于它。

#### 6. 维修保养

**维修（maintenance）**是指购买本公司产品的顾客所能获得的修理服务的水准。汽车购买者都非常关心他们从卖主那里可以获得的修理服务的质量。

#### 7. 多种服务

公司还能找到许多其他方法为顾客提供**多种服务（miscellaneous service）**来增加价值。公司可以提供一个比它的竞争者更好的产品担保或保修合同。也可以提供一些惠顾奖励，就像航空公司对其老乘客所做的那样。事实上，公司可以提供无数种独特的服务和优惠，以便将自己与竞争者区别开来。

### 6.3.3 人员差异化

企业可以通过聘用和培养比其竞争对手更为优秀的人员获得**人员差异化（personnel differentiation）**优势。大量实践证明，“市场竞争归根结底是人才的竞争”。例如，麦当劳的员工彬彬有礼，微软公司的员工都是技术专家，东方航空公司的空姐美丽温柔。

一位受过良好训练的人员应具有下面 6 种特征。

- 称职：该雇员应具有所需要的各种知识和技术。
- 诚实：该雇员应该是可以信赖的。
- 可靠：该雇员应始终如一、准确无误地完成本职工作。

- 负责：对顾客的要求和困难能迅速做出反应。
- 沟通：该雇员应尽力去了解顾客，并将有关信息准确地传达给顾客。
- 谦恭：友好，能尊重人，并善于体谅别人。

### 6.3.4　形象差异化

通过不同途径创造性地树立企业独一无二的**形象差异化（image differentiation）**，较常用的有企业标志、各种媒体氛围等。一个醒目的标志常常可以塑造一种突出的形象，令人难以忘怀。例如，麦当劳快餐公司的金色拱形“m”标志，就是麦当劳公司的象征。这一标志已成为不用翻译的快餐文化，人们一见到这个标志，就会想起麦当劳舒适、宽敞的店堂，高效的服务和新鲜可口的汉堡包。

## 6.4　制定定位策略

**市场定位（market positioning）**是为了造就消费者心目中的某一特定地位而设计企业的产品和营销组合的行为。

具体地说，市场定位就是要在目标顾客的心目中为企业的产品创造一定的特色，赋予一定的形象，以适应顾客一定的需要和偏好。这种特色和形象可以是实物方面的，也可以是心理方面的，或者两方面兼而取之。实际上，定位就是要设法建立一种差异优势，以便在目标市场上吸引更多的顾客。

### 6.4.1　推出哪种差异

假设一家公司已确认了 4 种不同的定位优势：技术、成本、质量和服务（见表 6.2）。它有一个主要竞争者。这两家公司在技术方面都得 9 分（1 为最低分，10 为最高分），这意味着双方技术都不错。该公司如果进一步改进技术，也很难获得很多利润，尤其考虑到这样做将耗费成本。竞争者在成本方面有较大的优势（9 分而不是 6 分），如果市场变得越来越重视价格，这会损害该公司的竞争力。该公司的产品质量高于竞争者（9 分而不是 6 分）。最后，两家公司提供的服务都低于平均水平。

可见，该公司应该在成本或服务方面下功夫，以提高其市场吸引力。但是，该公司还应考虑一些其他问题。首先：每一种属性的改善对目标顾客来讲其重要性如何？第（4）列表明，成本和服务的改进对顾客是十分重要的。下一步：该公司是否有能力改进，以及需要多长时间？第（5）列显示，该公司在改进服务方面具有较强的能力和较快的速度。但是，如果该公司开始这样做的话，竞争者是否也能改进服务呢？第（6）列显示，竞争者改进服务的能力较低，也许因为竞争者不相信改进服务会带来奇迹，或者是因为缺少资金。以第（1）列到第（6）列的信息为基础，在第（7）列显示了对每一种属性应采取的适当行动。对该公司来讲，最重要的就是改进其服务，服务对顾客是很重要的。该公司需要既能改进服务，又能加快服务，这样竞争者就会追赶不上。

表 6.2　竞争优势选择方法

| (1)<br>竞争优势 | (2)<br>公司现状 | (3)<br>竞争者现状 | (4)<br>改进现状的重要性<br>(高—中—低) | (5)<br>能力和速度<br>(高—中—低) | (6)<br>竞争者能力<br>(高—中—低) | (7)<br>采取的行动 |
|---|---|---|---|---|---|---|
| 技术 | 9 | 9 | 低 | 低 | 中 | 维持 |
| 成本 | 6 | 9 | 高 | 中 | 中 | 修正 |
| 质量 | 9 | 6 | 低 | 低 | 高 | 修正 |
| 服务 | 4 | 3 | 高 | 高 | 低 | 投资 |

### 6.4.2　市场定位的方法

具体地说，市场定位可考虑以下 5 种方法。

#### 1．产品特色定位

企业在具体产品特色上的定位。迪斯尼乐园可以宣称自己是世界上最大的主题游乐场。大也是一种产品特色，它间接地暗示了一种利益，即从中可享受到最多的娱乐。

#### 2．顾客利益定位

顾客由此获得的利益、解决问题的方法及需求满足的程度，能使顾客感受到它的定位。例如，在汽车市场上，德国的“大众”享有“货币的价值”之美誉，日本的“丰田”侧重于“经济可靠”，“梅塞德斯”则是“身价的象征”。

#### 3．使用者定位

企业常常试图把其产品指引给适当的使用者，即某个细分市场，以便根据该市场的看法塑造恰当的形象。例如，百事可乐的定位是“12～24 岁的男孩”，称为“新一代的选择”。

#### 4．使用场合定位

小苏打一度被广泛用做家庭的刷牙剂、除臭剂和烘焙配料等，现在有不少新产品也具有了上述这些功能。国外有一家厂商，开始把它们作为冰箱除臭剂、阴沟和垃圾污物的防臭剂出售。另一家企业出售的羹汤，把小苏打作为调味汁和肉卤的配料。还有一家公司，原本把小苏打作为夏令饮料的原料之一介绍给顾客，后来又试图把其定位为冬季流行性感冒患者的饮料。

#### 5．竞争定位

企业在面对多种竞争优势并存的情况下，要运用一定的方法评估选择，准确地选出对企业最适合的竞争优势加以开发。选择方法可以是将本企业同竞争者在各项目（如技术、成本、质量、服务等）中评分加以比较，选出最适合本企业的优势项目。例如，不含阿司匹林的某种感冒药片，不含铅的某种汽油等，都是新类型的老产品，定位时应突出与其他同档产品的不同特点。

在确定企业的市场地位之后，还必须大力开展宣传，把企业的定位观念准确地传播给潜在购买者，要避免因宣传不当在公众中造成误解：若传播给公众的定位过低，则不能显示出自己的特色；若定位过高，则不符合企业实际情况，会使公众误认为企业只经营高档高价产品；若定位含混不清，则不能在顾客中形成统一明确的认识。例如，对同一产品或同一服务项目，有人认为是高档的，有人认为是低档的。上述种种误解，都是由于定位的信息在传播上的失误所致，营销者应注意防止。

### 6.4.3　市场定位传播

当公司制定一个明确的定位战略后，它还必须有效地传播这一定位。假设公司选择“质量最佳”这一定位策略，那么它必须保证传递这一诉求。该传播可以选择一些人们平时用来判断质量的标志和线索来进行。举例如下。

中国台湾宏基公司的创始人施振荣坚信公司口号是树立公司定位的重要因素，它能极大地激励公司员工，让消费者对公司更加信任，并吸引有才华的人加入公司。宏基的口号随时间变化而变化，充分地反映了公司的形象。最初是“微处理器的园丁”，接着是“为了明天更美好，缩短差距”，现在是“为每个人提供现代技术”。定位差异化的故事可参见营销窗口6.1。

**营销窗口6.1　差异化之路**

**白加黑——治疗感冒，黑白分明**

1995年，“白加黑”上市仅180天销售额就突破1.6亿元，在拥挤的感冒药市场上分割了15%的份额，登上了行业第二品牌的地位，在中国大陆营销传播史上，堪称奇迹，这一现象被称为“白加黑”震撼，在营销界产生了强烈的冲击。

“白加黑”是个了不起的创意。它看似简单，只是把感冒药分成白片和黑片，并把感冒药中的镇静剂“扑尔敏”放在黑片中，其他什么也没做；实则不简单，它不仅在品牌的外观上与竞争者形成很大的差别，更重要的是它与消费者的生活形态相符合，达到了引发联想的强烈传播效果。

在广告公司的协助下，“白加黑”确定了干脆简练的广告括号：“治疗感冒，黑白分明”，所有的广告传播的核心信息是：“白天服白片，不瞌睡；晚上服黑片，睡得香。”产品名称和广告信息都在清晰地传达产品概念。

**农夫山泉——有点甜**

1998年，哇哈哈、乐百氏以及其他众多的饮用水品牌大战已是硝烟四起，而且在哇哈哈和乐百氏面前，刚刚问世的农夫山泉显得势单力薄，另外，农夫山泉从千岛湖取水，运输成本高昂。

农夫山泉在这个时候切入市场，并在短短几年内抵抗住了众多国外内品牌冲击，稳居行业三甲，成功要素之一在于其差异化营销之路，而差异化的直接表现来自于“有点甜”的概念创意：“农夫山泉有点甜”。

怎样才能让消费者直观形象地认识到农夫山泉的“出身”？怎样形成美好的“甘泉”印象？这就需要一个简单而形象的营销传播概念。

中文有“甘泉”一词，解释就是甜美的水。“甜”不仅传递了良好的产品品质信息，还直接让人联想到甘甜爽口的泉水，喝起来自然感觉“有点甜”。

**脑白金——吆喝起中国礼品市场**

在中国，如果谁提到“今年过节不收礼”，随便一个人都会马上接口说“收礼只收脑白金”。脑白金已经成为中国礼品市场的代表。

睡眠问题一直是困扰中老年人的难题，因失眠而睡眠不足的人比比皆是。有资料统计，国内至少有 70%妇女存在睡眠不足的现象，90%的老年人经常睡不好觉，“睡眠”市场如此之大。脑白金功能定位准确。然而，在红桃 K 携“补血”、昂立一号携“调理肠胃”概念创造中国保健品市场高峰之后，在保健品行业信誉跌入低谷之时，脑白金单靠一个“睡觉”概念不可能迅速崛起。

然而，作为单一品种的保健品，脑白金以极短的时间迅速启动市场，并登上中国保健品行业“盟主”的宝座，引领我国保健品行业长达数年之久。其成功的最主要因素在于找到了“送礼”的核心概念。

中国，礼仪之邦。有年节送礼，看望亲友，病人送礼，公关送礼，结婚送礼，下级对上级送礼，年轻人对长辈送礼等等几十种送礼行为，礼品市场何其巨大。脑白金的成功，关键在于定位于巨大的礼品市场，而且先入为主得益于“定位第一”法则，第一个把自己明确定位为“礼品”，从而引领消费潮流。

## 复习题

1. 什么是市场细分？
2. 市场细分有什么作用？
3. 市场偏好的模式有哪些？请举例说明。
4. 有效细分的条件是什么？
5. 目标市场的策略有哪些？
6. 集中性市场策略有什么优缺点？
7. 市场同质与商品同质的区别在哪里？
8. 企业怎样实行竞争差异化？
9. 什么是市场定位？
10. 企业市场差异化的工具有哪些？
11. 企业怎样实行差异化定位？
12. 市场定位的方法有哪些？
13. 上海妇女服装公司，根据女性对款式的爱好，依据不同的面料（高、中、低）和不同的设计师，对商场的女装进行市场细分，这种细分方法对不对？为什么？

## 案例讨论

### 上海延锋的定位研究

上海延锋的前身是两家生产铸造用木模以及各类铝模的机模厂：延安机模厂和先锋机模厂。这两家小厂合并，称为延峰机模厂。在上海发展汽车产业的大浪潮中，延锋开始生产汽车方向盘、座椅、遮阳板、仪表板、门内板等，客户发展到上海大众、一汽奥迪、南汽依维柯、广州标致等 58 家客户。伴随着产品线的扩大，销售收入也有快速的增长，从 1986 年的 860 万元，到 1989 年的 6 400 万元，再到 1993 年的 3.3 亿元。与此同时，也出现一些制约公司发展成为大型企业的瓶颈。例如，企业的组织结构已经越来越不适应现代化制造企业的要求，管理方式落后，缺乏长期战略规划等。具体表现为生产成本有上升的趋势，管理效率低下，人浮于事的国有企业特征开始越来越明显。随着国内汽车市场逐步扩大，延峰清楚地意识到，在后续资金投入、管理水平以及技术更新与发展上均存在一定的瓶颈，而这些瓶颈，仅仅依靠国内资源与力量是无法实现突破的。为此，确定了与国外同类领先企业合资的发展战略。

由上汽集团牵头，上海延锋汽车内饰件厂与美国福特汽车公司所属的汽车产品部（PTPD，2000 年从福特中脱离并成立专业从事汽车零部件产品制造的公司 VISTEON（伟世通）合资，成立了中外双方各占 50%股权的上海延锋汽车饰件有限公司。

上海延锋饰件有限公司的 6 位领导，从上海出发，飞往素有世界汽车城之称的美国底特律。他们是去美国福特公司总部，以延锋中方董事的身份，参加合资后的第一次董事会。

董事会在福特公司总部举行。会议室的中央，放着个金属支架。只见美方一位董事来到支架前，先在白纸上写下上海大众、长春一汽、北京吉普、武汉神龙 4 家企业的名字，然后说："延锋现在有 58 家客户，这太多了。为了集中公司有限的人力、物力、财力，以满足有发展潜力的客户的需要，我们必须对合作伙伴进行选择，优胜劣汰。"最后，他幽默地说："你们已故的毛泽东主席说过，这叫'集中优势兵力打歼灭战'。"

中方董事一听，顿时傻了眼，心想：我们不远万里来到美国，是来研究企业如何发展的。他们倒好，要我们抛弃大部分老客户，只保留四家。嘿，客户就是市场，抛弃他们，等于把抢到手的市场拱手让出去。真要按他们的意见去做，还谈什么延锋的发展呢？

于是中方董事经过商量，拿起笔在白纸上写出 58 家客户的名字，并把 3 亿的销售额分解到每一个厂家，用这些数字告诉美方：3 个亿的市场，是靠我们一家一家把它们拉过来才形成的，丢掉了它们，到哪儿再去找 3 个亿的市场？

"NO，NO，NO！"美国朋友指着他们圈定的四家企业问："你们所讲的其余 54 家，哪一家的规模比得上这 4 家？这 4 家都是生产世界名牌汽车的，和它们合作，前景广阔。它们需要的内饰件批量大，技术要求高，利润丰厚，做好了这 4 家，可以远远超过原来 58 家的总和。"

"请注意，我们中国也有句谚语：受人滴水之恩，当涌泉相报。今天我们延锋厂兴旺了，能把人家一脚踢开吗？"中方董事继续辩解说。

美方朋友耸耸肩，摊开双手说："今天的董事会，是讨论我们公司如何规避风险。那54家企业虽然有恩于你们，但我们不是慈善机构。我们要追求利润和现金流量，那54家，有几家是上规模的？我们再和它们合作下去，势必风险很大！其次，我们还要看到资源是有限的，我们要握紧拳头，握紧拳头才有力量。我们必须对客户做出选择。"美方主义已定，似乎没有回旋的余地。

就这么一个问题，中美双方一连争了三天，仍然没法统一。中方董事们由于睡眠不足，眼皮都浮肿了。中方的6位董事在经过认真思考后，尽管从感情上难以接受，但是从理性上还是认识到美方是对的。

就这样，延锋在底特律做出了自己的抉择，改变过去有生意就做的思路，放弃小客户的业务，瞄准汽车行业的重点客户，把上海大众、上海通用等4家客户的业务作为核心业务。

现在，延锋是华域汽车的子公司。华域汽车2013年8月14日公告，拟出资9.284亿美元（约合人民币57.47亿元）收购美国伟世通全资子公司伟世通国际所持延锋公司50%的股权。延锋原是华域汽车持股50%的控股子公司，本次收购后将被全资控股。延锋的客户集中化定位使它获得超常规的发展。2012年，延锋实现营收397.71亿元，2013年营收将为500亿元。

## 问题讨论

1. 怎样编制以市场吸引力/业务优势为指标的延锋公司的客户定位图？
2. 面对当今汽车市场的不确定形势，讨论延锋的定位战略。

# 第 7 章 管理产品和品牌

CHAPTER 7

## 引导案例

作为杭州市上城区的一家校办企业，1989 年，娃哈哈营养食品厂成立，开发生产以中医食疗“药食同源”理论为指导思想的天然食品“娃哈哈儿童营养液”。产品一炮打响，“喝了娃哈哈，吃饭就是香”的广告传遍大江南北。

1991 年，创业只有 3 年的娃哈哈产值已突破亿元大关。仅有 100 多名员工的娃哈哈营养食品厂，兼并了有 2200 名职工，亏损积压达 6000 多万元的国营老厂——杭州罐头厂，组建成立了杭州娃哈哈集团公司。娃哈哈从此步入规模经营之路。1996 年，公司以部分固定资产作为投入与世界 500 强法国达能集团等外方合资，一次性引进外资 4500 万美元，先后从德国、美国、意大利、日本、加拿大等国家引进大量有世界先进水平的生产流水线。通过引进资金技术，发展民族品牌，娃哈哈再次步入高速发展的快车道。1998 年，推出“中国人自己的可乐，娃哈哈非常可乐”，在饮料界主动扛起了向国际大品牌挑战的民族工业大旗，鼓舞了广大民族品牌参与国际竞争的勇气和信心。

娃哈哈在饮料这一专业领域内多点开发，形成五大战略业务单位：奶制品（乳酸奶、纯牛奶），水（纯净水），茶（龙井茶），碳酸饮料（非常可乐、非常柠檬、非常甜橙），八宝粥。在国内的市场占有率，目前都保持在前几名，可以说是做一个成功一个。

娃哈哈从一个作坊发展到现在的中国食品巨人，其发展的速度和取得的成绩令人瞠目结舌。娃哈哈成功的故事强调了营销组合中第一个，也是最重要的因素——产品。因为如果消费者不喜欢某个产品，那么任何广告和促销都不能使他们转向它们。

**本章将阐述下列一些问题：**

- 产品概念包含哪些内容？
- 怎样进行品牌建设？
- 怎样管理产品生命周期？
- 怎样管理新产品开发？

# 7.1 产品营销中的决策因素

所谓产品（**product**），是指提供给市场的任何能满足人类某种需要或欲望的东西。当上海通用汽车公司推出新型的别克车时，它是否只是卖出了一定数量的螺丝螺母、几块钢板、几个引擎和 4 个轮子？当中国国际航空公司卖出一张机票时，它是否只是卖出了同等的飞机损耗和飞行员的劳务？对这些问题的答案是否定的。我们说，所有的产品与服务都是载体，它真正在出售的是顾客的需要、满意和利益。

大部分产品是**实体物品**（**physical goods**），如汽车、鞋子、鸡蛋和书籍等。但是，产品也包括**服务**（**service**），如理发、音乐会和度假。某个地点也可用来出售，例如，既可以在昆明购置一些地产，又可以在那里度假。在现代市场中，**创意**（**idea**）也是产品，它可能比实物和服务更值钱。企业要吸引顾客，与众不同的产品策略是必不可少的。

### 7.1.1　产品分类

产品分为两个大类：**消费品（consumer products）**，是用于满足个人需要和家庭需要的产品；**商务产品（business products）**，是用于企业的经营、转售或生产所需要的产品。商务购买者购买的目的是用于满足其组织的目标，而不是为了自己的消费。

许多产品同时可以既是消费品又是商务用品。例如，当消费者购买软件用于家庭用计算机时，它被作为消费品。但是，当企业购买软件使用于办公室时，由于它用于日常经营而被作为商务用品。因此，购买者的意图或者是产品的最终使用，决定了这个产品项目是消费品还是商务用品。为什么我们需要了解产品的分类？主要原因是在特定的目标市场中产品的类别会影响产品的分销、促销和定价决策。而且，对营销效果的评价也需要在消费品和商务用品的分类中区分开来。总而言之，所有的营销组合会受到产品如何分类的影响。

**1．消费品**

消费者需要购买大量的商品。根据消费者购买习惯对消费品进行分类是一个好办法，因为消费者购买习惯对制定市场营销战略有所帮助。能够被采用的最广泛的消费品分类方法是建立在消费者购买行为的特征的基础之上的。它将产品分为 4 种类型：便利型、选购型、特殊型、非探求型。但是，并不是所有的消费者在购买一个特定商品时都有同样的行为。因此，同一个产品可适合许多不同分类。

（1）**便利型产品（convenience products）**相对较便宜，其被频繁购买的产品一般只需要消费者具有最小购买能力。它们的范围从面包、饮料和口香糖到汽油和报纸。消费者花较少的时间就可进行购买计划的制定或对商标和卖家的对比。即使是一个钟爱于某种品牌的消费者在不方便得到其偏爱的品牌产品时，也会选择其替代品。

（2）**选购型产品（shopping products）**是指消费者喜欢并在计划和购买商品时耗费较大精力的产品。消费者需花较多的时间对比商场和品牌的价格、产品特征、产品质量、服务和质量保证等。电器用具、自行车、家具、音响、照相机和鞋子都是选购型产品的例子。这些产品一般可以存在较长时间，因此它的购买频率要低于便利型产品。即使选购型产品要比便利型产品贵，也只有少数选购型产品品牌让消费者尤为钟情。即使如此，他们也不会在品牌中进行过多的选购和对比。

（3）**特殊型产品（specialty products）**拥有一个或多个独一无二的特征，而且消费者一般要花费相当大的精力才能得到它们。消费者一般对特殊型产品的购买先进行计划，他们要确切知道自己所需要的产品情况并且不接受任何替代品。特殊型产品的例子包括一支特制的派克钢笔，一个有纪念意义的棒球，一个有徐根宝教练签名的球等。当寻找一个特殊型产品时，消费者不会去比较可选择的产品，他们主要考虑寻找一个可预先选择并可获得产品的经销商。

（4）**非探求型产品（unsought products）**是当一个突然的问题必须要解决时进行购买的产品。这种产品的购买者不确定且在购买时并不过多考虑所购产品的性能和品牌，像汽车紧急情况维修和汽车附属配件的更换就属这种类型。绑在车轮上的防滑链，是迅速解决问题时所需要的产品的例子之一。

### 2．商务用品

各类组织需要购买各种各样的产品和服务。对商务用品进行某种有用的分类方法能为市场提出一系列合适的营销战略。商务用品的购买经常建立在组织目标的基础之上。一般来说，产品的功能要比与消费品相联系的心理上的因素重要得多。商务用品根据其特征和计划用途划分为以下 5 种类型。

（1）设备，包括像办公大楼、厂房和仓库这样的设施，以及不可携带的主要装备，比如生产线和大机器。主要装备经常用于生产目的，其中一些装备是定制的，为特殊组织执行特殊功能而用；而其他项目则是标准化的，为许多类型的企业执行同种任务而用。这类设备通常都是价格昂贵并且计划使用较长的一段时间，因此，其购买决策经常通过高层管理人员决定。设备的供应商必须经常为消费者提供各种服务，包括培训、维修和协助保养，甚至协助为这些设备的购买进行融资。

（2）附属设施不可能成为最终产品的一部分，但它用于生产和办公活动中，如文件柜、计算器和工具。同主要设备相比，附属设施经常便宜得多，较少协商的惯例型购买多，因为它们的使用时间不长且被当做是消费项目而不是资产项目。附属设施是标准化的产品，因此，它们可用于企业经营的许多地方。附属设施的分销比设备的分销需要更多的渠道，但是卖方不必提供给设备使用者所期望的许多服务。

（3）原材料是基本的自然材料并实际成为实物产品的一部分，它们包括矿物制品、化学制品、工业产品及来自森林和海洋的原材料。它们通常被根据级别和规格以相对较大的数量买卖。

（4）零部件已成为实物产品的一部分，它或者是等待组装完工的项目，或者是组装前几乎无须加工的产品。虽然它们已成为许多产品的一部分，但是，它们比较容易被确认和区分。火花塞、轮胎、计时器和电闸都是汽车的零部件，企业根据自己要求的规格和企业标准来购买这些部件。它们期望这些部件具有详细确定的质量标准和及时的运送服务，以保证生产不会因此而减慢或停止。

（5）为生产和经营提供便利的保养、维修和操作的项目，但它们不会成为完工产品的一部分。例如，纸、铅笔、油、清洁剂和涂料都属于这一类。为了确保在需要的时候能够找到合适的供应商，购买者经常需要同多个供应商联系。

## 7.1.2　产品的整合概念

在买方市场的条件下，顾客愿意花钱购买的是产品的整体。所谓产品整合概念，就是把产品分为 5 个层次。

### 1．核心利益

**核心利益（core benefit）**是指产品能提供给顾客的基本服务和利益，这是最基本的和实质性的内容，是顾客需求的中心内容。产品若没有效用和使用价值，不能给人们带来利益的满足，就不可能有销路，顾客就不会去购买它。

企业在开发产品时常常要问“购买者真正想采购的是什么”这一问题。每一产品实质上都是为解决问题而提供的服务。露华浓公司早就意识到这一点并告诫公司员工：“在工厂里，我们生产化妆品；在商店里，我们出售希望。”

### 2．基础形式

产品基础形式是核心利益借以实现的形式，即向市场提供产品的实体和服务的形象。如果基础形式是实体物品，则通常表现为质量水平、外观颜色、式样、品牌名称和包装等。产品的基本效用必须通过某些具体的形式才能得以实现。商家应首先着眼于顾客购买产品时所追求的利益，以求更完美地满足顾客需要，从这一点出发再去寻求利益得以实现的形式。

### 3．期望价值

在产品整合的第 3 个层次，营销者准备了一个期望价值，即购买者购买产品时通常希望默认的一组属性和条件。例如，住旅馆的旅客期望旅馆提供干净的床、肥皂和毛巾、管道热水、电话、衣橱和相对的安静环境。由于大多数旅馆都能满足这最低的期望，所以旅客通常没有什么偏好而只是找最方便的旅店留宿。

### 4．附加内容

在产品整合的第 4 个层次，营销者准备了一个附加内容，即包括了增加的服务和利益，它们能把公司的提供物与竞争者的提供物区别开来。例如，旅馆能增加它的服务产品，包括提供电视机、洗发水、美味的晚餐及进出手续的便捷和良好房间服务等。有人经过观察说：卖羊肉串者“不是在销售羊肉，而是在销售它的香味”。

产品的附加内容是 IBM 最先发现的，因为用户购买计算机不仅是购买进行计算的工具设备，而且主要是购买解决问题的服务，需要用户使用说明、软件程序及快速简便的维修方法等。为此，该公司率先向用户提供一整套计算机系统与服务，包括硬件、软件和安装、调试，以及传授使用与维修技术等一系列附加服务，用户一次购买就能满足全部需要。这就是所谓“系统销售”的概念，即销售给顾客的不是单件的产品，而是一个产品体系。IBM 公司正是靠这种系统销售在竞争中取得了巨大成功。这表明，过去的市场竞争主要是产品本身的竞争，现在还要加上服务的竞争。有人预测，同工业经济时代的产品与服务并重的情况相比，知识经济时代的服务将会处于首要地位，而产品本身反而会降到次要地位。

产品的附加内容使得营销人员必须正视购买者的整体系统，即“一个产品的购买者在使用该产品时试图完成的整体任务和有关方法”。用这种思路和方法，营销者就会发现增加产品附加价值的许多机会，从而有效地进行竞争。正如哈佛大学教授西奥多·李维特指出的那样：现代竞争并不在于各家公司在其工厂中生产什么，而在于它们能为其产品增加些什么内容——包装、服务、广告、客户咨询、融资、送货和仓储，以及人们所重视的其他价值。每一公司都应寻求有效的途径，为其产品提供附加内容。

### 5．潜在能力

产品整合的第 5 个层次是潜在能力，即在将来该产品最终可能会实现的内容。如果附加内容包含着产品的今天，则潜在力指出了它可能的演变。许多成功的公司为它们的提供物，不仅添加了对顾客的满意，而且添加了对顾客的愉悦。愉悦是对提供物添加了令购买者出乎意料的惊喜。例如，旅馆客人在枕下发现了糖果，使人们感到旅馆在用特殊的方法接待你。又如，上海新锦江大酒店用伊斯兰教方式接待文莱国王一行，使他们喜出望外，文莱贵宾离沪时也给新锦江一个意外的惊喜，一个 2 万美元小费的红包。好旅馆都用这种特色服务吸引顾客常来常往。

总之，以上这 5 个层次结合起来，就是产品整合概念。它包括有形的与无形的、物质的与非物质的、核心的与附加的等多方面的内容，它不仅要给予顾客以生理上、物质上的满足，而且要给予心理上、精神上的满足。产品整体概念体现了以顾客为中心的现代营销观念，只有懂得产品整体的含义，才能真正贯彻现代营销观念的要求，全面满足顾客需要，同时也才能提高企业的声誉和效益。

## 7.1.3 产品的组合决策

**产品组合（product mix）**是指一个企业生产经营的全部产品的有机构成和数量的比例关系。产品组合由各种各样的产品线组成。

产品组合决策需要考虑 4 个因素：广度、长度、深度和黏度。我们以宝洁公司为例说明这个问题，参见表 7.1。

**表 7.1 宝洁公司的产品组合**

| | 广度 | | | | |
|---|---|---|---|---|---|
| | 洗衣粉 | 牙膏 | 肥皂 | 纸尿布 | 纸巾 |
| 长度 | 象牙雪 1930 | 格利 1952 | 象牙 1879 | 娇子 1961 | 媚人 1928 |
| | 德来夫特 1933 | 佳洁士 1955 | 佳美 1927 | 滤污 1976 | 粉扑 1960 |
| | 汰渍 1946 | | 洗污 1928 | | 旗帜 1982 |
| | 快乐 1950 | | 柯克斯 1930 | | 绝顶 1992 |
| | 奥克雪多 1952 | | 香味 1952 | | |
| | 德希 1954 | | 保洁净 1963 | | |
| | 圭尼 1966 | | 海岸 1974 | | |
| | 道尼 1972 | | 玉兰油 1993 | | |
| | 伊拉 1972 | | | | |

### 1. 广度

企业的产品组合的广度，是指一个企业有多少产品线。由表 7.1 可以看出，宝洁公司有 5 条产品线，即洗衣粉、牙膏、肥皂、纸尿布和纸巾。

### 2. 长度

公司产品组合的长度是指它的产品组合中产品品目总数。在表 7.1 中，产品品目总数是 25 个。我们再来看一看宝洁公司产品线的平均长度：平均长度等于总长度（这里是 25）除以产品线数（这里是 5），所以结果为 5。

#### 3. 深度

宝洁公司的产品组合的深度是指产品线中的每一产品有多少品种。例如，佳洁士牌牙膏有 3 种规格和 2 种配方（普通味和薄荷味），佳洁士牌牙膏的深度就是 6。通过计算每一品牌的产品品种数目，我们就可以计算出宝洁公司的产品组合的平均深度。

#### 4. 黏度

所谓产品组合的黏度，是指一个企业的各个产品大类的最终使用、生产条件、分销渠道等方面的密切相关程度。由表 7.1 可以看出，宝洁公司所生产经营的产品都是清洁用消费品，而且都是通过相同的渠道分销的，就产品的最终使用和分销渠道而言，这家公司的这些产品组合的黏度最大。

### 7.1.4 产品线和产品品目

产品组合由产品线组成。产品线是指同一产品种类中密切相关的一组产品。每条产品线由一些主管人员管理，表 7.1 就展示了宝洁公司的 5 条产品线，其中一条产品线包含了许多产品品目。

对于每条产品线，我们要分析每个产品品目的销售额与利润，如图 7.1 所示。

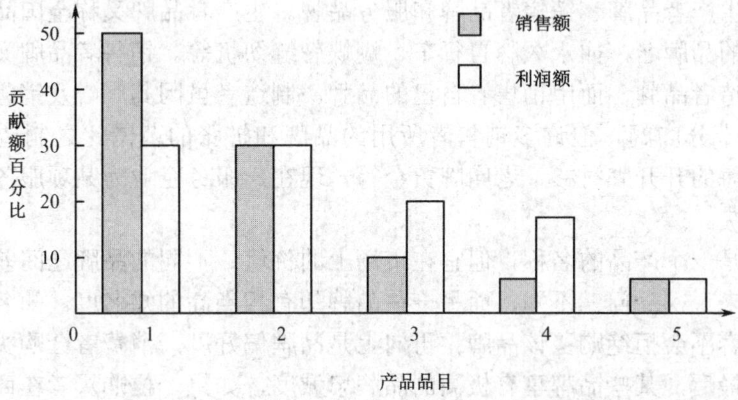


图 7.1　产品品目对产品线总销售量和利润的贡献

从图 7.1 中可以看出，产品线上的第一个品目占总销售量的 50%，占总利润的 30%，前面两个品目占总销售量的 80%和总利润的 60%。如果这两个品目突然受到竞争者的打击，产品线的销售量和利润就会急剧下降。把销售量高度集中于少数几个品目之上，则意味着产品线具有脆弱性，务必小心翼翼地监视并保护好这些品目。在另外一头，最后一个产品品目仅占产品线销售额和利润额的 5%，业务经理甚至可以考虑将这一销售滞后的产品品目从产品线上撤除。

## 7.2 品牌设计和建设

斯蒂芬 · 金说：“产品是某件在工厂里生产的东西，品牌是一个顾客所购买的某种东西；产品可以被竞争者仿制，品牌却独一无二；产品很快会过时，而成功的品牌永远会存在下去。”

## 7.2.1　品牌的概念

**品牌（brand）**是一个名字、术语、符号或设计，或者以上的组合，它用以识别一个或一群出售者的产品或服务，并以之区别于其他竞争者。

品牌名称指品牌中可用语言表达的部分。例如，在中国，电器有春兰、海尔、长虹等名称，自行车有飞鸽、永久、凤凰等名称。此外，迪斯尼、同仁堂、麦当劳等，也是一种品牌名称。

品牌标志指品牌中可被识别但不能用语言表达的部分，包括符号、图案或专门设计的颜色、字体等。例如，可口可乐品牌中专门设计的几个英文字母图案，海尔冰箱的标志等。

**商标（trade mark）**是一个专门的法律术语。品牌或品牌的一部分在政府有关部门依法注册后，称为商标。商标受法律的保护，注册者有专用权。国际市场上著名的商标，往往在许多国家注册。中国有注册商标与未注册商标之区别。注册商标是在政府有关部门注册后受法律保护的商标，未注册商标则不受商标法律的保护。

品牌可分生产者品牌、销售者品牌和服务品牌。生产者品牌又称全国品牌，系由制造厂对产品自命的品牌名，如永久牌自行车、蝴蝶牌缝纫机等。销售者品牌又称私人品牌，产品上不写制造者品牌，而用销售者自己的品牌。制造者虽因其广告及销售推广活动，使产品普及区域十分广阔，但许多销售者所用的品牌和扩张的范围比之制造者品牌并不逊色。例如，上海的开开牌衬衫、老庙牌黄金等。现在，服务企业为某项服务而设立的服务品牌发展也很快。

品牌虽然是一个产品的名称，但它在市场上的价值，不同的品牌之间差距甚大。有些品牌对消费者来说，一问三不知，而另一些品牌却有相当高的知名度。知名度向上为品牌接受度，即顾客不会拒绝购买该品牌；再向上是品牌偏好度，消费者会购买该品牌而不购买竞争品牌；最后，某些品牌享有极高的品牌忠诚度，如果一位购买者在商店指定购买某一品牌，遇到缺货，他会走到另一家商店再指定该品牌，这就是品牌忠诚度。一个强有力的品牌实际上必然会有一群顾客忠于它和爱护它。

## 7.2.2　品牌的设计

品牌名称与标志的设计是否得当，对企业的经营效果有重要影响，这也是体现产品整体概念的一项重要措施，不可等闲视之。因此，很多企业不惜花高价征求商标设计，如泛美航空公司现用的标志，就是花 58 万美元征求来的。要搞好品牌的设计应考虑以下 5 个问题。

（1）符合市场所在地的法律规范，以便于向有关部门申请注册，取得商标专用权。

（2）与产品密切联系，暗示产品效用或质量。例如，雪花牌电冰箱、美加净牌牙膏等，都很贴切自然。

（3）力求简洁明快，易于认读、识别和记忆。例如，美国一种著名奶粉商标 KLIM，是用英文牛奶（MILK）一词的字母倒过来拼写而成的，既好读又好记。

（4）反映企业或产品与众不同的特色，或寓意深刻。例如，农夫山泉有点甜。

（5）符合传统习俗，造型美观大方，为公众喜闻乐见。品牌名称和标志要特别注意各地区、各民族的风俗习惯、心理特征。

## 7.2.3 品牌的资产

品牌是企业的无形资产，当瑞士的雀巢公司购买英国能得利（Rowntree）品牌时，它花了整整45亿美元，这超过其账面资产的5倍。但许多公司并不把品牌资产列入资产负债表，因为它需要评估后才能确定其价值。

高价值的品牌资产能为公司创造高的效益。由于它的顾客的品牌偏好度和品牌忠诚度，公司的营销成本降低了；由于它的知名度，加强了公司向渠道成员讨价还价的能力；由于品牌知名度高，公司可比竞争者卖更高的价格；由于它的高信誉度，公司可更容易地开展品牌拓展业务。

为我国三峡工程配套服务的卡特彼拉公司，就充分地体现出它作为建筑设备行业领头羊的品牌风范。卡特彼拉设备比竞争者要多收 10%～20%的溢价，但它占了全世界建筑设备销售额 50%的份额。这是为什么？因为卡特彼拉这个名字代表了优异的产品质量，无与伦比的优质服务，优越的零件管理系统，良好的融资政策和遍布全球的经销网络。

作为一种**资产（equity）**，公司必须对品牌进行妥善管理，使其资产不折旧。有些大公司，如高露洁公司，专门设立品牌资产部门，以确保品牌形象和使其不断增值，并防止一些短期行为的促销战术损害品牌形象。它们告诫品牌经理，不要为了短期利润而对品牌过度地推广，以致牺牲了长期的品牌资产。

**国际品牌（interbrand）**认为，品牌价值建立的基础是对于当前价值或品牌期望在将来所达到的现金流量的评估。为了估计品牌价值，我们有必要进行：① 辨认出真正能够从品牌来的收入部分，②将历史收入倍数化和作为未来现金流贴现率为基础的收入部分。

**品牌收入（brand earnings）**可能来自于商品本身或非品牌因素（如分销系统），因此，不直接由品牌所带来的收入必须被排除。一般来说，品牌收入要对过去 3 年的实际利润计算加权平均数。品牌收入通过从品牌销售中减去下列项目而计算得来：①品牌销售的成本；②营销成本；③变动和固定的包括折旧和分摊的管理费；④资本补偿费；⑤税金。

在计算品牌的同时，从品牌发展的研究考虑，对这些收入要进行调整，所以我们要引进对**品牌力（brand strength）**的估值分析。品牌力是以下 7 个要素的组合（括号内的百分比为最高值）。

（1）领导力（25%）：指一个品牌影响其市场以及拥有大的市场份额和展现突出作用，以至于有能力确定价格点，指挥分销，并且抵抗竞争性侵略。一个领导着市场或市场部门的品牌相对于其他跟随的品牌具有更稳定和更有价值的特性。

（2）稳定性（15%）：指一个品牌基于消费者忠实度以及过去的历史而能在长时间内生存的能力。长时间建立的，已经成为其市场“结构”的一部分的品牌具有特别的价值。

（3）市场前景（10%）：指就发展前景、不稳定性和进入市场障碍而言的品牌的贸易环境。在食品、饮料和出版物等市场中的品牌相对于在高科技或服装市场中的品牌本质上更有价值，因为后者更易受技术或潮流变换的影响。

（4）地理传播（25%）：指一个品牌穿越地理和文化界限的能力。国际品牌部分由于它们的规模经济，比国家或地区的品牌天生更有价值。

（5）发展趋势（10%）：指为消费者保持现状与相关性的品牌发展的方向和能力。

（6）支持力（10%）：指营销和交流活动的数量及密度。那些得到始终如一的投资并且集中支持的品牌名称比没有得到的更加有价值。在支持一个品牌过程中，费用是重要的，同时，支持的质量同样是重要的。

（7）保护程度（5%）：指品牌拥有者的法定权利。一个注册商标是一个名字、设备或两者结合的法定权利。其他保护可能在普通法里存在，至少在某些国家如此。品牌保护的力度和尺度在评定它的价值的过程中是有意义的。

品牌力的估值用百分比表示。这个百分比乘上品牌收入得到相应值。一个所谓的完美品牌拥有 100%的品牌力值，且可能含有 5%的贴现率；一个弱的品牌有着更低的倍数比例和更高的贴现率。参见营销窗口 7.1，世界饮料第一品牌可口可乐。

**营销窗口 7.1　世界饮料第一品牌可口可乐**

可口可乐是历史上最广为人知的品牌。每天，世界上 200 多个国家的人消费掉 12 亿瓶 8 盎司的可乐。可口可乐成功地使这个品牌延续了 100 多年，成为“世界饮料之王”，甚至曾享有“饮料日不落帝国”的赞誉。

1885 年，美国乔治亚州的药剂师潘伯顿（Pemberton），在地窖中把碳酸水加苏打水搅在一块，形成一种深色的糖浆，于是有史以来最成功的软性饮料可口可乐就此诞生了。世界上第一瓶可口可乐于 1886 年诞生在美国。这种神奇的饮料以它不可抗拒的魅力征服了全世界数以亿计的消费者。潘伯顿的合伙人罗宾逊，是一位精明的推销家，他从糖浆的两种成分，激发出命名的灵感。这两种成分就是 Coca 的叶子和 Kola 的果实。罗宾逊为了整齐划一，将 Kola 的 K 改为 C，然后在两个词的中间加上一条横线，于是 Coca-Cola 便诞生了。

20 世纪 20 年代，可口可乐已在上海生产，一开始翻译成了一个非常奇怪的中文名字，叫“蝌蝌啃蜡”，被接受状况可想而知。于是可口可乐公开登报悬赏 350 英镑征求译名。当时身在英国的一位上海教授蒋彝，便以“可口可乐”四个字击败其他所有对手，拿走了奖金。

可口可乐公司选定大红为其识别色，从员工着装到产品包装，一律大红。久而久之，人们一见到大红，就会联想到可乐产品，有进而产生购买的可能；或是一旦产生购买可口可乐产品的欲望之后，就会向着大红标志的售点位置而去。美国营销界总结出了“5 秒定律”——消费者往往会在 5 秒内决定其购买意愿，而在这短短 5 秒内色彩占 67%的决定因素。研究表明，色彩可以为产品、品牌的信息传播扩展 40%的受众，提升人们的认知理解力达到 75%。也就是说，在不增加成本的基础上，成功的色彩能增加 15%～30%的附加值。

可口可乐瓶子是美国制瓶工程师鲁德设计的，是鲁德在一次舞会中从女朋友穿的一套膝盖以上收缩使腰部和臀部凸现曲线魅力的裙子产生的奇思妙想的产物。瓶子底部不很大，中上部鼓起，瓶口处以优美线条收缩，整个瓶子从横切面透视出非常强烈的线条美。瓶子不仅外观别致新颖，线条柔美流畅，握着瓶子时不易滑落，看上去有内装容量更多的感觉。

**1．可口可乐的主要目标**

销售人员的主要任务是——不断增加当地市场可口可乐饮料的人均饮用量。他们运用两种久经考验的战略来实现这一目标，即 3A 和 3P。

（1）迎接市场挑战的最佳途径是实施久经考验的可口可乐 3A 战略

- 买得到（availability）——要使我们的产品随处买得到。
- 买得起（affordability）——要使所有消费者买得起我们的产品。
- 乐得买（acceptability）——要使消费者愿意购买我们的产品。

（2）更高的层次 3P 战略

- 无处不在（pervasive）—— 使我们的产品随手可得。
- 物有所值（price Relative To Value）——我们的产品必须是物有所值的。
- 情有独钟（preferred）—— 使我们的产品成为消费者的必然选择。

**2．可口可乐的营销组织**

市场部：主要功能是统一策划产品品牌的宣传与企业形象的树立、促销方法的思路集萃与方案设计、宣传与促销费用预算的制定和执行督察。

业务部：将策划付诸实施，直接负责铺货、深耕，每日从市场上带回订单和反馈信息。

品控部：通过全方位品质保证维护产品信誉。例如，可口可乐对于配套包装产品实行严格的认证制度。在认证过程中，不仅产品质量，该产品生产过程的质量也要接受检查，通过后，方能取得认证。

财务部：调控收支两条线的周转及仓储吞吐与货款回收管理，按照出资人授权对公司销售网络各点巡回进行专业稽查。

行政部：保证商务联络畅通，负责事故处理，特别注意与新闻媒体协调好关系，将不良影响控制在最小范围内和缩小至最小限度。

**3．可口可乐的主要销售渠道**

①传统食品零售渠道；②超市；③平价商场；④食杂店；⑤百货商店；⑥购物及服务渠道；⑦餐馆酒楼；⑧快餐；⑨街道摊贩；⑩企事业；⑪办公机构；⑫部队；⑬大专院校；⑭中小学校；⑮在职教育；⑯运动健身；⑰娱乐场所；⑱交通窗口；⑲宾馆饭店；⑳旅游景点；㉑网站；㉒其他。

**4．可口可乐在中国**

对可口可乐而言，1979 年 1 月 24 日是一个载入史册的日子。这一年中美建交。也正是在这一年，3 万箱可口可乐从香港辗转运往北京、上海及广州的大商场和宾馆。可口可乐在中国的战役开始打响。1981 年，由可口可乐公司提供设备的第一个灌装车间在北京丰台建成。此后 12 年间，可口可乐一直在特许灌装和直接投资等领域寻求与国内的业务合作机会。1993 年，可口可乐公司与原轻工业部签署合作备忘录，提出了一个基于“真诚合作，共同发展”原则的长期发展规划。20 世纪 90 年代初，曾风靡全国的天津“津美乐”和上海“雪菲力”汽水就是最早打下可口可乐系列饮料本地化烙印的品牌。面对非碳酸饮料年销售额增长将近 20%的诱人前景，可口可乐首次推出为中国市场研制的“天与地”果汁和矿物质水品牌。果碳酸饮料品牌“醒目”问世。“天与地”系列产品和“醒目”等饮料则是专为中国市场研制的。

可以说，可口可乐在中国的本土化包括各个方面，从工厂、原料，人员到产品、包装、营销，绝大多数都是在中国完成的。

**5．可口可乐的公益活动**

翻看可口可乐的成功不难发现，无论产品营销还是品牌推广，社会公益活动都是可口可乐的重要途径之一。赞助已经成为“活广告”，而且在赞助公益事业的同时，可以为企业树立一个负责、积极的社会公民形象。这是提升企业品牌形象和品牌价值的主要途径。这种方法通过将企业的一部分利润用明确的方式返还给社会，从而在受众心目中树立起一个负责任的“企业公民”的形象，以达到增强企业品牌美誉度的目的。

四川省汶川县发生了 8.0 级地震，地震受灾区遭到严重破坏，洁净的饮用水成为急需之物。成都可口可乐饮料有限公司于第二天向灾区无偿运送了上万箱饮用水及几百把大遮阳伞，以解当地群众燃眉之急。可口可乐向灾区捐款人民币超过八百万元。“可乐男孩”薛枭 2013 年完成本科学业后前往可口可乐成都分公司，开启自己的人生新征程。

可口可乐最近在中国进行的公益活动列举如下：

（1）街头篮球活动。天联世纪信息技术（上海）有限公司与可口可乐（中国）饮料公司在上海召开新闻发布会，宣布建立市场合作关系战略联盟，在体育市场营销方面开拓新的市场和拓展新的赢利模式。可口可乐与天联世纪合作，将世界首款多人对战篮球网络游戏，通过可口可乐网站区带给更多的年轻消费者，为青少年提供全方位的体育娱乐新体验。街头篮球“年轻，自由”的游戏特点与可口可乐“要爽由自己”的品牌理概念相得益彰。

（2）可口可乐（中国）饮料有限公司与腾讯科技有限公司在上海宣布，双方结成战略合作伙伴，联手打造全新的 3D 互动在线生活 icoke 网站，将借助腾讯新推的 3DQQ 秀网络，全面升级为中国首个 3D 在线社区，为年轻人提供互动沟通体验。

（3）可口可乐与九城《魔兽世界》的合作，共向市场投入了上亿元的营销费用。

（4）利用明星宣传。网络休闲生活更成为可口可乐“要爽由自己”的前沿阵地。每个人都有两个世界，一个是真实的世界，一个是虚拟的世界。如何在其中活出真自我，展现真个性？可口可乐再度开辟创新娱乐新纪元，集合旗下代言人张韶涵、SHE、李宇春、潘玮柏、余文乐、刘翔等组成最强势明星广告阵容，并盛邀好莱坞制作班底操刀，投资过亿精心策划、拍摄并制作了“要爽由自己”Ⅱ系列主题广告片。

现在，可口可乐在美国之外的市场获得其 2/3 的利润。

## 7.2.4　品牌的内容

如果企业把品牌仅看做是一个产品的名字和一组符号，它实际上只是抓住了品牌的表面现象。品牌管理的难度在于如何有深度地开发品牌的全部内涵。有专家讲：奔驰公司的梅塞德斯汽车品牌是一个**深意品牌（deep brand）**，因为人们通过品牌了解到它所有的 6 个方面的内容；而奥迪就稍浅一些，因为人们不可能很容易地抓住它所特定的利益、个性和用户形象。品牌包含哪 6 个方面的内容呢？

（1）属性：一个品牌首先告诉人们它们所具有的属性。例如，梅塞德斯表现出昂贵、工艺精良、耐用、高声誉、快捷等。企业可以利用这些属性的一个或几个方面进行广告宣传。梅塞德斯的广告语是“其工程质量全世界其他汽车无可比拟”。

（2）利益：品牌不仅限于一组属性。顾客不购买属性，他们购买利益。属性需要转换为功能利益和情感利益。例如，昂贵这个属性可转化为情感利益，“这车帮助我体现出我是重要人物并令人羡慕”；而耐用这个属性可转化为功能利益，“我可以有好几年不用买新车了”。

（3）价值：品牌还体现了该制造商的价值感。梅塞德斯体现了高性能、安全、威信等。该品牌营销者必须推测出寻找这些价值的特定的汽车购买群体。

（4）文化：品牌也象征了一定的文化特征。梅塞德斯意味着德国文化的高品质、有组织和有效率。

（5）个性：品牌还代表了一定的个性。如果品牌是一个人、一

时，那么在你的脑海里浮现出的是什么呢？梅塞德斯可以使人想起一

（6）使用者：品牌还体现出购买或使用这种产品的是哪一种购买者。

位高级经理坐在梅塞德斯车内。使用者代表了一个产品的价值、文化和个性。

## 7.2.5　品牌的策略

奥美广告公司的创建人戴维·奥格尔维曾经说过：“任何一个傻瓜都会做成一笔生意，然而，创造一个品牌却需要天才、信誉和毅力。”品牌有以下策略。

（1）统一品牌：全公司所有的品牌统一为一个名称，如荷兰的飞利浦，公司名称叫飞利浦，它的所有产品也叫飞利浦。日本的松下也是如此。其好处是：建立一个品牌能带动许多产品，节省费用，有利于消除顾客对新产品的不信任感。但必须注意的是，要使这个品牌在市场上已获得的声誉维持下去，就要确保每一种产品的质量，以免一种产品质量不好，影响其他产品，甚至整个企业的声誉。

（2）多品牌：多品牌策略是指企业对同一种产品使用许多不同的品牌。其好处是：甲牌产品推销一段时期获得成功后，又推出乙牌产品，两个牌子互相竞争，但两者的总销量比一个牌子的要多，有利于提高产品的市场占有率，扩大企业的知名度；同类产品多种品牌可在零售商店占据更多的陈列空间，易于吸引顾客的注意力；多品牌策略适合顾客转换品牌的心理，有助于争取更多的顾客；激发企业内部品牌间的相互促进，共同提高，扩大销售。本章前面介绍的宝洁公司就是一个典型的例子。

（3）家族品牌：企业名称加个别品牌名称，在每一品牌名称之前均冠以公司名称，以

公司名称表明产品出处，以品牌名称表明产品的特点。这种策略的好处是：可利用公司名称推出新产品，节省广告宣传费用；可使各个品牌保持自己相对的独立性。例如，世界上最大的食品公司凯洛格，它有凯洛格克利比大米、凯洛格麸夫皮葡萄干等。

（4）双名品牌：双名品牌是两个品牌名加在一起，吸引其中每一个品牌的忠诚用户，以扩大产品的销售。例如，美国的卡夫-通用食品，中国上海的梅林-正广和等。

## 7.3　管理产品生命周期

随着市场和竞争者的变化，一个公司需要不断改变它的战略。同样，在不同的产品生命周期的各个阶段，企业需要改变它的战略和管理好它的产品。

### 7.3.1　产品生命周期的概念

**产品生命周期（product life cycle）**是指从新产品的构想一直到产品消失的整个过程。大多数的产品生命周期呈 S 形，它可以分为 4 个主要阶段：① 导入期；② 成长期；③ 成熟期；④ 衰退期。如图 7.2 所示。产品生命周期泛指出现在市场上的产品新类型，而不仅是指某个单独的品牌。

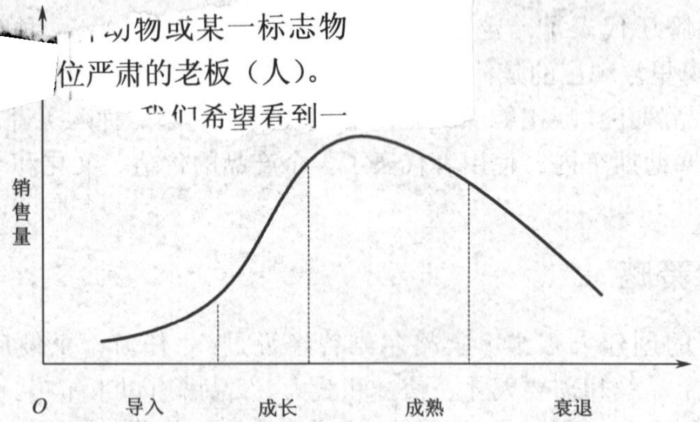


图 7.2　S 形产品生命周期曲线

不同的产品生命周期往往有这样的特征：

（1）产品销售经过不同生命周期的阶段，每一阶段都对销售者提出了不同的挑战；

（2）在产品生命周期不同的阶段，产品利润有高有低；

（3）在产品生命周期不同的阶段，产品需要不同的营销、财务、制造、购买和人力资源战略。

### 7.3.2　产品生命周期的营销策略

在一个产品的生命期间内，企业需要多次修正其营销战略。这不仅仅是因为经济环境的变化和竞争者在不断发动新进攻，还因为产品在不断地经历购买者兴趣与要求的新阶段。因此，企业必须制定一系列战略以适应产品生命周期的各个阶段。虽然知道许多产品是不可能永远延续下去的，但希望能延长产品的生命期和增加赢利能力，

### 1. 市场导入期

在**市场导入（market introduction）**阶段，当新产品被第一次导入给市场时，销售量由零开始，且无利润。因为刚开始的收入较低所以利润为负，并且，企业一般要花费大量的费用用于分销和促销。由于高风险和高费用，只有少数产品导入期代表了革命性的发明。

产品导入期，应该让潜在顾客了解新产品的特征、用途和优点。在这一点上有两个难处。第一，卖方没有能够成功推出新产品的资源、技术知识和营销技能；第二，最初商品的价格应该要足以弥补市场调查和开发的费用。这些困难的存在就使得许多产品过不了导入期。

即使企业在不断促销新产品，它也需要时间让顾客认识这些产品的效用。大多数企业在这一阶段都不会有赢利，因为企业在促销、开发产品和渠道上花费了大量资金。当然，它们的投入是希望在未来有利润。

大部分新产品起步缓慢，几乎不能以足够的销售量来获得短暂的利润。由于购买者都在逐步了解新产品，所以营销者需要警惕商品的缺点并且尽快纠正它，以防止消费者较早地停止对新产品的消费。营销战略必须能让消费者注意商品最有趣的地方并拥有最少的反对意见。随着销售量的曲线向上攀升且达到了保本点，这便进入了产品的成长期。

### 2. 市场成长期

在**市场成长（market growth）**阶段，行业销售量增长较快，但是，行业利润在上升之后，又会开始回落。创新者随着越来越多的顾客购买的增长，使其利润也在增长。但是，竞争者开始看到机会并进入市场。一些人只是简单地复制较成功的产品或稍微改进以增加竞争力，而另一些人会努力确定他们的提供物能更好地吸引某些目标市场。新加入的公司使产品更加多样化。由此，垄断性竞争常常出现在市场成长期。

随着销售的增长，管理者必须通过调整营销战略来提高产品的冲劲。这个目标可通过刺激品牌忠诚度的发展，建立和巩固产品的市场地位。为了具有更广泛的市场渗透力，市场细分应被更频繁地使用，这将需要发展产品的多样性来满足在许多不同的细分市场中人们的需求。营销者应该分析相对于自己品牌的竞争品牌的地位，并做出适当的反应。

在产品成长阶段中，各地区市场上的差距需要填补。当产品被市场接受之后，实际的分销输出途径就变得更加容易得到。通常，营销者可以从专营性或选择性分销转向广泛分销，以获得更多的市场潜力。营销者也必须确信其实际的分销系统能够有效运行，以便顾客的订单能够被正确执行和及时传送。

成长期的促销费用比导入期要高一些，但是，这部分费用仍然是十分重要的。由于销售量的增长，促销费用占销售费用总额的比例会相对降低。促销费用和销售费用之间下降的比率将明显地促成利润的增加，广告信息也会增加品牌的利润。赠券和样品的使用也可增加市场份额。

在追回开发费用之后，企业会降低产品价格。随着销售量的增加，高效率的生产会导

致较低的成本，这些节省下来的费用最终将使消费者受益。如果需求保持旺盛且存在较少的竞争威胁，价格就会趋向于稳定。如果降价销售是可行的，它能够使该品牌获取更大的市场份额，并打击新的进入市场竞争者。

一些企业因为不了解产品生命周期而在制定战略计划时常做出错误决定。它们仅看到了在市场成长阶段巨大的销售量和利润，而忽视了其竞争会很快加剧。当它们意识到错误时已经太晚了。营销经理了解产品周期并不断关注对竞争者的分析，就可以避免这种问题。

### 3. 市场成熟期

**市场成熟（market maturity）**阶段出现在行业销量滞胀和竞争变得更加激烈时，这时一些极富竞争力的企业加入追逐利润的竞争。行业利润在整个市场成熟阶段持续下降，因为促销成本在上升，而一些竞争者努力减价以吸引购买者。一些低效的企业无法承担这种压力，而放弃了这个市场。即使在垄断的市场情况下，也存在一个长期的价格不断下降的压力。

一些新的企业在这个阶段仍旧加入市场，这就更加剧了竞争的激烈。注意，这些新加入的企业跳过了产品周期的早期阶段，包括利润增长期。这样就不得不将已存在的有限的市场进行新的分割，这意味着必须付出高昂的代价。市场领导者在存亡关头，一般都会对这些企业进行猛烈的打击以保护自己的市场份额及收入。由此在当前关系上获得益处的顾客非常满意这种情况，而不会轻易转向别的新品牌。

在产品的成熟阶段，余下的生产商多半会改变它们促销和分销的力度，广告和面向经销者的促销是这一阶段的常见例子。营销者必须考虑当产品到达成熟期之后，消费者对产品的了解已达到一个较高的层次，他们已不再是空有知识而无经验的人，相反，这些消费而已是经验丰富的专家。成熟期产品的营销者有时将分销渠道扩展到全球市场。通常，这些产品必须能精确地适合全球顾客的不同要求。

因为许多产品都处于产品生命周期的成熟期阶段，营销者必须知道如何处理这些产品并随时准备调整他们的营销战略。为了增加成熟期产品的销售量，营销者可以建议开发产品新的用途。阿汉默因为其可用于烘焙的苏打而增加了需求量，卡夫-通用食品公司通过促销吉露-O 产品的新的用途来刺激销售量。在产品的成熟阶段，顾客已经对产品更加了解并且经验更加丰富（尤其对商务用品），他们的追求也可能发生变化，这就迫使产品进行改进。

在产品的成熟期，厂商营销者会积极地鼓励中间商支持其产品。中间商在降低存货成本方面会得到厂商给予的支持。一般来说，厂商会更好地为中间商服务并刺激其品牌的销售。

在产品成熟阶段，为了维持市场份额需要适中的或更多的促销费用，并集中于将其产品与竞争品牌广告进行区别，同时，将促销瞄准消费者和转售商。富有说服力的促销活动在市场成熟期显得尤为重要。

在成熟期，企业还使用了更大的价格战略组合。激烈的价格竞争可能引起价格大战。企业还可能在价格以外的因素上进行竞争，比如产品质量和服务。除此以外，营销者还提高了价格的灵活性以适应产品线中的不同的供应品，降价和促销价是比较常见的。但是，如果分销和促销的费用也在增加的话，价格可能会上涨。

**4．产品衰退期**

在**产品衰退（product decline）**时期，销售量急剧下降，当这种情况发生时，营销者应当考虑从产品线中删除那些不能获利的项目；同时，营销者可以减少促销力度，裁去销量较差的分销者；最后，计划放弃该产品。

只要产品能够获利或者提高产品组合的总体效益，企业就会维持该产品的继续发展。在这个阶段，营销者必须决定是否通过删减产品或者改变产品的定位来延长其寿命。一般来说，衰退期的产品因为竞争领域中引入了许多类似产品而失去其独特性。由于消费者对产品之间的较小的区别已不太敏感，所以，竞争引起了替代品的增加和品牌转移。由于这些原因，在衰退期，营销者基本上不会改变产品的风格、设计或其他属性。另外，新技术或社会趋势以及产品的接替，或者环境因素也可显示出产品到了被淘汰的时候。

在新产品将取代旧产品时，过时产品的价格竞争更为激烈。但是，具有优秀品牌的企业直到最后都会获得利润。因为它们成功地差别化了它们的产品，这些企业的需求曲线呈缓慢下降趋势。有些老的产品可能会维持一些对其产品极忠诚的顾客，或一些很少尝试新产品的人们，因此，销售量慢慢下降。

在产品衰退期中，促销的花费通常减少很多。利用促进销售方法，例如赠券，也可以引起购买者注意。由于产品持续处于衰退状态，销售人员应将重点转向获利较多的产品。

对一个企业来说，使产品获利要比通过再定价以维持市场份额更重要。为了得到产品中所有可能的潜在利润，营销者可能不顾销售和竞争的压力来维持产品的价格。如果一个忠诚的核心市场仍然需要这种产品，那么仍然会随着费用的提高使价格上升。在其他情况下，企业会通过降价来减少现有存货，使该产品能够退出历史舞台。如果一种新产品的出现造成原有产品即将被淘汰的话，那么，其服务价格应该降低。

因为大部分的企业都拥有一个由多种产品组成的产品组合，因此一个企业的命运就同某种产品紧紧相连。当产品组合由处于不同生命阶段的产品组成时，便形成了一个复合的生命周期模式。当一个产品处于衰退期时，其他产品正处于导入期、成长期或者成熟期阶段。营销者必须想办法延长现有产品的生命和引进新产品，以适应该组织销售目标的双重任务。

最后，我们要说明的是：一个产品的产品生命周期所描述的行业销售量和行业利润是与特定的产品市场联系在一起的。而某个具体产品或品牌可能不会遵循产品生命周期的规律，它们在整个周期中可能互不相同，有时会与行业销售额和利润存在完全相反的运动方向。

## 7.4　新产品的开发过程

每一个企业必须开发新产品。为了保持或提高企业将来的销售，应该去寻找新产品。此外，顾客们需要新产品，而竞争者将尽最大努力提供给他们。

布艾汉咨询公司确定了新产品的 6 种类型。

（1）新问世产品：开创当地市场，率先出现的新产品。

（2）新产品线：一个首次进入市场的产品。

（3）现行产品线的增补产品：在已建立的产品线上增补的新产品（包括尺寸、口味等）。

（4）现行产品的改进产品：性能或有更大的可见价值的产品，并替代现行产品。

（5）市场重定位产品：以新的市场或细分市场为目标的现行产品。

（6）成本减少的产品：以较低成本提供同样性能的新产品。

所有新产品中，大约只有 10%是真正属于创新或新问世产品。由于它们对企业和市场来说都是新的，因此，这些产品包含了非常高的成本和风险。大多数企业实际上着力于改进现有产品，而不是创造出一个新产品。在索尼公司，80%以上的新产品活动是改进修正其现有产品。在激烈竞争的市场条件下，不开发新产品的企业要承担很大的风险，这些企业将会发现：在消费者的需求和口味不断变化，技术日新月异，产品生命周期日益缩短，以及本国和外国企业的竞争与日俱增的情况下，它们的产品将被很快淘汰。

一种产品可以从许多不同角度讲是“新”产品，一种全新的构思可以转化成新产品，从而开始一个新的产品生命周期。对现有产品构思的变革也可能产生新产品。欧乐-B 将传统的牙刷上的刷毛变成了可以随着使用时间增加而逐步退色的彩色刷毛，这样，人们就可以知道在什么时候需要更换新牙刷。高露洁新注册的牙刷有一个软的手柄并且刷毛成一定的角度，可以更有利于清洁牙齿。即使是对已有产品的很小的改变也可以使其成为新产品。

许多企业都在制定有组织的产品开发计划。从逻辑上说，它遵循下面 5 个步骤：①**构思产生（idea generation）**；②**筛选（screening）**；③**概念测试（concept test）**；④**开发产品（development product）**；⑤**商业化（commercialization）**。具体如图 7.3 所示。

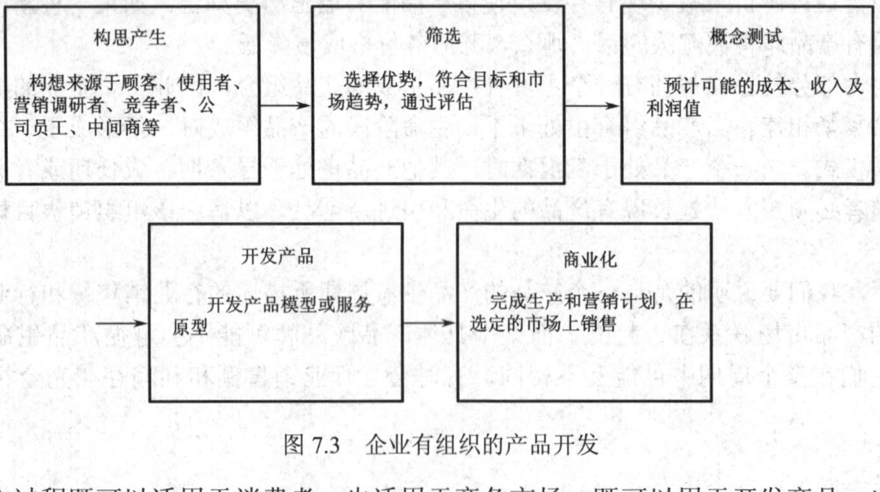


图 7.3　企业有组织的产品开发

这个过程既可以适用于消费者，也适用于商务市场；既可以用于开发商品，也可以用于开发新的服务方式。虽然这个过程对各种产品有较大的差别，但在此，我们将深入讨论它们的共性。

在产品开发过程中，一个非常重要的因素就是不断评价产品是否会赢利以及对投资的回报。如果在假设测试实验中无法赢利，将会给新构思的开发施加压力——进一步改进或放弃。这种过程也许看起来过于残酷，但经验表明，大多数新构思都有各种各样容易引起问题的缺点——甚至是本质的错误。营销人员应尽早发现这些缺点，并且找到补救的办法或彻底放弃。应用这个程序，需要企业在投资开发或开拓市场前对构思进行大量的分析——包括对在企业内及企业外部进行的调查。这是与平常的产品导向的方法最不同的地方——企业先开发产品，然后要求销售人员“卖掉它”。

当然，实际的新产品开发成功的比例会因行业和企业的具体情况而不同。但是，许多企业都在尽力提高它们开发新产品的方式。企业是不是有一套有组织的开发计划将十分重要，否则，会为市场带来许多错误或软弱的构思，并且付以高昂的代价。

### 7.4.1　构思产生

新构思可以来自企业自己的销售或生产人员、中间商、竞争者以及对消费者的调查，或其他的来源机构，如贸易协会、广告公司或政府机构。通过对企业市场的新现象或不同观点的分析或研究现有的消费行为，营销经理就可以从中找到还没被其竞争者发现的机会，有时甚至是消费者还没有意识到的新商品。例如，通过对消费者抱怨的分析可能就会直接产生新的服务概念。

依照市场营销的概念，顾客需求和欲望是寻找新产品构思的合乎逻辑的起点。有人曾经论证过，大量的工业产品的新构思起源于用户。技术产品公司许多信息的获得可以通过研究**领先用户（lead users）**，即首先使用公司的产品和比其他顾客先认识到需求改进的用户。许多最好的构思来自于向顾客询问现行产品的问题而获得。

成功的企业建立了企业的文化以鼓励每一个员工寻找关于改进企业生产、产品和服务的新创意。丰田声称它的员工每年平均每人提出 35 个创意。许多公司给年度内提出最佳创意的员工奖金和鼓励。

企业通过对竞争者产品和服务的监视也能发现新构思。它们可以倾听分销商、供应商和销售代表讲述在工作中的情况和问题；它们可以发现顾客喜欢或不喜欢它们竞争者的产品；它们可以买进竞争者的产品，把它们拆开，然后制造更好的产品。企业的销售代表和经销商是新产品构思的特别好的来源。他们掌握着顾客需求和抱怨的第一手资料，他们通常也是第一个知道竞争发展情况的人。为了产生新的构思，越来越多的企业正在培训和奖励它们的销售代表和经销商。

企业最高管理层是新产品构思的主要来源。有些企业的领导者，如微软公司的比尔·盖茨，亲自负责他们公司的技术创新工作。海尔公司的张端明认为，高层管理经理的作用是创造一个环境，鼓励业务经理参与冒险和创造新的成长机会。在普拉特的领导下，惠普被建成为一个高度自动化的企业。

新产品构思的其他各种来源有发明家、专利代理人、大学、商业性的实验室、行业顾问、广告代理商、营销研究公司和工业出版物等。由于构思来自于许多渠道，各种构思被引起注意的机会就落到了该组中对产品创优负有责任的某个人身上。除非这个人本身热衷于产品构思，否则，该构思就不可能受到认真的考虑。

没有任何企业能够总是抓住最好的新构思。因此，在寻找构思时，企业还应该同时关注现在或潜在的竞争者在做什么。某些企业采用逆工程产生构思。例如，福特汽车公司的生产专家会购买所有竞争者生产的最新汽车，然后，他们把汽车分解，看看有什么新构思或改进。英国航空公司从旅行社了解其竞争对手提供的新服务类型。还有许多公司也采用相似的方法。

然而，企业并不能仅依靠机会来发现新产品构思。企业需要制定一套正式的程序寻找新构思。企业应该定期回顾，以确保能持续不断地发现好的新构思。同时，企业确实需要持续不断的新构思，以便较早地抓住机会，尽管还有许多工作会跟随其后。虽然以后的步骤会淘汰许多构思，但是一定还有一些会成功地被保留下来。

如果一个新产品构思有一定的特征，那么，它将会很快地度过其生命周期的早期阶段。例如，一个新产品比现存的产品优点相对较多，它的销售量增长就会更快。当产品使用方便或其优点很容易传播时，其销售量增长也会很快。如果一个产品能在限制使用的基础上，对顾客没有风险，它通常能很快度过导入期。最后，如果产品更容易适合目标顾客的价值和经验的话。它们将会容易让人接受。

## 7.4.2　筛选

在筛选阶段，企业必须避免两种错误。所谓**误舍错误（DROP-error）**，是指一个公司错过了某一有缺点但能改正的好创意。有些公司想起它们曾经舍弃的某些创意时，常常会感到不寒而栗：施乐公司看中了切斯特·卡尔森（Chester Carlson）的复印机，认为它是有新颖性和希望的产品，而 IBM 公司和柯达公司却忽视了它；美国无线电公司能够预计到无线电的革新机会，而胜利唱机公司则不能；西尔斯忽略了商品打折扣的重要性，而沃尔玛和凯马特注意到了这一点。如果一个公司犯了太多的误舍错误，那么，它的标准一定是定得太保守了。

**误用错误（GO-errors）**是指公司允许一个错误的创意投入开发和进入商品化阶段。这种情况下产品失败有 3 种类型：产品的绝对失败，是指不仅损失了金钱，而且其销售额连变动成本都不能回收；产品的部分失败，虽然损失了金钱，但是，它的销售可以收回全部的变动成本和部分固定成本；产品的相对失败，指能产生一定的利润，但是，低于正常的报酬率。

筛选的目的是尽可能早地发现和放弃错误的创意。其理由是每一后继发展阶段的开发成本将提高到非常可观的数额。大多数的企业要求主管人员把新产品创意填入一张标准的表格内，以便于新产品委员会审核。表格包括产品名称、目标市场、竞争状况、粗略推测的市场规模、产品价格、开发时间、开发成本、制造成本和报酬率。

通过初步的筛选标准并不能保证新构思一定能成功，但是，起码表明企业有这么多正确的构思供筛选。如果有许多构思通过筛选标准后留了下来，企业就应该决定哪一个在下一步应优先进行。这可以通过投资报酬率比较来筛选——假定企业是以投资报酬回收为目的的，最容易回收的构思应首先发展。

## 7.4.3　概念测试

当新构思通过筛选阶段后，应该对其进行认真评价。为有助于构思评估，企业可以利用**概念测试**。概念测试是指收集顾客对产品能否满足他们需要的反应。概念测试通过市场调研进行，包括非正式的专题小组座谈会和正式对潜在顾客的调查。

在概念测试阶段，企业通常可以预计出可能的成本、收入及利润值，并且，营销调研有助于发现潜在市场的规模。即使非正式的专题小组座谈会也非常有益，尤其是可以表明潜在的顾客是否会对新构思感兴趣。概念测试如果表明顾客反应不太好，最好的办法就是在这一阶段放弃。在这种假设测试过程中的原则是寻找构思对企业发展不利的证据——从而舍弃该构思。

产品计划者除研究最终消费者外，应同时考虑批发商和零售商。中间商也许会对预开发的产品有特殊的关注。在商务市场上进行的构思评价应更加精确。潜在顾客需要更多的信息，并且，他们的需要与经济的原因联系起来，而不仅仅是感情因素。根据商务市场的需求性质，大部分的需要已经通过某种方式得到了满足。因此，新的商品只能取代旧商品。这就意味着产品计划人员可以通过比较现在商品来考虑新产品的成本优势或不足；而且，通过访问已得到足够信息的人们，可以决定产品的需求范围，并且决定这里是否有发展机会。

无论采用什么调研方法，在构思评价阶段都应该收集足够多的信息，以帮助决定构思是否有机会，它是否符合企业的资源，是否会增加企业竞争优势。利用这些信息，企业可以估计不同营销组合可能的投资报酬率，从而决定是否继续进行新产品开发过程。

### 7.4.4　开发产品

经过筛选和概念测试阶段后，幸存的产品构思在这一阶段需要更深入的分析。通常，这涉及一定的研究和开发，以及工程设计和对产品的实体部分的开发。在新服务的开发阶段，企业需要制定培训、设备、员工及其他配套设施的详细计划。早期阶段的投入可以帮助这一阶段的技术工作。

新型计算机辅助设计系统给设计工作带来了革命。设计者可以设计出与实际产品相似的三维彩图，并且，计算机可以让经理们就像观察现实产品一样，从任何角度观察新产品设计。其修改也非常方便，并且可通过电子邮件发送给在世界各地的经理进行即时审查，它们甚至可用于对顾客的营销调研。一旦设计完成，它们还可以把这些设计方案直接输入到计算机控制的制造系统。

即使如此，最好还是能够让其模型和早期版本的产品通过市场测试。这个过程也许会经过几次循环。制造商可以建立实体产品模型或者生产限量的产品，服务公司可以只培训少量的服务人员。在全力生产产品或进行服务前，对顾客的产品测试可能会引起对产品新的改革。

### 7.4.5　商业化

在商业分析阶段，企业须从销售、成本和利润角度来评估一个产品构想的潜力。在商业分析过程中，评估者要问不同的问题：这个产品会与组织现有的产品组合吻合吗？需求是否强烈？进入市场的时机、地点、方法等是怎样的？

### 1. 何时

在新产品正式上市时，进入市场时机的选择是个关键问题。若竞争对手也接近完成其新产品的开发工作。企业将面临着3种选择。

（1）首先进入

抢先进入市场的企业通常可得到“先行者优势”，包括掌握了主要的分销商和顾客以及得到有声望的领先地位。但是，如果产品未经过彻底的审查而匆匆上市，则该企业的形象可能会有缺陷。

（2）平行进入

企业可决定与竞争对手同时进入市场。当有两个竞争对手对新产品同时做广告时，会引起市场更多的注意力。

（3）后期进入

企业可有意推迟进入市场，而等竞争对手进入后再进入。竞争对手将先为开拓市场付出代价。竞争对手的产品可能暴露出缺陷，而后期进入者却能避免；并且，企业可了解到市场规模的大小。

时机决策还要考虑其他的因素。假设新产品要替换企业的另一个老产品，在正常销售的情况下，它应该在老产品没有到达合适的退出季节时延迟推出。

### 2. 何地

因为工作范围较大，一些公司会一个城市一个城市或一个区域一个区域地推广其产品，通过渐进的“滚动”方式直到覆盖整个市场。用这种形式可以进行更多的营销测试——尽管这并不是他们的目的。进而，目标是用更好的工作完成营销计划。但是，营销经理也应时刻关注对其的控制，以确保这些工作在顺利进行并且朝向其既定目标。

在选择市场扩展时，企业可以对候选的市场排成横行，而把市场吸引力条件排成纵列。这些主要的评价条件有市场潜量、企业的当地信誉、通道敷设成本、该地区传播媒体的成本、该地区对其他地区的影响和竞争渗透等。

随着互联网将世界的边远地区连接为一体，竞争就更有可能跨越国界。企业正日益在全球范围内推出新产品，而不是以一国或一地区为范围。然而，如何掌控全球性新产品的推出却是一个挑战。办公自动化公司是全球领先的个人计算机设计软件和多媒体工具的供应商，它在150多个国家拥有300万客户。该公司的主席和首席执行官科拉·巴兹说，影响全球性产品推出成功与否的最大障碍是让不同的营销人员对产品定位取得共识。“问题是速度——以足够快的速度获取材料。我们要使他们一致认同外观（使用一种形象），然后接下来是进行一次当地的巡回展示，这需要高度的共识。”国际性产品推出的合作更需要付出很多精力。

### 3. 给谁

在市场扩展中，企业必须把它的分销和促销目标对准最有希望的购买者群体。这时企业已经根据前一阶段的市场试销描绘出主要的预期销售对象。理想的新消费产品的主要潜在购买者应该具有下列特点：他们将是早期采用者、大用户、意见舆论领袖和对他们的接触成本不高。同时具有这些特点的群体是很少的。企业可根据这些特点对准预期的群体。企业的目的在于尽快地获得高销售额，以激励销售队伍和吸引其他新的预期购买者。

许多公司会惊奇地发现真正购买它们产品的人及其原因。微波炉的大量发展仅仅是因为用微波炉爆米花的发展。当只读光盘多媒体的特征被介绍后，家用计算机的购买量戏剧性地增加了。

### 4．什么方法

企业必须制定一个把新产品引入展示市场的实施计划。恒大公司发动了一场大规模的营销闪电战来推出新的产品，参见营销窗口 7.2。

| 营销窗口 7.2 | 恒大买水的推出方法 |
|---|---|

在恒大冰泉 2014 年的经销商大会上，恒大集团董事局主席许家印说："恒大地产进入快消品行业并非一时冲动，已经考察了几年，是集团的战略布局。今年恒大冰泉水销售额要达 100 亿元，3 年后达到 300 亿元。"许家印称，中国的房地产业虽然还在高速发展，但总有饱和的时候，恒大也必须多元化发展，快消品与恒大起家的"民生地产"比较贴近，因此在考察几年后决心进入高端饮用水行业。他认为，未来矿泉水的销售额、利润额都会超过目前恒大的主业房地产。

恒大进军水行业，沿袭了许家印一贯的"高举高打"的行事风格。在 2013 年 11 月 9 日晚恒大亚冠夺冠庆典上，"恒大冰泉"首次亮相。随后的 20 天内，在冰泉还未完全铺货的情况下，恒大砸下 13 亿元在各地大打广告，制造了一场另类营销的案例。不过这一招已经奏效，从 2013 年 9 月 30 日起的一个多月的时间内，恒大冰泉就签下了 30 亿元的订单；在经销商大会现场，来自全国各地的 3000 多名经销商当场又签下 27 亿元订单。"我给恒大冰泉定下的任务是一年内铺 200 万个零售网点。"许家印说。

## 复习题

1．产品整合概念是怎样对产品分类的？
2．产品组合决策的 4 个因素的内容是什么？
3．什么是品牌？
4．品牌包含了哪些内容？
5．品牌策略有哪些？
6．企业怎样设计商业品牌或服务品牌？
7．商业品牌 KK 衬衣多年来一直是中档产品，在消费者心目中已有深刻印象，知名度很高。现在，公司想提高产品的档次，推出高档衬衣。你认为，它袭用 KK 品牌延伸至高档衬衣中的策略是否可行？为什么？
8．S 形产品生命周期可以分为哪几个主要阶段？
9．进入宝洁公司的网站（www.pg.com），找出宝洁公司制造的不同洗发水的品牌品称，分析：这些不同的品牌是如何分布的？它们各自面向何种目标市场？

10．什么是新产品？

11．新产品开发的基本步骤有哪些？

12．企业怎样对产品进行商业化？

## 案例讨论

### 上海家化的飘洒品牌

上海家化有限公司有 100 多年的历史，在改革开发的时代里，它实行了品牌管理制度。有它的旗下拥有众多的品牌以占领不同的细分市场。

在中国的洗发水市场，宝洁公司占据了最大的市场份额。它的海飞丝、飘柔、沙宣等品牌互相掩护，使消费者更换品牌的习惯在它一家公司内即得到满足。

由于其发类产品在日化商品中占有 30%左右的市场份额，所以家化决心进入这一市场。杨先生被任命为新的飘洒品牌经理，担负起拓展发类市场的重任。

家化公司在宝洁的飘柔品牌之前即推出了飘洒。该品牌曾经占有重要的市场份额，在上海及江浙一带至今还有影响。公司目前在不做任何市场推广工作的情况下，仍然可以销售出 500 万左右的飘洒品牌产品，所以飘洒品牌是有一定的基础的。

当家化公司引入品牌经理制度时，公司对此寄予了较高期望。总经理曾经说：品牌经理相当于公司的小总经理。在一个品牌的运作中，品牌经理要付出很多的心血，做很多协调工作。由于公司的品牌经理制度建立不久，所以很多工作制度还有待完善，这就加大了品牌经理的工作量。

在开发一个新产品时，品牌经理协调各部门的工作并获得他们的支持。开发新产品的典型的工作流程如下：

（1）产品创意和市场调研，品牌经理从调研部的调研中获得信息，提出产品创意，再交由调研部进行调研核实；

（2）提出预研要求，由公关部的内部刊物通告各部门；

（3）科研、生产、销售、广告等部门提出可行性报告，财务部门进行核价；

（4）项目立项、进入具体的开发进程；

（5）研发、制造模具、小样、小批量生产、中试、生产周期排定、产品进库；

（6）市场推广和铺货。

飘洒品牌最早是在 1989 年，由庄臣公司在中国推出的品牌，当时它的名字是飘洒去屑洗发精，无护发成分。在消费者印象里是用于干性头发的产品。1994 年后，推出了特效护理配方，但此时飘柔已进入了中国市场，飘洒的销路不是很好。1996 年后，庄臣停止了飘洒品牌的生产。1998 年 3 月，庄臣将该产品转让给上海日化。2001 年 11 月，上海日化将该品牌转让给上海家化。老产品是以白色瓶子为包装的。

在决定以飘洒品牌新形象进入洗发水市场后，公司高层对品牌经理的工作及该品牌十分重视。总经理亲自过问该品牌的进展情况。该品牌的运作情况对公司成功重返发类市场至关重要。

针对目前洗发水市场产品林立的现状，1 月份，杨先生将飘洒的新形象定位于适合普通家庭使用的专业护理方案，与飘柔提供的是最大众化的一般产品相区别。先期以“根本了解，专业护理”为市场推广标语。飘洒的远期目标是为消费者提供高度细分化的达到专业水准的家用系列护发产品。当前，希望能够吸引 25～35 岁的消费者。

作为先导，飘洒推出了两款洗发水，一款适用于发质的去屑护理洗发水，一款适用于油性发质的去屑护理洗发水。因为根据家化的研究，头皮屑的出现是有干性和油性两种区别的，只有对症使用，才能收到好的效果。两款洗发水新设计了墨绿色的新包装。

7 月份，产品以前所未有的高速度生产完毕。同时杨先生开展了市场推广工作。

在广告方面，投放了上海的电视广告，在南京、无锡做了灯箱广告，在南京和无锡还推广了收集报纸拼图换取洗发水的活动，这些活动经调查均收到了预订的效果。许多消费者已经注意到了这一品牌。

在产品的铺货方面，杨先生也做了很多努力。要在飘柔、舒蕾等产品已经占据统治地位的上海争夺超市货架，是一件困难的事情。不同的零售商有自己不同的考虑。有时不得不采取捆绑六神产品的方式进行销售。在上海地区的超市里销售形势不容乐观。只有在采取促销+特价的情况下，才有明显的销售。

自 7 月份推出，至 12 月份，时间过去了 5 个月，杨先生面临的形势不是很乐观。飘洒产品市场推广费用用去了 700 万元，而销售额仅有 1000 万元出头，但其中旧的飘洒约占 500 万元。原期望 25～35 岁的年轻人购买该产品，结果调查发现实际购买的人是 34～45 岁的人。飘洒产品在江苏约销售 52%、上海 41%、浙江 7%。

## 问题讨论

1．怎样评价当年的销售情况？

2．第二年的品牌推广工作怎么做？

CHAPTER 8

# 第 8 章 管理服务营销

## 引导案例

服务往往需要服务人员的参与，服务人员服务的好坏是评判服务质量的重要标准。上海零售业有一批新的名牌服务员，他们个个身手不凡。

“火腿状元”夏林锋。一位卖火腿的营业员，如果某天卖掉一只火腿并不难；如果 1 年 365 天，每天能卖掉一只火腿就有些讲究，有些窍门；但如果每天都能卖掉 100 只火腿，那就必定有大的“学问”。上海新海腌腊制品公司的夏林锋，正是这样一位有专门“学问”的营业员。他创造了 1 年销售 3 万多只火腿的纪录。这些年，夏林锋不知道去了多少次火腿的故乡——金华，几乎搜集了所有与火腿有关的资料。他掌握了火腿生产从猪种养殖到成品出厂全过程的知识，了解了火腿在中国饮食文化中的地位，再结合自己卖火腿的服务实践，刻苦钻研，获得了一套“火腿经”， 他尤其擅长鉴别真正的金华火腿与泛滥于市的“咸肉火腿”，并以此赢得了火腿消费者，形成了不断扩大的固定消费群，尽管地处上海北区，但上海南区和西区的老吃客乃至一些港台客人们都愿意大老远赶来购买。

“照相机状元”王震。上海华联商厦的王震，卖照相机“卖”出（出版）了 3 本专著，并由华联商厦向上海市工商局为他个人注册了“王震”服务商标，这在国内是首例。王震的服务特色很多，其中最著名的一条是“知识服务”。一位照相机柜台的营业员撰写了三本照相机专业书籍，这在同业人员中可谓绝无仅有。这三本书分别是《35mm 照相机世界》、《老爷相机》、《数码相机及数码影像处理应用技术指南》。在有关 35mm 照相机历史这一领域，王震几乎是一位权威性的专家。他在照相机柜台服务时，可以做到“百问不倒”。

“皮鞋状元”茅宏。新世界商城女皮鞋柜台的茅宏，以精湛的服务技能创立了一个“足下良知”的服务品牌。茅宏认为，现在的服务不能简单地停留在“你买我卖，微笑服务”的标准上，而必须有新的内涵。一位女青年来到茅宏所在的柜台，她说：“每次试穿的鞋尺码都正好，但穿不了几天便感到紧，甚至磨出血泡。”茅宏说：“先让我看看你的手。”卖鞋的人先看手，女青年不懂。茅宏看到她手掌较厚、较宽，就告诉她，“你买鞋须放大半码，并应选择小牛皮与浅口鞋”。几天后，茅宏收到了这位女青年寄来的一封热情洋溢的感谢信。

**本章将阐述关于服务营销和服务人员管理的种种问题：**

- 服务产品的特点是什么？
- 服务营销体系构成中的基本元素有哪些？
- 服务营销过程的控制方法有哪些？
- 如何进行服务营销的要素管理？
- 如何管理服务人员？

# 8.1　服务与服务营销的特点

服务的含义是一方能够向另一方提供的基本无形的功效或利益，并且不导致任何所有权的产生。它的生产可能与某种有形产品密切联系在一起，也可能毫无联系。

## 8.1.1　服务产品的特点

服务产品具有区别于实物产品的 4 个特点：①无形性；②不可分性；③易变性；④不可储存性。如图 8.1 所示。

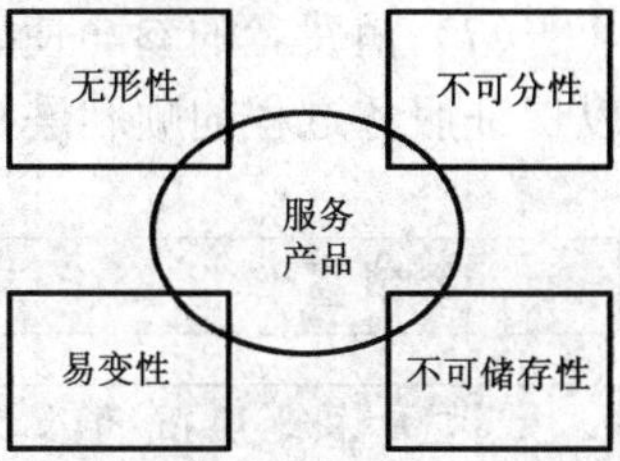


图 8.1　服务产品的特点

### 1. 无形性

服务产品是一种行为或活动，是非实体的、无形的、抽象的和不发生所有权转移的活动。服务产品的无形性对服务营销的影响既是不利的，又是有利的。

服务产品的无形性对服务营销的不利影响主要表现在：

（1）服务产品不容易被识别；

（2）服务质量较难考核和控制，因为缺乏有形依据；

（3）无形的服务常常会遮蔽质量问题和“庇护”服务人员的行为过失；

（4）服务投诉或纠纷较难处理，也因为缺乏有形依据；

（5）服务广告、服务展览比较难做。

服务产品的无形性对服务营销的有利影响主要表现在：

（1）作为无形产品的服务，顾客看不见、摸不着，但能感觉到和享受到，这是一种服务产品特有而实物产品没有的，多少带有“神秘感”的吸引力，这种天然的吸引力对服务营销是有利的；

（2）“无形”背后的实质是服务技巧，包括服务的熟练、技能、技艺、技术、知识、文化、乃至信息等，这些具有抽象美的东西，正是服务吸引力的来源，因此服务营销可以更多地依靠人的技巧加以发展。

### 2. 不可分性

服务产品的生产、交易和消费是同时发生的。在服务过程中，生产者（或营销者）与消费者之间是不可分离的，消费者参与服务产品的生产，服务产品的价值在生产者与消费者的接触中产生。服务产品的不可分性对服务营销的影响既是不利的，又是有利的。

服务产品的不可分性对服务营销不利影响，主要表现在：

（1）许多服务只能是“一对一”的方式，而“一对一”的方式容易限制客流量的增长；

（2）许多服务会出现排队或等候现象，这就削弱了服务营销的吸引力；

（3）服务生产人员需要兼任营销，因为服务生产与营销是同时发生的，但服务生产人员不容易接受营销意识；

（4）服务质量取决于买卖双方的接触，接触过程中任何一个环节的失误，都会影响整个服务质量；

（5）服务质量的形成需要全体人员或所有部门进行整体配合和协调，这就增加了服务机构管理的难度；

（6）消费者的参与使服务创新及实施比较困难，因为顾客可能习惯了原有的服务，对新的服务采取抵制或不配合的态度；

（7）消费者的参与使服务过程变得复杂，如果参与服务过程的消费者不予配合，就难以保证服务过程的顺利进行，参见营销窗口 8.1。

| 营销窗口 8.1 | 北海道温泉旅馆与旅客的冲突 |
| --- | --- |

在日本北海道的港口城市小樽市，两家温泉旅馆在门前公然挂出“拒绝外国人入浴”的招牌。由此引起外国人的极大反感和民间国际交流团体的强烈指责，认为两家温泉旅馆的做法带有种族歧视的色彩。这两家温泉旅馆是以外国人不遵守制度为由将外国人拒之门外的，他们认为一些俄罗斯远洋船员常在浴室里饮酒作乐，并带着满身的肥皂泡入浴，这种做法使得本地客人减少，影响了旅馆的生意。但居住在该市的外国人对此做法极为不满，一位美国人说：“我的日本妻子和女儿可以来这里，而我却被拒之门外，这既不合情也不合理。”有关部门曾提出折中建议，在旅馆内用俄语、英语等数国文字张贴注意事项，以便前来沐浴的外国人对旅馆的规章制度一目了然。一家旅馆不语，另一家旅馆则顽固地坚持己见。目前在小樽市内居住的外国人共有 350 多人，而每年仅在小樽港临时停靠的俄罗斯船员就有约 3 万人。

温泉旅馆的服务（洗浴）要达到理想的效果，需要洗浴者配合，这就是服务过程的复杂性，或“风险性”。一旦有不配合者（如这里所说的不遵守制度的俄国船员），服务过程就难以顺利进行，就会带来麻烦。事实上，要说服不配合者（尤其像这里说到的有文化差异的外国顾客）的成本很高。但即使这样，温泉旅馆还是要通过沟通手段（如采取在旅馆内用俄语、英语等数国文字张贴注意事项的办法）来说服违规者，而不应采取“将外国客人一律拒之门外”的简单措施。那样做，不理智，不符合营销的道理，损失也更大。

服务产品的不可分性对服务营销的有利影响主要表现在：

（1）服务产品的生产与消费不可分，这在客观上形成一种压力，推动服务生产者改善与顾客的关系，关心顾客的需要，而这一点正是符合营销要求的；

（2）促使服务营销者更多地进行市场细分、市场定位和差异化营销，以便直接面对各式各样的顾客；

（3）促使服务机构在同顾客的接触中提高服务质量；

（4）促使服务机构生产人员乃至全体人员都承担营销职能；

（5）促使服务机构更多地在营销定价上与顾客协调。

### 3. 易变性

服务产品是一种人的活动，既有服务人员的参与，又有顾客的参与。人的因素常常干扰服务活动，使得服务活动容易走样：一是因人而异，即不同的服务人员在同一服务岗位提供的服务产品有差异，或者同一个服务人员对不同顾客提供的服务产品有差异；二是因时而异，即同一个服务人员在不同时间提供的服务产品有差异；三是因地而异，即同一家服务机构在不同网点提供的服务有差异。服务产品的易变性对服务营销既是不利的，又是有利的。

服务产品的易变性对服务营销的不利影响主要表现在：

（1）服务不易标准化、规范化；

（2）服务质量不易稳定；

（3）服务品牌较难树立；

（4）服务规范较难严格执行，服务质量的控制较困难。

服务产品的易变性对服务营销的有利影响主要表现在：

（1）促使服务机构更多地关心顾客的差异，开展差异化、个性化营销；

（2）促使服务机构更多地关心市场的变化，增强灵活应变能力；

（3）促使服务机构重视对一线人员的授权，以增强他们的灵活性。

#### 4．不可储存性

服务产品的生产和消费是同时发生的，生产的起始和结束就是消费的起始和结束，因此不存在生产结束与消费起始之间的储存期，即服务产品是不可储存的。服务产品的不可储存性对服务营销既是不利的，又是有利的。

服务产品的不可储存性对服务营销的不利影响主要表现在：

（1）服务供求在时间上的矛盾较难协调；

（2）服务营销在时间上的波动比较大，容易出现忙闲不均的情况，影响服务质量和效率；

（3）服务供求在空间上的矛盾较难协调；

（4）服务营销受空间或地理条件的限制比较大。

服务产品的不可储存性对服务营销的有利影响主要表现在：

（1）在客观上形成一种压力，促使服务机构珍惜时间资源和提高服务效率；

（2）促使服务机构珍惜空间资源和提高服务空间的利用率。

### 8.1.2　服务消费者行为的特点

服务消费者的行为与实物消费者相比具有 7 个特点，如图 8.2 所示。

#### 1．消费认知的风险性

服务消费者在消费认知方面的风险比实物消费者大，因为：

（1）服务产品是无形的，消费者在购买前很难判断服务产品的功能和质量；

（2）服务产品具有变异性、不稳定性，消费者这次享受到好的服务，并不能保证下次的服务和这次一样好。

服务营销减少顾客认知风险的途径是：

（1）向顾客提供更多、更真实的服务信息；

（2）增强服务质量的稳定性和可靠性；

（3）向顾客提出服务承诺，减少服务消费者承担认知风险的压力。

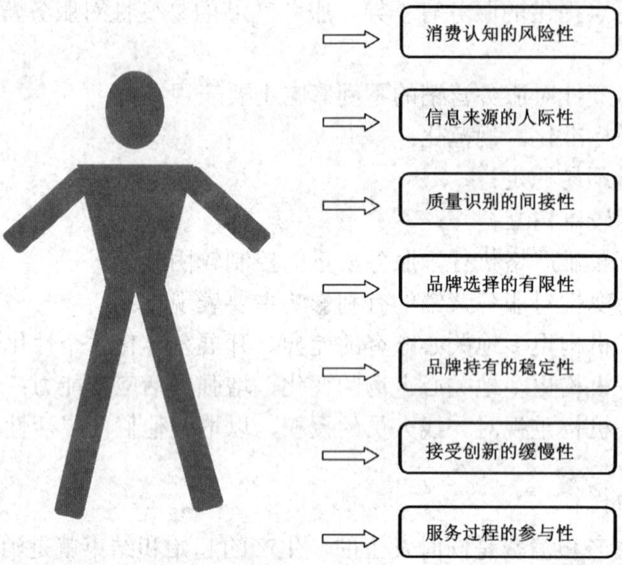


图 8.2　服务消费者行为的特点

### 2．信息来源的人际性

服务消费者主要通过人际交流获取服务信息，而相对地不很看重大众媒体上的广告。因为无形性使得服务产品较难做广告，或者说，较难用媒体广告来有效地传递服务信息，因此服务消费者一般不看重大众媒体上的服务广告。例如，餐饮服务主要是烹饪服务：

（1）厨师的烹饪过程很难做广告；

（2）一家餐饮店烹饪的菜肴品种很多，除非这家店拥有很多的广告经费和时间，否则很难完整地对所有品种都做广告。

因此，大多数餐饮店只能做一些店堂环境和少数菜肴品种的广告，但这些广告显然难以全面地体现一家餐饮店的服务水平。服务消费者更看重自己周围的人所传递的服务信息。例如，餐饮消费者听老顾客谈对一家餐饮店服务的感受和评价，要比看广告能获得更多、更真实的信息。顾客的口碑，往往是服务消费者最重要的信息来源。服务营销增加消费者信息来源的途径是：

（1）重视和利用现有顾客的口碑；

（2）重视服务过程的人际沟通，包括服务人员与顾客和顾客与顾客之间的沟通。

### 3．质量识别的间接性

服务产品的无形性使得服务消费者往往只能根据服务价格、服务设施和环境等有形的东西来间接判断服务质量。在服务消费者看来，较高的服务收费、较好的服务设施和环境，意味着较高的服务质量和水平。服务营销增强消费者对质量识别能力的途径是：

（1）利用价格来传递服务质量信息和保持价格的稳定；

（2）利用服务设施来传递服务质量信息和保持服务设施的完好；
（3）利用服务环境来传递服务质量信息和保持服务环境。

**4．品牌选择的有限性**

服务的无形性使得消费者难以比较不同品牌的服务，因而消费者对服务品牌挑选的程度比对商品品牌低。服务营销增强品牌挑选性的途径是建立服务特色。

**5．品牌持有的稳定性**

消费者对服务品牌一般有较高的忠诚度，不会轻易在服务品牌上“弃旧图新”。因为：

（1）“弃旧图新”意味着消费者对新品牌进行认知，而消费者一般不愿意再冒认知风险；

（2）服务的不可分性使得服务消费者对旧品牌多少产生了感情。

服务营销保持和进一步提高顾客品牌忠诚度的途径是开展关系营销，保持和不断加强与现有顾客的关系，以对顾客的忠诚换取顾客对品牌的忠诚。

**6．接受创新的缓慢性**

通常，消费者接受一项服务创新要比接受一项实物产品创新慢。例如，中国的邮政编码曾经是一项服务创新，但这项创新经过两次推广和几年时间才被接受。接受服务创新的缓慢性是因为服务的不可分性使得新的服务要推广，就要消费者立即改变老的习惯以作为配合，而习惯一般不会立即改变。例如，城市公共交通的自动投币是一项服务创新，但它的推广比较慢，有反复，其主要原因之一就在于：一下子要求乘客改变“多门上车、下车”、“买票找零”、“向售票员问站”等多年养成的乘车习惯，是有难度的。服务营销促进创新推广的途径是：

（1）重视服务创新中顾客的配合问题；

（2）采用服务创新试点，并吸收顾客参与，发挥创新试点的示范作用。

**7．服务过程的参与性**

服务的不可分性使得服务消费者参与服务的生产过程，因此服务消费者对服务质量多少也会有一种责任感。服务营销增强顾客参与性和责任感的途径是：

（1）重视服务机构对顾客的开放和鼓励顾客参与服务的积极性；

（2）加强服务生产者的责任感，以生产者的责任感带动消费者的责任感。

### 8.1.3　服务营销组合的特点

实物营销组合一般是 4P 营销组合，即产品（**product**）、定价（**price**）、渠道（**place**）和促销（**promotion**）。服务营销组合将 4P 扩充到 7P，即增加了人（**people**）、过程（**process**）和有形提示（**physical evidence**）。人、过程和有形提示这 3 个要素体现了服务营销组合的特点，如图 8.3 所示。

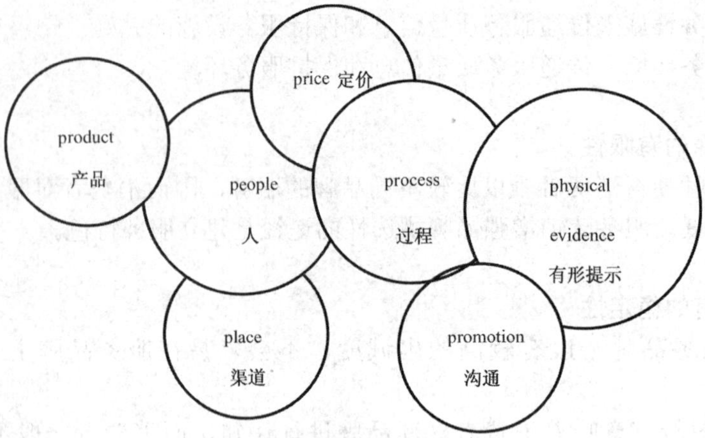


图 8.3　服务营销组合

1. 人

服务营销组合中的人，是指服务人员和顾客。人是服务营销组合的一个 P 要素。由于服务具有不可分性，服务的营销（交易）过程就是服务的生产过程和消费过程。服务生产人员和顾客都参与营销，他们的素质和行为，以及他们之间的协调和配合程度，都会直接影响服务营销的效果。研究服务营销组合，不能不研究人的因素，包括服务人员的分类（参见营销窗口 8.2）、服务人员的培训、服务人员的处置权、服务人员的义务和职责、服务人员的激励、服务人员的仪表、服务人员的交际能力、服务态度、参与服务的顾客行为、顾客参与的程度、顾客与顾客之间的联系等。

营销窗口 8.2　　服务人员的分类

服务人员是营销组合的一个要素。但不同的人员，直接参与营销活动的程度或接触顾客的程度不同。居德（R.Judd）按参与营销活动的程度和接触顾客的程度，将服务人员分成 4 类。

（1）**"接触者"（contractor）**，即一线的服务生产和销售人员。他们直接参与营销活动的程度和接触顾客的程度都比较高。他们需要很好地领会企业的营销战略和承担日常的服务责任。企业对他们的招聘、考核和奖励，应根据他们适应顾客需要的能力确定。企业要对他们进行培训、试用和激励。

（2）**"改善者"（modifier）**，即一线的辅助服务人员，如接待或登记人员、信贷人员和电话总机话务员等。他们直接参与营销活动的程度比较低，但直接接触顾客的程度比较高。他们需要具备适应顾客需要和发展顾客关系的能力。他们虽然直接参与营销活动的程度比较低，但也要懂得企业的营销战略。企业要对他们进行培训和监督。

（3）**"影响者"（influencer）**，即二线的营销策划人员，如服务产品开发、市场研究等人员。他们直接参与营销活动的程度比较高，但直接接触顾客的程度比较低。企业对他们的招聘、考核和奖励，应注意他们对顾客需要的反应能力和根据他们顾客导向的业绩。企业应让他们有机会多接触顾客。

（4）**“隔离者”（isolated）**，即二线的非营销策划人员，如采购部门、人事部门和数据处理部门的人员等。他们直接参与营销活动的程度和接触顾客的程度都比较低。他们主要对一线服务人员起到支持作用，也就是要服务于“内部顾客”，并且为后者服务的好坏对企业的营销业绩是有较大影响的。

总之，在服务业企业中，无论一线或二线人员，无论营销或非营销人员，都应当了解自己在服务营销组合和为顾客服务的价值链中的作用和地位。

### 2. 过程

过程是服务营销组合的一个 P 要素。过程，是指与服务生产、交易和消费有关的程序、操作方针、组织机制、人员处置权的使用规则、对顾客参与的规定、对顾客的指导、活动的流程等，简言之，就是服务的生产工艺、交易手续和消费规程的总和。由于服务的不可分性，服务交易的过程就是服务生产和服务消费的过程，因此设计一个能将交易规则、生产程序和消费规程融为一体的过程是重要的。

### 3. 有形提示

服务的有形提示，或有形线索，是指服务过程中能被顾客直接感知和提示服务信息的有形物。美国服务营销学家肖斯塔克（G.Shostack）指出，顾客看不到服务，但能看到服务环境、服务工具、服务设施、服务人员、服务信息资料、服务价目表、服务中的其他顾客等有形物，这些有形物就是顾客了解无形服务的有形线索。这是对有形线索广义的理解。狭义地说，有形线索是指服务环境、服务设施、工具和用品、服务信息媒体。由于服务产品的无形性和消费者识别服务质量的困难性，设计和提供服务的有形线索具有重要意义。服务的有形线索也是服务营销组合的一个 P 要素，参见营销窗口 8.3。

| 营销窗口 8.3 | 小主人生日游的整合传播艺术 |
|---|---|

上海旅游事业管理局举办的“小主人中华之最生日游”，抓准目标市场，设计整合传播艺术，获得了巨大成功。他们借助上海旅游节活动，使小主人生日游活动搞得有声有色。

**1. 小主人生日游解析**

1）创意理念

在欢笑声中回首成长的足迹，留下一座里程碑；

在大自然中进行感情的融通，迈向灿烂的明天。

2）名称解析

（1）小主人是祖国未来的主人，此名称能体现主人翁意识，而《小主人报》已有一定的影响。

（2）生日游是一种全新的过生日的方式，它突破了陈旧的生日形式。

（3）行千里路，读万卷书。生日游能够使小主人在快乐中增知长见，是一种效果极佳的教育方式。

（4）旅游节是人民大众的节日，知名度高，组织同生日的小主人参加生日游，能利用上海旅游节的“势能”，容易拓展市场。

3）内容解析

（1）渗透美学思想，游览景点组合设计上体现“后工业文明时代人与自然高度和谐”，活动内容上体现自然和人文相结合“有张有弛”。内容包括参观上海大剧院、金茂大厦、浦东国际机场、三甲港海滨过周末。

（2）浓烈渲染游览活动中的野趣性、参与性。

（3）以情感人、以情动人、以情醉人，在生日晚餐上举行体现亲情、友情、养育情的活动：小主人交一个同年同月生的朋友、父母给孩子送一份别出心裁的礼物、孩子对父母说一句感恩的话、给父母倒一杯饮料、送一张卡等活动。

（4）精心设计大联欢活动，将集体生日的独到之处发挥得淋漓尽致，给人留下永远难忘的印象：

- 生日祝贺舞（伴大蛋糕模型）；
- 生日许愿；
- 中华古诗文千名儿童朗诵会；
- 特型演员“陈毅”、“邓小平”祝贺讲话；
- 女足队员祝贺小主人生日；
- 抽奖奖品为千名小主人和女足队员签名的足球；
- 破吉尼斯纪录拉面表演；
- 发生日礼包。

4）意义所在

使上海旅游节活动走向市场，拉动有效内需，实现产品化、市场化、产业化，体现旅游节是人民大众的节日的办节宗旨，带动儿童市场和相关市场的同时进一步培育了小主人生日游的品牌，活动体现“政府搭台，企业唱戏”的精神。

**2．营销计划**

1）拓展各种途径的产品策略

（1）覆盖面：召开包括《解放日报》、《文汇报》、《新民晚报》、上海电视台、东方广播电台、上海广播电台、《青年报》、《劳动报》、《小主人报》等 20 多家新闻单位在内的新闻发布会，向媒体介绍活动情况。

（2）系列化：将生日游报名过程等公布于众，形成一个时间纵立面上的深度报道。

（3）深度化：随着小主人旅行社的成立，在小主人生日游走产业化道路的主题上做深化工作。在文汇报、新闻报等媒体多次做专版，在其他媒体上做近 10 篇深度报道。

（4）参与性：在发行量 100 万份的《小主人》（针对少年儿童）报上展开多种形式的讨论和报道。

（5）成本观念：抓热点，采取新闻报道形式，减少纯商业广告来节省成本。

（6）网点建设：寻求本市代理商和销售点建立一批合作伙伴（旅行社企业），共同进行销售。在上海市建立五大现场销售点（兼咨询点）。

除在上海外，小主人生日将走向全国和世界。在外省市设销售点，赴杭州、苏州、南京、湖州、嘉兴等地区促销，在当地媒体上介绍活动情况。

与有关国际旅行社互相协作，寻求国际客源。积极参加政府（市旅委）在香港、日本以及其他地区的各种宣传和促销活动。

通过特定方式（与有关俱乐部等开展双向合作和渗透宣传）获得客户资料，采取直接邮寄的方法，向客户推广和宣传自己的产品。

借助展览会促销法，在小主人之夏博览会上，现场宣传并设置报名点，获得了丰硕成果。开设咨询热线。专门开设声讯热线，介绍有关活动情况。

通过《小主人》报社的新闻报道和学校开展旅游节小小活动家评比活动，由这些小小活动家来做宣传推广员。星星之火，可以燎原。

2）传播策略

巧用花絮。在报名过程中发现 10 月 17 日 10 点 17 分（活动当日日期）出生的对象、祖孙三代都是 10 月 17 日出生的对象、10 月 17 日出生的双胞胎对象，即通过有关媒体进行花絮报道。

注意报名点、咨询点的环境氛围布置，尽量在孩子集散点设点。在报名点、咨询点周边布置气球、卡通以及小主人生日游的标志形象。

注意广告设计策划，明确小主人生日游的标志物的色彩、图案，使之固定化、系统化。

3）价格策略

“小主人中华之最生日游”采取低利润价。界限：低于 278.5 元。

4）建立客户档案

将每一次参加活动的小主人的资料（姓名、出生年月、属相、爱好、技能、通信地址、电话等）用计算机存档，便于反馈信息、发送宣传单、贺年卡等。

5）销售途径

了解购买对象、购买意向、影响购买决策的因素、决策过程、决策方式等，从而采取不同的策略。

推广“小主人生日游”是一份特别的生日礼物的概念，由此鼓励更多不同的社会角色（叔叔、阿姨、爷爷、奶奶、外公、外婆等）购买。

采取欲擒故纵的方法。在不断给客户的信息中强化“定时、定额”截止的概念，加强客户购买的紧迫感。

## 8.1.4　服务质量的特点

实物产品质量，一般具有客观性、产出性和个体性。评价实物产品的质量，一般是比较客观的。实物产品的质量是看产出后的质量。另外，单个实物产品就能形成质量。服务质量区别于实物产品质量的特点是主观性、过程性和整体性，如图 8.4 所示。

### 1. 服务质量的主观性

服务质量有较强的主观性。顾客对服务质量的评价，更多地凭主观期望、感受和判断。服务质量的高低，更多地受这些主观因素的影响。对相同的服务，期望值高的顾客可能评价比较低，期望值不高的顾客评价反倒可能比较高。这是因为，在前一种情况下，实际的服务不容易超过顾客的期望，而在后一种情况下，实际的服务容易超过顾客的期望。这里，顾客的主观期望成了评价服务质量的主要依据。服务质量的这一特点，与服务的无形性、不可分性有关。由于无形性，服务质量缺乏有形的（实物的）客观的评价标准，因而主观标准往往成了主要的标准。由于不可分性，服务质量的形成必须有顾客的参与、经历和认可，因而不可能不受顾客主观因素的影响。

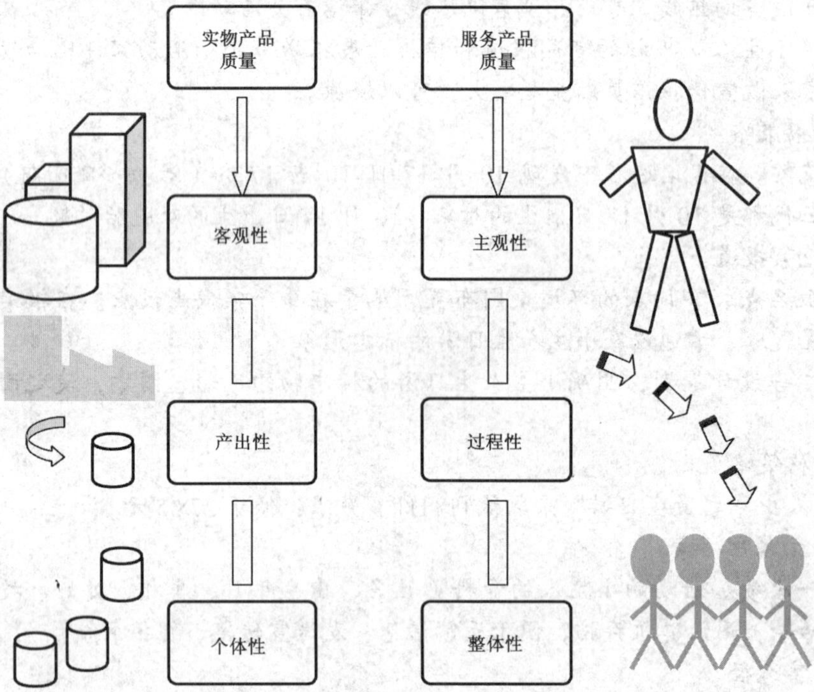


图 8.4　服务质量与实物产品质量的比较

2．服务质量的过程性

实物产品的质量，主要是产出质量，它的生产及其质量形成过程，顾客一般是看不到的，顾客看到的是产出质量。而服务质量是一种过程质量。由于服务的不可分性，服务的生产及其质量形成过程，顾客一般是参与的和可感知的，因而服务质量主要是过程的质量。例如，到同一景点旅游（产出即景点是一样的），如果安排的活动、导游或餐旅的质量不同，旅游服务的质量就不同。

3．服务质量的整体性

服务质量是一种整体的质量。服务质量的形成，需要服务机构全体人员的参与和协调。不仅一线的服务生产、销售和辅助人员关系到服务质量，而且二线的营销策划、后勤人员对一线人员的支持也关系到服务质量。服务质量是服务机构整体的质量，参见营销窗口 8.4。

| 营销窗口 8.4 | 东方商厦的全员服务质量 |
| --- | --- |

"非营业员也必须提供服务"，曾率先倡导星级服务的上海东方商厦又推出"全方位服务"的新理念，即以市场需求为导向、以顾客满意为中心的全员、全程和全面的服务。它通过公司全体员工的岗位配合和协作，使每一位顾客自始至终享受到周全、满意的服务。"全程、全面服务"对进入（或接近、路过）商厦的顾客，不管是否购物，都提供服务。"全员服务"要求从高级管理人员到一线管理人员，从营业员到各类辅助人员，从合同工到临时工，都必须直接或间接地为顾客提供服务。

东方商厦认为，现在的商业企业抓服务质量，大多在营业员身上做文章，很少涉及其他人员，往往造成"外热内冷"，局限性很大，使得服务质量难以上台阶。作为上海首家中外合资零售企业，东方商厦在零售服务上已走过了站立（微笑）服务、规范服务、星级服务、品牌服务等历程，在上海零售业普遍推行星级服务的情况下，东方商厦又推出了10 项 100 条全方位服务标准，从大处着眼，小处着手，以最大限度地满足消费者的需要。

东方商厦的"全员服务"质量是一种整体质量的观念，符合服务质量整体性的特点和规律。对零售商店来说，提高服务质量光抓营业员是不够的，还必须提高各级管理人员、各类辅助人员的服务质量。只有实现全员服务质量的提高，才算商店服务质量真正的提高。

# 8.2　服务营销管理体系

服务营销管理体系需要制定服务营销管理的目标，需要了解服务期望，制定服务标准，控制服务实绩，管理其对服务的承诺。

## 8.2.1　服务营销管理的目标

服务营销管理体系，是以消除服务质量差距为总目标的管理体系，是按照服务质量差距模型进行管理的体系。

**服务质量差距模型**（the gaps model of service quality），如图 8.5 所示。根据服务质量差距模型，顾客对服务的满意度取决于顾客实际感知到的服务质量与其期望的质量之间的差距。顾客期望高，而实际上感知的服务质量低于期望，那么顾客不会满意。相反，顾客期望不高，而实际上感知的服务质量超过期望，那么顾客会满意。服务营销管理总的目标就是消除服务质量差距，从而让顾客满意。

根据如图 8.6 所示的服务质量差距模型，服务质量差距来自服务营销管理各个环节的质量差距，是各个环节质量差距之和，即

服务质量差距=质量差距 1+质量差距 2+质量差距 3+质量差距 4

式中：

服务质量差距=顾客对服务的期望与顾客对服务的感知之间的差距

质量差距 1=服务机构所了解的顾客期望与实际的顾客期望之间的差距

质量差距 2=服务机构制定的服务标准与所了解的顾客期望之间的差距

质量差距 3=服务机构的服务实绩与制定的服务标准之间的差距

质量差距 4=服务机构对顾客的承诺与服务实绩之间的差距

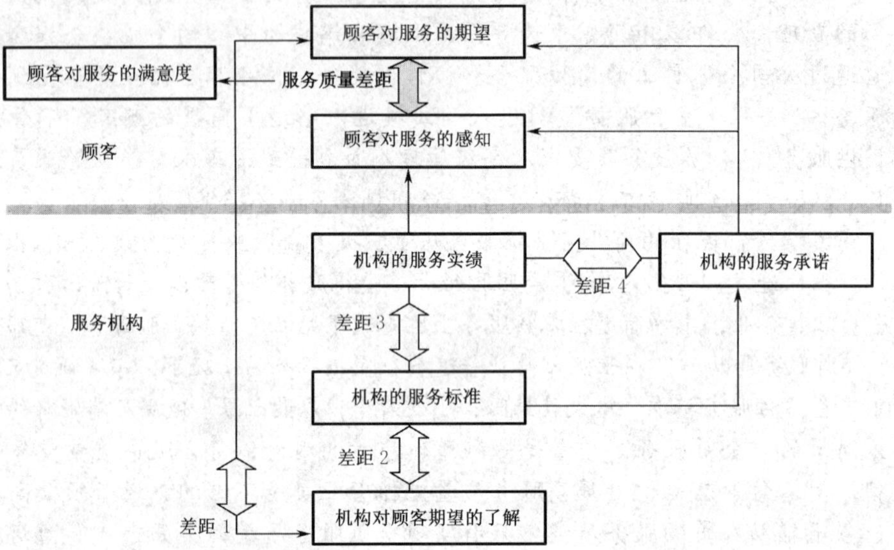


图 8.5　服务质量差距模型

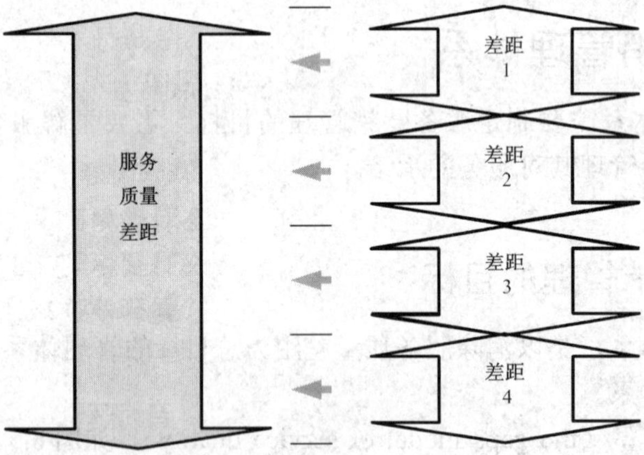


图 8.6　服务质量差距之间的关系

根据这个模型，服务营销管理要使顾客满意，就要缩小服务质量差距，而要缩小服务质量差距，就要缩小质量差距 1、质量差距 2、质量差距 3 和质量差距 4。

（1）要准确地了解顾客实际的期望；

（2）要使制定的服务标准体现顾客的期望；

（3）要使服务实绩达到服务标准；

（4）要使服务承诺（包括沟通、定价所隐含的承诺）符合服务实绩。

这就是服务营销管理的 4 项子目标。

综上所述，服务营销管理的总目标和子目标如图 8.7 所示。

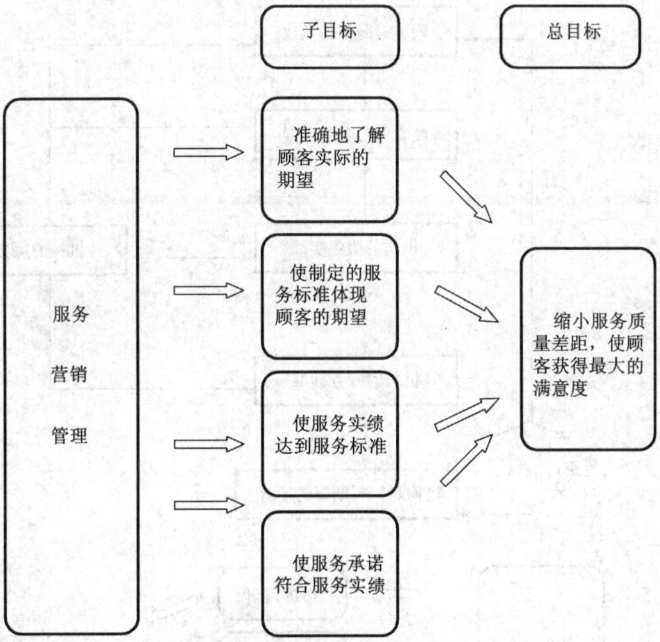


图 8.7　服务营销管理的目标体系

## 8.2.2　了解服务期望

服务质量差距 1，是指服务机构所了解的顾客期望与实际的顾客期望之间的差距。它的存在主要因为服务机构没有充分地了解和低估了顾客对服务的期望。而影响服务机构对顾客（期望）了解的因素主要有：市场调研，市场细分，顾客关系，管理层沟通，如图 8.8 所示。

### 1．市场调研

服务机构不了解顾客的期望，首先是因为市场调研做得较差：一是市场调研做得不全面、不深入，例如，抽样调查的样本太小，所得结果缺乏代表性，难以代表大多数顾客的期望；二是没有重点调研有关服务质量的反馈信息，例如，服务机构可能不敢或不愿意面对顾客对服务质量的投诉，从而难以获得有价值的服务质量反馈信息；三是调研方法不合适，例如，服务机构可能偏重正式的问卷调查，忽视非正式的顾客访谈，而像顾客期望和顾客感知这样的心理特征，可能采用非正式的访谈能更真实地加以了解。

### 2．市场细分

服务机构不了解顾客的期望，其次是因为没有进行市场细分。事实上，不同地区、不同年龄、不同收入、不同职业、不同教育程度、不同文化背景、不同消费心理和不同消费行为的顾客群对同一种服务的期望是有差异的。不通过市场细分去了解这些差异，就难以深入地了解顾客的期望。

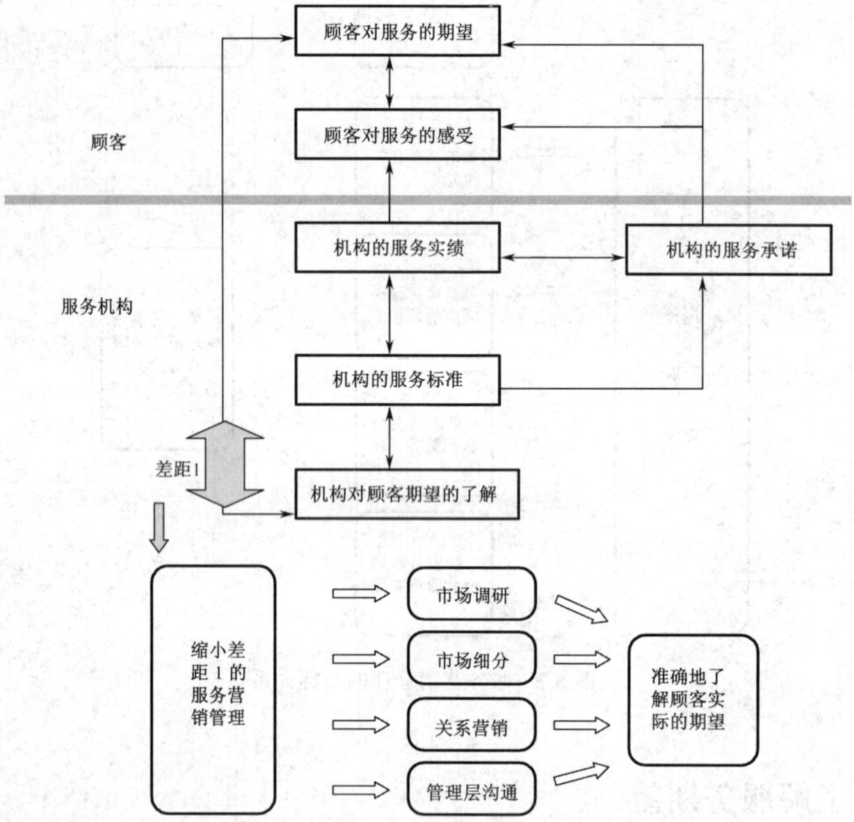


图 8.8　缩小服务质量差距 1 的营销管理

### 3．关系营销

服务机构不了解顾客的期望，第三是因为没有开展关系营销：一是侧重交易而轻视顾客关系，只注意顾客口袋里的钱，而不关心顾客心里的期望；二是侧重新顾客而轻视老顾客，只重视招徕新顾客，而不重视保持与老顾客的关系。事实上，了解新顾客（期望）的难度远大于了解老顾客。

### 4．管理层沟通

服务机构不了解顾客的期望，还因为管理层的沟通发生较大的障碍：一是服务机构管理层很少接触顾客，因而不了解顾客及其期望；二是服务机构管理层与一线服务人员之间缺乏沟通，因此，虽然一线人员直接接触和比较了解顾客，但来自一线的信息却很难上传到管理层。服务机构的管理层次太多，是影响机构高层领导与一线人员之间沟通的一个主要因素。由于管理层是服务机构整个服务理念、服务标准的设计者和服务实绩的控制者，管理层对顾客期望的不了解是造成服务实绩（或顾客感知）与顾客期望之间差距的一个致命的因素。

根据以上的分析，服务机构缩小服务质量差距 1 的营销管理应当包括下列内容：

（1）市场调研，服务机构通过市场调研全面而深刻地了解顾客对服务（质量）的期望；

（2）市场细分，服务机构通过市场细分有区别和有重点地了解顾客的期望；

（3）关系营销，服务机构通过关系营销不断增进对顾客及其期望的了解；

（4）管理层沟通，服务机构通过内部营销改善管理层与顾客之间、管理层与一线人员之间的信息沟通。

## 8.2.3 制定服务标准

服务质量差距 2，是指服务机构制定的服务标准与所了解的顾客期望之间的差距。在服务机构正确了解顾客期望的条件下，服务质量差距 2 的存在，主要因为服务机构制定的服务标准不能准确地反映所了解的顾客期望。如图 8.9 所示，影响服务标准制定的因素主要是服务标准、服务领导、服务设计和服务定位。

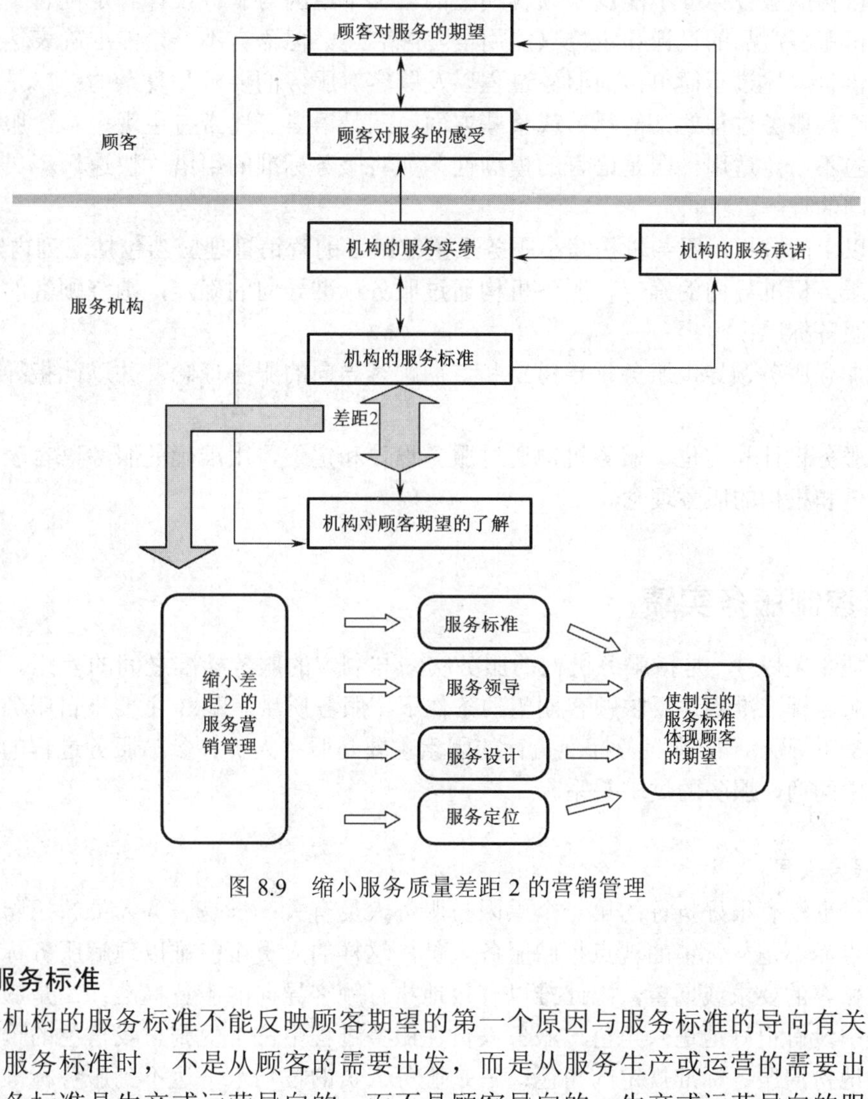


图 8.9　缩小服务质量差距 2 的营销管理

### 1. 服务标准

服务机构的服务标准不能反映顾客期望的第一个原因与服务标准的导向有关。服务机构在制定服务标准时，不是从顾客的需要出发，而是从服务生产或运营的需要出发。这样制定的服务标准是生产或运营导向的，而不是顾客导向的。生产或运营导向的服务标准可能有助于提高服务生产率，但可能有损于顾客的利益。例如，有些资金短缺的服务公司会降低某些服务标准以节约成本（满足运营上的需要），而这些服务标准的降低对顾客是不利的。

#### 2. 服务领导

服务机构的服务标准不能反映顾客期望的第二个原因与服务领导有关。一些服务机构的领导“重财务，轻服务”，缺乏顾客导向的服务理念，不重视顾客及其期望，不重视按照顾客的期望来制定服务标准，不按照顾客的期望来考核机构的服务实绩。一家服务机构的领导不重视顾客导向，那么这家服务机构制定的服务标准就很难体现顾客的期望，这就产生了服务质量差距 2。

#### 3. 服务设计和服务定位

服务机构的服务标准不能反映顾客期望的第三个原因与服务设计和定位有关。服务的无形性使得服务产品的设计和定位只能用语言来表述。但语言不一定能准确表达顾客的期望：一是语言表述过于简单，而服务过程以及顾客对服务的要求是复杂的；二是语言表述不完整，遗漏服务过程的某些环节或某些方面；三是语言表述带有主观色彩，服务设计者的主观经验不一定适用；四是语言的模糊性，如对服务标准的用语“快速”、“灵活”等，很难有相同的理解。

根据以上的分析，服务机构缩小服务质量差距 2 的营销管理应当包括下列内容：

（1）服务标准导向的确定，服务机构通过服务标准导向的确定，围绕顾客的期望或需要来制定服务标准；

（2）加强服务领导，服务领导树立和贯彻顾客导向的服务理念，并以此指导服务标准的制定；

（3）服务设计和定位，服务机构通过服务设计和定位，用准确的服务语言表达顾客对服务的期望和机构的服务理念。

### 8.2.4 控制服务实绩

服务质量差距 3，是指服务机构的服务实绩与制定的服务标准之间的差距。在服务机构制定的服务标准准确地反映顾客期望的条件下，服务质量差距 3 主要来自服务标准的执行。如图 8.10 所示，影响服务标准执行的因素主要是服务人员、参与服务过程的顾客、代理服务的中间商、服务的供求关系。

#### 1. 服务人员

服务标准没有很好执行的第一个原因与服务人员有关：一是服务人员的招聘不当，从生产的观点而不是从营销的观点招聘服务人员，这样的人员可能难以理解服务标准中的营销理念和顾客的要求或期望，因此难以有效地执行顾客导向的服务标准；二是服务人员在服务过程中没有很好地进入角色，服务人员在服务过程中常常受到自我角色的干扰，因此难以很好地扮演服务标准规定的角色；三是服务人员的技巧水平达不到服务标准的要求；四是服务人员的考评和报酬体系有缺陷；五是管理上对服务人员授权不够。服务人员缺乏灵活处置问题的权力，影响了服务标准以外的顾客要求的满足。

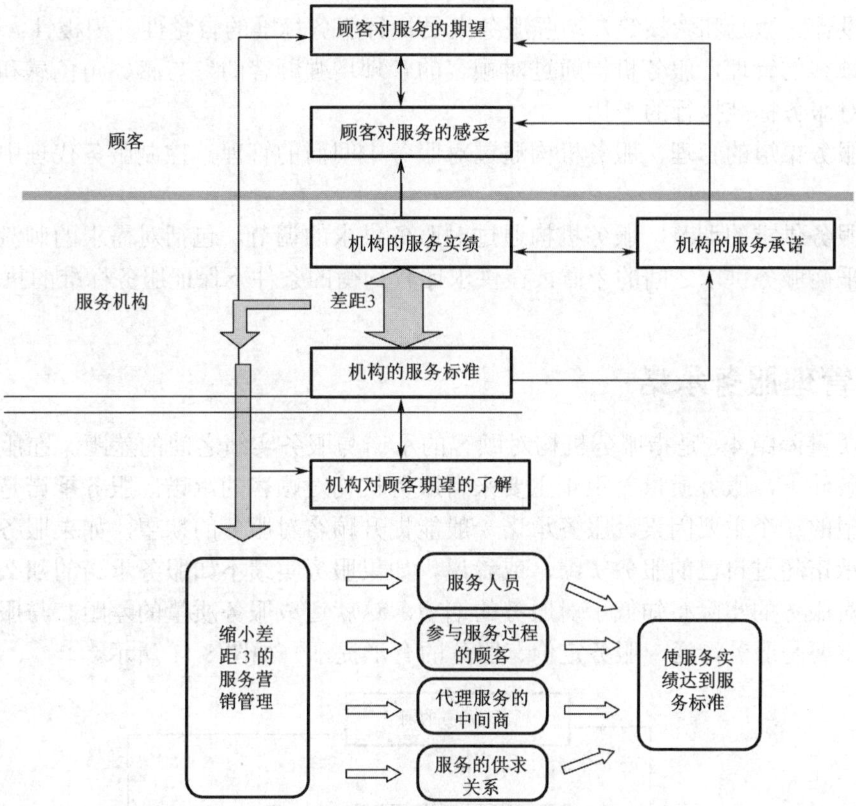


图 8.10　缩小服务质量差距 3 的营销管理

### 2. 参与服务过程的顾客

服务标准没有很好执行的第二个原因与顾客有关：一是参与服务过程的顾客缺乏角色感和责任感，顾客在服务过程中不予配合，影响了服务标准的执行；二是顾客之间的相互关系（如争吵、拥挤）也会影响服务标准的执行。

### 3. 代理服务的中间商

服务标准没有很好执行的第三个原因与代理服务的中间商或渠道有关。中间商在服务代理中没有很好地按合同执行委托服务商的服务标准，而且服务商对中间商缺乏控制，这就使得顾客在中间商那里感知到的服务质量不如在服务商那里。

### 4. 服务的供求关系

服务标准没有很好执行的第四个原因与服务供求的不平衡有关。服务的不可储存性意味着服务机构无法用库存来调节服务市场的供求矛盾。因此，服务市场常常处于供求不平衡的情况下。在供大于求的时候，服务被“浪费”，服务生产能力被闲置，谈不上服务标准的执行；在供小于求的时候，服务生产能力不足，服务又被超负荷地使用。为了扩大服务生产能力，容易忽视服务质量，从而降低服务标准。

根据以上的分析，服务机构为缩小服务质量差距 3 的营销管理应当包括下列内容：

（1）服务人员的管理，服务机构通过对服务人员的管理，包括服务人员的招聘、培训、岗位设计、激励和考核等，增强服务人员执行服务标准的自觉性，积极性；

（2）顾客的管理，服务机构通过对顾客的管理增强顾客的参与感、角色感和责任感，减少顾客对服务标准执行的干扰；

（3）服务渠道的管理，服务机构通过对服务中间商的管理，控制服务代理中服务标准的执行；

（4）服务供求的调节，服务机构通过对服务供求的调节，包括对需求的刺激和对供给的调整，平衡服务供求之间的矛盾，在供求比较均衡的条件下保证服务标准的执行。

## 8.2.5 管理服务承诺

服务质量差距 4，是指服务机构对顾客的承诺与服务实绩之间的差距。在服务标准执行良好的条件下，服务质量差距 4 主要来自服务机构对顾客的承诺。服务承诺是影响顾客对服务期望的一个主要因素。服务承诺一般能提升顾客对服务的期望，如果服务机构对顾客的服务承诺超过自己的服务实绩，或者说，如果服务实绩不如服务承诺的那么好，就意味着顾客对服务的实际感知低于对服务的期望。这就造成服务质量的差距。与服务承诺有关的因素主要是服务沟通、服务定价、服务的有形提示。如图 8.11 所示。

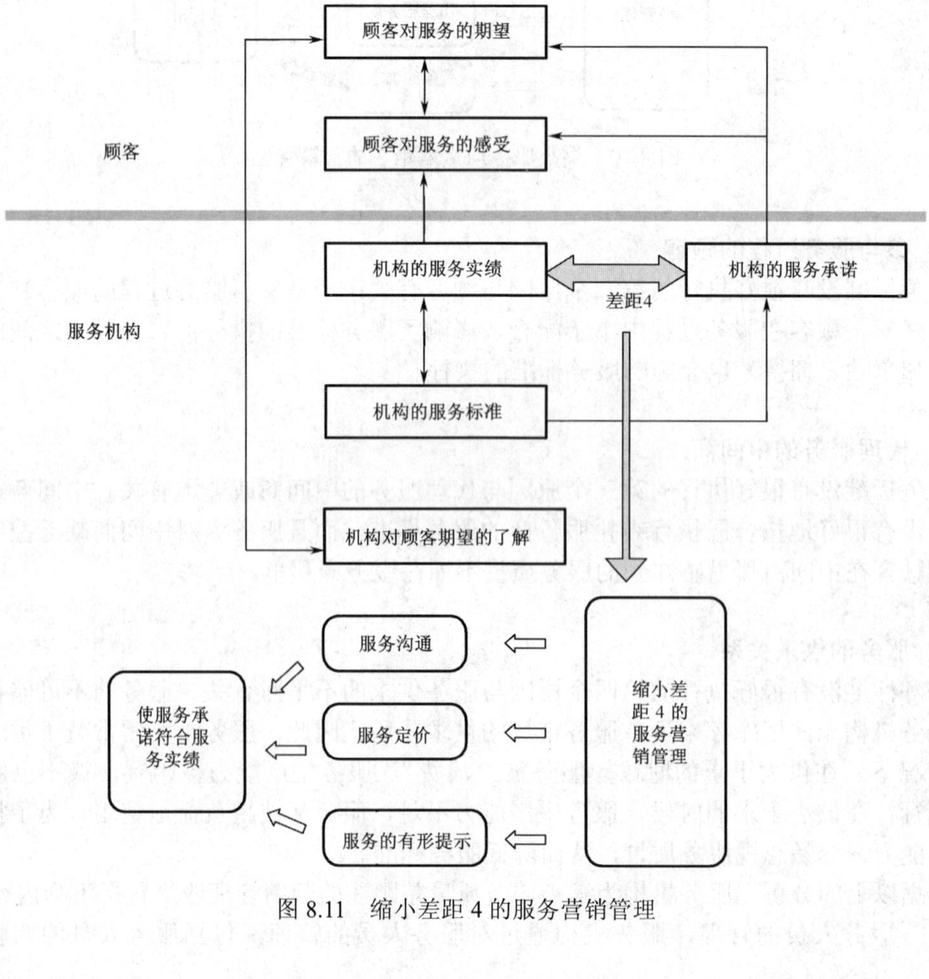


图 8.11 缩小差距 4 的服务营销管理

### 1. 服务沟通

过分的服务承诺首先出自广告、人员推销和公共宣传等营销沟通。夸张或吹嘘过头的广告、人员推销和公共宣传，可能向顾客明示或暗示某些不实的服务承诺，从而导致顾客期望的提升，而一旦在实际的服务中无法兑现这些服务承诺，或顾客无法感知到广告里所承诺的服务质量，就会使顾客失望。营销沟通中不实的和过分的承诺，往往源自服务机构营销部门与运营（或生产）部门之间的不沟通。由于不沟通，营销部门不了解生产部门实际的服务水平，为了吸引顾客，过高地宣扬和承诺生产部门的服务水平，其结果必然导致差距 4。

### 2. 服务定价

过分的服务承诺其次出自服务定价。服务定价对服务质量有一种间接的承诺作用。如前所述，服务产品的无形性使得顾客往往根据服务定价来间接地判断服务质量。在顾客看来，较高的服务定价意味着或"承诺"着较高的服务质量和水平。因此，较高的服务定价会提升顾客对服务的期望。如果服务机构的服务定价与其服务实绩（实际的质量）不符，或超过其服务实绩，那么容易使顾客感到上当：顾客实际感知到的服务质量低于服务定价所"承诺"的服务质量。

### 3. 服务的有形提示

过分的服务承诺还出自服务环境、设施、工具、用品等服务的有形提示。服务的有形提示也对服务质量有一种间接的承诺作用。如前所述，服务产品的无形性使得顾客往往根据服务环境、设施、工具、用品等服务的有形提示来间接地判断服务质量。在顾客看来，优良的服务环境、设施、工具、用品，提示着或"承诺"着较高的服务质量和水平。因此，优良的服务环境、设施、工具、用品会提升顾客对服务的期望。如果服务机构的服务实绩（实际的服务质量）与其优良的服务环境等不相称，那么也容易使顾客失望：顾客对这样的服务机构会有一种"金玉其外，败絮其中"的评价。

根据以上的分析，服务机构为缩小服务质量差距 4 的营销管理应当包括下列内容：

（1）服务沟通的管理，服务机构通过对广告、人员推销和公共宣传等沟通的管理，增强服务沟通的真实性和沟通中所含服务承诺的可兑现性。

（2）服务定价的管理，服务机构通过对服务定价的管理，增强服务定价反映服务质量或衡量服务价值的准确性。

（3）服务有形提示的管理，服务机构通过对服务环境、实施、工具和用品的管理，增强这些有形物提示服务质量的准确性。

## 8.3 服务人员的管理

由于服务人员在企业的营销活动中扮演了十分重要的角色，所以需要对服务人员进行良好的管理。具体的管理涉及对服务人员的招聘策略，提供人员发展的环境、内部支持和管理。

### 8.3.1　服务人员管理的重要性

服务人员在服务营销中是非常重要的，主要表现在：服务人员是服务营销的人格化，服务人员是内部营销的目标，服务人员直接影响服务质量。

#### 1．服务人员是服务营销的人格化

服务人员是服务营销的人格化，首先因为服务人员就是服务本身。许多服务主要就是直接向顾客提供人员，如保姆、美容、律师事务、学校、医院、演出、足球俱乐部等。这些服务机构的服务实绩在很大程度上决定于服务人员。即使不直接提供人员的服务，人员因素也是主要的，如银行的自动取款机要保持正常的服务，必须有人加以维护。如果维护人员出了问题，自动取款机的正常服务就难以保证。

服务人员是服务营销的人格化，其次因为服务人员是服务机构的化身。制造业公司的化身是它们的实物产品。服务机构提供的主要是服务，是无形产品，因此很难作为自己的化身。在顾客眼里，服务人员就是服务机构的化身。在顾客看来，服务人员代表着服务机构，服务人员的行为、素质和形象代表着服务机构的行为、素质和形象。因此，服务人员的一言一行都影响到整个服务机构的形象，客观上具有整体意义，尽管许多服务人员主观上并不愿意让自己的言行代表整体。

服务人员是服务营销的人格化，还因为服务人员就是服务机构的营销人员。从服务过程看，服务产品具有不可分性，服务生产与服务营销（交易）是同时发生和同时进行的，服务（生产）人员必须兼任服务营销人员。即使有的服务在形式上有营销人员与服务人员的分工，也不能改变服务人员必须兼任营销的实质。例如，航空公司有机票销售人员与机组人员（服务人员）的分工，但乘客买到机票不等于与航空公司之间交易的结束，尚未结束的交易（或营销）任务还需机组人员继续执行和完成。只有当乘客下了飞机和检票后离开机场时，航空公司与乘客的交易（或营销）才算结束。可见，航空服务营销人员不仅是机票销售人员，而且更重要的是机组（服务）人员。

#### 2．服务人员是内部营销的目标

**内部营销**（internal marketing），是指服务机构对内部员工的营销，就是向内部人员提供良好的服务、满足内部人员的需要和改善与内部人员的关系，以便一致对外地开展外部服务营销。正如英国服务营销学家佩恩（A.Payne）所说：“服务业机构越来越认识到，要对外部顾客营销得好，就要对内部员工营销得好。”这就是说，服务业机构的员工是内部顾客，当他们在内部受到最好服务和向外部提供最好服务时，服务机构的运行可以达到最优，员工、顾客和机构都达到满意。

因此，服务机构的内部营销是其外部营销良好发展的条件。如果说服务机构的外部营销是顾客导向的，那么，服务机构的内部营销就是服务人员导向的。这就是服务人员在服务机构整个营销中的地位，如图 8.12 所示。

#### 3．服务人员直接影响服务质量

服务人员直接影响服务的可靠性质量。人员就是服务本身，服务的可靠性就是人员的“可靠性”。如果一家服务机构的人员素质和状态不稳定，缺乏控制（包括人员本身的自

控），那么，这家服务机构的服务质量就难以可靠。相反，服务质量稳定、可靠的服务机构无不重视保持人员状态的稳定性和加强对人员的监督、控制。

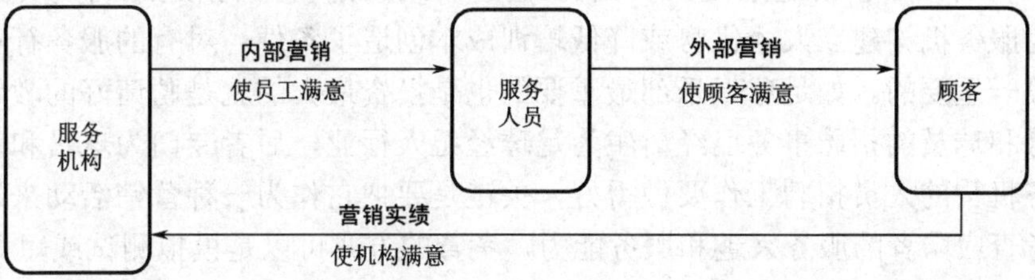


图 8.12　服务人员在内、外营销中的地位

服务人员直接影响服务的反应性质量。因为人员就是服务本身，服务的反应性就是人员的反应性。一名反应迟钝或工作死板的服务人员，肯定适应不了多变的、多样化的顾客需要。相反，那些反应性质量高的服务机构总是拥有一批头脑灵活、反应性强的人员。

服务人员直接影响服务的保证性质量。一家机构服务的保证性和信誉就是这家机构人员的能力和信用。服务机构的名气和信誉归根结底来自人员的才能和品德。

服务人员直接影响服务的移情性质量。只有人才会移情，才会关心人、倾听人和满足人的个性化需要。因此，服务的移情性完全是服务人员的移情性。使用热情和富于同情心的人员有利于提高服务质量，而使用冷漠和缺乏同情心的人员难以提高服务质量。

服务人员直接影响服务的有形性质量。服务人员本身就是服务的一种广义的有形线索或有形提示。服务人员的仪表、穿着、打扮、表情、姿势、动作等都会影响顾客对服务质量的视觉感知。例如，整洁和优雅的仪表会给顾客的视觉感知带来正效应，而不整洁和粗俗的仪表会给顾客的视觉感知带来负效应。

服务机构内部营销的目标是服务人员，具体来说，就是吸引和保持一支愿意和能够忠实执行顾客导向的服务标准的人员队伍。服务机构实现这个目标的内部营销手段或策略如图 8.13 所示，每一条内部营销策略又可以具体化为若干子策略。

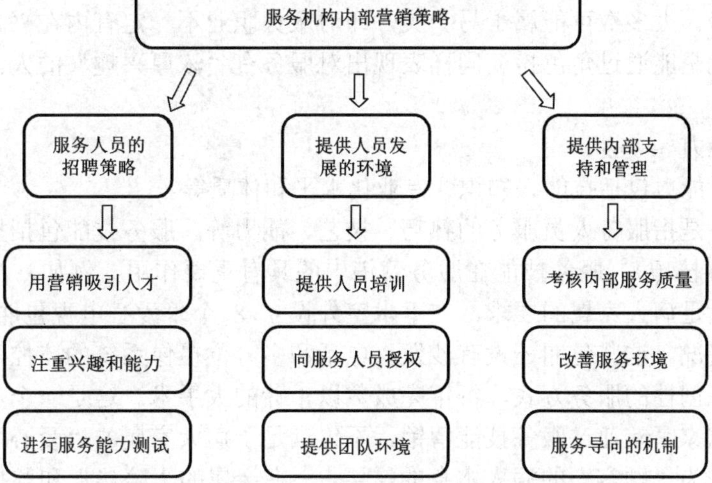


图 8.13　服务机构的内部营销策略

## 8.3.2 服务人员的招聘策略

服务机构内部营销的起点是人员招聘。招聘工作做得好，招进来的人员素质就比较高，这就为服务机构建立人才优势或降低培训成本创造了条件。对有的服务行业来说，人员招聘是第一重要的。如足球俱乐部最重要的也是投资最大的就是聘请好的教练和球员。因此，教练和球员的招聘事务已经衍生为足球经纪人行业，后者专门为球员和教练的转会服务。服务机构的人员招聘工作要做得好，关键是要把它作为一种营销活动来进行。人员招聘主要考查应聘者的服务兴趣和服务能力，考查的方式可以是模拟测试或短期试用。

### 1. 用营销吸引人才

美国服务营销学家贝利和帕素曼建议，服务机构应当用营销来吸引人才，就像用营销来吸引顾客一样。在这样的营销中，人才就是“市场”，机构提供的服务岗位就是“产品”，对服务机构和岗位的宣传、介绍就是“促销”。吸引和招聘人才的一些营销技巧或策略如下：

（1）与潜在的人才沟通，例如，服务机构可以利用大学校园网、校园报刊等与大学生沟通，提高服务机构在这些潜在人才中的知名度；

（2）鼓励现有员工参与人才招聘，利用他们发展人才网；

（3）每一岗位吸引多个候选人才，以便好中求好；

（4）吸引和招聘多种不同阅历、不同背景的人才，以适应顾客多样化的趋势。

### 2. 注重兴趣和能力

招聘服务人员应注重人员的服务兴趣和服务能力。

（1）服务兴趣

招聘的服务人员是对服务职业有兴趣的人。其中，一类是天生喜欢服务职业的人。那些喜欢社交、富于同情心、助人为乐和人缘关系较好的人，往往是这类对服务职业有内在兴趣的人。这类人选择服务职业的一个动因就是通过服务获得社交的满足和愉悦。但这类人可能相对较少。大多数可能属于另一类，即对服务职业不一定有内在兴趣但能扮演服务角色的人，也就是能通过角色扮演同样表现出对服务有“浓厚兴趣”的人。这后一类人也是合适的人选。

（2）服务能力

人员的服务能力包括技能、知识、专业化水平和体质等。

服务技能，是指服务人员服务的熟巧、技艺、能力等。服务技能包括操作技能和交际技能（服务接触技巧）。服务技能在服务营销中的具有重要作用，例如，江苏省江阴市人民医院，为了满足病人家属的要求，在手术室外设立 8 个“爱心电视包厢”，供家属通过电视观看手术情况。这些包厢还设有沙发、电话和多方位摄像系统的监控开关。这家医院采用这种富有独创性的服务方式，每年完成数以千计的大手术。这是一个典型的服务技能营销的实例。这家医院通过服务技能营销，不仅满足了病人家属的“爱心”需要，更重要的是也满足了作为“顾客”的病人本身的需要——在亲属的“陪伴”和监控下，手术的安全感、可靠感会大大增强。同时，也由于病人家属的“陪伴”和监控，医护人员会在“爱心”的感染下比过去具有更强的责任心和做好手术的决心和信心，这就有利于发挥手术

（服务）技能的水平，提高手术（服务）质量和成功率。

服务知识，是指服务人员所掌握的与服务有关的自然知识和社会知识。服务知识既是服务技能的基础。服务知识在服务营销中也具有重要作用。不仅高层次的服务需要越来越多和越来越高深的知识，较低层次的服务也开始知识化。例如，保姆服务也开始需要“知识型”了。在石家庄劳务市场上，有文化、懂规矩、讲礼节的所谓“知识型保姆”走俏。在那里聘请保姆的人特别看重学历，高中生最受欢迎，其次是初中生。有的雇主在看过学历证书后，还要对聘请对象进行口试后才放心。有的雇主认为，现在小孩启蒙早，没知识照顾不了小孩。比如讲故事，只是讲大灰狼的故事，会使小孩倒胃口。有一些小孩在文盲保姆的带领下养成陋习，很难改正。而知识型保姆能轻松担负起家庭教师的责任。还有的雇主认为，现在生活水平提高了，吃的、喝的都讲究科学，讲究营养，有文化的保姆一讲就懂，就是聊天也能找到共同语言。还有的雇主认为，有文化的保姆待人接物懂规矩，讲礼节，这也代表着家庭的形象。

服务的专业化水平，是指服务人员经过专业培训后其服务技能和服务知识及职业道德等达到社会公认的水平，通常都以获得专业或从业资格证书为标志，如注册会计师、律师、国际商务师、导游、交通车或运输车驾驶员、飞行员、厨师、股市分析师、保险代理人、资产评估师、房屋质量鉴定师、金银珠宝检验师、美容师、照相师、教师、医师、导演、演员、记者、电视节目主持人、体育教练、政府公务员等。服务的专业化水平是服务技能和知识的综合体现，而且它有社会评估尺度，因此在人员招聘中比技能和知识更具有可操作性。

服务营销普遍需要人员具有良好的体质。如前所述，服务人员本身就是服务的一种有形提示。如果服务人员缺乏良好的体质，就可能影响自身在服务过程中的形象和由此影响服务质量。例如，体质较差的服务人员在比较繁忙的服务过程中容易表现出疲倦感和对顾客不耐烦的情绪，而顾客对这样的服务人员自然不会满意。

### 3．进行服务能力测试

服务机构可以采取模拟测试或短期试用的方式对应聘对象的素质或能力加以考查。例如，某保险公司在电话销售和服务人员的招聘中，设计和采用了模拟测试的方式，让应聘者接听和处理 3 个模拟电话。

（1）第一个电话是买保险的，要求应聘者必须说服对方买超过他（或她）一开始要买的数额且必须准确地填写好所有的保单文件。这个测试的目的是考查应聘者的劝说能力和文书（保单文件）操作能力（包括效率和准确性）。

（2）第二个电话也是买保险的，但打电话者是一个不懂保险、不合作和语言粗暴的人。另外，应聘者接听电话时必须做记录。这个测试的目的是考查应聘者的心理承受力、交际能力和文书操作能力。

（3）第三个电话是投诉。投诉者说他因为搬家而晚收到保单，因而被罚了滞纳费。他认为这不是他的错，要求应聘者处理这个问题。

另外，部分应聘者被要求做记录以便向上司汇报。这个测试的目的是考察应聘者的理解力、记忆力和交际能力。

### 8.3.3 提供人员发展的环境

服务机构内部营销的策略之一，是给人员提供良好的发展环境，使人员发挥最大的潜能。服务机构内部良好的发展环境包括人员培训、向人员授权、提供团队环境。

**1. 人员培训**

人员培训是增强服务兴趣和服务能力的主要途径。在某些主要靠服务技能营销的服务行业（如足球俱乐部、演出机构等），培训或训练所花的时间占整个运转时间的比重是相当大的。一些服务技能要求相对低的服务行业也需要花一定的时间和资金对人员进行培训。首先，服务行业的人员流动率很高，不断有新手加入服务队伍，而新手总是需要培训的。例如，上海交通大宇高速运业公司（简称交通大宇）成立时，吸纳了运输业一大批下岗、转岗人员。他们过去跑货运，粗手大脚、粗声粗气惯了。交通大宇请来职业培训中心的专业人员，对他们进行严格的客运技能培训。通过培训，他们掌握了“航空式”的客运服务技能，学会了细腻地同乘客打交道的技能。其次，服务机构在向外地区（包括国外）拓展网点时，多少总是要招聘当地的人员，而当地人员是需要培训的。如麦当劳快餐店，从 1955 年创建开始就非常重视技能培训，1961 年开办了第一家汉堡包大学，对人员进行严格培训。现在的汉堡包大学占地 82 英亩，有 6 个剧场式的教室、17 间会议室，用 22 种语言同声传译和先进的声像教学设备。汉堡包大学现在每期培训 6 天，数以百计的学员来自世界各地的麦当劳分店。完善的人员培训有力地支持了麦当劳在世界各地的网点拓展。

服务人员培训的目标就是上述人员招聘的目标：服务兴趣和服务能力。通过培训增强人员对服务的内在兴趣和扮演服务角色的兴趣及能力。通过培训增强人员的服务技能、服务知识和提高专业化服务水平。其中，交际技能的培训通常是最重要的。

人员培训的对象，既包括新手，也包括原有人员；既包括前台人员，也包括后台人员和支持性服务人员，以及管理人员。服务培训是全员培训，这是由服务质量的整体性决定的。

**2. 向人员授权**

服务机构向一线人员（前台和后台人员）授权，也是一条内部营销策略。通过授权可以对服务营销带来以下好处：

- 有了处置权，一线人员可以迅速回应和满足顾客特殊的个性化的需要；
- 有了处置权，一线人员可以迅速回应不满意顾客的投诉和采取补救措施；
- 授权可以使一线人员获得尊重或社会地位方面的满足，这是一种激励；
- 授权对一线人员的激励可以转变为一线人员对顾客的尊重和责任感；
- 授权可以增强一线人员参与服务改进或创新的积极性；
- 在授权条件下对顾客特殊需要的满足可以转变为顾客的口碑广告。

服务机构向一线人员授权的同时，要注意提高一线人员用权的勇气和能力。有的一线人员缺乏用权的勇气，怕承担处理失误的风险。服务机构应鼓励一线人员大胆使用处置权。有的一线人员缺乏用权即自主决策的能力，服务机构应通过培训来增强这种能力。

### 3．提供团队环境

团队环境可以增强人员之间的合作，从其他人员获得更多的支持。团队环境可以鼓舞人员的士气，从而有利于人员保持顾客导向的服务热情。团队环境还可以增加人员之间相互学习、相互带动的机会，从而有利于增强员工的服务兴趣和服务能力。

## 8.3.4　提供内部支持和管理

服务机构向一线人员提供良好的内部支持和服务，是一种内部营销策略。例如，一家医院要使医生向病人提供顾客导向的服务，就要向医生提供病人档案、检验、治疗设备、药品等支持和服务，这些服务应当是“医生导向”的，即应当围绕医生的要求和使医生满意。内部支持和服务策略主要包括考核内部服务质量、改善服务环境和建立服务导向的组织机制等。

### 1．考核内部服务质量

服务机构可以建立内部服务质量考核机制，以提高内部支持和服务的质量。例如，美国圣地亚哥一家服务公司（San Diego Gas and Electric）为了提高内部服务质量，建立了内部服务质量考核体系。考核对象是公司下属的各个部门。这个考核体系包括内部服务质量的 4 个层面：服务态度，服务能力，服务反应性，服务效果。考核采取问卷调查的方式。公司每年根据考核结果公布考核评分最高的前 4 名或前 5 名的部门经理的名字。公司还将部门经理的收入与本部门内部服务质量的考核成绩挂钩。

### 2．改善服务环境

改善服务环境，也是内部服务的一个主要策略。改善服务环境，包括服务地点的优选、房屋装修、服务设备、工具和用品的更新、维护等。事实上，一个好的工作环境，对服务人员可以起到一种激励作用：只有工作得好，才与好的环境相称。

### 3．建立服务导向的组织体制

建立服务导向的内部体制，是支持一线人员的根本措施。传统的内部体制是管理导向的，即是从上而下的管理关系。而服务导向的内部体制是变管理关系为服务关系。例如，国际知名的万豪酒店就认为，传统的组织机制图——总经理在顶端，管理人员在中间，最前线的人们（销售和服务人员、电话接线员、招待员）在底下的金字塔形——已经过时。精通营销的公司更加明白，它们把图颠倒过来。在机构顶部的是顾客；其次重要的是一线人员，他们会见顾客、服务顾客和满足顾客；在他们之下的是中基层管理人员，他们的工作是支持最前线的人员，使他们能更好地服务顾客；最后，在底下的是高级管理人员，他们的工作是支持中基层管理人员，使他们能支持为使各种不同顾客最终对公司感到满意的一线人员。另外，公司所有的经理都亲自会见顾客和了解顾客，如图 8.14 所示。

万豪酒店设想的倒金字塔形的组织机制就是服务导向——顾客导向的组织机制。在这个组织机制中，顾客是第一位的，而直接为顾客服务的一线人员处于第二位。整个体制为一线人员服务，而一线人员又为顾客服务。

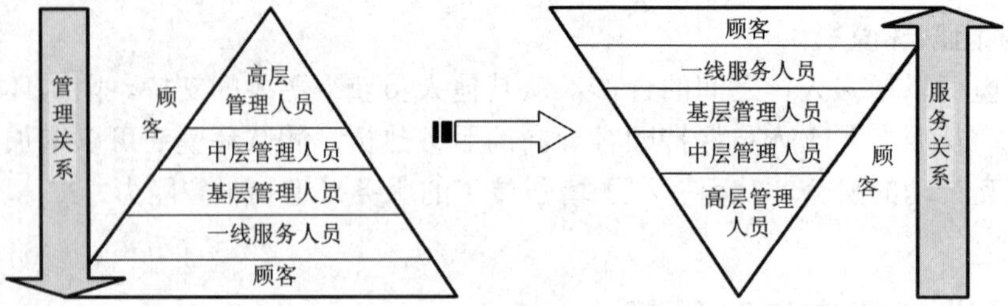


图 8.14　从传统组织机制转变为服务—顾客导向的组织机制

## 复习题

1．服务产品与实物产品相比有哪些特点？
2．试述服务产品特点对服务营销的影响。
3．举例说明人、过程和有形提示在服务营销中的重要性。
4．针对服务消费者的行为特点，服务营销应当采取哪些措施？
5．服务质量与实物产品质量相比有哪些特点？
6．请解释服务质量差距模型。
7．根据服务质量差距模型谈谈服务营销管理的目标。
8．什么是服务质量差距 1？它受哪些因素的影响？
9．什么是服务质量差距 2？它受哪些因素的影响？
10．什么是服务质量差距 3？它受哪些因素的影响？
11．什么是服务质量差距 4？它受哪些因素的影响？
12．请论述服务人员在服务营销中的重要性。
13．什么是内部营销？为什么说服务机构的内部营销是服务人员导向的？

## 案例讨论

### 炮灰电影的原因

广电总局发布的 2013 年电影市场数据显示，全国总票房 217.69 亿元，同比增长 27.51%。全年内地上映电影 305 部，其中 60 部电影票房过亿，国产片占到 33 部。国产影片年票房 127.67 亿元，同比增长 54.32%，占比 58.65%。2013 年票房超过 4 亿的国产电影多达 7 部，票房最高者为《西游·降魔篇》，拿下了 12.5 亿元票房。相比之下，一批电影票房惨不忍睹：

《别跟我谈高富帅》：2 万。

《刘老庄八十二壮士》：4 万。

《石榴树上结樱桃》：5 万。

《让爱绽放》：5 万。

《校车》：10 万。

《雷锋的微笑》：14 万。

《飘落的羽毛》：18 万。

《石器时代之百万大侦探》：18 万。

《逆袭》：19 万。

《越位者》：21 万。

“炮灰电影”的原因有哪些？

1．缺乏用户思维。用户思维对电影来说，就是要有受众的定位。乐视影业副总黄紫燕说：“互联网思维的核心即用户思维，用户思维，是从用户的角度考虑，了解并尊重用户需求，以用户体验为基础进行见证、评判；而不是简单地把互联网当成平台和渠道，宣扬自己的卖点、看点，更不是拿来自吹自擂的工具。”如年度票房最低《别跟我谈高富帅》在豆瓣网的评分仅为 2.9 分（满分 10 分）。

2．缺乏挡期预测。挡期不利，同类型电影太挤，千军万马过独木桥，难免人仰马翻。如光棍节挡期，仅 2013 年 11 月 8 日一天，就有《甜心巧克力》、《光的棍》、《我的男男男男朋友》等 10 部新片上映，刷新纪录，最终《光的棍》只收了 39 万、《我的男男男男朋友》收 745 万、《甜心巧克力》收 395 万；或是同挡期碰到了“巨无霸”，6 月份在《富春山居图》、《超人：钢铁之躯》等的夹击下，群星云集的《光辉岁月》收 346 万，《百万爱情宝贝》止步 48 万元。

3．营销宣传不力。片方诟病的影院排片问题，大多受制于宣发。一位影院经理称，一部新片上映之前，影院经理往往根据阵容、规模、营销力度、影响力、题材等诸多因素排片。《别跟我谈高富帅》等，几乎是悄无声息地上映，一定程度上拖累了票房。

## 问题讨论

1．为什么国产电影的票房会冰火两重天？

2．如何设计国产电影的营销组合？

CHAPTER 9

# 第 9 章 定价目标和方法

## 引导案例

“中国电商史上规模最大、最惨烈、最全面的价格战。”2012 年 8 月14 日，一向语出惊人的京东商城董事局主席兼首席执行官刘强东发微博，他已做出京东大家电三年内零毛利的决定。“从今天起，京东所有大家电保证比国美、苏宁连锁店便宜至少 10%以上。”

苏宁董事长张近东回应价格战：电商更便宜是个伪命题：“兵马未到，粮草先行，没有粮草，没有准备，怎么大战？无论是零售，还是电商平台，要规模发展，就必须有强大的后台体系。”苏宁易购出资 6600 万美元收购母婴电商红孩子，凡客诚品、百丽和乐蜂网都已经入驻苏宁易购开放平台。

这场电商价格战，发动者获得了各人自己“暗渡陈仓”的结局。2013 年 2 月 17 日，刘强东发内部邮件承认价格战的目的是博人眼球，现 D 轮融资的 7 亿美元已经到账，并称未来数年内为建设“一个和阿里完全不同的平台”而规模投资。苏宁回应价格战的目的是为了公司转型。张近东发给每位高管的一封公开信说，“苏宁新十年变革始于 2013 年，苏宁新十年发展的快车道，未来苏宁将定位为‘店商+电商+零售服务商’的云商模式”。

**本章将阐述下列一些问题：**

- **企业怎样分析定价的依据？**
- **如何对产品定价？**
- **如何修订价格以适应各种环境和机会的需要？**

# 9.1　商品价格的客观依据

在商品经济环境下，任何产品或服务都必须有价格，供需双方才能进行交易。事实上，买卖双方交易是否成功，往往取决于价格的高低。所以，价格是买卖双方完成交易的主要因素。市场营销学与价格学对产品价格研究的角度和目的不同。价格学主要研究价格与价值的货币关系、价格形成的规律，考察价格围绕价值波动的一般趋势，并着重研究产品的理论价格，为国家制定价格政策提供依据；而市场营销学则主要是研究企业定价。企业定价或调价时也遵循价值规律，但主要是考察消费者对产品价格的反应、市场供求与竞争及在国家政策等因素前提下，灵活并适时地运用定价策略与技巧，制定或调整产品价格，配合其他营销活动，实现企业目标。

## 9.1.1　成本因素

价格是产品价值的货币表现。以货币来表示产品或服务的价值就称之为该产品或服务的价格。产品成本是价格的最低限度。一般来说，产品价格必须能够补偿产品生产及市场营销的所有支出，并补偿产品的经营者为其所承担的风险支出，并有赢利。成本的高低是影响定价的一个重要因素。定价的客观依据是根据定价策略的不同需要，对成本可以从不同的角度进行以下分类。

**1．固定成本**

**固定成本（fixed cost）**指支付给各种固定生产要素的费用，如购买机器设备、建设厂房的开支、借贷利息等。这些费用在一定时期和一定的生产能力范围内不随产量的变化而变化，并且通常在产品生产过程中就得支付。

**2．变动成本**

**变动成本（variable cost）**指支付给各种变动生产要素的费用，如购买原材料、电力消耗费用和工人工资等。这种成本随产量的变化而变化，常常在实际生产过程开始后才需要支付。

**3．边际成本**

**边际成本（margin cost）**指产品在原有数量基础上增加或减少一个单位所引起的总成本的变动量。如果是针对增加产品数量而言的，边际成本又称新增成本。除非加以特殊说明，边际成本与平均变动成本在概念上和数值上都是不同的。例如，某企业生产某种产品的固定成本为 9000 元，生产一个单位产品的变动成本为 1000 元，生产两个单位产品时平均变动成本为 900 元，则第二个新增产品的边际成本不是 900 元，按定义它等于生产这第二个产品的总成本的增加额：

$$(9000+2\times900)-(9000+1\times1000)=800\text{ 元}$$

**4．机会成本**

**机会成本（opportunity cost）**是指企业为从事某项经营活动而放弃另一项经营活动的机会，或利用一定资源获得某种收入时所放弃的另一种收入。另一项经营活动应取得的收益或另一种收入即为正在从事的经营活动的机会成本。通过对机会成本的分析，要求企业在经营中正确选择经营项目，其依据是实际收益必须大于机会成本，从而使有限的资源得到最佳配置。

## 9.1.2　需求因素

在价格与需求的关系方面，营销者需要了解需求的**价格弹性（price elastic）**，即产品价格变动对市场需求量的影响，不同产品的市场需求量对价格变动的反应不同，也就是弹性大小不同。

在一般情况下，企业每制定一种产品价格，该产品的需求量都会发生不同程度的变化。通常，价格与需求量成反比例，即价格越高需求量越少。

需求的价格弹性 = −需求量变动的百分比/价格变动的百分比

需求的价格弹性用 $E$ 表示，则公式如下：

$$E=-\frac{(Q_2-Q_1)/(Q_1+Q_2)}{(P_2-P_1)/(P_1+P_2)}$$

式中，$Q_1$、$Q_2$ 分别为调价前、后的销售量，$P_1$、$P_2$ 分别为调价前、后的价格。

由于价格高，买的人少；而价格低，买的人多，所以价格与需求量呈反方向变动。按上述公式计算出来的价格，需求弹性系数 $E$ 为负值。为应用方便，在上述公式中引入一个负号，使 $E$ 成为正数。价格需求弹性的大小，一般以 $E$ 的值大于 1 或小于 1 来表示。如果 $E>1$，称为价格需求弹性大，或称富于弹性的需求。如果需求量变化的幅度小于价格变化的幅度，即 $E<1$，称价格需求弹性小或称缺乏弹性。

价格需求弹性在企业决定某一产品是提价或降价时特别有用。如果该产品的价格需求弹性系数大于 1，也就是说，价格只要稍微上升或下降，需求量就会大幅度下降或增加。因此企业往往可采取降价策略，这时产品的单位利润虽有所下降，但产品的销售总收入和总利润却大大增加。如果该产品的价格需求弹性系数小于 1，也就是说，即使价格幅度大大提高或下降，需求量也不会显著减少或增加，因此企业可采取提价策略，这时需求量虽有减少，但由于价格大大提高，产品的销售总收入和利润总量仍会增加。当然，不论提价或降价，都是有一定限度的。

假如一个公司把它的产品的价格从 10 元降到 5 元，而它的销售量却从 100 单位上升到 150 单位，那么：

$$E=-\frac{(150-100)/(100+150)}{(5-10)/(10+5)}=0.6$$

因为 $E<1$，所以这次降价活动实际是失败了，总收入从 1000 元下降到750 元，因为这个产品需求缺少弹性。

### 9.1.3　竞争因素

市场上有卖方之间的竞争，也有买方之间的竞争，两类竞争都直接影响企业的价格行为。市场竞争多指卖方之间的竞争，因为这类竞争与企业的定价工作及其整个营销活动关系最大。现代企业都十分注意对竞争情况的研究。

### 9.1.4　环境因素

企业定价时还必须考虑其他环境因素，如国内或国际的经济状况：经济是繁荣还是萧条，是通货膨胀还是需求不足，当前利息率是高还是低等，这些情况都会影响定价策略。因为这些因素影响生产成本和顾客对产品价格和价值的理解。此外，政府的有关政策法令也是影响企业定价的一个重要因素。

## 9.2　确定定价目标

定价目标是描述企业希望通过定价达到的总体目标。定价目标影响包括金融、财务、生产等在内的许多基础领域的决策，因此，它必须与企业的总体使命和目标相吻合。营销者可同时使用短期和长期定价目标，也可采用一个或多个定价目标。例如，一家企业可以希望其市场份额比过去 3 年提高 18%，同时达到 15%的投资报酬率，并在市场上树立其质量形象。在本章中，我们将检验一些企业可能为自己订立的定价目标。

企业的定价目标可分为利润导向目标（目标利润率，利润最大化）、销售导向目标（销售金额或数量增长，市场份额增长）、对等定价目标（对付竞争，非价格竞争）等。

### 9.2.1　利润导向目标

**目标利润目标（target return objective）**是将一种特定的利润水平作为一种目标。这种方法经常以一种销售百分比或投资百分比的形式出现。一家大的生产商可能瞄准 15%的投资利润率，而便民超市或其他的食品杂货连锁店的目标可能是 1%的销售利润率。

**利润最大化目标（profit maximization objective）**是追求尽可能大的利润。它陈述了一种获取迅速的投资利润率的欲望。某些人相信追求利润最大化，他的目标将促使他制定高价。然而，获取利润最大化的定价并不一定是高价，低价也可能扩展市场份额——导致大量的销售和利润。例如，在录像机的价格很高时，仅有领先者和富裕的人购买它们；当索尼和它的竞争者降低了价格，几乎每个人都购买了录像机，利润增加了。

### 9.2.2　销售导向目标

**销售导向目标（sales-oriented objective）**追求单位销售量、货币销售额或市场份额——没有指向利润的指标。

有些经理较多关注销售增长而非利润，认为销售增长总会导致更多的利润。其实，当企业的成本增长高于销售增长时，这种想法会引起问题。最近，许多大公司已经倾向于利润而不过问销售增长情况。

一些非营利组织的管理者为增加市场份额而制定价格，精确地说，他们并非设法获取利润。例如，许多城市制定低价让它们的公共汽车满员。当它们满员时，即使总收入不算太大，也有较多益处。

### 9.2.3　对等定价目标

满意其目前的市场份额和利润的经理，有时采用**对等定价目标（status quo objective）**——不扰乱对方的价格目标。管理人员可能会说他们想稳定价格，或应对竞争，甚至回避竞争。当总体市场不再发展、扩大时，这种不扰乱价格的想法最为普通。保持稳定的价格可能阻碍了价格竞争和避免了对困难决策的需求。

一种对等定价目标，可能是集中于**非价格竞争（nonprice competition）**的进攻性的总体营销战略的一部分，营销集中在除价格外的一种或多种其他策略方面。快餐连锁店麦当劳和肯德基通过坚持多年的非价格竞争，实现了非常有利的效益增长。

## 9.3　设计定价方法

产品价格是产品价值的货币表现。对产品价格定价时可采用以下一些计算方法。

## 9.3.1　收支平衡定价法

**收支平衡定价（breakeven pricing）**以总成本和总销售收入保持平衡为定价原则。总销售收入等于总成本，此时利润为 0，企业不赢不亏，收支平衡。收支平衡法的优点是计算简便，可使企业明确在不赢不亏时的产品价格和产品的最低销售量。

其计算公式为：

$$P = F / Q + V$$

式中，$P$ 为单位产品价格，$F$ 为固定成本，$Q$ 为预计销售数量，$V$ 为产品单位变动成本。

例如，某产品的固定成本为 50 万元，单位变动成本为 20 元，预计销售量为 10 万件，该产品的售价是：

$$P=\frac{50\times10^4}{10\times10^4}+20=25\text{ 元/件}$$

该产品在收支平衡时的价格为 25 元。

## 9.3.2　投资报酬额定价法

**投资报酬额定价（target return pricing）**以总成本和目标利润作为定价原则。使用时先估计未来可能达到的销售量和总成本，在收支平衡的基础上，加上预期的投资报酬额，然后再计算出具体的价格。这种方法简便易行，可提供获得预期利润时最低可能接受的价格和最低的销售量。

其计算公式如下：

年投资报酬额=总投资额/投资回收期

单位产品价格=（总成本+投资报酬额）/预计销售量

例如，某产品预计销售量为 10 万件，总成本为 30 万元，该产品的总投资额为 40 万元，要求 5 年回收投资，投资回收率为 20%，该产品的售价为：

年投资报酬额=40/5=8 万元

$$\text{单位产品价格}=\frac{30\times10^4+8\times10^4}{10\times10^4}=3.8\text{ 元}$$

## 9.3.3　成本导向定价法

**成本导向定价（cost-oriented pricing）**就是以产品的总成本为中心来制定价格，这一类定价法主要包括以下两种方法。

### 1. 成本加成定价

**成本加成定价（cost-plus pricing）**是以收回经营成本为基础的一种定价方法。这种方法先确定赢利率，然后用顺算法定价，即单位产品成本加上按一定赢利率确定的销售利润。其计算公式为：

$$p=c(1+r)$$

式中，$c$ 为单位产品成本，$r$ 为利润率。

例如，已知单位产品成本为 20 元，利润率为 20%，则

$$P=20\times(1+20\%)=24\text{ 元}$$

**2. 按销售价加成定价**

中间商大多用相对于销售价的利润比率计算价格，认为这样更容易比较各个中间商的销售毛利，其公式为：

单位转售价=单位进货价格/（1-相对于转售价的利润率）

例如，已知单位产品进货价格是 40 元，中间商希望相对于转售价格的利润率是 20%，如何求得单位产品转售价？

用上述公式计算得其单位转售价为 50 元。

### 9.3.4　投标定价法

在政府采购和项目建设中，往往采取招、投标的办法。参加投标的企业，事先根据招标公告内容投标，参加比价，这就是**密封投价法（sealed bid pricing）**。密封的价格也就是招标企业愿意承担的价格。这种价格主要是根据竞争者的递价研究决定，而不是以本企业的成本和需求情况为依据。企业递价应有一定的界限。即使是一个迫切希望中标的企业，也不愿其递价低于边际成本，从而劳而无功。同时，企业也不能只顾赢利，递价过高，这样反而不能中标。因此，参加投标的企业，往往要计算期望利润，然后根据最高的期望利润递价。期望利润可以根据估计的中标率和利润计算。例如，有一个投标项目如表 9.1 所示，根据计算分析，企业期望利润最高为 88 万元，即投标递价应为 10500 万元。

**表 9.1　企业投标期望利润分析**

| 企业投标 | 企业利润 | 估计中标可能性 | 期望利润 |
|---|---|---|---|
| 9500 万元 | 100 万元 | 50% | 50 万元 |
| 10000 万元 | 600 万元 | 10% | 60 万元 |
| 10500 万元 | 1100 万元 | 8% | 88 万元 |
| 11000 万元 | 1600 万元 | 1% | 16 万元 |

## 9.4　研究定价策略技巧

市场上产品价格的复杂性、竞争性和多变性，会给我们在产品定价中增加种种困难。定价正确与否与企业的收入和利润有着直接的关系。在交易活动中，价格往往是磋商的焦点。一个好的价格往往会使买卖双方感到满足，定价方法和技巧是我们应该懂得并掌握的一门科学与艺术。

### 9.4.1　通行价格定价法

在**通行价格定价法（going-rate pricing）**中，企业的价格主要基于竞争者的价格，很少注意自己的成本或需求。企业的价格可能与其主要竞争者的价格相同，也可能高于竞争

者或低于竞争者的价格。在由少数制造商控制市场的行业中，如销售钢铁、纸张、化肥等产品的企业通常采取相同价格。

一般小型企业是“跟随市场领导者”变动的，它们变动自己的价格，与其说是根据自己的需求变化或成本变化，不如说是依据市场领导者的价格变动。有些企业可以支付一些微小的赠品或微小的折扣，但是它们保持的是适量的差异。

通行价格定价法是相当常见的方法。在测算成本有困难或竞争者不确定时，企业感到通行价格定价法是一种有效的解决办法。就这种价格所产生的一种公平的报酬和不扰乱行业间的协调而论，通行价格定价法被认为反映了行业的集体智慧。

## 9.4.2　弹性价格政策

**弹性价格政策（flexible-price policy）**意味着用不同的价格为不同的顾客提供同样的产品和数量。当计算机被用来执行灵活定价时，决策更多地集中在何种类型的顾客将获得变化的价格。

定价数据库让弹性定价更加容易，营销经理正在小心地管理一种弹性价格。例如，大多数航线，被制定了一种非常高的价格，这种价格并不是所有的人都能支付。于是，预先计划的旅行者或接受非高峰时段航班的人获得了折扣，而对航班需求较高的短期内的商业旅行者仍支付较高的价格。然而，这并没有引起出高价者的关注，即使飞机有一半都是空的。为此，航空公司继续调整价格热线上提供的价格，以便有足够多的座位被出售。

## 9.4.3　认知价值定价法

日益增多的公司把它们的价格建立在产品的认知价值的基础上，即使用**认知价值定价法（perceived-value pricing）**。它们明白，作为定价的关键，不是卖方的成本，而是买主对价值的认知。企业利用在营销组合中的非价格因素在购买者心目中建立起认知价值，使得价格建立在捕捉住的认知价值上。

对名牌产品的定价主要是认知价值。名牌货，特别是世界名牌，与普通大路货的价格相差悬殊，其价格往往高出普通大路货物数倍甚至十余倍。例如，市场上一件法国名牌男衬衫售价约 1000 元，中外合资名牌男衬衫约 100 元，而无名的普通衬衫只能卖几元。这样大的差价并不是来自成本和质量的差别，而是根据消费者所理解和认可的价值来确定的。参见营销窗口 9.1：卡特彼勒的认知价值定价方法。

| 营销窗口 9.1 | 卡特彼勒的认知价值定价方法 |
| --- | --- |

卡特彼勒公司利用认知价值观念为它的建筑设备制定价格。它可能定价一台推土机为 25000 美元，虽然同样公司的推土机可能定价 20000 美元。而卡特彼勒公司却会获得比竞争者多的销售额！当一个潜在的顾客问一位卡特彼勒公司的经销商，为什么要他为卡特彼勒公司的推土机多付 5000 美元时，这个经销商回答说：

（1）20000 美元是推土机的价格，这仅仅是相当于竞争者的推土机价格；

（2）3000 美元是产品优越的耐用性增收的溢价；
（3）2000 美元是为产品优越的可靠性增收的溢价；
（4）2000 美元是为优越的服务增收的溢价；
（5）2000 美元是为零配件较长期的担保增收的溢价；
（6）29000 美元是包括上面全部价值的价格；
（7）4000 美元是折扣额；
（8）25000 美元是最终价格。

这个不知所措的顾客认识到：虽然他被要求为卡特彼勒公司的推土机多付 5000 美元的溢价，但却说他得到了 4000 美元的折扣！他最终选择了卡特彼勒公司的推土机，因为他确信卡特彼勒公司的推土机在全部使用期内的操作成本将较小。

然而，认知价值定价法不仅应用于驰名生产品牌，许多商家也开始在其商店中推出价值定价法，其中最著名的就是美国的沃尔玛公司，它利用相当低的价格出售高质量的产品，然后通过内部管理降低产品经营成本，最终大规模地销售产品使企业获得发展。认知价值定价法代表了向消费者提供可以认知的高价值的思路。

## 9.4.4　新产品定价法

新产品上市销售时需要企业制定一个价格，其方法主要有市场撇脂定价法和渗透定价法。

### 1．市场撇脂定价

企业研制出的新产品，开始推出时以尽可能高的价格投入市场，以求得最大收入。这是对市场的一种榨取，就像从牛奶中撇取奶油一样，所以称为**市场撇脂定价（market skimming pricing）**。例如，美国宝丽来公司开始推出它的一次成像新式相机时，就是运用这种定价策略。这种相机在引入期以高价上市，由于其特有的一次成像的功能，目标市场上许多顾客都争相选购。但当销售量开始减少时，公司便降低价格，将目标市场转向对价格敏感的另一些顾客。撇脂定价在高价仍有需求的情况下能帮助企业赚大钱。

### 2．市场渗透定价

与市场撇脂定价法相反，**市场渗透定价（market penetration pricing）**是在新产品引入期定较低价格，以吸引大量顾客，迅速占领市场，取得较大的市场占有率。例如，康柏公司建立了一座大规模的工厂，力图大量生产个人计算机，并使价格尽可能降低以取得较大的市场份额，从而扩大生产，降低成本，并进一步降低价格。

## 9.4.5　自我定价法

最近，**自我定价（self pricing）**法不断在发展。一些营销经理通过在 Internet 的本公司广告，邀请顾客自己定价，并与他们建立关系。例如，价格热线（www.priceline.com）的访问者，在登录并说明了期望飞行航班日程表和他们乐意支付的价格后，价格热线的电子邮件将转寄这些信息给航空公司。如果有航空公司接受这个报价即在网上刊出，消费者将会迅速注意到。价格热线对新轿车和其他仍在计划阶段的产品也提供相似服务。

### 9.4.6　价值定价法

现在，许多商家在采用**价值定价法（value pricing）**，即用相当低的价格出售高质量的产品。价值定价法中最著名的形式就是天天低价。天天低价之王当之无愧应属沃尔玛，实际上是它界定了这个术语。几年前，沃尔玛和它的竞争者——凯马特的销售额几乎相同，现在沃尔玛的销售额已经是凯马特的 3 倍。该如何解释这种在成长过程中的巨大不同，以及当两家连锁公司基本情况如此相近却收益大相径庭的原因呢？很重要的一点就是沃尔玛采取了价值定价法。

### 9.4.7　产品组合定价法

当某种产品成为产品组合的一部分时，对这种产品的定价必须加以修订。在这种情况下，企业要寻找一组在整个产品组合方面能获得最大利润的共同价格。

#### 1. 产品线定价

**产品线定价（product line pricing）**是指企业宁愿发展产品线而不愿搞单件产品。例如，松下电器公司向市场提供了多种不同的彩色音像摄影机，从一个简单摄影机到一个带有自动定焦、并具有感光控制器和两种速度的变焦镜头的复杂摄影机，其价格从低到高形成一条线，以满足不同层次人们的需要。

#### 2. 产品群定价

**产品群定价（product group pricing）**是为了方便顾客，有时营销者不只卖单一产品，而是将有连带关系的产品组成一个群体一并销售。例如，中国足球甲 A 联赛有时不单卖一场票，而是将一年的全部主场比赛合在一起售票；饭店不单独出租客房，而是将客房、膳食和娱乐一并出售收费。采用这种策略时，必须使价格足够的低廉，否则顾客不会购买。

#### 3. 附带产品定价

**附带产品定价（byproduct pricing）**中所必需的附带产品是指那些与主要产品密不可分的产品，如刀片、胶卷、计算机软件等。对这类产品通常采用的定价策略是将载体产品的价格定得较低，而附带产品的价格定得较高，以弥补主要产品低价所损失的利润。例如，电子游戏机卖得很便宜，但其游戏软件卖得很贵，就是一个典型的例子。

### 9.4.8　心理因素定价法

**心理定价（psychological pricing）**是指企业定价时，利用顾客心理有意识地将产品价格定高些或低些，以扩大销售。

### 1．声望定价

有些名牌产品或著名企业，故意把价格定成高价，称为**声望定价**（**prestige pricing**）。因为消费者有崇尚名牌的心理，认为高价格代表高质量。例如，德国拜耳公司和美国施贵宝公司的药品，尽管价格较高，但仍然比一般药商的低价品畅销。

### 2．尾数定价

**尾数定价**（**odd-ever pricing**）对产品的定价不取整数而保留尾数，这是利用消费者的心理因素来制定价格。保留尾数可以降低一位数价格，给人一种“十分便宜”的心理感觉。例如，一台彩电的价格定价为 1998 元，而不是 2000 元，这样可以取得增加销量的效果。尾数的确定还要合乎风俗习惯，不同的尾数在不同的国家、不同的民族中效果会不同。例如，我国对 8 这个数字具有好感，但可能对数字 4 没有好感。

### 3．促销定价

**促销定价**（**promotional pricing**）是指一些企业利用多数顾客有贪便宜的心理，将某几种产品定低价（低于正常价格甚至低于成本），以招徕顾客；或利用节假日和换季时机举行大甩卖、限时特卖等活动，把部分产品打折出售，以吸引顾客，促进全部产品的销售。

对于大型超市和连锁店来说，在定价技术被广泛使用之前，要对几十家甚至是成百上千家商店的成千上万个价格进行管理是一个很令人头痛的问题。现在，零售商通常是把价格输入中央计算机中，然后通过信息系统将该信息分配并传输到现金出纳机上。一些软件程序的功能甚至更强，它们利用新产品的定价数据建立相应文档，然后打印出来并寄给其所属的各个商店。

## 9.5　价格折扣和补贴

为了能及早结清账单并进行批量购买和淡季采购等，许多公司都会修改它们的基本报价单。这种价格调整被称为折扣和补贴。公司在做价格折扣和补贴调整时必须非常小心，否则它们的利润将会与计划相差太大。

## 9.5.1　折扣鼓励大量购买

**折扣**（**discounts**）是价目表价格的变化，由卖主给予放弃了一些营销功能的购买者提供了折扣比例上的优惠价格。

### 1．数量折扣

**数量折扣**（**quantity discounts**）是用来鼓励顾客大量购买的折扣。它可使一位卖主获得较多买主的生意，或者把一些仓储功能转换给买主，或者减少运送和推销成本。这种折扣有两种：累积的和非累积的。

**累积数量折扣**（**cumulative quantity discounts**）适用于购买者在一段给定期限内的购

买。该折扣经常随购买金额的增加而提高。累积折扣意在鼓励单个顾客重复购买，通过额外的购买降低顾客成本。这是一种发展接近顾客和不间断顾客关系的方法。例如，木材场可能对不能立即购买所有需要材料的建筑承包商给出一种累积数量折扣。木材场需要给承包商奖励，以不鼓励他们四处购买。

**非累积数量折扣（noncumulative quantity discounts）**仅仅适用于单一订单。这种折扣鼓励一次性较大的订购。

数量折扣能成为营销经理非常有用的工具，一些顾客比较渴望得到它们。但是，营销经理必须小心地运用数量折扣，因为非累积折扣有时导致无法预料的结果。如果折扣太大，批发商或零售商可能大量购买，然后，它们超量低价销售给任何愿意购买它的人——只要买主不在同一市场区域内竞争。这些灰市渠道经常从常规渠道成员那里抢走顾客，甚至可能运用一种低于大多数渠道成员的价格作为零售价格。为了避免这些问题，一位营销经理必须思考在整个战略中的折扣影响，而不仅仅是对中间商销售的影响。

### 2. 季节性折扣

**季节性折扣（seasonal discounts）**是用来鼓励购买者进行较现有需求更早的购买而享受的折扣。如果用于制造商，这种折扣倾向于沿着渠道转换仓储功能，也倾向于跨年度的清仓处理。通常，面对非常规需求或受能力限制的服务公司，常常运用季节性折扣。例如，电话公司在电话负荷小的晚上时间的电话提供一种折扣；一些旅游组织，像滑雪度假胜地，当旅游者不同程度地减少时，给出较低的价格。

### 3. 现金折扣

**现金折扣（cash discounts）**是一种鼓励购买者快速支付他们账单的价格削减方式，其期限在净期限内变更。例如，2/10，净30（2/10，net30），意思是：如果在10天内付款，购买者能够从发票面值中得到2%的折扣。否则，在30天内支付发票的全部金额。并且，它常常是被注明或让人理解为30天的信用期限后利息费用将增加。

### 4. 商业折扣

**商业折扣（trade discounts）**是一种为了渠道成员即将开展工作而使用的价目表的削减价格。例如，一家制造商可能允许零售商从建议的零售清单价格中提供一个30%的商业折扣，以抵消零售功能成本并获取利润。同样，制造商可能允许批发商给出一种低于建议零售价30%和10%的连锁折扣，即100/30/10。在这个例子中，零售价100元，零售商拿到的价格是70元，批发商拿到的价格是60元。

### 5. 折价券

在相似的新产品售卖时运用折价券。**折价券（trade-in）**是一种给予使用产品人的削减价格。折价券给了营销经理一种不通过降低价目表价格来降低价格影响力的容易方法。合适的折价券交易在销售耐用品时是重要的。

许多生产商和零售商通过分装在包装、邮件、印刷广告内或商店内的折价券提供折扣。通过现有的给零售商的折价券，消费者获得了低于价格清单的折扣。这在消费包装商品交易中是特别常见的。

#### 6. 临时性的推销价格

**推销价格**（**selling price**）是一种价目表价格中的临时折扣。推销价格折扣鼓励顾客立即购买。换句话说，为了获得推销价格，顾客放弃了他们原想购买的商品，而买了卖主想要出售的商品。一位零售商可能运用一种帮助清理存货清单或者应付竞争商店的推销价格，而一位生产商可能为一个中间商提供一份特殊协定，增加正常商业折扣以外的折扣，使中间商在推销产品时获取更多益处。

近些年来，推销价格和协定已经屡见不鲜，看起来好像消费者从所有这一切中获益。实际上经常变动的价格也会让消费者困惑，而且容易侵蚀品牌忠诚。

#### 7. 提供部分退款

一些生产商提供**部分退款**（**rebates**），即销售结束后，偿还部分货款给消费者。有时，退款部分可能是非常巨大的。部分退款给予生产商一种确信最终消费者实际上得到削减价格的方法。如果退款金额只是从中间商处理的价格中开出，他们可能不会把节余部分传递给消费者。此外，许多消费者购买时，因为看到虽带有部分退款条件，但退款金额较低，接下来也并不要求退款偿还。

### 9.5.2　刺激主动性购买的补贴

**补贴**（**allowances**）是由制造商或批发商传递给零售商并给予其销售职员用于主动性销售某种商品的费用。补贴一般用于新项目、较慢周转的项目或较高毛利差额的产品。它们经常被用来推动家具、服装、消费电器和化妆品的销售。

#### 1. 广告补贴

**广告补贴**（**advertising allowances**）是通过价格削减，给予渠道中公司的优惠，鼓励它们做广告或促销其供应商在当地的产品。例如，电器公司给予它的家用电器批发商一种补贴（销售额的 5%）作为回报，期待他们把这种补贴花在当地的广告中。

#### 2. 仓储补贴

**仓储补贴**（**stocking allowances**）是给予中间商获取某种商品的货架空间的补贴。例如，一位生产商可能为零售商存放新产品提供现金补贴或免费商品。仓储补贴主要用于获取连锁超市经营新产品的目的，因为超市没有足够的货架位置经营所有可获得的新产品。它们比较乐意为降低它们交易成本的供应商的新产品提供空间——腾出仓库空间，增加计算机系统的信息量和重新设计商店货架，诸如此类。

关于仓储补贴有所争执。有人说零售商需要大的进货仓储补贴延缓了新产品导入，而且它也使小的生产商竞争困难；一些生产商觉得零售商的需求是不道德的，它是一种敲诈。另一方面，零售商认为从生产商那里得到费用，只是想要推动越来越多的同类的产品进入它们的货架。可能对于生产商应付这种问题的最好的方法是：开发新的能真正提供给消费者卓越价值的产品。那样，它让渠道中的每一成员都能获益，包括零售商把产品导入目标市场。

## 复习题

1. 产品在定价时要考虑哪些依据？
2. 在一般情况下，企业每制定一种产品价格，该产品的需求量都会发生不同程度的变化，这是为什么？
3. 为什么有些经理较多关注销售增长而非利润？
4. 什么是价格弹性？
5. 企业在什么情况下采用通行价格定价法？
6. 为什么日益增多的公司把价格建立在产品的认知价值的基础上？
7. 市场撇脂定价与市场渗透定价的区别在哪里？
8. 某企业的西装原价 800 元，每天销售 10 件，现降价至 400 元，每天销售 100 件，求价格需求弹性系数。
9. 某企业生产服装的固定成本为 20 万元，市场需求量为 4 万件，每件服装的变动成本为 30 元，公司目标利润为 100 万元，求公司对每件服装的定价。
10. 某食品出厂的生产成本价为 2.60 元，运费 0.40 元，营业税为 10%，销售部门基于出厂成本价的利润 5%，批发商基于转售价的利润 15%，零售商基于零售价的利润 20%，求该食品的市场零售价。
11. 什么是折扣？列举一些常见的折扣方法。
12. 在什么类型的折扣中分成累积的和非累积的两种折扣？
13. 关于仓储补贴的争执是什么？

## 案例讨论

### 沃尔玛的价格竞争

天天低价之王当之无愧应属沃尔玛（Wal-Mart），实际上是它界定了这个术语。沃尔玛由美国零售业的传奇人物山姆 · 沃尔顿先生于 1962 年在阿肯色州成立。经过 50 多年的发展，沃尔玛公司已经成为世界上最大的连锁零售企业。沃尔玛的宗旨是“帮顾客节省每一分钱”，实现了价格最便宜的承诺。员工们把“降低世界的生活成本”视为他们工作的使命。在很多沃尔玛店内都悬挂着这样的标语：①顾客永远是对的；②顾客如有错误，请参看第一条。

所有的大型连锁超市都采取低价经营策略，沃尔玛与众不同之处在于，它想尽一切办法从进货渠道、分销方式以及营销费用、行政开支等各方面节省资金，提出了“天天平价、始终如一”的口号，并努力实现价格比其他商号更便宜的承诺。严谨的采购态度，完善的发货系统和先进的存货管理是促成沃尔玛做到成本最低、价格最便宜的关键因素。其创始人沃尔顿曾说过，“我们重视每一分钱的价值，因为我们服务的宗旨之一就是帮每一名进店购物的顾客省钱。每当我们省下一块钱，就赢得了顾客的一份信任。”为此，他要求每位采购人员在采购货品时态度要坚决。他告诫说：“你们不是在为商店讨价还价，而是在为顾客讨价还价，我们应该为顾客争取到最好的价钱。”

沃尔玛低廉的价格，广泛的选择以及优秀的服务能够吸引顾客源源不断地光顾。但是，沃尔玛的最强优势之一甚至不在商店内部。沃尔玛让竞争对手难以匹敌的物流体系能够确保它以低廉的价格把优质商品不断陈列在货架上。作为美国的最大零售商店，沃尔玛的采购需求相当可观。沃尔玛公司必须与超过 85000 个供应商合作，同时在它的货仓中管理着价值数十亿美元的存货，并且还要把存货配送摆放到它所有零售商店的货架上。

为了提高工作效率，沃尔玛设立了一个拥有 100 多家大型配送中心（distribution centers，DC）的“中心-轮轴”式网络。它们按照整个国家的地理位置战略性地分布，没有任何一家商店距离配送中心在一天的车程之外。所以，正因为沃尔玛有效地管理着如此庞大的销售网络，它才被冠以“商店物流之王”的美誉。

从某种程度上说，山姆·沃尔顿先生对商店的物流供应有着非凡的远见。早在 20 世纪 60 年代，他就已经敏锐地意识到，公司的成长目标需要更先进的信息系统来管理庞大的商品信息。低成本零售商成功的关键是知道自己应该去销售什么样的商品以及该商品的数量，以确保货架上的任何商品数量都恰到好处。1966 年，山姆·沃尔顿先生雇用了一位来自 IBM 学校的顶级毕业生，并指派他建立沃尔玛信息化操作平台的任务。正是由于这次极具前瞻性的行动，沃尔玛被视为“及时存货控制”和“精确物流保障”的偶像。到 1998 年，沃尔玛的计算机数据库在容量方面已经成为仅次于美国五角大楼的第二大信息库。

沃尔玛的成功使人们对它的规模大为震惊：每天都有超过一亿条信息在正确的时间到达正确的地点。为了实现这个目标，沃尔玛开发了几套信息系统来共同工作，它们都从现金登记处或销售点终端开始。每时每刻当任意一条信息被扫描时，该信息就会通过卫星数据链被传送到公司总部。使用这种每分钟都在即时更新的数据系统，沃尔玛的存货管理系统可以计算销售率、周期因素和促销因素。同时，它还可以向配送中心和供货商自动提供补货订单。

沃尔玛的经理说：“这不是一个短期战略，你必须承担义务，你必须保持比天天低价还要低的费用率。”以前，沃尔玛和它最相近的竞争者——凯马特的销售额几乎相同，但后来沃尔玛有高于它 2 倍的利润。现在，沃尔玛的销售额已经是凯马特的 3 倍了。

该如何解释这种在成长过程中的巨大的不同，以及当两家连锁公司基本情况如此相近却收益大相径庭的原因呢？沃尔玛在每个商店中都有不错的销售额。沃尔玛的每平方英尺（1 平方英尺=0.093 平方米）面积上的销售额为 370 美元，它几乎是凯马特每平方英尺销售额的 2 倍。沃尔玛在相似商店中的较低的价格增大了它们产品的需求。同时，它也降低了在销售额中的固定管理费用的百分比，这意味着，它用较少的溢价补偿了它的管理费用，并且产生较大的收益。同时，由于低价格吸引了更多的消费者，它的营业费用在销售额中的比例进一步减少。

沃尔玛所销售的产品成本也较低，它的采购员在与供应商谈判中对价格要求极严——因为他们希望能够为顾客低价提供他们想要的各种品牌。同时，沃尔玛与生产商的联系也较为广泛，以便减少在分销渠道中的费用。例如，沃尔玛是首批赞成用计算机来处理订单的大型零售商之一，这就减少了商店货架上的置货费用和收银台上的销售损失。沃尔玛同时也与生产商合作生产自己的商业品牌，如山姆选择牌可乐，它的低价格使得其赢利很少——大约比知名品牌的可乐便宜 15%，但是，顾客来购买可乐时也会顺便买其他的产品，所以它又通常是赢利较多的产品。

## 问题讨论

1．沃尔玛的核心竞争力是什么？

2．沃尔玛是用价格战打败凯马特的吗？

# 第 10 章 营销渠道和价值网络

CHAPTER 10

## 引导案例

薛光春，自称他家是一家三制，“自己是香港人、太太是大陆人、孩子是美国人”。不同的社会制度和各种文化的交融，似乎注定了薛光春要抓住大陆的发展机遇、用香港的理性思维和美国先进的管理模式开创一番事业。在美国读完 MBA 以后（33 岁），2004 年 6 月成立上海春宇供应链管理有限公司，2008 年正式开展全球化工供应链业务，是全球化工行业唯一以数字商务平台为支撑的一站式供应链管理服务提供商，现在是中国最大的、基于电子商务平台的化工供应链服务提供商，营业额 50 个亿。

上海春宇是一个四不像的公司——从网站上看像 IT 公司，从财务报表上看像贸易公司，从经营资质上看像货贷公司，从知识产权看像高科技企业，还申请了各种跨行业的产业资质。

巴西华侨王先生采购一批三聚氰胺，需要 5 个货柜，目的地是巴西圣保罗州的桑托斯港。登录网站后，选择购买的商品、数量和交易方式。春宇为他提供了 4 个国内供应商的报价，涵盖了产地、报价、产品的技术指标。不仅如此，春宇还会根据货品的包装类型、装运标准、产品技术指标，计算出从生产地到目的地的最优路线、何时有班次、承运人是谁、每箱运费报价。客户只需告诉要什么，然后就可以坐等货到签收，中间所有繁复流程均由春宇搞定。

公司专注于化工进出口领域，为国际及国内中下游化工企业和化工产品应用企业提供采购外包、物流规划与实施、供应链金融结算、代理进出口、全球分销等供应链服务，与客户共享资源，为客户创造价值。

本章将阐述建立营销渠道的一些问题：

- 营销渠道的特征有哪些？
- 怎样设计营销渠道？
- 零售渠道的类型有哪些？
- 批发商的工作和类型有哪些？

## 10.1 营销渠道特征

营销渠道（**marketing channel**）是促使产品或服务顺利地被使用或消费的一整套相互依存的组织。企业越来越倾向于从网络的角度考虑其业务。它们不再把注意力局限于目前的供应商、分销商和顾客，而是检查连接原材料、零部件和成品在内的整个供应链，考察商品是如何向最终消费者运动的。企业也注意到供应商的上游供应商与分销商的下游顾客。

### 10.1.1 营销渠道的功能

营销渠道的工作是把商品从生产者那里转移到消费者手里。它弥合了产品、服务和其使用者之间的缺口，包括时间、地点和所有权等。渠道具有一系列重要功能。

（1）集中的功能：把许多生产企业的商品加以集中采购和推销。

（2）平衡的功能：将各类商品根据不同市场的需要与各企业的产量加以平衡，使其达到产销平衡。

（3）扩散的功能：把各种不同的商品在不同时间内分销到各个不同的市场与地区，以方便消费者购买。

归根结底，利用营销渠道的目的就在于它们能够更加有效地推动商品广泛地进入目标市场。营销中介机构凭借自己的各种联系、经验、专业知识及活动规模，将比生产企业自己干得更加出色。

## 10.1.2 营销渠道的流程

在营销渠道中，一般有 5 种流程，其中有些是正向流动（实物、所有权、促销）的，有些是反向流动（付款）的，也有双向流动（信息）的。下面说明营销渠道的各种流程。

### 1. 实物流

**实物流（physical flow）**描述了实体产品从原材料到最终顾客的流程。以一个电视机制造流程为例，首先，原材料、部件、零件和显像管从供应商那里，通过运输公司流向制造商的仓库和工厂；然后电视机制成后放在仓库里，再运到订货的经销商那里；最后再由经销商销售和运送给顾客。大批量订货可以直接从公司的仓库或工厂运出。运输方式可以有一种或一种以上，包括铁路、卡车或空运。

### 2. 所有权流

**所有权流（title flow）**是指商品的所有权从一个商业机构转向另一个机构的实际转移。从本质上看，所有权流是那些由于市场或财务风险而与渠道有利害关系的组织的很好的替代标志。以电视机为例，原材料和部件的所有权从供应商转向制造商。电视机制成后，其所有权从制造商转向经销商，然后转向顾客。如果经销商仅仅是以寄售方式占有电视机，那么它们就不包括在所有权流中。

### 3. 付款流

**付款流（payment flow）**是指分销渠道中交易关系的财务方面的安排。因为必须为流经渠道的库存产品供给资金，以及为由所有渠道成员执行的功能安排付款，所以付款流程对于所有权流程十分重要。顾客通过银行和其他金融机构将货款付给经销商，再由经销商转交给制造商，而制造商把货款支付给不同的供应商，还要向运输公司和独立仓库支付费用。

### 4. 促销流

**促销流（promotion flow）**由供应商向广告代理商提出要求后，由它向制造商进行传播，制造商也要进行传播，最后走向顾客。尽管促销流在概念上仅是信息流程的一个特例，但还是要将其单独表述，因为促销在分销渠道中十分重要。以广告、人员推销以及营业推广和公共宣传为工具的促销，对建立和维持所有其他的流程非常关键。在多数情形下，与渠道成员谈判使其接受并热心于销售产品，然后由渠道成员帮助推动或拉动产品，通过渠道来完成促销任务。

### 5. 信息流

**信息流（information flow）**是指所有通过渠道引导的对商业活动有用的信息传播。信息流程与谈判及促销流程互有重叠，也是所有权流程和产品流程的先决条件。因为经常需要特殊的信息来决定谁拥有产品，产品是怎样、在哪里和什么时间送经渠道的，以及谁对占有库存和付款负责。信息流程也是一个流经渠道的双向流程。最终用户向零售商传递信息，零售商再将信息沿渠道向上传递给制造商。当然，也有很多不同类型的信息沿渠道向下经过不同的中间商而传递给最终用户。信息流程也包括广告、人员推销、销售促进和公共宣传中的信息等，它们从系统的一方向另一方转移。

以上讨论的 5 种流程并不能自动地使它们自己在一个协调的机制中同时发生，从而将制造商和最终用户连接在一起。相反，如果不加以引导，这些流程可能十分不协调。信息流和促销流可能会在产品随产品流真正到达用户手中几天甚至几个星期之前就已宣告了产品的到来；谈判可能会陷入僵局，阻碍产品和所有权的转移；财务计划和付款可能难以实现，使渠道的运作发生停滞。因此，需要分销渠道中部分或全体成员的加倍努力来实现流程的协调。事实上，分销渠道的管理可以被看成是对所有流程进行分析、计划和控制的过程。

## 10.1.3　营销渠道的类型

营销渠道按其有无中间环节和中间环节的多少，也就是按渠道长度的不同，可分为以下 4 种。

### 1. 直接渠道

**直接渠道（direct channel）**又称零级渠道，意指没有中间商参与，产品由生产者直接售给消费者（用户）的渠道类型。直接渠道是产品分销渠道的主要类型。一般大型设备以及技术复杂、需要提供专门服务的产品，企业都采用直接渠道分销，如飞机的出售是不可能有中间商介绍的。在消费品市场，直接渠道也有扩大趋势。像鲜活商品，有着长期传统的直销习惯。新技术在流通领域中的广泛应用，也使邮购、电话及电视销售和 Internet 销售方式逐步展开，促进了消费品直销方式的发展。

### 2. 一级渠道

**一级渠道（one-level channel）**是指在制造商和消费者（或用户）之间，只通过一层中间环节。这个环节在消费品市场是指零售商，在业务市场通常是指代理商或经纪人。

### 3. 二级渠道

**二级渠道（two-level channel）**是指在制造商和消费者（或用户）之间经过两层中间环节。这两层环节在消费品市场是指批发商和零售商，在商务市场则可能是指销售代理商与批发商。

**4．三级渠道**

三级渠道（**three-level channel**）是指在批发商和零售商之间，再加上一道批发，因为小零售商一般不可能直接从大批发商进货。此外，可能还有层次更多的渠道形式。

## 10.1.4　渠道的长度与宽度

**1．渠道长度**

营销渠道的长度是指中间商层次的多少。最短的渠道可使产品从生产者直接抵达最终用户。最长的渠道则要经过出口商、进口商、批发商、零售商等诸多层次，才能使产品抵达最终用户。

营销渠道的长度构成垂直营销系统。传统营销渠道由各个独立的生产者、批发商和零售商组成。每个成员都作为一个独立的企业实体追求自己利润的最大化，即使是以损害系统整体利益为代价的也在所不惜。没有一个渠道成员对于其他成员拥有全部的或者足够的控制权。传统渠道被描述为高度松散的网络，其中，制造商、批发商和零售商松散地联结在一起，相互之间进行讨价还价，对于销售条件各执己见，互不相让，所以各自为政，各行其是。

而现在的垂直营销系统正在发生革命，它是由生产者、批发商和零售商所组成的一种统一的联合体。某个渠道成员拥有其他成员的产权，或者是一种特约代营关系，或者这个渠道成员拥有相当实力，其他成员愿意合作。垂直营销系统可以由生产商支配，也可以由批发商或者零售商支配。这种垂直营销系统的特征是专业化管理和集中执行的网络组织，事先规定了要达到的经营经济目标和最高市场效果。垂直营销系统有利于控制渠道行动，消除渠道成员为追求各自利益而造成的冲突。它们能够通过其规模、谈判实力和重复服务的减少而获得效益。

**2．渠道宽度**

渠道宽度是指企业在某一市场上并列地使用中间商的多少。例如，某公司打算选择中间商作为公司的代理商或经销商，究竟应指定几家中间商？多一些好还是少一些好？这种决策就是渠道宽度决策。企业在制定渠道宽度决策时面临着 3 种选择。

（1）**密集性分销（intensive distribution）**又称广泛分销，它使用尽可能多的中间商从事产品的分销，使渠道尽可能加宽。价格低、购买频率高的日用消费品，工业用品中的标准件、通用小工具等，多采用这种分销方式。其优点是市场覆盖面广泛，潜在顾客有较多机会接触到产品；缺点是中间商的经营积极性较低，责任心差。

（2）**专营性分销（exclusive distribution）**是指有些有名望的企业有意识地限制经营其产品的中间机构户数。最极端的方式就是实行专营分销，即有限的几家经销商在它们各自的区域内，享有专营销售该公司产品的权利。这种方式常常是排他性专营，制造商一般规定这些经销商不得经营竞争产品。在销售新式汽车，某些主要的电器用具和某些品牌的妇女服装时，常采用专营分销方式。通过这种方式，制造商希望经销商能够更积极地推销，并且对中间机构在售价、促销、信贷和其他服务方面的政策加强控制。专营分销有助于树立产品形象，并且有较高的利润率。

（3）**选择性分销（selective distribution）**是介于密集性分销和专营性分销两者之间的分销形式，即利用一家以上，但又不是让所有愿意经销的中间机构都来经营某一种特定产品的分销方式。一些已建立信誉的公司，或者一些新公司，都利用选择性分销来吸引经销商。公司不必在许许多多的销售点上耗费自己的精力，它能够与挑选出来的中间商建立良好的工作关系，并且可望获得一个高于平均水平的推销成绩。选择性分销能使生产者获得足够的市场覆盖面，与密集性分销相比具有较大的控制能力和较低的成本。

## 10.2 设计营销渠道

在设计营销渠道时，将涉及企业如何选择分销渠道，分析分销渠道的服务水平，研究建立渠道目标的限制因素，制定渠道覆盖面的策略以及渠道管理的问题。

### 10.2.1 选择分销渠道

企业怎样为自己选择分销渠道呢？一种商品的分销，是否需要中间商参与，或需要几个层次的中间商，取决于以下3方面的因素或考虑。

#### 1. 产品特性

一般来说，时兴商品适宜直接销售，因为对于这类产品，在流通中时间因素特别重要，环节越少，从生产者到达消费者的速度越快；技术复杂、专用性强的商品适宜直销，因为中间商一般不具备所需的专业知识和技术，而且这类产品的用户大多也较集中；体积大、分量重、移动不方便的商品也适于直销，以减少中转的麻烦；制造成本与销售价格之间差价大，单位价格昂贵，需要充分演示或较多附加服务的商品，可以直销，如高档护肤化妆品、清洗剂、小型家电产品等。

#### 2. 市场条件

市场越分散，流通成本越高，耗时越长，越需要中间商；反之，用户规模大，位置集中，一次购买批量大，或市场整体需求量大，则可直接采用短渠道，销售费用可相对较低。因此，一般来说，对生产者市场的用户可采用直销，对渠道者市场则大多需要相对较长的渠道。当零售商规模庞大时，可采取一层渠道或至多两层渠道；当零售商规模很小时，中介环节自然要多些。

#### 3. 企业状况

企业的规模大、声誉高、财力雄厚，具备市场营销所需的人员设施、技术和经验，亦可采取直销，或短渠道销售；否则，只有无选择地采用间接渠道、长渠道。此外，还要看企业的战略和目标。如果生产企业十分看重自己对最终市场的控制，或十分关注自己产品在最终市场上的销售情况，或认为由自己直接承担各项营销职能，将比中间商更有效，那么，可以选择直销或短渠道。

### 10.2.2　分析分销渠道的服务水平

设计营销渠道首先要考虑目标顾客期望哪些服务和分销机构可提供何种服务。渠道为其目标顾客提供的服务主要有以下 6 种。

#### 1. 市场覆盖面

中间商的市场覆盖面是否与生产企业的目标市场一致，如果北京的某企业打算在东北地区开辟市场，选择中间商的经营范围必须包括东三省。同时，在选择时要考虑消费者的购买习惯，如减肥片、苗条霜一类商品可能最好在药店出售，而不是选择在百货商店的化妆品柜台出售。

#### 2. 批量大小

购买者每次购买产品的数量显然影响利益。如果营销渠道允许顾客一次购买小批量商品，那么，所购商品就能较快消费掉。但是，如果要求一次购买很多商品，那么，购买量与消费量之间就会出现时间差异，这种差异就迫使买方去执行商品储存功能。

#### 3. 等候时间

顾客从订货开始到收货为止的这段时间，等候时间越长，他们就越不高兴。快餐店和速递业务之所以一直很受欢迎，就是因为它们减少了顾客的等候时间；而另一方面，有些愿意等候的顾客则可能从低价中得到回报，如买期房。

#### 4. 商品品种

营销渠道提供给顾客产品的花色品种越是广泛，顾客需要搜寻的商品信息就相对减少，购物成本也可降低。世界一些著名的大商场，如美国的沃尔玛、中国的上海第一百货股份公司等，都是以其品种齐全、花色繁多来吸引目标顾客的。

#### 5. 地理便利

批发商或零售店的地理位置的分散布点的程度高，可以减少消费者的旅途时间和选购货物所花的费用，从而增加目标顾客的满意程度。社区购物中心、超市、便民店等就是满足顾客对地理便利需要的一些例子。

#### 6. 服务支持

中间商是否具备经销产品必需的设备，例如，经销饮料、易腐商品需要冷藏设备，经销笨重体大的商品需要有起重运输设备和较宽敞的场地。渠道成员提供的服务，如交货、安装、维修、信贷等项目越多，说明该企业的服务支持能力越强。中间商是否具有经销某种产品必要的专门经验、市场知识、营销技术和专业人才。一些中间商在销售食品方面极富经验，另一些在经营丝绸、呢绒方面历史悠久；有些产品需要推销人员进行推销，还有些产品需要制造独具魅力的广告。

总之，不同中间商传统的经验范围和经营方式不同，能够胜任的职能也不同。制造企业必须根据自己的目标对中间商完成某项产品营销职能的能力进行全面评价之后才能做出选择。

### 10.2.3　建立渠道目标限制因素

有效的渠道计划工作要决定达到什么目标、进入哪些市场。目标包括预期要达到的顾客服务水平和中间机构应该发挥的功能等。每个生产者制定渠道目标必须考虑来自顾客、商品、中间机构、竞争者、公司政策等各方面的限制因素。

#### 1．顾客因素

渠道设计在很大程度上受到顾客特性的影响。要进入一个大规模的或者顾客人口分布很广的市场时，就需要长渠道。如果顾客的购买量小，购买次数多，渠道就要少。因为满足少量而频繁的订货，成本比较高。

#### 2．商品因素

易腐商品要求较直接的营销，因为拖延和重复搬运会造成巨大损失。体积庞大的产品，如建筑材料或者软饮料，要求采用运输距离最短，在产品从生产者向消费者移动的过程中搬运次数最少的渠道布局。非标准化产品，如顾客定制机器和特制模型等，则由公司销售代表直接销售，因为中间商缺乏必要的知识。需要安装或长期服务的产品通常也由公司或者独家代理经销。单位价值高的产品一般由公司推销员销售，很少通过中间商。

#### 3．渠道因素

渠道设计应反映不同类型的中间机构在执行各种任务时的优势和劣势。一般来说，营销中介机构因其从事促销、谈判、储存、交际和信用诸多方面的能力不同而各异，对能力强的中间商可以多让些利。

#### 4．竞争因素

渠道设计受到竞争者使用的渠道的制约。生产者可能要进入或接近经营竞争者产品的同样的销售点。例如，食品加工商将其产品在紧挨着竞争产品的地方展示，汉堡王公司在麦当劳快餐店附近开店。在有的行业，生产者则希望避开竞争者所使用的渠道，如雅芳公司决定不和其他化妆品制造商去争夺零售商店里稀少的商品陈列位置，在美国代之以有利可图的传销形式。

### 10.2.4　分销渠道管理

选好渠道成员后，企业还要决策如何管理渠道的运作。一般来说，制造企业不可能像它们控制产品、定价和促销那样，直接控制分销渠道，因为中间商都是独立的经营者，他们要考虑自身的利益，有权在无利可图或不满意时拒绝合作。

客观上，制造企业和中间商之间也存在诸多矛盾，如零售商希望存货尽可能少些，以节约空间和减少资金占用，一旦发生断档，又要求制造企业紧急发货，以抓住市场机会；而频繁供货使制造企业增加了送货成本，特别是小批量的紧急送货，增加的成本将减少企业利润。又如，市场需求旺盛，产品畅销时，中间商往往非常乐于为制造厂经销产品；反之，市场疲软，产品滞销或风险较大时，中间商不愿经销，而制造商的利益则正好与之相反。再如，制造商希望中间商全心全意，特别卖力地为自己推销产品，忽视或干脆拒绝经销同类其他企业的产品；中间商则希望多经销几种可供顾客选择的同类产品，而且要求制造商为自己的产品提供广告促销。这些矛盾导致制造商和中间商相互竞争，在双方的关系中力争主动，取得对对方更大的控制权。

企业必须安排专人负责分销渠道的管理，他的主要职责是：

- 对每个渠道成员的工作效能进行评估；
- 了解中间商的要求并制定加强与中间商合作的措施；
- 调整并减少与中间商在业务上的矛盾；
- 保证对中间商的及时供货；
- 必要时对分销渠道做出调整。

自古以来，冲突一直是所有社会系统的本质特征。虽然有效和有效率的分销渠道运作的基础是合作而不是冲突，但是由于渠道是一个社会系统，冲突也会经常出现。

冲突通常被定义为由于一个或多个渠道成员的目标妨碍了他人的行为，以至于彼此之间互相破坏。因此，冲突是直接的、人为的和敌对的，而不像竞争那样是间接的、非人为的和对立的。例如，某制造商希望某分销商只销售他自己特有品牌的商品而不要销售其他制造商的品牌，但是分销商对此加以拒绝，并继续销售其他制造商的品牌。这种情况就可能导致冲突，因为每一个组织都发现他人是实现自己目标的障碍。对制造商而言，分销商拒绝只销售他的特有品牌使其建立市场份额的能力减弱，但从分销商的角度看，仅销售一个品牌会使其适应顾客需要的能力受到损害。

许多渠道成员并没有这种长远眼光，缺少全局观念，往往只考虑各自的目前利益。这样，当他们彼此的利益发生冲突时，就会产生渠道矛盾和冲突，这种冲突有横向和纵向之分。横向冲突是指在渠道的同一层次上各企业之间的冲突。例如，某经销商抱怨另一相同产品的经销商越地区销售，抢了他的生意。纵向冲突是指同一渠道中不同层次的企业之间的冲突。例如，某制造商可能因其经销商同时经销其竞争者的同类产品，而与之发生冲突。

解决这些冲突，使渠道畅通无阻，是渠道管理的任务。对渠道成员的冲突管理是运用互相渗透机制管理冲突，其目的在于通过增加渠道成员之间的相互影响和相互作用，从而减少渠道冲突。随着渠道成员的相互渗透，会有效地产生一种认同作用，逐渐形成共同的渠道准则和价值观念。在相互渗透机制中，较为常用的手段包括信息交流、人员交换、共同参加贸易协会等。

#### 1. 信息交流

信息交流可以使关联企业的文化和管理模式互相渗透，各方达成共识。信息交流作为解决冲突的一种策略有不少好处，它提供了一个正式的结构，从而使渠道成员能分享日常信息，为其提供各种帮助，满足其各种要求等；信息交流还促使渠道成员共同分担责任，这样就使不同的渠道成员彼此变得协同起来。

信息交流要求运用信息和教育等手段来管理营销渠道的冲突。通过教育宣传，可以增加渠道成员的知识和相互了解，改变渠道成员的价值观念。例如，许多生产厂商和批发商通过教育零售商，使其树立了以投资回报率为主，而不是毛利率为主的利润观念。教育宣传可以通过岗位培训或设立培训学校等途径来进行。

#### 2. 人员交换

通过角色交换计划，一个渠道组织的员工到另一个渠道机构临时任职，这一相互渗透过程的目的在于增进渠道成员对其他成员的作用和困难的了解。人员交换计划的参与者通过全面了解其他渠道组织的任务和活动，增加了信任，从而也就减少了发生冲突的可能。

#### 3. 共同参加贸易协会

很多时候，邀请制造商参加中间商的贸易协会，或者邀请中间商参加制造商的贸易协会常常是解决冲突的一个十分有效的途径。这一方法的主要好处就是通过渠道成员共同承担一个有价值的任务，相互悉心合作、有效配合，可以减少彼此的对立。该方法的局限性是渠道成员在参与协会主办的活动中的合作是偶然的，不足以解决日常分歧和长期矛盾。

除了上面所讨论的途径方法外，管理渠道冲突还可以通过其他途径，如谈判、外交手段等解决问题。必须注意的是，不同的冲突管理机制具有不同的适用性，能否有效管理冲突在很大程度上取决于是否采用了与该渠道成员关系最相吻合的技术。

### 10.2.5 分销渠道的发展趋势

在现代商品经济条件下，中间商的经营形式在不断变化，相互渗透，新的经营形式时常被创造出来。任何一家生产企业都不应囿于传统的渠道结构，而应不仅在产品上要创新，且在分销渠道决策上也要创新。虽然近年来有许多对分销渠道有影响的改进和发展，但以下4种是最基本的趋势。

#### 1. 企业对分销渠道更加强调战略性

分销渠道曾经是一个相对被忽视的营销领域，但在20世纪90年代，因为强调营销的战略性，分销渠道已引起人们相当的重视。现在越来越多的企业认识到，良好的分销渠道有助于企业获得巨大的且对手不易学会的竞争优势。

#### 2. 合伙和战略联盟

在过去几年中，营销渠道中的合伙和战略联盟发展十分迅速。制造商和批发商或零售商联结成实际上相互支持和合作的关系，以获得更有效和更有效率的分销。在许多工业品渠道即企业对企业中也有类似的现象。

这种合伙和战略联盟通常要求在持续的和长期的基础上，实现渠道成员之间密切的合作。因此，这与较为松散的合作或在特殊的渠道关系中“人人为自己”的传统心理相比是完全不同的。

**3．零售商权力的增长**

在过去几十年里，许多发达国家中零售商的平均规模都获得了持续的发展。特别是 20 世纪 80 年代，兼并收购和杠杆吞并的大量出现加速了大规模零售商的发展，导致现在的零售商规模常常要超过向其供应的制造商。零售商规模的发展，伴随着技能和现代营销方法运用的日益成熟，使其在营销渠道中的权力得到巨大增长。因而，分销渠道正日趋由市场领域守门人的巨型零售商所控制，这使其成为产品进入分销渠道并到达消费者手中的决定因素。

**4．技术作用的加强**

近年来，分销渠道中技术的应用得到开发并迅速发展。从以前的销售点终端、可监测并计算机化的库存控制系统到现在的通过电子信息技术与系统网络连接的便携式计算机的广泛应用，都使得分销渠道中的信息技术应用得到了进一步的发展。所以在不远的将来，用夹板和铅笔检查库存并处理订单的情形将会在现实中消失。

将渠道成员实时连接在一起的电子数据交换系统的应用，使信息从零售商的计算机到制造商的计算机可以即时传递，当零售商那里一出现顾客要购买的产品缺货信息时，制造商就马上可以做出生产计划。

未来可处理更多问题的技术发展是计算机化的“推销员”和“顾问”，即顾客在购买地点与计算机交互信息，发出建议，计算机处理后，它成了销售商的推销员和顾问。最后，通过互联网，使顾客可以在世界各地进行交互式购物和计算机购物，也已成为现实。

## 10.3　零售与批发渠道

**零售（retailing）**是指将商品或服务直接销售给最终消费者，供某个人非商业性使用的过程中所涉及的一切活动。

### 10.3.1　零售渠道的类型

零售机构多种多样、五花八门，且新形式不断涌现。下面介绍 10 种主要的零售形式。

**1．百货商店**

**百货商店（department store）**一般经营品种繁多的商品，在闹市区繁华地带，全部明码标价，经营品种包括吃、穿、用、文化娱乐等各个方面。中国的大型百货商店经营品种超过 3 万种。

1852 年在法国巴黎开业的“好市场”是全世界最早的百货商店，此后世界上许多城市相继效法，百货商店的发展曾达到高峰，成为都市中心区主要的零售和游览场所。但现在百货商店的销售量和获利能力大大降低，有些人认为它已达到零售生命周期的衰退阶段。其原因是：竞争的激化造成费用增加，售价上升，无力与平价商店竞争；市中心区交通堵塞，停车困难，加以市郊购物中心的兴起，顾客的兴趣转移，给百货商店的经营造成了不少困难。但不管怎样，百货商店仍是现代城市繁荣的象征。

由上海一百、华联、友谊、物资等 4 个集团组建的上海百联集团，拥有注册资产 10 亿元，总资产 335 亿元、净资产 84 亿元，为国有独资有限公司，由上海市国资办归口管理。百联集团拥有遍布全国 22 省 4500 多家网点，从业人员超过 30 万人，"基本涵盖了中国商贸领域的所有业态"，成为目前国内无可争议的"错层多业态协同零售商业巨无霸"，在国内企业集团的排名可进入前 20 位，在世界零售企业排名中可进入前 100 位。

#### 2．专业商店

**专业商店（specialty store）**通常经营某一类商品的产品线，而产品线所含的花色品种却比较多。专业零售店的例子有服装店、运动器材商店、面包房、书店等。大多数专业商店都尽力维持生产厂商建议的价格，提供最低限度的顾客服务。但是有些专业商店却重视广泛的顾客服务，尤其是专业商品知识和友好的销售服务。顾客到专业商店购物有两大主要目的：商品的花色齐全和周到的、一流的服务。专业商店的成功取决于该商店能吸引这类顾客并具有服务于他们的能力。

#### 3．超级市场

**超级市场（supermarket）**是一种廉价、自选式的商场，主要经营食品、杂货以及家用器皿等。自选式的商店首创于美国，1930 年 8 月美国零售商库仑在纽约开设了第一家超级市场，实行薄利多销，取得成功。此后在美国各地许多家超级市场纷纷开业。第二次世界大战后超级市场发展迅速，规模越来越大。但是，由于竞争激烈，费用增加，其价格水平已经不再是最低的水平。几种新型的商店，如折扣商店、仓库商店等的兴起，使传统超级市场受到日益增大的威胁。中国比较大的超市有华联超市和联华超市等。

#### 4．便利商店

**便利商店（convenience store）**相对比较小，位于住宅区附近，经营品种有限且经营周转率高的商品。它营业时间长，但商品价格相对比较高，基本上不提供服务。便利商店这一名称已经反映了这类零售形式的主要特点，并且说明人们是愿意用略高一些的价格购买方便的。

#### 5．折扣商店

**折扣商店（discount store）**出售标准商品，价格低于一般商店，毛利较少，薄利多销，销售量较大。偶然的价格折扣和临时的价格折扣以及低价出售廉价品或劣质品都不属于折扣商店的范畴。

#### 6．仓储大卖场

**仓储大卖场（warehouse market）**是一种无装饰，价格低廉，而服务有限的销货形式，它追求薄利多销。世界上最著名的仓库商店有沃尔玛、麦德龙、家乐福等。它们用工业大货架销售和库存，集中采购，低价出售。它们向进货厂家要货的原则是：商品价格必须低于出厂价，但是仓储大卖场买断商品。天天低价，这是仓储大卖场的最大特点。

### 7．特许经营商店

**特许经营商店（franchise store）**是指**特许人（franchisor）**（一家制造商、批发商或服务组织）和**特许代营人（franchisee）**（在特许经营系统中，购买、拥有或者经营其中一个或几个单元的独立的生意人）之间的一种契约联合。特许经营组织通常是以某种独一无二的产品、服务、商标或者特许人的声誉为基础的。

特许人的补偿包括下列要素：最初的开张费，按销售总额收取的特许权使用费，特许人供应的设备装置的出租费，利润分成，有时还包括正规的许可证费。少数特许人还收取管理咨询费。麦当劳快餐店向中国的代营人收 250 万元加盟费，并在代营人的销售额中提取 3%作为特许费。它还要求新的特许代营人进“汉堡包大学”学习如何管理企业。特许代营人在购买原料、制作和销售产品时必须遵循一定的操作程序。

### 8．样品目录陈列室

**样品目录陈列室（catalog showroom）**将商品目录和折扣原则应用于大量可供选择的毛利高、周转快的有品牌商品的销售上，它们包括珠宝、电动工具、皮箱、照相机和摄影器材。这些商店是在 20 世纪 60 年代后期出现的，现已成为零售业中最热门的新方式之一，甚至成了对传统折扣商店的一种威胁。样品目录陈列室，如美国好商品公司和服务商品公司发行 4 种颜色的目录，一般有 500 页厚，还有较少的季节增刊，每一商品的目录价格和折扣价格都列在上面。顾客可用电话订购商品并支付运费，或驱车到陈列室亲自看看商品，然后再购买。

### 9．销品旺

**销品旺（shopping mall）**是集购物、休闲、餐饮、文化娱乐、旅游服务于一体的场所。以上海在 2000 年前夕开业的徐家汇港汇广场为例，这个“巨无霸”大如 10 个足球场，商场面积 13.5 万平方米，各种电梯 95 部，地下停车场有 1100 个车位，露天步行食街长 168 米。

港汇广场的经营组合丰富，按面积计算的业态比例大约为：百货公司占 20%，品牌专卖店占 25%，超市占 12%，休闲餐饮占 20%，文化娱乐占 20%，配套服务占 3%。

### 10．单一品类大卖场

**单一品类大卖场（category killer）**是出售一种大类商品的商店，如宜家家居、国美电器等。相对于传统渠道，单一品类大卖场具有明显的竞争优势。

（1）成本与价格优势。单一品类大卖场具有规模经营的优势，像国美一年近几百亿元的销售规模是传统商场无法比拟的，规模的优势使得单一品类大卖场在采购中能够拿到生产企业更多的优惠条件；另一方面，这样的规模也使得平摊到单个产品的管理费用、推广费用、宣传费用等费用降到最低。

（2）分销优势。一方面单一品类大卖场的销售渠道能够覆盖全国的大多数区域，而传统的商场仅局限于所在城市，甚至是所在的商圈范围；另一方面，价格上的优势也使这些新型渠道能够迅速地将产品销售出去。

（3）专业化优势。单一品类大卖场只经营某一类产品，而不涉及其他类型的产品。这样，从员工的专业化知识，还是对所进产品的质量把关上，都是其他商店所无法比拟的。

## 10.3.2 批发商的工作和类型

**批发（wholesaling）**是指将商品或服务售与那些为了将商品再出售或为企业使用的目的而购买的顾客时所发生的一切活动。从这个角度讲，一家面包零售店向当地一家旅馆出售糕点，该面包店就是在经营批发业务。但是，我们将使用批发商这个术语来描述那些主要从事批发活动的公司。它不包括制造商和农场主，因为它们主要从事生产，同时，它也不包括零售商。

### 1. 批发商的作用和工作

究竟为什么要使用批发商呢？答案就在于批发商能带来的种种效益。第一，小制造商资金有限，无力发展直接销售组织；第二，即使制造商有足够的资本，它们宁愿将其资金用来扩展生产，也不愿自营批发业务；第三，批发商经营批发活动看来更为有效，因为它们经营规模大，与零售商的接触更为广泛，同时具有专门技术；第四，经营多种产品的零售商常常愿意从一个批发商那里购买有各种花色品种的产品，而不愿直接从每一个制造商那里购买。所以，零售商和制造商有必要使用批发商。

批发商业务的工作主要包括以下内容。

（1）推销和促销：批发商提供推销队伍，使制造商能以较小的成本开支，结识许多小顾客，而且批发商的接触面比较广，常常比遥远的制造商更多地得到买方的信任。

（2）采购和置办商品：批发商能够选择其顾客所需要的商品品种和花色并协助顾客置办，这样就减少了顾客的大量工作。

（3）整买零卖：批发商买进大量商品，化整为零卖给零售商，为它们节省了费用，提供了方便。

（4）存货：批发商备有一定的库存，起到了蓄水池的作用，并减少了供应商和顾客的仓储成本和风险。

（5）运输：批发商往往有运输车队或与运输公司关系密切，所以能做到快速供货。

（6）资金融通：批发商从生产厂商那里大量购进货物，可加速后者的资金周转；批发商也为其顾客提供财务援助，如准许赊购等。

（7）提供信息：批发商作为生产厂商和零售商之间的中介，可以为他们提供各种有关竞争者、新产品和价格变化等方面的情报。

（8）管理服务：批发商经常帮助零售商改进其经营活动，如培训他们的推销员，帮助商店进行内部布置和商品陈列，以及帮助建立会计和存货控制系统。

### 2. 批发商的类型

批发商可以分为 3 类。

（1）商业批发商：**商业批发商（merchant wholesalers）**是独立的商业企业，它们买下所经销商品的所有权，然后出售。在不同的行业里，其称呼有所不同，例如，中盘商、分销商或者工厂配售商。在某些特定的经济领域，可以看到一些特殊的批发商，包括拍卖公司，它们拍卖汽车、设备等给经销商和其他商人。

（2）经纪人和代理商：**经纪人（brokers）**和**代理商（agents）**不拥有商品和工业品所有权，并且仅执行有限的几个功能。他们的主要功能就是促进买卖，为此，他们将获得的销售价的 2%～6%作为佣金。他们一般也专门经营某条产品线，或者专门为某类顾客服务。代理商和经纪人不是代表买方就是代表卖方，委托关系比较持久。其主要作用是为买卖双方牵线搭桥，协助谈判，然后由委托方付给它们佣金。他们不存货，不卷入财务，不承担风险。最常见的例子是食品经纪人、房地产经纪人、保险经纪人和证券经纪人等。

（3）企业营业所：**企业营业所（business offices）**是买方或者卖方自己进行批发业务的部门。它有两种形式，即企业销售分部和营业所或采购办事处。

## 复习题

1. 营销渠道的功能有哪些？
2. 营销渠道中的流程有哪些？
3. 企业怎样分析渠道的服务水平？
4. 什么是渠道的长度和宽度？
5. 渠道宽度策略有哪些？
6. 商品零售与批发有何区别？
7. 批发业务的主要工作有哪些？

## 案例讨论

### 光明食品集团的渠道

光明食品集团公司是国内著名的食品企业之一。它所拥有的光明品牌，已受到中国消费者的广泛信任和青睐。该公司的营销网络遍布全国，进入湖北市场也已近 10 年。

以前，光明食品集团公司武汉分公司的前几任营销经理为完成销量指标均以防止窜货为工作重心，很少做市场基础工作。由于武汉是九省通衢之地，经销商对产品销售价格变化非常敏感，再加上窜货的因素，导致经销商利润空间很小，缺乏销售的积极性，产品销售在批发通路方面一直没有明显突破。因此，分公司要想取得持续的发展，就必须将其销售业务的重心转向以市场基础工作和销售渠道系统建立。对此，通过对市场情况和以前营销工作存在问题的认真分析，分公司决心对渠道进行新的整合。但是，由于湖北三大重点城市的经销商的素质、业态模式和分公司投入的比重存在着差异，因此渠道模式的革新也绝非易事。

### 1. 武汉：终端直营

虽然武汉市存在少量批发商，但其业态模式仍以零售为主。因此，光明食品集团公司在武汉采取直接向零售商供货并提供相应支持的方式，建立终端直营的零售分销体系。终端直营渠道策略规划如下。

（1）渠道政策

基于武汉业态的基本特点，分公司采取零售终端直营策略。在终端直营中，大型卖场和连锁超市是分公司主要分销力量，如果把上海总公司比做总代理商，武汉分公司就相当于一级批发商，从而削弱了当地批发商的作用。光明食品集团公司的销售政策重点倾向于零售商，不但向他们提供更多的服务和支持，还维持稳定价格以保证和提高他们相应的毛利（武汉的批发商毛利较低，一般在 3%左右），扶持当地经销商真正成为分公司在武汉的高效分销渠道，使分公司从一级经销商转型为市场管理者，同时鼓励当地经销商进入零售终端，以期提高其渠道获得的毛利，从而通过客户渠道革新达到产品覆盖率提升和市场的长期有效发展的目的。

（2）终端直营渠道成员分工

① 分公司：武汉分公司实质上作为一级批发商，而零售商基本依从于分公司。因此分公司必须做到：库存相当数量的货，并把订单快速送到各零售店；向零售商提供专柜促销员，同时负责这些人员的招聘、培训和管理；执行总公司市场部制订的市场推广计划；承担相应的产品售后服务；对有账期的大零售店，公司业务员需处理相应的财务手续；控制市场价格，违反者加以制止。

② 零售商：由于分公司承担了大部分工作，零售商的工作相对较少，只需要提供陈列位置、进行产品销售和按时结款。

### 2. 襄樊：合作分销

武汉分公司在襄樊市设立办事处。襄樊与武汉不同，当地与分公司合作的经销商整体实力强，有完善的销售体系、高效的物流运营体系，具有强大的深度分销能力。与武汉相比较，襄樊办事处人力有限、无法全面控制所有终端渠道，但是办事处的建立可以控制下线客户，因此与实力强大的经销商合作无疑是上佳之策。合作分销渠道策略规划如下。

（1）渠道政策

经销商向分公司支付预付款，派自身的业务人员开发市场，进行深度分销，将其货物铺货到售点，由此，经销商获得较高毛利（除去正常的厂家返利，还有市场供应价差的利润）。由于售点的食品大部分由其供应，故其可以有效控制产品的市场价格。分公司襄樊办事处主要负责维护终端中销售情况较好的点，以陈列、促销和获取订单为主要工作，而将一般终端交由合作经销商维护。

（2）渠道成员分工

① 经销商：负责深度分销，由分公司办事处向其供货，再由其向零售终端铺货，零售点进货价格由双方共同商定，同时分公司负责协调批发价格。

② 分公司襄樊办事处：主要负责促销、店内形象管理。办事处虽不向零售商供货，但是对于经销商的零售网络较为熟悉，日常工作有专人负责与零售店联系，一方面了解实际产品零售情况，另一方面可以向零售商提供关于促销活动、导购、店内形象管理和产品

库存等资料和信息。

③ 两者的合作内容：二者共同承担售后服务，主要是产品的退换货问题。由于产品的保质期和周转往往影响零售商和经销商的积极性，所以这样可以保证产品的及时更换和退货的有效处理。

**3．宜昌：区域代理**

宜昌没有建立办事处，只派一人负责当地销售。区域代理渠道策略规划如下。

（1）渠道政策

区域代理制的销售政策较简单，由于这种模式是分公司人力不足和当地相对较强经销商结合的产物，所以一开始双方定位就很明确。分公司与代理商就该区域内的销售目标达成一致后，双方确定结算价格，然后由代理商管理区域内的产品销售，至于代理商是再发展下线批发还是直接向零售商供货，分公司不再过问。对于渠道利益分配而言，由于代理商可以自由制定区域内分销政策，加上公司确定对外销售价格，若无外因或历史原因，代理商的销售毛利可以达到 5%左右；区域零售商会自己定价保证毛利，部分销量大的规定低毛利，销量低的规定高毛利。

（2）渠道成员分工

① 代理商：代理商根据市场状况选择相应产品，分销工作完全由其完成。由于人力原因，分公司很难在宜昌当地开展大规模的促销活动，更谈不上制定较为灵活的促销方案，所以大部分促销活动由代理商管理。

② 分公司地区专员：由分公司提供产品，分公司地区专员协助代理商开展促销活动。售后服务则集中在产品保质期问题的处理上，代理商很难有效地管理零售商的库存，退换货成为矛盾之一，若能给予其一定费用支持，可能得以缓解。



## 问题讨论

1．由于湖北三大重点城市经销商的素质、业态模式和分公司投入的比重存在着差异，光明食品集团公司武汉分公司采用了什么方法？
2．光明食品集团公司在武汉采取直接向零售商供货并提供相应支持的方式，建立终端直营的零售分销体系，请分析这种终端直营模式的优缺点。

CHAPTER 11

# 第 11 章 管理物流过程

## 引导案例

一直以来，电子商务行业有种共识，认为中国电子商务要想取得持续发展，必须解决物流这一行业瓶颈。京东商城从 2009 年起就开始拥有自己的仓储和物流系统，同时，也在不断加强信息化的建设。2011 年初，京东商城推出的“GIS 包裹实时跟踪系统”保障了其包裹准点到达。2012 年，京东商城在物流方面的投入达到了 36 亿元，其中相当一部分的资金投入到了物流信息化的建设上。当日送达更是京东的杀手锏。2013 年 6 月，京东更是大胆进军生鲜领域，没有足够强大的物流配送系统和冷链技术，是没有人敢于挑战生鲜货品的。

京东物流之所以能够做到如此，主要有三个原因：第一，京东派送队伍已打造成专业的快递公司。第二，京东精选优质商家，实施了商场里的末位淘汰制，将效益低下的商家慢慢更新换代清退。第三，京东各地货仓与入驻商家对接，每天定点定时上门取件，统一派送，大大提高了送货速度。物流已是京东商城手中的“王牌”。

**本章将阐述与计划和实现企业物流整合相关的概念与问题：**

- ■ 企业物流运作中的功能分类。
- ■ 企业物流整合的总体框架。
- ■ 企业物流整合能实现的作业目标。
- ■ 客户服务的分类与衡量。
- ■ 配送资源计划（DRP）。

## 11.1 企业物流功能

企业物流活动可以归结为五大功能，即物流网络、物流信息、运输、存货，以及仓储、物料搬运和包装。企业物流的能力是通过对这五大功能的协调来实现的。

### 11.1.1 物流网络

物流网络设计要确定完成物流工作所需的各类设施的数量和地点，同时还要确定每一设施内应储备存货的种类、数量，以及安排在何处交付客户订货。物流设施的网络形成了物流作业据以进行的框架结构，因此，此网络也融合了信息和运输功能，还包括了与订货处理、存货管理及物料搬运等有关的具体工作。

进行物流网络设计时必须考虑地理因素这一变量。不同地区的市场可能存在很大差异，这是显而易见的。例如，在美国，其 50 个大城市的市场从人口上占据了全国产品销售的一半以上，因此，在全国范围内营销的企业，必须确保具备能为这些最主要的市场服务的物流能力。类似的地理上的差异也存在于原料和零部件的采购地上。当一家企业涉足全球物流时，有关物流网络设计的问题就会变得更加复杂。

在动态的竞争性环境中，产品分类、客户供应量，以及制造需求等都在不断发生着变化，因此，必须不断修正设施网络以适应供求结构变化。尽管对全部的物流设施进行一次性重新定位不够现实，但具体设施的重新定位或重新设计还是具有相当大的考虑范围的。随着时间的推移，应对所有的设施重新进行评估，以确定它们的定位是否仍令人满意。选择了具有定位优势的网络，就是向竞争优势迈出了第一步。物流的效率直接取决于物流的网络结构并受其制约。

## 11.1.2　物流信息

在过去，信息对物流作业的重要性一直未能得到足够的重视。一方面由于缺乏产生所需信息的适当技术，另一方面则由于管理部门对快速、准确的信息是如何提高物流绩效这一问题缺乏足够的认识。而物流发展到现在，绝大多数的所需信息都有足够的技术来加以支持。只要需要，人们随时都能在第一时间获得有关信息。目前，管理人员也正在学习如何使用此类信息技术去设计更好的物流解决方案。

信息的质量很关键，如果信息质量有问题，就会在实际作业中产生问题。信息质量上的问题可以分为两大类。第一类问题是趋势预测信息的不准确性。由于大量的物流活动是根据未来需求发生的，不准确的判断或预测就会引起存货短缺或过剩。过分乐观的预测会导致不恰当的存货。第二类问题是有关订单处理信息的不准确性。处理不准确的订单，会引发所有的物流成本，但最终销售却并没有完成。显然，有关客户需求的信息不准确就会发生货物退回，退货费用往往会增加物流成本；而当另有其他销售机会，设法向其他客户提供所需的服务也会再次产生费用，这同样会增加物流成本。由此可见，信息中的每一个错误都会对整个供需链产生隐患。

信息快速流动直接关系到工作程序的整体平衡性。对一个企业来说，可采用两种方法实现快速交付：一是在各地的销售办事处一周集结一次订单，把它们汇交至总部，批量处理订单后，把订单分配给配送仓库，然后再通过航空进行装运以实现快速交货；二是通过来自客户的电子订单，随时可取得订单，然后使用速度较慢的陆上运输。两者相比，后者显然可以在更低的总成本下，较前者更快地实现全面交付。由此可见，物流信息功能关键的目标是要平衡物流系统的各个组成部分。

物流中依赖于信息的工作主要是物流预测和订单管理。物流预测要估计未来的需求，以指导存货定位，满足预期的顾客需求。预测中，物流经理主要想利用信息来达到主动控制物流作业的目的，以便在诸如零库存、快速客户响应及连续补货等控制概念方面对顾客的需求做出更快的反应。这些控制概念作为主动进行物流控制的方法，在近来不断发展的信息技术推动下，已经成为可能。要将预测和运作控制进行理想的结合，有关这一方面的公司战略加以计划和执行是物流经理所要从事的一项主要工作。

订单管理部门的工作是处理具体客户的需求。客户下订单是物流活动中的一项主要交易活动。物流既为外部客户服务，也为内部客户服务。外部客户就是那些购买消费品或服务的顾客，以及先购买产品或服务，然后再行出售的贸易伙伴。内部客户是指企业内部需要物流支持以便承担其指定工作的组织单位。订单管理的过程涉及从最初的接受订单到交付、开票，以及通常的托收等有关管理顾客需要的方方面面。企业的物流能力实际上与它的订单管理功能密切相关。

企业的物流系统设计越有效，它对信息的准确性就越敏感。构筑良好的物流系统不必用过度的存货来适应作业上出现的差错，因为安全库存已被控制在最低限度。信息流反映了一个物流系统的动态形态，订单处理过程中出现的不正确的信息和信息延误都会削弱物流表现。因此，物流信息的质量和及时性是物流运作的关键因素。

### 11.1.3　运输

在既定的网络设施和信息能力下，运输就是从地理上给存货定位的一个物流功能领域。由于运输具有十分重要的意义和可见成本，多年来，运输始终得到管理部门的普遍重视。几乎所有的企业，无论大小，都安排了经理人员专职负责运输业务。

运输功能可通过三种基本方式实现——自有车队的运输、合同运输和公共运输。从物流系统的观点来看，影响运输的三大因素是成本、速度和一致性。

运输成本是指为两个地理方位间的运输所支付的款项，以及与在途存货有关的行政管理费和维持费。物流系统的设计应考虑能把系统总成本降至最低的运输。当然，成本最低的运输不一定会将总成本降至最低。

运输速度是指完成特定的运输所需的时间。运输速度和成本的关系，主要表现在以下两个方面：一方面，运输速度越快，收取的运费就会更高；另一方面，运输速度越快，在途货物就越少，货物完成消费准备的时间就越短。因此，选择最理想的运输方式时，关键问题在于如何权衡运输服务的速度和成本。

运输一致性是指在完成某一具体订货时，若干次装运所需时间的变化性，它反映了运输的可靠性。如果运输缺乏一致性，就需要储备安全存货，以防不测。由于时间价值是一项重要因素，因此与时间密切相关的运输速度和运输一致性要相互结合，以作为创造优质运输的关键条件。

### 11.1.4　存货

企业的存货需求取决于网络结构和期望的客户服务水平。存货的目的是在总成本最低的基础上，向顾客提供商品以实现预期的客户服务水平。存货管理的基本任务之一就是在履行对客户所承担的义务的同时实现最大限度的周转。良好的存货管理政策基于五方面内容，即客户细分、产品需求、运输一体化、时间上的要求，以及竞争性作业表现。

向不同的客户出售产品的每一家企业都会面临一系列不同的收益率，有的客户可以令企业获得高额利润并拥有巨大的发展潜力，而从另外一些客户那里却得不到。企业从客户那里获取的收益率取决于客户所购产品的种类、销量、所需的增值服务和为发展与巩固某种客户关系而必须追加的活动。高收益率的客户构成企业的核心市场，有效进行物流细分的关键就在于为这些核心客户优先安排存货权，以满足他们的需求。

对绝大多数企业而言，它们的不同产品有着不同的产量和收益率。如果不存在限制性因素的话，企业会发现，它们的产品中有不到20%的产品占到了全部利润的80%，这就是所谓的 80/20 规律，或称帕累托（Pareto）定律。尽管这一现象很普遍，但物流经理可以执行与赢利性高的产品相关的存货策略，以此来避免额外的成本。避免额外成本的关键是要对低赢利性或低产量的产品进行实际评估。毫无疑问，企业会对较具赢利性的产品提供高度的可得性和一致性。当然，有时对于低赢利性的产品同样会给予高度支持，以便向核心客户提供全方位的服务。应避免向那些次要客户或非核心客户购买的低赢利性产品承担高水平的服务。因此，在选择存货策略时必须考虑不同产品的赢利性。许多企业认为，在中心配送仓库里储存运输较慢或利润率较低的产品是可取的，因为实际的交付作业可以在收到订单时，再根据客户的重要性做出适当的安排——对核心客户可通过迅捷、可靠的航空运输来提供服务，而对其他客户则可采用较低廉的陆上运输完成交付。

在仓库中具体选择储存何种产品会直接影响运输作业。绝大多数的运输费率是以具体的装运数量和规模为基础的，因此，在一处仓库中储存足够的产品以便向某个客户或地区安排统一装运，应该说是一大良策。尽管维持大量存货会增加费用，但统一安排运输产生的成本节约会抵消存货费用的增加。

物流运作的关键驱动力在于承诺快速交付产品以满足客户需求。基于时间的安排主要是想通过提高对制造需求或零售商需求的反应速度，来减少总体存货量。如果能够迅速交付产品和原料，就没有在制造工厂维持存货的必要性。同样，如果零售商能够迅速得到补货，那么就可以减少供需链中的安全存货量。虽然这种按时间要求做出的规划，可以减少为满足顾客需求而持有的存货，但是，必须将存货成本的节约与对时间敏感的其他物流作业发生的成本增加加以权衡，因为物流的总体目标是在总成本最低的情况下提供预期的客户服务水平。

最后要说明的是，在一个与竞争隔绝的市场中是无法产生存货策略的。一个完善的存货策略可以获得客户服务优势，也可以抵消当前竞争对手的实力。对设施、运输及存货决策之间关系的理解是物流整合的基础。

### 11.1.5　仓储、物料搬运和包装

物流的 4 个功能领域——物流网络、物流信息、运输和存货——可以被设计成各种不同的作业安排。实际上，这 4 项功能的组合形成了物流整合系统的解决方案。而物流的第 5 项功能——仓储、物料搬运和包装——同样也是物流整合的组成部分，但这些功能并不具备前述 4 项功能的独立性。例如，在物流过程中，商品实际上需要在选定的时段入库储存，运输车辆需要通过物料搬运进行有效的装卸，有些产品打包装入某种容器时，才能以最有效的方式加以搬运。

物流系统中需要仓库时，企业可以选择自己经营仓库，也可以从外部获得专业仓储服务。在对产品进行存储时，许多对整个物流过程至关重要的活动会在这一环节上发生，如货物分类、排序、订单分拣、联合运输，有时还包括产品的修改与装配。

物料搬运是仓库中的一项重要活动。搬运会产生货损。产品搬运的次数越少，受损的可能性就越小，仓库内的整体运作效率就会较高。现在的仓库中大多备有机械化和自动化的设备用于辅助进行物料的搬运。实质上，仓库及其所具备的搬运能力是整个物流过程中的一个小型系统。

为提高搬运效率，通常把罐装、瓶装或盒装的产品装入更大的包装内。最基本的包装

单位称为马斯特箱（Master carton），它起到了两方面的功能：一是在物流过程中起到保护产品的作用；二是将零散的商品予以大包装的形式，这方便了产品的搬运。提高运输与装卸效率的途径之一就是将马斯特箱装入更高一级的集成单元中，如托盘和各类集装箱。

仓储、物料搬运和包装整合进物流运作时，它们的功能会使物流系统的运作速度提高，产品流动更加通畅。

## 11.2 企业物流整合框架

物流整合的概念可以用图 11.1 表示。企业要以自身所具有的物流能力与其客户和供应商相联系。来自客户和有关客户的信息，通过销售活动、预测及下订单等各种形式在企业内流动，进而，这些信息形成具体的制造计划和采购计划。在采购产品和原料时，增值存货流开始流动，并最终将制成品的所有权移交至客户手中。因此，物流可以分解为货物流和信息流两大流。

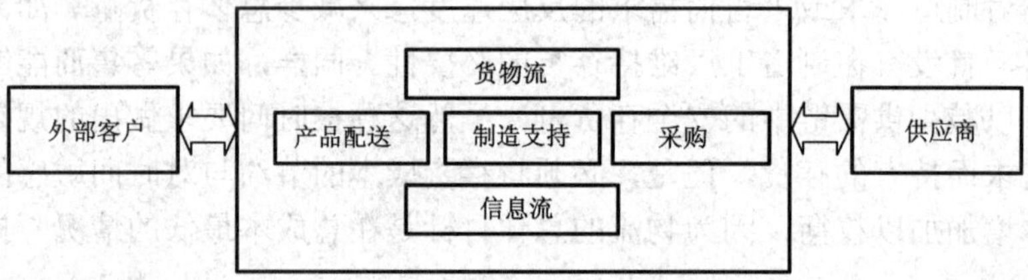


图 11.1　企业物流流程

### 11.2.1 货物流

物流的作业管理涉及原料和制成品的运输和储存，它始于从供应商那里装运原料或零部件，终于将产品交付给客户。物流是企业管理部门最值得重视的领域，它使产品经过一系列的作业后实现增值。为便于理解，我们把物流作业划分为三大部分：产品配送、制造支持和采购，在图 11.1 中间部分表示。

#### 1. 产品配送

产品配送是指将产品运至客户手中的过程。在产品配送中，客户是营销渠道的终点。产品配送活动主要是指提供客户服务相关的一些活动，主要包括接收订单、订单处理、安排存货、仓储和搬运，以及配送渠道内的货物外运。产品配送负责在以下方面与营销计划相协调：定价、促销、客户服务水平、运送标准、处理退货和产品生命周期支持。产品配送的主要目标是在总成本最低的基础上战略性地提供预期的客户服务水平，从而最终实现收益。

产品配送把营销渠道与客户联系起来，这使产品配送系统具有一个普遍特征，即它们把制造商、批发商和零售商与营销渠道联系在一起，使那些营销渠道所提供的产品可得性成为整个营销过程的综合部分。

### 2. 制造支持

对制造的支持主要表现为，当产品在制造过程的各阶段间流动时，对在产品存货进行的管理。在制造阶段，物流最基本的功能是参与制定主生产计划，安排及时获得所需的原材料、零部件和在产品存货。制造支持与产品配送相比最大的不同在于，产品配送是为了满足客户的需要，因此必须适应客户和行业需求的不确定性；而制造支持则涉及在制造企业控制之下的运输需求。从全面计划的观点看，制造支持与外向活动（产品配送）和内向活动（采购）分离，使得企业更具有专业化，效率更容易得到提高。

制造支持活动主要包括对制造作业进行计划、安排作业进度和其他一些支持性活动。例如，进行作业计划进度安排，对在产品存货进行存储、搬运和运输，以及对各作业部分加以时间规划。制造支持过程应完成以下内容：在产品制造处存放存货；在产品制造到产品配送的中间过程中，使延迟装配达到最大限度的灵活性。

### 3. 采购

采购是指从供应商那里购买原材料、零部件和产品存货，并安排运往制造工厂或装配工厂、仓库、零售店的内向运输。它包括的活动主要有制订资源需求计划、寻找供应商、价格谈判、下达订单、收货和验货、存储搬运和质量保证。在采购过程中应与供应商在如下领域进行协调：进度计划、供应的连贯性、保值和投机等。采购的主要目标是以最低的总成本提供及时的购买活动，从而支持制造的顺利进行或转售部门的活动。

通常而言，上述物流的三个领域是重叠的。只有把各部分作为整个增值过程的整合部分，才能在整个物流中充分发挥各自的功能，凸显其优势。三方面的结合使原材料、半成品和产品的流动一体化，从这一意义上讲，物流与整个运输和仓储的战略性管理有着密切的联系。

## 11.2.2　信息流

物流中的信息主要是用来分析、辨别需求的。发现需求并确定需求的主要目的是对一体化的物流进行计划和执行。在不同的物流作业中，有关订货的规模大小、存货的可得性和运输的时间性要求方面存在不同的需求。信息共享的主要目的就是要对需求差别进行协调。前述货物流的三大领域所包含的各项具体工作都有赖于信息来协调日常作业的计划和控制。

物流中的信息流分为两大部分：计划及协调流和作业流。它们之间的关系如图 11.2 所示。这里主要介绍推动物流整合所需要的基本信息。

### 1. 计划协调流

在价值链参与者之间构成的整个信息系统结构中，协调起到支柱性的作用。根据信息进行协调产生的计划可以明确以下内容。

（1）战略目标

整个价值链的主要动力来自于由营销目标和财务目标相结合产生的战略目标。战略目标中的营销部分主要说明客户的性质及其所处地理位置，提供与之相适应的产品和服务。

战略计划中的财务部分则说明了所需的资源、应收账款、设施、设备和运作能力等。

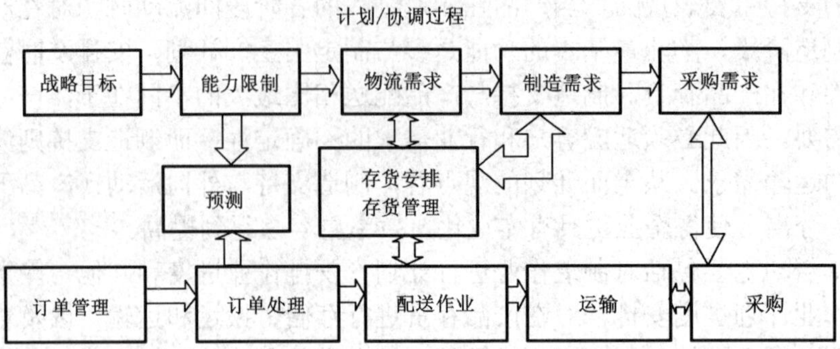


图 11.2　物流信息需求

（2）能力限制

能力限制协调内部与外部的制造需求，即发现自身能力上的限制所在，从而有目的地对企业内外制造需求加以协调。当然，对价值链中的非制造业者，可忽略这一部分内容。在给定战略目标的前提下，能力限制方面的信息用于明确制造过程中能力上的各种限制、障碍和瓶颈并决定外协的需求。例如，在给定的战略目标下，详细制订出分阶段的实施战略计划，以及各阶段所需要的设备、财务资源及人力资源。

（3）物流需求

物流需求将执行作业计划所需的配送设施、设备和劳动力具体化，从预测、促销计划、客户订单和存货情况等资料中获取有价值的信息，明确物流需求，使价值链中的作业具体化。

（4）存货安排

存货安排是介于计划、协调与作业之间的一个连接面，它详细说明了安排存货的时间、地点问题。从信息的角度看，存货安排将整个物流过程中何时、何地安排何种存货的问题具体化；而从作业的角度看，存货管理则是一项日常的工作。这种关系可以从图 11.2 中看出。

（5）制造需求

在生产中，制造计划来源于物流需求，并产生存货安排。最初提交的是按不同时间段做出的存货需求报告，据此产生主生产计划（Master Planning Schedule，MPS）和物料需求计划（Material Requirement Planning，MRP）。这种产生于制造需求的计划是一份日常生产计划，用于确定原材料和零部件的需求。

（6）采购需求

采购需求支持制造需求，它确定需要从企业外部运往内部的原材料和零部件。采购协调决策是关于供应商选择、投机、第三方安排及长期合同的可行性研究。

（7）预测

预测是根据历史资料、当前的业务情况等预估未来的业务水平。物流预测一般是对相对较短时间（通常少于 90 天）的定期预测（通常为周度或月度预测）。对各类产品销售水平的预测，是形成物流需求和制订作业计划的基础。

信息流中的计划/协调流的总体目标是把企业的各项具体活动整合到一起，以利于整个物流整合性作业的开展。如果没有高度的协调水平，作业效率就会低下，导致产生过多的存货。

### 2. 作业需求

物流信息需求的另一方面内容就是指导对实体货物的接收、处理和装运。作业信息需求主要用于处理以下内容。

（1）订单管理

订单管理是指在产品配送过程中，在价值链中有关各成员之间传递信息需求。订单管理的主要活动是对客户所下订单进行准确登记并加以确认。价值链中各成员之间传递有关需求方面的信息通常采用的方式是电话、传真和 EDI。现在随着 Internet 的普及，通过网络下达订单越来越多。技术的发展已使订单管理进入一个全新的基于 IT 的时期。

（2）订单处理

订单处理是指安排存货并分配执行任务以满足客户需求。传统上，企业按照事先已确定好的先后次序向客户安排存货或制品。订货处理系统中随处都需要技术的支持，企业应保持与客户间的双向交流，在自身物流作业能力的限制范围内形成双方协商达成的订单。

（3）配送作业

配送作业强调尽量避免重复性工作和无用工作，在满足客户需要的前提下，尽可能减少货物的存储和搬运。

（4）存货管理

存货管理是利用信息执行特定的物流计划，即利用人力资源和信息技术，对存货进行配置并加以管理，从而满足计划中设定的各种需求。存货管理的工作就是要确保整个物流系统拥有执行计划所需的资源。

（5）运输

运输信息指导存货如何流动。要实现高效率的运作，一方面应集中订货以充分利用运输能力，另一方面应确保能随时取得所需的运输设备。此外，由于运输通常会带来物权转移方面的问题，因此运输中就需要有关单证。

（6）采购

采购中的信息通常指为完成采购订单的准备、修改及发放所必需的信息。有关采购的信息在很多方面与有关订单处理的信息是类似的。这两方面信息的交换有助于把企业与其客户和供应商联系到一起，从而方便作业。两者之间的主要区别在于产生于需求传递的作业类型不同。

## 11.2.3　制造企业内部的物流整合

图 11.1 的中间部分就是企业内部物流的整合。制造业从 20 世纪 60 年代开始逐步广泛采用制造资源计划软件对内部的货物流和信息流进行整合，从 MRP（Material Requirement Planning）到 MRPII（Manufacturing Resource Planning）再到 ERP（Enterprise Resource Planning），这些计划软件逐步使企业内部的物流整合程度加深。尤其是 ERP 软件，它支持和加快订单的整个执行过程，使业务和生产过程管理实现数据共享和集成，实

现了事务处理自动化，并对财务、制造和分销资源进行跟踪。ERP 近年来在我国企业中的应用越来越多。

ERP 在传统的制造资源计划（MRPII）的基础上扩展了管理范围，给出了新的结构，把客户需求和企业内部的业务活动及供应商的制造资源组合在一起，体现了完全按用户需求制造的思想。它将制造业企业的制造流程看做是一个紧密连接的系统，其中包括供应商、制造工厂、分销网络和客户等，将企业内部划分成几个相互协同作业的支持子系统。ERP 是一种面向企业内部的管理，可对诸如订单、采购、库存、计划、生产制造、质量控制、运输、分销、服务与维护、财务管理、人事管理、实验室管理、项目管理、配方管理等进行有效管理。它可以将企业所有的制造场所、营销系统、财务系统紧密结合在一起，实现全球范围内的多厂、多地点的跨国经营运作。其主要宗旨就是将企业各方面的资源充分调配和平衡，使企业在激烈的市场竞争中全方位地发挥其能力，从而取得更好的经济效益。

ERP 是整合了企业管理理念、业务流程、基础数据、人力物力、计算机硬件和软件于一体的企业资源管理系统。ERP 借助现代网络通信技术，可以对整个集团的资源进行整合，实现集成化应用，建立企业决策完善的数据体系和信息共享机制。所以说，ERP 可以实现企业集中式管理、集中监控、规模经济。目前，越来越多的企业，尤其是大型集团企业，如联想、海尔、一汽大众、长虹、康佳、华为、小天鹅、美的等，在近几年内大规模实施 ERP，并取得了可喜的成效。参见营销窗口 11.1：华纺公司成功实施 ERP 系统，从中可以看出 ERP 是如何通过对企业物流进行整合来提高效益的。

**营销窗口 11.1　　华纺公司成功实施 ERP 系统**

作为纺织印染企业的华纺股份有限公司，面临着诸多管理挑战：信息化建设缺少整体规划；印染行业工序多、劳动力密集、信息不畅使市场预测管理、客户管理等失去客观数据支撑，无形中给企业带来了不可挽回的损失；要迎接企业外部环境对企业提出的新挑战，必须建立保持产品竞争力的管理信息系统，提高客户满意度；严格控制企业运营成本，细化产品成本核算；华纺公司的上市计划也迫切需要企业实行信息化的现代企业管理模式。

针对在企业管理中遇到的问题，华纺公司决定加快信息化建设，提升企业管理水平。安易公司结合华纺公司的具体需求，为华纺公司提出了以物流信息化为基础，以物流、资金流一体化、集成化、协同化为目标，以电子商务为先导的整体解决方案。

采用安易 2000 ERP 系统后，华纺公司实现了一系列的直接效益：建立了企业整体信息化规划，降低了企业经营成本，提高了企业的工作效率和客户满意度，规范了企业基础管理工作，提高了企业的运营效率。华纺公司 ERP 系统的上线运行，为华纺公司上市铺平了道路。

由于管理组织体系的存在形式依据于其所要实现的功能，是由集团战略管理思想决定的，因此，企业管理组织体系要适应 ERP，而不是 ERP 适应管理体系，否则必然导致应用失败。如果集团企业现有的组织模式不适用 ERP，那么就有必要进行业务流程重组

（Business Process Reengineering，BPR），依据整合性管理思想构建新的组织模式。一般来说，ERP 的具体实施有以下三个步骤。

### 1．准备工作

（1）企业管理诊断

企业管理诊断是指认识行业可能出现的挑战，分析竞争环境，明确自身管理存在的问题，从而确定企业近远期的发展和经营战略。

（2）企业信息技术规划

一个全面的 ERP 系统包含了很多模块。企业应该根据自身实际需求来进行规划，不能奢望一朝一夕就能实现，也不一定非要实现 ERP 的全部功能。而且，市面上的 ERP 软件都是考虑了其通用性的，要有预先的思想准备，可能会存在某些部门不满意的情况。企业信息技术规划就是要最大限度地减少这种情况的发生。

（3）人力和物力的准备

以目前的企业规模，估计引进 ERP 系统所需的人力和物力，确定实施队伍人员。管理层的参与格外重要，依企业的不同，约需 10～40 人。参与受训的人组成一个专案小组，将来扮演企业内部训练师的角色，训练内部人员。

### 2．业务流程重组

BPR 是美国迈克尔·哈默（Micheal Hammer）于 1990 年在《哈佛商业评论》上提出来的。他认为，BPR 的核心就是面对激烈的市场竞争，企业要加强过程控制，要不断对原有的业务流程进行根本性的思考和彻底重组，从而使成本、质量、服务和速度这些反映企业竞争能力的要素得以明显的改善和提高，以适应市场竞争的需求。

大量实践表明，企业 ERP 只有在成功实施 BPR 的基础上才能获得最佳经济效益。实施 BPR 是为了保证企业在管理上与 ERP 全面接轨，而大部分的 ERP 实施失败其实就是源于 BPR。当然，成功的例子也不少，如福特汽车公司的“采购—收货—付款”过程经过重组后，公司的会计部门减少了 75%的工作人员。同时，该过程在速度、成本、质量上也都有极大的改善。IBM 信贷过程重组后，使耗时 6～14 天的过程减少为 4 小时。其他如柯达、宝洁等公司都是 BPR 实施成功的典范。国内企业在这方面也开始取得一些成效。

### 3．ERP 系统的应用

ERP 系统的应用是在上述步骤的基础上，结合企业的具体运作，在业务流程的各个环节进行 ERP 软件具体实施，如软件初始化设置、数据准备和转换、应用指导和培训、软件试运行和实施等。

在这个过程中，对 ERP 系统实施进行有效的监督和控制是极为重要的。实施过程中的质量、投入和产出及是否按计划进行等，都是需要监控好的。另外，实施 ERP 系统的各组织机构包括指导委员会、项目经理、咨询公司、IT 部门和职能部门，它们之间的协调运作将直接影响 ERP 应用的质量。

当然，ERP 只是对企业内部进行的整合，它还无力承担企业之间的集成和协同。20 世纪 90 年代中期以前，ERP 虽然增强了与客户和供应商业务的交互能力，但无论在计划技术基础方面还是功能方面，都不具备协调多个企业间资源的观念和能力，ERP 仍旧是面向企业内部的一个事物处理系统。直至 20 世纪 90 年代中期，寻求克服 ERP 缺点的努力开始有了成果，这就是物流的进一步整合，即将整合扩展至独立企业之间的协调和企业外部的物流和信息流的集成与优化——高级计划与排产技术（Advanced Planning and Scheduling，APS）的实用化和供需链管理（SCM）。

## 11.3 物流作业的目标和阻力

在物流作业中，设计其目标和分析其阻力是非常重要的。

### 11.3.1 物流作业的目标

在物流系统设计和管理方面，企业必须同时实现最少 6 个不同的作业目标。这些作业目标构成了物流的主要方面，包括快速响应、最小变异、最低库存、集中运输、质量及生命周期支持等。

#### 1. 快速响应

快速响应关系到一个企业能否及时满足客户的服务需求。信息技术的发展提高了物流操作的能力，从而实现所需货物的快速交付。这样可以避免传统上根据预期的客户需求而储备过多的存货。快速响应的能力将物流作业强调的根据预测和存货情况做出计划，转向了以小批量运输的方式对客户需求做出反应。通常，在不知道客户需求和尚未承担作业任务之前，存货不会移动，因此作业上不应存在缺陷。

#### 2. 最小变异

变异是指破坏系统作业表现的任何未预期到的事件，它可以产生于物流作业的任何地方。客户收到的订货发生延误，制造过程中出乎意外地发生中断，商品运至客户处发现受损，以及货物交付地点发生差错等，这些情况都将使物流运作出现时间上的中断，必须予以解决。减少变异可以从两方面入手——内部作业和外部作业。物流系统中的作业领域都极易受到变异的影响，传统的解决办法是建立安全存货，或使用高成本的运输方式。考虑到以上两种方法的成本和风险性，目前多采用信息技术以实现主动的物流控制。而变异在某种程度上被减少到了最低，低成本的作业提高了物流生产率。因此，整个物流运作的基本目标是将变异降至最低。

#### 3. 最低库存

最低库存的目标与资产占用和相关的周转速度相关。物流系统中存货的财务价值，是企业资本占用中相当大的一部分内容。在一定时间内，存货周转率与存货使用率相关。存货周转率高、可得性高，意味着投放到存货上的资产得到了有效利用。企业的目标是以最低的存货满足客户需求，从而实现物流总成本最低。随着物流经理将注意力更多地放在最低库存上，类似“零库存”之类的概念已变得越来越流行。在系统再造中，存货只有减少到最低可能的水平时，作业上的缺陷才能较为明显地看出来。取消存货这一目标对企业而言是极具吸引力的，但必须记住，在物流系统中保存一定的存货，能够并且的确有助于实现某些利益。当存货在制造和采购中达到规模经济时，它能提高投资报酬率。企业目标是要将存货减少并控制在最低可能的水平上，同时实现所期望的作业目标。为实现最低存货的目标，物流系统设计必须是对整个企业的资金占用和周转速度进行控制，而不是对每一个单独的业务领域进行控制。

#### 4．集中运输

运输成本是物流中一项最重要的成本项目。运输成本与运输产品的种类、运输规模和运输距离直接相关。许多具有一流服务特征的物流系统都采用高速度、小批量运输，这种运输通常成本较高。为降低成本，可以将运输整合。一般而言，运输量越大，运距越长，单位运输成本就越低。因此，将小批量运输集中起来以形成大规模的经济运输不失为一种降低成本的途径。

#### 5．质量

物流的第五大目标是不断地质量改善。全面质量管理（TQM）已成为各行各业工作关注的重点。TQM 是物流得以发展的主要动力之一。如果产品存在缺陷，服务承诺未能得到履行，物流过程就不会产生任何增值价值，即使有，也是微不足道的。物流成本一旦支出就无法收回。事实上，一旦质量上出现问题，物流的运作就要重新来过。例如，运输出现差错或运输途中导致产品损坏，厂商不得不对客户订货重新操作，这会导致成本的大幅增加。物流本身就需要按一定的质量标准进行操作。在实现零缺陷物流作业这一管理上的挑战可以具体表现为无时限、跨地域的物流活动；而质量上的挑战则表现为大多数物流工作不需监督即可完成。可以说，物流是保证和促进 TQM 不断提高的主要组成部分。

#### 6．生命周期支持

物流的最后一个目标就是生命周期支持。绝大多数产品在出售时都会说明其使用期限，有时，必须将流向顾客的增值货物回收。之所以将产品回收是出于严格的质量标准、产品有效期、产品可能出现的危害后果等方面的考虑。当产品潜藏有危害人身健康的因素时，不论成本大小如何，反向物流必然发生。反向物流的作业同样要求总成本最低。例如，可以对回收的空瓶再利用。要制定出优秀的物流战略就必须了解反向物流的需求。

有些产品，如复印机，其利润主要产生于出售复印机所需的纸张、墨盒等，以及提供的售后服务。对不同的产品和不同的买主，物流服务各有不同。对于销售耐用消费品和工业设备的企业来说，对产品生命周期的支持构成了全方位、多要求的作业需求，这也是物流中最大的作业成本之一。因此，企业必须认真看待物流系统对产品生命周期支持的能力。如同前面提到的那样，由于全球对环境问题的重视，反向物流应能够对产品的组成成分和包装材料进行再循环。用现代话来说，生命周期支持就是“从摇篮到摇篮”的物流支持。

### 11.3.2　物流整合的阻力

任何企业都不可能在真空环境下实行内部整合，因此有必要对企业内部物流整合所面临的阻力、障碍或瓶颈进行探讨。物流整合的阻力主要来自于以下方面：组织结构的性质、绩效衡量体系、存货所有权问题、信息技术和知识相互传递的能力。下面将对以上各方面的阻力进行讨论。

1．组织结构的性质

传统的业务组织结构会影响任何一项跨职能部门作业的执行。多数传统的组织结构都是按照不同的职能工作划分权利和责任的。事实上，组织结构和预算与所要执行的工作是紧密相连的。传统上，执行同一项工作的所有人员会被集中为一个职能部门，如存货控制部门、仓储部门和运输部门等。各职能部门由于分工不同，通常只考虑如何获得本部门的职能优势。这同企业内部物流整合的要求目标相悖。物流整合要求在各职能领域间进行合作与协调。一个成功的物流系统需要各相关职能部门的领导者超越组织结构的限制，使跨职能部门的协调顺利实现。要实现这种职能间的协调，建立新的组织结构可能是最好的解决途径。当然，这并非绝对。但无论组织结构重建与否，物流整合成功的关键在于企业对如何协调跨职能部门工作所做出的重大调整。

2．绩效衡量体系

传统的绩效衡量体系也会使跨职能部门工作的协调产生困难，因为大多数的衡量体系是组织结构的反映。要成功促进物流功能整合的实现，必须开发出新的衡量计分卡。要鼓励经理人员把他们所处部门承担的业务作为一个整合过程的一部分，而并非各自独立的业务活动。在有些情况下，为实现整个过程总成本较低这一目标，通常会考虑增加某一职能部门的个别成本。除非建立一个对职能部门经理不做惩罚的绩效衡量体系，否则物流整合仍将只停留在理论层面上而并非实践层面上。

3．存货所有权问题

存货可以有效地帮助实现物流的某一功能。获得存货所有权的传统方法是保持足量供应。为安全起见，应同时避免需求及作业中的不确定因素。例如，存货的可得性能够支持制造商长期经营，从而产生最大限度的规模经济。在区域性市场中，能否得到存货也会影响销售。尽管保持存货会带来经济效益，但它同样也会带来相关的成本。关键问题在于成本收益率、存货储放地点错误或存货过期所承担的相关风险。

4．信息技术

信息技术是实现物流整合的关键因素。然而，同绩效衡量体系一样，信息系统传统上也是按照组织结构的思路来进行设计的。许多数据库仅限于在特定的职能部门内使用，在涉及跨职能部门时，信息难以共享。信息共享这一要求导致了用于系统间数据共享这一目的的数据库开发。倘若重要的数据无法在物流的各项功能间共享，物流的整合就很难得到实现。因此，无法实现共享性能的信息技术无疑是物流整合的一大阻力。

5．知识相互传递的能力

俗话说，知识就是力量，这在物流领域同样适用。物流整合的另一大阻力来自于分享经验的能力受到限制。如果知识上有所限制或信息未能传递，通常就会成立一个专家工作组，利用工作组中专家们的经验对物流各项职能加以指导。当有经验的工人因退休或其他原因离开企业时，无法对知识进行转化也会对物流整合形成阻力。在很多情况下，后来替补的工人是不可能向已离厂的工人学习有关经验的。而且，许多企业并没有开发有关的程序和系统来传递跨职能部门方面的知识。值得注意的是，物流是一项综合性的业务，涉及众多职员和各功能领域，因此在物流领域中知识和经验的传递是很难标准化的。

## 11.4　物流中客户服务的量度

从物流角度来看，4 个传统的客户服务因素——时间、可靠性、方便和信息的沟通——是制订有效客户服务计划的基本考虑因素。这些客户服务因素也是在物流领域建立客户服务表现标准的基础。

表 11.1 中列出了客户服务的 4 个要素及对应的表现衡量内容。通常，表现量度以卖方角度表示。例如，订单的准时发送、订单的完整发送和订单准备时间等。

客户服务的供需链环境已经导致更严密的量度标准的产生。现在，人们越来越认识到表现量度需要是从客户角度进行的。例如，订单及时率，订单完整率，订单完整无缺的货物比率，订单完成的准确率，账单的准确率。

表 11.1　客户服务的要素与量度

| 因素 | 对要素的简单描述 | 基本量度单位或方法 |
| --- | --- | --- |
| 产品可得性 | 客户服务最常用的量度，以供应商持有存货百分比表示 | 客户的订购量和供应商存货的百分比 |
| 备货时间 | 从客户发出订单到其收到所订购货物的时间跨度，一般与可得性配合使用，如 90%的订单在 2 天内送达 | 时间量度、一致性量度，是否在规定的时间送达 |
| 物流配送系统的灵活性 | 系统对未预料的临时需求的反应能力，以及对此类需求的满足程度 | 对特殊需求的定义。对特殊需求反应时间长度及满足的程度 |
| 物流系统信息特征 | 系统对客户信息需求的反应能力和提供的信息的准确性程度 | 对客户信息需求的反应速度、（时间）准确性（客户评价）和详尽程度 |
| 物流系统的纠错能力 | 系统有关程序从发现错误到纠正错误的时间和效率 | 查实、应答、理赔各阶段的速度与效率 |
| 售后服务支持能力 | 交货后对客户提出的各种需要的满足能力 | 提供服务的时间与质量 |

如果卖方以传统的度量方法衡量与考虑客户服务，则买方可能并不满意，而且如果问题发生在交货过程中，卖方可能也并不知道。再者，买方以传统的方法也不能了解问题的范围与大小。当前注重交货时间的量度，不仅提供了评价的数据来源，而且更重要的是对发生的问题提供了早期警告。例如，假如标准的交货率是 98%，而某月却下降至 95%，调查表明，承运人并没有按指示办理货物运输，或买方在接收货物时未做好准备。

准时交货量度在当今更为重要，因为在产品物流中，买方经常与仓库或商店约好送货时间。如今较多公司普遍采用的零库存计划对供应商交货时间的“窗口”限制更窄。总之，当今对准时交货要求较高，今后则会越来越高。

供需链环境越来越严峻，导致优秀的公司需要同时运用多种客户服务量度。多种度量的运用，使取得高水平的客户服务更困难。

在今天变幻莫测的商业环境下，公司的改革就是要想方设法战胜竞争对手，抓住有利机会。市场规律不断变化，供应商只能把目光定在当前成功的最关键处：顾客满意。处于领先地位的供应商意识到在几十年甚至以后更长的时期内，顾客满意是取得竞争性优势的关键。随着消费者变得越来越复杂，需求进一步增加，顾客满意正融入到成功公司的战略方针及目标中去。

## 11.5 配送资源计划

配送资源计划（Distribution Resource Planning，DRP）是广泛运用于产品销售物流系统的潜在的功能强大的技术，它能确定恰当的存货水平。配送资源计划实际运用的成功，表明公司能改进客户服务（减少缺货发生），减少产品的总体存货水平，减少运输成本，改善物流中心的运作状况。由于以上潜在能力，配送资源计划受到了越来越多的制造公司的重视。

配送资源计划被用于 MRP 系统，目的是使原材料存货最小。尤其在汽车制造中，需要大量的零部件，用于组装成品的各种零部件一般有不同的备货时间。因此，配送资源计划连接总体生产计划，它指出每天生产的零部件和生产的顺序，这一计划作为预测实际零件需求量与需求时间。将总体生产计划与每一零部件的备货时间相结合，则可以制订一个有关何时每一零部件必须订购的计划。它与实际存货状态相对，能比较确定满足生产计划的数量。

MRP 把存货减少到能满足反映市场客户需求的生产计划。如果生产计划没有满足需求，公司某些零部件就会太多，而另一些部件就会太少。

配送资源计划是一种适用于流通企业进行库存控制的方式。在这种方式下，企业可以根据用户的需求计划制订订货计划，从而确定恰当的库存水平，有效地进行库存控制。配送资源计划的实际应用表明：流通企业能够改进客户服务（减少缺货现象的发生、加快响应客户需求的速度等），降低产品的总体库存水平，减少运输成本，改善物流中心的运作状况。由于以上的好处，配送资源计划受到了越来越多的流通企业的重视。

实施 DRP 时，要输入三个文件（图 11.3），即：①社会需求综合文件，由订货单、提货单和市场需求预测等数据整理而成；②供应商货源文件，提供有关供应商的供应批量、备货期等有关信息；③库存文件和在途文件，前者提供本企业仓库中现有各种商品的库存数量的信息，而后者则提供此前向供应商发出订单，而目前已在运输途中的商品数量、到货时间等信息。根据这三个文件，DRP 系统根据事先确定的逻辑及参数，给出两个计划文件：①订货进货计划，根据用户需求、库存、供应商供货情况及物流优化原则，确定向供应商发出订单的时间和订购数量；②送货计划，按照用户需求的品种、数量、时间和送货提前期及物流优化原则，确定送货时间和送货数量。

DRP 对每一个库存单位（SKU）需求做出预测，其考虑因素包括：每一库存单位 SKU 需求预测，当前 SKU 库存水平——当前库存量（BalanceOnHand，BOH），安全库存量（SS），订货批量（Q），以及前置期（LT）。DRP 最基本的工具就是明细表，它用于协调整个计划范围内的需求，具有许多项目：SKU 预测、BOH、计划接收、计划订购等。

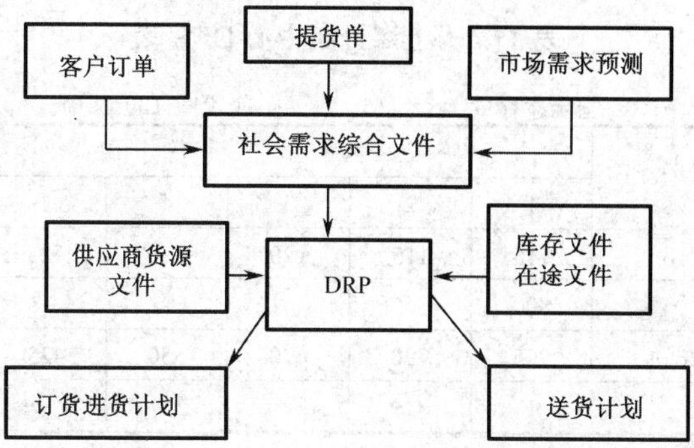


图 11.3　DRP 流程图

为了形象地说明 DRP 是如何运作的，我们举一个实际的例子。某全国分销配送中心为三个地区分销中心供应货物，它们分别位于武汉、沈阳和上海。武汉分销中心的 DRP 表见表 11.2。

**表 11.2　武汉分销中心 DRP 表**

当前库存量 BOH＝352　　安全库存量 SS＝50　　前置期 LT＝2 周　　订货批量 Q＝500

| | 当前库存量（个） | 周 | | | | | | | |
|---|---|---|---|---|---|---|---|---|---|
| | | 1 | 2 | 3 | 4 | 5 | 6 | 7 | 8 |
| 预计需求（个） | | 50 | 50 | 60 | 70 | 80 | 70 | 60 | 50 |
| 计划收货（个） | | | | | | 500 | | | |
| 余额预期（个） | 352 | 302 | 252 | 192 | 122 | 542 | 472 | 416 | 362 |
| 计划订单（个） | | | | 500 | | | | | |

武汉分销中心该货物的安全库存量为 50 个，前置期为 2 周，订货批量为 500 个。也就是说，在库存量将要下降到 50 个以下的那周必须要补充一批货物。因此，此前两周必须发出订单，每次向全国分销中心订购 500 个。一共对 8 周的需求进行预测。武汉分销中心当前的库存量是 352 个，它不断地被消耗，预计到第 5 周的时候将只有 42 个（第 4 周的库存余额 112 个减去第 5 周的需求 80 个），此时会出现低于安全库存量的现象（42＜50）。为了防止出现上述结果，必须在第 3 周（第 5 周减去前置期 2 周）就启动订货程序。正如预测的那样，在第 5 周的时候将收到一批补货，其数量是 500 个，该周周末库存余额将变成 542 个。沈阳分销中心与上海分销中心的情况也与武汉分销中心类似，它们的 DRP 表分别见表 11.3 和表 11.4。

**表 11.3　沈阳分销中心 DRP 表**

当前库存量 BOH＝140　　安全库存量 SS＝40　　前置期 LT＝2 周　　订货批量 Q＝150

| | 当前库存量（个） | 周 | | | | | | | |
|---|---|---|---|---|---|---|---|---|---|
| | | 1 | 2 | 3 | 4 | 5 | 6 | 7 | 8 |
| 预计需求（个） | | 20 | 25 | 15 | 20 | 30 | 25 | 15 | 30 |
| 计划收货（个） | | | | | | 150 | | | |
| 余额预期（个） | 140 | 120 | 95 | 80 | 60 | 180 | 155 | 140 | 110 |
| 计划订单（个） | | | | 150 | | | | | |

**表 11.4 上海分销中心 DRP 表**

当前库存量 BOH=220　　安全库存量 SS=115　　前置期 LT=2 周　　订货批量 Q=800

| | 当前库存量（个） | 周 | | | | | | | |
|---|---|---|---|---|---|---|---|---|---|
| | | 1 | 2 | 3 | 4 | 5 | 6 | 7 | 8 |
| 预计需求（个） | | 115 | 115 | 120 | 120 | 125 | 125 | 125 | 120 |
| 计划收货（个） | | 800 | | | | | | | 800 |
| 余额预期（个） | 220 | 905 | 790 | 670 | 550 | 425 | 300 | 175 | 855 |
| 计划订单（个） | | | | | | | 800 | | |

对于全国分销中心而言，来自武汉、沈阳以及上海三个地区分销中心的订单就是它所面临的需求。由此，其相应的 DRP 表就产生了，这是该中心据以向生产商订货的基础。全国分销中心 DRP 表见表 11.5。

**表 11.5 全国分销中心 DRP 表**

当前库存量 BOH=1250　　安全库存量 SS=400　　前置期 LT=3 周　　订货批量 Q=2200

| | 当前库存量（个） | 周 | | | | | | | |
|---|---|---|---|---|---|---|---|---|---|
| | | 1 | 2 | 3 | 4 | 5 | 6 | 7 | 8 |
| 预计需求（个） | | 0 | 0 | 650 | 0 | 0 | 800 | 0 | 0 |
| 计划收货（个） | | | | | | | 2200 | | |
| 余额预期（个） | 1250 | 1250 | 1250 | 600 | 600 | 600 | 2000 | 2000 | 2000 |
| 计划订单（个） | | | | 2200 | | | | | |

与 MRP 一样，DRP 的应用也有其局限性。首先，DRP 的成功实施不但要求对每一个物流中心的每一 SKU 都要有精确的预测，而且要有充足的前置期来保障产品的平稳运输。其次，DRP 要求配送设施之间的运输具有稳定而可靠的完成周期。尽管可以通过各种可靠的前置期抵消或调整完成周期的不确定性，但仍旧无法彻底消除其对库存控制计划系统运作的负面影响。最后，由于生产故障或运输的延迟，综合计划常易受到系统紧张或频繁变动时间表的影响，由此产生生产能力的波动、配送方面的混乱，以及因更改时间表而产生额外费用等问题。除此以外，配送的作业环境复杂多变、补给运输完成周期及供应商配送可靠性的不确定性，也会进一步加剧 DRP 系统运作的紧张程度。

MRP 的原理是更精确地预测需求和揭示该信息以用于制定生产计划。企业运用 MRP 并与总体生产结合，可以减少原材料存货。产品存货则是通过使用 DRP 来减少的，大部分的 DRP 模型比标准的 MRP 模型更为综合，它也计划运输。

DRP 在与 MRP 结合后是一个可增加客户服务水平、降低总物流和制造成本的有力工具。

## 复习题

1. 物流的功能主要有哪些？各项功能在物流中的重要意义是什么？
2. 物流网络设计应确定哪几方面内容？为何要考虑地理因素？

3．影响运输的因素是什么？
4．什么是物流整合？
5．物流作业三大领域各自承担了哪些活动？
6．物流中的信息流是如何起到驱动作用的？
7．什么是ERP？ERP是如何具体实施的？ERP的不足之处是什么？
8．物流作业应当实现哪些目标？这些目标具体指什么？
9．物流整合中存在的阻力有哪些？应如何克服？
10．从物流角度分析，客户服务的4个要素是什么？
11．客户服务表现量度的指标有哪些？
12．试解释DRP及其流程。

## 案例讨论

### 顺丰速运的发展

中国的物流巨头顺丰速运有限公司于1993年成立，总部设在深圳，是一家主要经营国内、国际快递及相关业务的服务性企业。本着“成就客户，推动经济，发展民族速递业”的经营理念，积极探索客户需求，不断推出新的服务项目，为客户提供快速、安全的产品流通渠道，同时，帮助客户缩短贸易周期，降低经营成本，提高产品竞争力等，使客户能更快、更好地对市场作出反应。顺丰不仅为国家发展贡献了税收，也在一定程度上缓解了社会就业压力，为国民经济的持续健康发展作出了应有的积极贡献。

为了向客户提供更便捷、更安全的服务，顺丰网络全部采用自建、自营的方式。至2013年，中国大陆已建有6000多个营业网点，覆盖了中国大陆31个省、自治区和直辖市，300多个大中城市及1900多个县级市或区，业务也通达全球200多个国家和地区。

顺丰在多年前就发现了未来航空运输对于业务发展的重要，故在航空运价大跌之时，抓住时机，与扬子江快运签下合同，开始包租全货机夜航进行快件运输，从而实现了快件的次日零晨送达或次日送达的超高速送件服务，从深圳寄往北京的货物所需的时间就缩短到1天以内，这个效率当时无人能及，此外，快件的破损率和遗失率也降低了许多。顺丰的快递服务，带给我们的，不仅是安全准时的快件送达，更是一种愉悦的服务体验，这也就是其能够如此成功的秘诀所在。

顺丰之所以能够成为如今国内快递行业中的佼佼者，与其多年来专心打造的高速快递服务不无关系。已经拥有12架自有运输机的顺丰航空，为其每天的高速快递业务提供最有利的保证，随着顺丰航空的不断发展壮大，人们对于顺丰今后的配送速度充满了期待，也希望看到更多更优质的服务产品出现。其推出的经济型快递产品“顺丰特惠”已经上线。此外，顺丰也再次发力电子商务，其电商平台扩容到深圳、上海、广州等三地，为三地市民提供常温类食品配送。

顺丰重视大客户管理。其“大客户发件管理系统”包括下订单、订单管理、打印电子运单等操作。我要查件/对账里包括含快件追踪、账单查询等。系统管理内容包括修改个人资料，如密码、客户名、公司名、邮箱、手机等。所有功能让客户一览无遗。2013 年，顺丰被中国交通运输协会快运分会评为“中国快运物流示范基地”。

## 问题讨论

1. 顺丰能够如此成功的秘诀是什么？
2. 顺丰要进一步发展该采取哪些措施？

# 第 12 章 整合营销传播

CHAPTER 12

## 引导案例

星巴克（Starbucke）起源于 1971 年西雅图的一间小咖啡屋，在短短的 30 多年时间里发展成国际最著名的咖啡连锁店品牌，星巴克的成长可以称得上是一个奇迹。星巴克于 1992 年在美国上市。如今，其股票价值在经历了 4 次分拆之后已经攀升了 20 多倍，收益之高超过了通用电气、百事可乐、微软、IBM 等大公司的收益的总和。

星巴克从品牌名称到 Logo 设计都让人产生联想，并充满好奇。“星巴克”一名取自美国古典冒险小说《大白鲨》，主人公是一位船上的大副，他有丰富的航海经验，幽默坚定，爱喝咖啡。星巴克的 Logo 形象设计则来自于多数人都熟悉的古老的海神故事。荷马在《奥德赛》中描述了海神如何将水手引诱到水中，让他们在销魂的音乐中幸福快乐地死去。中世纪的艺术家们把这些生灵刻画成美人鱼，从此这些生灵的形象传遍了整个欧洲，人们用它们装饰大教堂的屋顶和墙壁。星巴克徽标中的那个年轻的双尾海神，便是由中世纪的故事演绎而成的。星巴克自助式的经营方式，使顾客强烈地感受到它的自由风格。

华德·舒尔茨（Howard Schultz）1982 年来到星巴克并且为其发展提供了一种新的可能性。当他在米兰做生意时，他无意间走入了一家意大利咖啡吧，并且领悟了其中的爱斯普利索咖啡（一种浓咖啡）对于他的意义。回到美国，他采用整合传播的方法，并用公共宣传的方式，宣传星巴克“在美国没有的咖啡体验，它是一种延伸，是一种情感经历”。霍华德·舒尔茨开始为星巴克咖啡屋创建一种融合了意大利的高雅和美国的随意的一种环境氛围。他想象星巴克将会为其顾客提供“个人服务”，成为一个“第三种地方”——一个舒适的工作地或休闲的社交聚集地。星巴克的成功扩张是一种经过深思熟虑的营销传播的结果。

**本章将阐述整合营销传播的一些问题：**

- 如何开展整合传播工作？
- 设计有效的营销传播方案的主要步骤是什么？
- 怎样进行广告策划？
- 企业怎样开展营业推广？
- 怎样进行公共关系策划？

## 12.1　设计整合传播

企业的营销传播，或称促销，其实质是一个传播行为。它是指企业将产品或服务，向潜在顾客进行宣传，以激发其购买行为，从而扩大产品销售的活动。“只有会卖，人家才会买。”

### 12.1.1　整合传播的工具

整合传播（**communications mix**）主要由 5 种工具组成。

（1）**广告（advertising）**：企业通过向媒体付费的方式进行的构思、商品和服务的非人员展示和促销活动。

（2）**公共关系（public relation）和宣传（publicity）**：设计各种营销计划以宣传企业和产品。

（3）**营业推广（sales promotion）**：鼓励购买或销售商品和服务的短期刺激。

（4）**人员推销（personal selling）**：与可能的购买者面对面接触和争取订单。

（5）**直接营销（direct marketing）和在线营销（online marketing）**：使用邮寄、电话、电信、Internet 和其他非人员接触工具以沟通顾客并得到回复。

## 12.1.2　整合传播的过程

信息传播过程一般是：营销人员先将公司和商品的信息转变为某种有特定意义的信号，即“信息编码”，然后经过传播媒体送达顾客，最后由顾客把这些信息同自己习惯上的思想方式比较，实现所谓“信息编码”，然后经过传播媒体送达顾客。传播是否有效，关键在于发送者和接受者对于传播的信号是否有相同的理解。信息传递的效果取决于编码与解码的一致性。一致性高，说明沟通效果好。信息传播过程如图 12.1 所示。

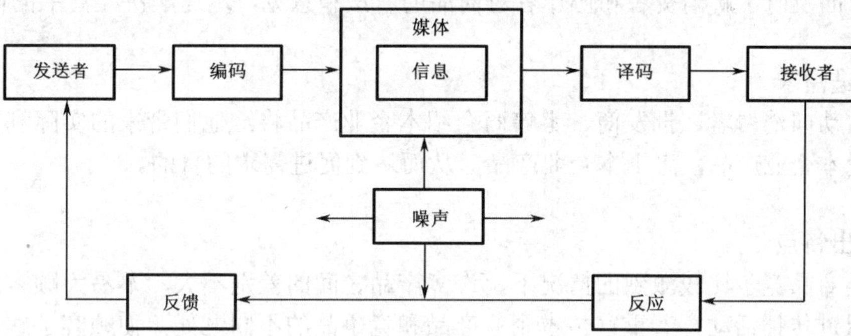


图 12.1　信息传播过程

为了做好促销工作，企业应了解信息传播过程是如何进行的。信息传播过程一般包括 9 个要素。为了使传播有效益，营销者需要了解有效传播的功能性要素。

（1）**信息发送者（sender）**：在营销活动中，信息发送者是卖方企业的营销人员。

（2）**编码（encoding）**：将打算传递的事实或意图转换成可供传播的信号或符号。这些信号可以是语言、文字、音像、图画等。

（3）**信息（information）**：即发送者传送的整套信号。

（4）**媒体（media）**：指信息从发送者到接收者所经过的渠道或途径，即信息的载体，如报纸、广播、电视等。

（5）**译码（decoding）**：指信息接收者对发送者所传信号进行解释的过程。

（6）**接收者（receiver）**：接收信息的一方，也称目标受众。在促销信息传递中则指目标市场上的现实和潜在的顾客。

（7）**反应（response）**：接收者在受该信息影响后采取的有关行动。例如，目标顾客看到广告以后，决定购买某种产品。

（8）**反馈（feedback）**：被返回给信息发送者的那部分信息接收者的反应。当然反馈有些是信息接收者主动对发送者的反向沟通。例如，顾客向开展促销活动的企业提出对产品的意见和要求。

（9）**噪声（noise）**：指在信息过程中发生的意外干扰和失真，以致接收者收到的信息与发送者发出的信息不一样。

## 12.1.3 整合传播的作用

整合传播向消费者传递商品或服务方面的信息，帮助顾客了解或认识本企业产品或服务所能给他们的实际利益，从而得到消费者注意，引起消费者兴趣，激发消费者期望，促进消费者采取购买行动。整合传播一般说来有以下作用。

### 1. 传递信息

现代市场营销贯穿着复杂信息的传播过程。整个营销过程是商流、物流和信息流的有机结合过程。而信息流是商流和物流的前导，促销的实质就是通过信息传递，一方面将企业的商品性能、特点与作用及可以提供的服务等信息传向消费者，引起其注意，促使其购买；另一方面及时了解消费者和协作者对商品的看法和意见，迅速解决经营中的问题。

### 2. 促进需求

企业主动向消费者、批发商、零售商介绍本企业产品将给他们带来的实际利益，使他们逐渐偏爱本企业产品，忠于本企业产品，从而达到促进需求的目的。

### 3. 突出特点

在同类商品竞争比较激烈的情况下，许多产品之间的差别不大，不易为顾客所觉察，企业可以通过传播活动，着重宣传本企业产品和竞争品的不同之处，使顾客了解到本企业产品会给他们带来特殊的利益，以激发顾客购买本企业产品的欲望。

### 4. 提高声誉

企业的形象和声誉是企业的无形资产，直接影响其产品销售。企业声誉不佳，会使企业销售量滑坡，导致企业市场地位的不稳定。通过传播，可以提高企业声誉，美化企业形象，巩固其产品的市场地位。

## 12.1.4 整合传播的推拉战略

整合传播较大程度受公司选择推或拉的战略以创造销售机会的影响。在图 12.2 中，对这两种战略加以对照。

### 1. 推动战略

**推动战略（push strategy）**要求使用销售队伍和贸易促销，通过销售渠道推出产品。制造商采取积极措施把产品推销给批发商，批发商采取积极措施把产品推销给零售商，零售商采取积极措施把产品推销给消费者。

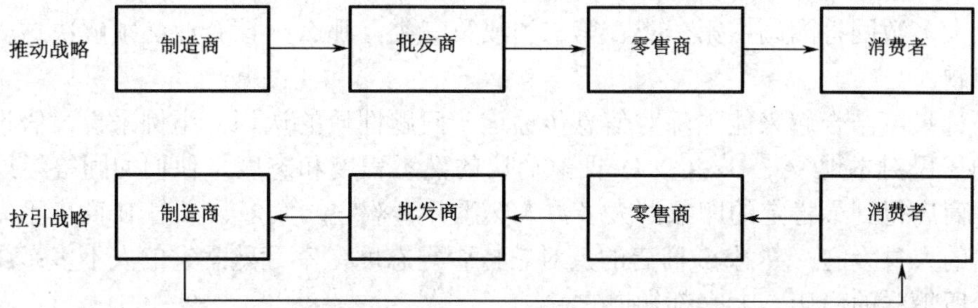


图 12.2　整合传播的推拉战略

**2. 拉引战略**

**拉引战略（pull strategy）**要求在广告和消费者促销方面使用较多的费用，激发消费者的需求欲望。如果这一战略是有效的，消费者就会向零售商购买这一产品，零售商就会向批发商购买这一产品，批发商会向制造商购买这一产品。

# 12.2　开发整合传播

本节将分析开展传播和促销的主要步骤。营销的信息传播必须确定目标受众，确定信息传播目标，设计传播信息，选择信息传播渠道，编制促销预算，决定促销组合，衡量促销成果。

## 12.2.1　确定目标受众

营销信息的传播者必须一开始就要在心中有明确的**目标受众（target audience）**。这些受众可能是企业产品的潜在购买者、目前使用者、决策者或影响者。这个受众可能是人、小组、特殊公众或一般公众。目标受众决定了信息发送应当说什么（信息内容），怎么说（信息结构和形式），什么时候说（发送时间），在什么地方说（沟通渠道），由谁来说（信息来源）。

信息传播者应该研究视听受众的需求、态度、偏好和其他特征。作为确定信息沟通目标的前提，要证实的最重要事情之一，就是视听受众对于营销对象现有的印象。

**印象分析（image analysis）**是指评价受众对企业、对其产品和竞争者的现有印象。人们对某个对象的态度和行动是受他们对这一对象的印象高度制约的。印象是一个人对某一对象所具有的信念、观念和感想的综合体。

在任何信息传播计划产生之前，测定观众对市场销售对象的印象是很重要的。第一步是采取下列尺度测定目标视听受众对该对象的熟悉程度：

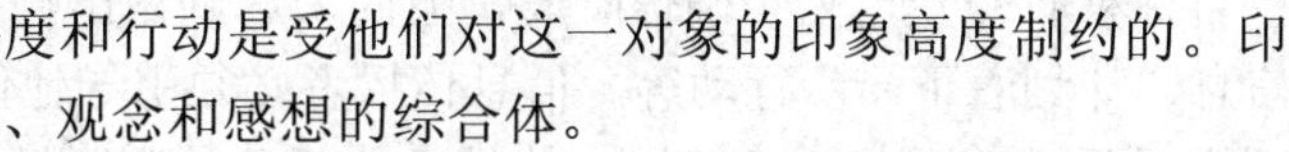


如果大多数回答圈画在第一、第二类，那么，该企业的任务是建立知名度。

对熟悉这一商品的回答者，可以问他们对该商品的喜爱程度，可用下列方法询问：

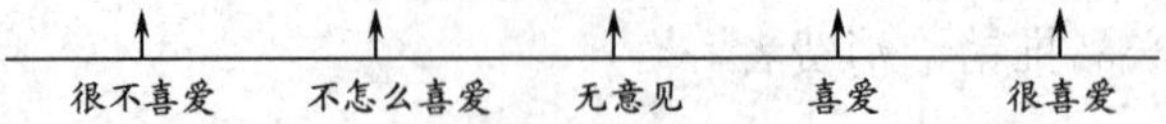


如果大多数回答圈画在第一类、第二类或第三类，那么，该企业必须解决这一否定的印象的问题。

这两种尺度结合起来能加深对信息传播这一问题性质的认识。举例来说，假设询问某一地区的居民对本地 A、B、C、D 四家商店的熟悉程度和态度。他们的回答经过平均计算后，A 商店得到最肯定的印象，大多数人熟悉并喜欢它；大多数人对 B 商店不太熟悉，但熟悉它的人喜爱它；熟悉 C 商店的人对它持否定态度，幸亏熟悉它的人不多；D 商店被认为是一所糟糕的商店，大家都知道它。

很明显，每家商店都面临不同的任务。A 商店必须维持它的好声誉和高的社会知名度；B 商店必须获得更多的人注意，因为只有那些注意它的人才知道它是家好商店；当人们对 C 商店印象不佳时，它需要找出人们不喜欢它的原因，采取步骤以改进服务；D 商店应该扭转它的不好形象，改进其质量，然后重新寻求公众注意力。

### 12.2.2 确定信息传播目标

当确认了目标受众及其特点后，营销信息传播者必须确定寻求什么样的反应，当然，最终的反应是购买，但购买行为是消费者进行决策的长期过程的最终结果，营销信息传播者需要知道如何把目标受众从他们目前所处的位置推向更高的准备购买阶段。购买者的准备阶段有以下 6 步。

（1）知晓：传播者首先要了解目标受众对企业或产品知晓的程度，如果多数人还不知道，则传播的目标就是使他们知晓，可用简单的沟通形式，多次重复产品或企业名称。

（2）认识：如果目标受众对产品或企业已经知道，但还认识不清，这时，传播的目标是使之对产品和企业的性能、特点等有清楚的认识。

（3）喜欢：如果目标受众已了解产品，传播者就需要知道他们对产品的反应如何，是喜欢还是不喜欢，或者无所谓。这时，传播的目标是着重宣传产品或企业的特色和长处等，使之产生好感。

（4）偏好：如果目标受众喜欢这个企业或产品，但还没有形成偏好，传播的目标就是使他们形成对本企业或产品的偏好，而不去喜欢其他企业或产品。这时，要着重宣传企业或产品较其他同类企业和产品的优越性。

（5）确信：如果目标受众对企业或产品已形成偏好，但还没有下定购买决心，这时传播的目标就是努力促使他们建立和强化购买决心，使他们认识到购买这种产品是最佳的选择。

（6）购买：有些目标视听受众已处于确信阶段，但尚未达到做出购买的决定。他们可能在等待进一步的信息，计划着下一步行动等。信息传播者必须引导他们迈出最后一步。

购买准备过程一般都要经过以上 6 个阶段。传播者的任务是判断目标受众处于哪一个阶段，以便采取对策促使他们尽快转入下一阶段，从而最后实现购买行为。

### 12.2.3 设计传播信息

在目标受众反应明确以后，信息传播者就应该进而设计一个有效的信息。设计信息需要解决 4 个问题：信息内容、信息结构、信息次序和信息形式。

### 1. 信息内容

传播的信息内容取决于它要表现的诉求。诉求有以下 3 种。

（1）理性诉求（rational appeals）

理性诉求往往显示产品的功能利益，展示产品质量、经济、价值或性能的信息。业务市场购买者的理性诉求比较强烈。消费者在他们购买大额物品时，也会收集信息，并仔细地比较各种不同的选择。他们会对产品质量、经济、价值和性能的诉求做出反应。

（2）感情诉求（emotional appeals）

它试图激发起来某种否定或肯定的感情以促使其购买。信息传播者传播带有害怕、内疚和羞愧等要求的信息，以使人们去做该做的事（如刷牙）或停止做不应该做的事（如吸烟、酗酒和饮食过量）。害怕性诉求在一定限度内是有效的，但如果观众在信息中预见到过多的害怕因素，他们将会避开它。信息传播者也使用肯定性的感情要求，诸如幽默、热爱、骄傲和高兴等。幽默性的企业信息可以吸引更多的受众关注，同时也会得到广告公司更多的青睐。

（3）道义诉求（moral appeals）

它用来规劝人们遵守社会公德，支持社会事业。

### 2. 信息结构

信息内容涉及单面或双面论述，即信息传播者是仅赞誉这一产品，还是同时提及它的某些缺点。

（1）单面信息在受众对信息传播者的地位已有偏好倾向时，能发挥很好效果；当受众对该产品持反对态度时，双面论证能发挥很好效果。

（2）双面信息对受过良好教育的受众有效。

（3）双面信息对那些可能受到反宣传的受众更有效。

### 3. 信息次序

表达次序提出了这样一个问题，信息传播者把最强有力的论点最先展示还是最后展示。在单面信息的情况下，一开始就提出最强有力的论点，有助于引起注意和兴趣。这对其视听受众会不会注意到所有信息的报纸和其他媒体来说尤为重要。然而，这意味着采取一种渐降的表达方法。对一个已受其影响的视听受众，渐升的表达法可能更有效。在双面信息的情况下，问题就成了是首先提出正面论点，还是最后提出。如果受众原来是反对的，信息传播者从另一方面的论点来开始是较聪明的做法，这将能解除受众的武装，让传播者有机会提出其最有力的论点作为终结。

### 4. 信息形式

信息传播者必须为信息设计具有吸引力的形式。在一个印刷广告中，信息传播者还将决定标题、文稿、插图和颜色。为了引起注意，广告商常使用这样一些方法，如：新颖和对比、有吸引力的图片和大字标题、别具一格的版面、信息长短和位置，以及颜色、外形和流动性。如果信息在电台播出，信息传播者还得仔细选择字眼、音质（讲话速度、节奏、音量、发音清晰）、音调（停顿、感叹）等。

### 12.2.4 选择信息传播渠道

信息传播渠道有两种，即人员传播和非人员传播。

#### 1. 人员的信息渠道

人员的信息传播渠道包括两个或更多的人相互之间进行直接的信息沟通。他们可能采用面对面，或在电话里，或通过计算机网络，甚至邮寄个人信件等方式进行信息沟通。

#### 2. 非人员信息传播渠道

非人员信息传播渠道是指传递信息不需要人员接触。它们包括大众性的和有选择的媒体、气氛和事件。大众性的和有选择的媒体有印刷媒体（报纸、杂志、直接邮寄）、电子媒体（电台、电视）和展示媒体（广告牌）等。

### 12.2.5 编制促销预算

编制促销预算是企业面临的最难制定的营销决策之一。许多企业都这样说：我知道我的一半广告是白费的，但问题在我不知道是哪一半。

下面是 4 种常见的促销预算制定方法。

#### 1. 量力支出法

促销预算的大小根据企业自身的情况来决定。它的优点是简便易行，缺点是预算额可能随销售额变化忽高忽低，难以指定长期的促销计划。同时，完全忽视了促销支出作为一种投资对销售量的直接影响。

#### 2. 销售额比例法

根据目前的或预期的销售额来确定促销费用水平，使促销费用占销售额的一定比例。例如，去年销售额为 100 万元，企业决定将去年销售额的 10%作为今年的促销费用，即今年的促销预算为 10 万元。

#### 3. 竞争对等法

在激烈的市场竞争中，企业制定促销预算向竞争对手看齐。采用这种方法要先了解同行业中主要竞争对手的大致促销预算，然后据此确定自己的预算，使自己的预算与竞争对手的预算大致相当。企业采用这种方法出于两种理由：第一，同行业中多数竞争对手的促销预算是在长期实践基础上形成的，有其合理性，值得效法；第二，竞争对手之间的促销预算大致相同，有助于和平共处，避免促销战。

4．目标任务法

企业首先确定目标（如销售增长率、市场占有率、品牌知名度等），然后确定为达到这些目标所要完成的任务，最后再估算完成这些任务所需要的促销费用。这种方法对促销活动的目的、结果是否达到评价起来很容易，但市场上不可控的发展变化太多，有时两者的差距很大。

### 12.2.6　决定促销组合

促销组合包括 5 种促销方式：广告、销售促进、公关与宣传、人员推销和直销。在同一行业中，各企业常使用不同的促销策略，有的企业主要采用人员推销，有的企业则主要依靠广告。每个企业都要不断改进促销组合，以找到一种最有效的方法。

### 12.2.7　衡量促销成果

促销计划贯彻执行后，信息传播者必须衡量它对目标受众的影响。这包括询问他们是否识别和记住这一信息，看到它几次，记住哪几点，对信息的感觉如何，对企业和产品过去和现在的态度又如何。信息传播者也要收集受众反应的行为数据，诸如多少人购买这一产品，多少人喜爱它并与别人谈论过它。

图 12.3 提供了一个良好的信息反馈衡量的实例。观察品牌 A，我们发现整个市场 80%的人是知道品牌 A 的，其中 60%的人已经试用过它，试用的人中仅有 20%的人对它满意，这表明信息传播方案在创造知名度方面是有效的，但该产品未能满足消费者期望。另一方面，整个市场中仅有 40%的人知道品牌 B，其中仅 30%的人试用过它，但试用的人中有 80%是对它满意的，在这种情况下，信息传播方案需要加强发挥对品牌的宣传力度。

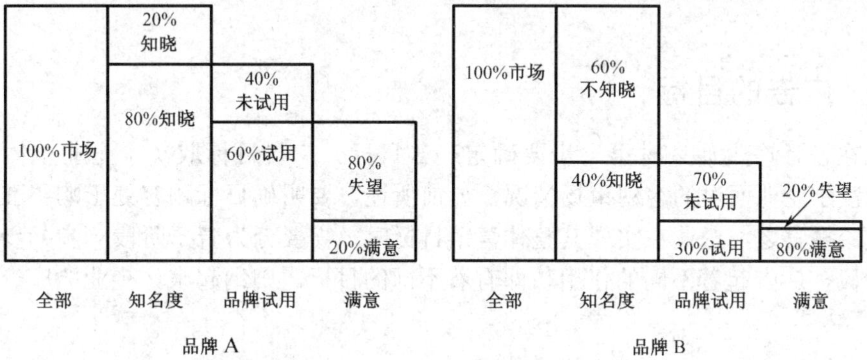


图 12.3　两个品牌的消费者现状

## 12.3　策划广告活动

广告的含义随着时代的发展而变迁。早期，人们通常把凡是以说服方式进行的广而告之，统称为广告，这是所谓广义的广告。随着时代的发展，人们逐步把广告的概念进一步界定，形成狭义的广告或营销活动中的广告。

## 12.3.1 广告的概念

在营销活动中，广告是指由特定的广告主，有偿使用一定的媒体，传播商品和服务信息给目标受众的行为。这个概念包含了以下含义。

**1．广告应有特定的广告主并付费**

营销活动中所指的广告需要有特定的广告主，并为其所做的广告付费，这是广告与其他宣传形式的根本区别。企业为了扩大其知名度，推广其产品，都需要利用一定的大众传播媒介。由传媒本身组织的宣传报道，无需付费，而由企业组织的宣传，则需要向传媒付费。

**2．广告是属于企业的传播工具**

广告是营销活动的组成部分，它的真正目标是为增加销售进行有效的传播。因而广告的最后效果在于修正消费者的态度和行为。

**3．广告是以非人员方式进行的**

广告活动必须通过一定的媒体。它是一种系统活动，包括计划、准备和通过大众传播媒体进行信息的传递。

**4．广告的范围主要包括商品与服务两大部分**

商品与服务构成市场经济活动的物质基础，广告活动与市场经济紧密结合。通过广告活动，能唤起有关商品与服务的需求，诱导和促进购买动机的产生。

## 12.3.2 广告的目标

企业在设计广告计划时第一步要确定广告目标。广告目标取决于企业整体的营销组合，还取决于企业面对的客观市场情况，如前所述，要明确目标顾客处于购买准备过程的哪个阶段。换言之，企业在实现其整体营销目标时，需要分为若干阶段一步一步往前走。在每一阶段，广告起着不同的作用，即有着不同的目标。归纳起来，企业的广告目标有以下 3 类。

**1．通知广告**

**通知广告（information advertising）**用于一种新产品刚导入市场时，广告的目标主要是将此信息告诉目标顾客，使之知晓并产生兴趣，促成初始需求。例如，说明产品名称、效用、价格、使用方法，企业提供的各项附加服务等。

**2．劝说广告**

产品的成长期应用**劝说广告（persuasive advertising）**较多。这个时期需求的特点是选择性需求，即顾客对某一种产品有需求，但还没有形成品牌偏好，可能在不同的品牌中进行选择。此时企业的主要广告目标应是劝导顾客购买自己的产品，突出产品特色，介绍本产品优越于其他产品之处，促使顾客形成品牌偏好。

3．提示广告

**提示广告（reminder advertising）**适用于产品成熟期，广告目标是提示顾客购买。例如，青岛啤酒和可口可乐是众所周知的产品，早已处于成熟期，它的广告目标就不再是介绍和劝说人们购买，而是提示人们购买。

## 12.3.3　广告的信息

对于任何产品，都有许多内容可说。但是，任何广告都不能说得太多，为了突出某一特性，一个广告只能强调一件事。

富有创造性的人们运用不同的方法形成各种广告思想来实现广告诸目标。他们通过与顾客、经销商、专家及竞争者的交谈，归纳性地进行创作。消费者是好主意的最重要来源。他们对于现有品牌的优势和不足及各种感觉为创造性文稿提供了重要线索。

广告不是辩论，更不是欺骗，广告是一种诱惑。广告追求的是以成功的说服唤起目标市场消费者的需求，从而实现广告的营销目标。

出色的广告创意从内容到形式都会对广告对象产生一种不可抗拒的诱惑，使广告对象在潜移默化中对产品发生兴趣，刺激其购买的欲望，这真可谓是"挡不住的诱惑"。

富有创造性的人们现在必须找出表达信息的风格、语调、措辞和格式。

（1）生活片段：表现一个或更多的人在一个正常的环境中使用产品，如一家人坐在餐桌旁品尝某一新品牌饼干时吃得津津有味。

（2）生活方式：强调某一产品如何适合某种生活方式。例如，一则苏格兰威士忌酒广告，展示一位英俊中年男士一只手握着一杯威士忌酒，另一只手驾驶他的游艇。

（3）幻想：这种形式是就产品及其用途营造一种幻想。例如，露华浓公司推出的琼都牌香水广告，一个穿着丝质薄纱衫裙的赤脚女子，从一间古老的法国谷仓中走出来，穿过草地时，遇到一个骑白马的年轻美男子，于是两人成双而去。又如"出手不凡钻石美"，"今年 20，明年 18"（白丽香皂）等。这些广告向人们推销的已不再是产品本身，而是一种感觉。

（4）气氛或形象：这是为产品制造一种引人注意的气氛或形象，例如，美、爱或恬静。除了暗示外，对产品本身并无只字片语。许多香烟广告都采用制造气氛的方法。

（5）现身说法：美国老布什总统曾经亲自出马在英国、日本等国的电视荧屏上为美国旅游业大做广告。"美国总统向你们发出了邀请，你们还等什么？"面对这样的广告诱惑，你能不动心吗？

（6）人物化：这是创作一个使产品人格化的人物。人物可以采用动画形式，也可以使用真人真物。

（7）实话广告：这包括展示公司在制造产品方面的专业知识和经验。

（8）实证材料：用科学证据或现身说法来证实产品的实效性。

## 12.3.4 广告的传播媒体

广告信息是由广告媒体传递给广告对象的，无论广告信息是多么周到与完善，都要通过媒体，才能到达目标顾客。广告媒体主要有以下 8 种。

### 1. 电视广告

电视是现代重要和先进的广告媒体。它将视觉形象和听觉综合在一起，充分运用各种艺术手法，能最直观最形象地传递产品信息，具有丰富的表现力和感染力，因此是近年增长最快的广告媒体。电视广告播放及时、覆盖面广、选择性强、收视率高，且能反复播出，加深收视者印象。缺点也很明显：一是成本高；二是展露瞬间即逝，无法保留；三是众多广告一起拥挤在黄金时间里，混杂而可能不会引起人们的注意。

### 2. 广播广告

广播是一种广泛使用的听觉媒介，地理和目标顾客选择性强，成本低，但由于电视广告的出现而使其相对重要性大大下降。原因是广播只有声音效果而无生动形象的画面刺激，在吸引注意力方面效果差强人意。另外，广播也有展露即逝，信息无法保留的缺点。

### 3. 报纸广告

报纸是重要的传播媒介，它的优点是读者稳定，传播覆盖面大，时效性强，特别是日报，可将广告及时登出，并马上送抵读者，可信度高，制作简单、灵活。缺点主要是读者很少传阅，表现力差，多数报纸表现色彩简单，刊登形象化的广告效果差。

### 4. 杂志广告

杂志也是一种印刷体，与报纸相比，杂志的专业性较强，读者更为稳定、集中，特别适合刊登各种专业产品的广告。杂志广告具有针对性强，保留时间长，传阅者众多，画面印刷效果好等优点。缺点是一般发行量不如报纸，因此广告覆盖面小，且由于多为月刊，广告截稿时间早，信息传递速度不如报纸、广播、电视。

### 5. 售点广告

售点（**Point of Purchase**），即购买点的意思。售点广告有广义和狭义之分。广义包括了购买场所内外的所有促销形式，如店招牌、橱窗、霓虹灯、商品陈列、店内宣传品等，狭义仅指购买场所内的促销形式。

### 6. 直邮广告

直邮广告是指直接邮寄宣传品等对消费者进行传播的一种方法，媒体是邮政局。其目标对象明确，并且企业能够针对邮寄的对象，制定特定的宣传内容，增强了直邮广告的诉求力。它还能避免其他企业的竞争压力，因为广告信息是单独地被直接送到对象手中的，接受者的注意不会被分散。直邮广告的形式包括：商品目录、通告函、说明书、价格表、企业介绍等。

### 7. 户外广告

这是指在建筑物外表或街道、广场等室外公共场所设立的霓虹灯、广告牌、海报等。户外广告是面向所有公众的，所以比较难以选择具体目标对象，但是户外广告可以在固定的地点长时期地展示企业的形象及品牌，因而对于提高企业和品牌的知名度是很有效的。

### 8. 交通广告

交通广告是流动的广告，以公共交通工具为广告媒介，主要有车站内的广告牌、公共汽车的车身广告等，这种广告在人口比较集中的大城市非常有效。

媒体计划者必须了解各种主要媒体类型在递送广告接触、频率和效果方面的能力。每种媒体都有某些优点和局限性，媒体计划者在这些不同类型的媒体中进行选择时，必须考虑以下 4 个因素。

（1）目标受众的媒体习惯：例如，电视是接触青少年最有效的媒体。

（2）产品：妇女服装广告最好刊登在彩色杂志上，数字照相机最好在电视上示范。各种媒体类型在示范、形象化、说明、可信性和色彩等方面的潜力各有不同。

（3）信息：宣布未来一项大型销售活动的信息，需要利用无线电广播和报纸。一项包含大量技术资料的信息，则可能需要专业化的杂志或邮寄。

（4）成本：电视广告极为昂贵，而报纸广告则较便宜。不同媒体的成本不同，不同企业的支付能力也不同，企业不仅要分析广告成本与效果之间的关系，也受广告预算和促销总预算的限制。

## 12.3.5　广告的评估

许多企业希望对其广告效果做出可信的评价。正确地评价广告效果，可帮助企业在降低广告费用的同时，获得更好的广告效益。从信息传递的角度看，它是一种单向的信息沟通。广告主只是发出了广告，并不能直接得到反馈，而通过市场调查持续地了解广告效果，才是建立有效反馈系统的途径。

对广告进行评估的内容很多，就效果而言，主要有两方面：一是传播效果，二是销售效果。

### 1. 传播效果

广告传播效果评估，即测定广告是否将信息有效地传递给目标顾客，具体表现为受众对广告注意、理解和记忆的程度。这种测试可在广告刊出前也可在广告播出后进行。具体做法有三种：一是阅读率、视听率、记忆率测定；二是在事后找一些看过或听过的人，请他们回忆广告内容；三是在刊登广告的报刊读者中抽取若干读者，看有多少人阅读并记住了该广告。

许多企业请消费者小组或广告专家小组观看各种广告，然后请他们对广告做出判断，问题可以是：“您认为哪个广告会影响您去购买产品？”或者采用填写评分尺度表的形式，见表 12.1。可通过此表评估广告的吸引力、可读性、认知力、影响力和行为力，对每一种情况都给予分数。一个广告必须在上述特性评估中均得高分，才能激发出购买行为。

**表 12.1　广告评分的尺度表**

| | |
|---|---|
| 吸引力：此广告吸引读者的注意力如何 | —（20） |
| 可读性：此广告促使读者进一步细读的可能性如何 | —（20） |
| 认知力：此广告的中心内容或其利益是否交代清楚 | —（20） |
| 影响力：此特定诉求的有效性如何 | —（20） |
| 行为力：此广告激起行为的可能性如何 | —总计 |
| ↑劣等广告　↑次等广告　↑中等广告　↑好的广告　↑最佳广告 | |

## 2．销售效果

销售效果是把广告费与销售额的增加进行比较而得到的指标。计算公式为：

$$广告效果=销售增加率/广告费增加率\times 100\%$$

采用此法测算广告效果，只能作为衡量广告效果的参数。因为商品销售的增减及增长的快慢，是由多种因素决定的，广告的影响只是诸因素之一。而在用此法计算时，如果广告效果小于 1，表示广告投入呈负向比例变化，企业应重新考虑广告计划或停止继续做广告。星丽汽车护理用品的广告方案参见营销窗口 12.1。

### 营销窗口 12.1　星丽汽车护理用品的广告方案

**一、背景资料**

1．产品背景

（1）星丽（Sonax）由德国专业汽车护理用品厂商生产，已有 80 多年的历史。

（2）星丽产品系列共分 6 大类，200 多个品种。

（3）荣获德国品质评鉴会颁发的 ISO9001 国际品质系统证书。

（4）在欧洲乃至全球屡获殊荣。

（5）奔驰汽车总厂及方程式赛车威廉士车队指定使用的护理用品。

2．北京市场背景

（1）北京地区市场私人车比例的不断增加，以及民营企业、“三资”企业拥有的高档轿车消费市场的不断扩大，为汽车护理用品提供了一个极具想象力的发展空间。

（2）汽车护理用品市场在北京地区尚未形成规模。其表现为一些品牌（如 Nielson、Polor、Willson 等）虽然进入市场的时间早些，但仅引入了部分种类的产品，以致当消费者发生某方面的需求时，市场上没有相应的产品。也就是说，在这个市场的某些细分领域还存在着空白。

（3）目前这个市场中出现的品牌产品主要有 6 种：

| 品牌 | GB | 金鹰 | BP | Willson | Nielson | Polor |
|---|---|---|---|---|---|---|
| 产地 | 美国 | 美国 | 英国 | 日本 | 英国 | 加拿大 |

（4）各品牌产品的实力相当，都正在准备以高昂的广告宣传费及促销费用的投入，换取瓜分或进一步稳定现有的市场占有率。

3. 市场机会

（1）星丽期望也有实力与现有市场品牌产品一争高下。

（2）星丽 80 多年的生产经验和 6 大系列 200 多个品种的产品线是其他品牌所不能比拟的。

（3）市场的某些细分领域尚存在空白。

（4）德国的汽车产品在中国乃至全世界享有高贵、安全的美誉。这种潜在的市场影响，成为星丽作为唯一一家德国出品的进入中国市场的汽车产品的护理品的潜在市场优势。

4. 目标消费群体分析

星丽汽车护理用品的主要用途是对小型车（轿车、高档旅行车）进行清洁和保养，使其历久弥新，充分体现它们卓越的性能和时尚的品质。

目前，在北京地区的销售渠道还仅限于专业的大中型汽车修理厂和综合型商厦的汽车护理用品专柜及个别的汽车护理用品专营店。

由于专业型的汽车护理用品在北京地区市场出现最早的也不过 2～3 年，再加上这些品牌的产品多采用试探性的市场策略，致使这一类产品的消费概念还没有在目标消费群体中形成。经过小样本的随机访问调查表明：有 76.3%的车主认为汽车护理用品是汽车香水；12%的车主认为汽车护理是汽车修理厂的事，他们无需关心；仅有 5.7%的车主能较清楚地知道汽车护理用品的准确用途（其中 95%以上是有出国经历的人员），但他们没有形成购买习惯（其主要原因是对现有的市场产品缺乏系统的认识以及对产品的品质缺乏信心）。

根据这类产品的应用范畴和我国的特殊国情来看，能够决定并实现最终购买行为的群体，实际上就是星丽适用车型的车主。这个群体中的人员普遍具有以下特点：

- 在事业上，他们正处于成长期或兴盛期；
- 精明，喜欢进行理性思维认定，一般不受他人影响；
- 对产品的品质及产品的附属品（如包装、店内促销等）相当挑剔；
- 一旦认定使用某种品牌的产品则不轻易改变消费习惯，是忠实的消费群体；
- 有强烈的阶层保护意识，即一旦发现有与其生活层次相差大的人使用同类产品，他们则果断地放弃这一品牌。

**二、广告策略**

1. 目标

（1）在目标消费者中间树立品牌知名度达 80%。

（2）品牌提示回忆度达 60%。

（3）将准确的产品定位传递给目标消费者。

2. 消费群体定位

（1）私家车主。拥有私家车，非常爱护自己的宝车；处于事业兴盛时期，有经济实力；钟情优秀的品牌产品。

（2）民营企业、“三资”企业用车。对于汽车是代表企业形象的一部分的观念有强烈的认识；经济实力强，愿意购买能体现车主身份的产品。

3. 广告诉求支持

（1）来自德国的产品。

（2）品质高贵，安全可靠。

（3）奔驰汽车总厂及方程式赛车威廉士车队指定护理用品。

（4）品种多达 200 多种。

4. 广告定位

（1）作为进入一个新地区市场的产品对待。

（2）配合既有形象，突出表现产品的品质和功能是这个阶段的宣传重点，为下一个阶段转向品牌形象诉求奠定良好的基础。

**三、媒体策略**

1. 媒体策略。配合本阶段的广告定位，选择覆盖目标消费者较为集中的报纸和电台。在媒体暴露频率上选择较为温和的渗透方式，以适应该产品的理性消费群体。

2. 媒体投放说明

（1）《精品购物指南》。与“汽车世界”建立合作栏目，每期详细介绍 1～2 种产品功能、特性，800～1000 字左右；以彩色半版形式，刊出产品形象广告，突出表现其高贵品质及全系列产品。

（2）《北京晚报》。以通栏形式突出表现全系列产品及特别推荐适合本季节使用的产品。

（3）《北京青年报》。同上，意在扩大对目标消费者的影响。

（4）北京人民广播电台交通台。选择早（8:00—9:00）或晚（5:30—6:30）的栏目合作，每期节目分别介绍 1～2 种产品的功能、特性等。

## 12.4　策划营业推广

营业推广的目的是企业希望通过各种刺激顾客的活动，扩大销售和形成人气。营业推广近年来发展很快，原因在于：竞争激化，品牌数目增加，许多产品处在相似状态，消费者更看重交易中的实惠；广告媒体拥挤，费用日益上涨，广告的吸引力和效果在下降；企业经常处于要在短期内迅速增加销售的压力之下，它需要刺激市场消费。

### 12.4.1　勾勒商业氛围

每个商店都有一个实体的布局，从而使人们在店内容易或不容易走动。每个商店都将给人留下某种印象：有的店肮脏不堪，有的店雅致迷人，有的店富丽堂皇，而有的店则昏暗阴晦。商店的布局必须精心构思，使其具有一种适合目标市场的气氛，从而使顾客乐于购买。

今天的许多零售业正在从百老汇获得灵感，美国的耐克城就是一例。该店现在所吸引的来访者比芝加哥著名的科学与工业博物馆还多。耐克城的每个房间都有一个不同的体育项目，顾客可以在这个房间里看到和购买有关这一体育项目的合适的器材和鞋；青少年可以在二楼圆他成为篮球明星的梦，在那里，他会发现迈克尔·乔丹的巨幅画像，品种齐全的篮球鞋和球服，甚至还有一个篮球场。他可以在那里试穿球鞋，打几下篮球，感觉一下这双球鞋在打球时的效果。

**1．设计商业服务环境的原则**

商业服务环境的设计必须符合企业经营活动的规律和特点，体现企业经营战略、推销策略和政策的要求，反映企业的形象。服务环境必须符合顾客的心理特点，有利于吸引消费、促进销售。

为了达到这些要求，在服务环境的设计中一般应遵循以下原则。

（1）树立企业形象，体现经营特色

服务环境是消费者认识企业的首要因素，良好的企业形象是企业销售获得长期、稳定效果的重要条件。企业的整体形象首先发生作用的是企业的服务环境。

企业特色是指能满足消费者生理和心理需要的全部内容的总和。有特色才能引起注意和被记住。企业特色是企业形象的重要组成部分。有良好的形象，有一定的特色才能吸引顾客。

（2）美观、和谐、舒适和方便

美观是指通过构成要素形成的气氛必须使人赏心悦目，同时，环境特点与顾客心理特点和谐。舒适、方便是顾客对企业购物环境的最一般的要求，它必须在各种要素设计中得到体现。美观、和谐、舒适和方便都是为了达到促销的目的。

（3）合理使用营业面积

在有限的营业面积中既要方便顾客选购和进出，又要尽量多地设置购物点，充分利用营业空间，提高单位营业面积的销售效率。

（4）符合商品特点

服务环境设计中既要有利于对商品的保护，如防晒和冷藏等，又必须使消费者能看到商品，并了解企业对商品的保养情况。

（5）保证顾客和财产安全

在建筑设计，出入口设计，各种防盗、防火设施的安装等方面都必须符合这一原则。环境设计要为营业员提供良好的劳动条件，有利于保证职工身体健康和提高劳动效率。

（6）经济合理

服务环境要在满足上述原则的基础上，尽可能降低单位面积的投资。在设计中，既要考虑当前经营的需要，又要有发展的余地。服务环境的投资应认真核算和预测。

**2．营业场所设计**

当消费者走进商场时，营业场所的各种要素都会影响他们的感觉。营业场所必须形成有利于商品推销的气氛，因此，必须认真设计。

营业场所的感观景象是指影响人们触觉、视觉、嗅觉和听觉等的因素。感观因素直接影响消费心理。营业场所，俗称门脸儿，布置适当，能够显示出经营者的经营艺术。

（1）照明和色彩

有光才有颜色，有充足的光线是最一般的要求。它可以使企业显得充满生机和活力。昏暗的光线会使色彩显得陈旧。明亮活泼的色彩与轻柔淡雅的色彩具有完全不同的心理效应。色彩的配合应根据经营的需要设计。

（2）气味和音响

对于化妆品商店或餐厅，气味都有重要作用。对于一般企业只要求空气清洁即可。音响是招徕顾客的重要手段。轻快活泼的音乐会使人心情愉快。餐厅内轻柔的音乐可以使顾客彼此交谈互不影响。美容厅等播放流行音乐，能抑制人们等待的烦躁。出售音响设备的地方播放高质量的音乐能引起人们的购买欲望。音响应注意声音不能太大，进入听觉痛域会使人急躁而放弃一些购物计划。

（3）装饰

追求优质高价的企业应对营业场所进行很好的装饰，如铺上地毯，贴上精美的壁纸和挂顶，用灯箱或其他装饰把立柱隐藏起来等。而追求大众化、低价的企业可以不加任何装饰，这样反而加强了原来期望的形象。

（4）其他设施

有一些附属设施在营业场所设计中也应加以考虑。例如，衣物、提包存放设施，自选商场和一些室内外温度相差较大的营业场所应考虑这类问题。收款台的现代化和高效率也应考虑，例如，电子计算机收款台会给顾客留下操作快、少差错的印象。休息场所与洗手间对大型商业企业很重要。此外还包括其他方便顾客购买的有关设施，如价格标签等。另外，还要注意营业场所内一些“死区”的利用。所谓“死区”，是指无法安置销售设施的地方，如电梯内的墙壁，楼梯走廊两侧等，这些地方一般可以进行一些营业场所布局介绍，放置广告和灯箱等。

**3. 商品陈列设计**

货物展示的方法必须很自然地鼓励购买。销售商在这方面有特殊的方法，从商品陈列到店员示范和货架标志，以及采用灯光效果等。商品陈列的方法有很多，企业应根据自己的特点、经营商品的特点及商品陈列的原则，灵活地运用陈列技巧，有创造性地进行布置和设计。

（1）商品陈列的基本要求

对于不同规模，经营不同商品，使用不同设备的企业，其陈列方法是不同的。但不管怎样陈列，必须符合以下要求。

① 醒目：陈列的目的是让顾客看到商品，看清商品。因此，商品陈列地点应是顾客能最大限度接近的地方。商品陈列的高度、摆放方式也要精心设计。

② 亲和力：能够让顾客接触到商品就会增加亲切感。一般说，所有商品都应允许顾客用手自由接触、选择和观看。“裸露陈列”是现代商业企业很流行的一种方法。为了减少因此造成的损失，有的商品可以摆出样品去实现这一要求。

③ 吸引力：吸引力除了商品本身的因素外，美观的陈列、富有想象力的造型、有特色的品种对比、颜色搭配都可以制造一定的吸引力。商品陈列应尽量与其他促销措施相配合。

④ 明确：陈列商品应有价格标签、目录、商品说明等。说明应简短、明确和有吸引力。

⑤ 丰满：“货卖堆山”是商业的一条经验。有丰富数量的陈列可以刺激消费。顾客希望从数量丰富的商品中挑选商品。

⑥ 有利于促销：什么商品放在一起陈列应认真研究。除了应注意商品理化特征外，还应注意商品的连带关系、替代关系、系列关系等。

⑦ 经济合算：陈列也需要支出一定的费用，这种费用与广告费用具有类似性质。

（2）商品陈列的方法

商品往往具有整体性和连带性，商品陈列时总要把一些商品放在一起，这主要是受陈列空间的限制。如何进行商品组合陈列应根据企业的经营方针进行。

① 敞开式陈列：这种方法利用消费者触摸商品可能引起购买冲动的特点来进行陈列，比较适用于中、低档日常用商品。

② 封闭式陈列：对于高档耐用品的陈列一般要求封闭式陈列，但要能让顾客看到商品的各种特性，并应附上说明书。

③ 季节性陈列：随季节变化的陈列商品，要根据季节变化及时调整。夏季商品宜用冷色调，冬季商品宜用暖色调。

④ 附加价值陈列：使“死”的商品“活”起来是附加价值陈列法的主要技巧。例如，给模特架穿上时装进行陈列，在空调陈列中加上大海的背景等。然而，要注意不能让附加的道具喧宾夺主。附加价值陈列还包括在陈列中宣传商品的维修条件，其他消费者使用此产品的效果说明和介绍等。

## 12.4.2　营业推广过程

企业在利用营业推广方式促销时，一般要做出下述主要决策：确定营业推广的目标，选择营业推广的形式（包括消费者营业推广的形式和中间商营业推广的形式）和营业推广的管理。

### 1．确定营业推广的目标

根据市场和产品等不同特点，营业推广的手法多种多样。归结起来，营业推广的目标有 3 个。

（1）针对消费者的推广：通过对消费者的强烈刺激，促使其迅速采取购买行为。

（2）针对中间商的推广：通过刺激中间商，促使其迅速采取购买行为。

（3）针对销售员的推广：针对本企业销售员展开的推广，目的是鼓励销售员积极开展推销活动，完成更大的销售量。

企业从基本的营销传播目标导出了促销的目标，而基本的营销传播目标又是从开发特定产品的更加基本的营销目标中导出的。营业推广的具体目标一定要根据目标市场类型的变化而变化。就消费者而言，其目标包括鼓励消费者更多地使用商品和促使其大批量购买，争取未使用者试用，吸引竞争者品牌的使用者。就零售商而言，其目标包括吸引零售商经营新的商品品目和维持较高水平的存货；鼓励他们购买过季商品，储存相关品目；抵消各种竞争性的促销影响；建立零售商的品牌忠诚和获得进入新的零售网点的机会。就销售队伍而言，其目标包括鼓励他们支持一种新产品或新型号，激励他们寻找更多的潜在顾客和刺激他们推销过季商品。

### 2. 消费者营业推广的形式

对消费者的营业推广是针对最终用户的促销活动。零售商是直接和消费者打交道的，因而，消费者营业推广的主要承担者是零售商。但是，仅仅由零售商来承担这一重任是不够的，批发商与生产商也应该作为营业推广的分担者，甚至在有些场合，批发商或生产商还要作为主要承担者去努力实施营业推广活动。

消费者营业推广的形式主要有以下 3 种。

（1）商品展销形式

对于商场来说，展销可以显示哪些商品和厂家更受消费者欢迎，从而为商业企业进一步筛选和固定货源关系、商品采购提供市场依据。

① 展销有利于企业创品牌，提高企业知名度，同时提高市场占有率。这也是大企业经常采用的方式。有的企业甚至常年搞展销厅，以展示和销售本企业产品。

② 有利于消费者全面了解企业。展销品种齐全，既展又销，能起到广告起不到的作用。展销货物充足，能在短期内吸引较多的消费者，扩大销售。

③ 获得第一手市场资料。展销不仅有利于消费者对同类商品进行比较和挑选，而且可以获得消费者对企业将要开发和生产的新产品的意见和反应，从而获得第一手市场资料，这对于企业发展有重要意义。

（2）降价促销形式

降价促销是一种有效地扩大销售的方式，被广泛采用。降价促销对许多特殊场合是很有效的。

① 在企业举办某些有重大影响的活动期间降价。例如，庆祝企业成立 5 周年进行商品大酬宾。这样既能给人实力雄厚的感觉，又能避免一些由降价可能引起的误会。

② 对年末、节日或应季商品进行降价促销。因为在这种时候，需求量增加，降价能刺激需要，使顾客更多地购买。

③ 处理库存积压商品。过季商品和出口商品可进行一次性清仓降价促销。

（3）奖售形式

奖售是一种非降价让利的促销方式。实际上它也是一种降价，但是，它用了另一种表现方式。

① 重奖法：即对少数中奖者给以重奖，以刺激消费者购买。

② 买物赠券：这是买物赠物的变换形式，把赠物换成赠有价证券，顾客可以按券面价值在本企业购买其他自己所需的商品。

③ 买物赠物：即顾客购买一定数量的商品，就另外赠送商品。

④ 赊销方式：赊销是提供商业信用服务的促销方式，特别有利于高档耐用品的促销。奖售方式还有很多，企业应根据自身情况，有创造性地策划和采用。

### 3. 中间商营业推广的形式

中间商营业推广是在贸易过程中的促销活动。中间商和消费者有着本质的区别，中间商的一切购买活动是以营利为目的的，并不是为了自身的消费。面向中间商的营业推广的形式有以下 5 种。

（1）推广津贴：这是给予中间商的一种津贴，有广告津贴、展销津贴、陈列津贴、宣传物津贴等。推广津贴是一种报酬，是为了鼓励中间商积极推销自己的产品。

（2）交易折扣：可以规定只要在一定时期内购买了本企业的某种产品，就可得到一定金额的折扣，购买量越大，折扣越多。这种方法可鼓励中间商更多地经营本企业产品，或促使中间商经营原来不打算经营的本企业产品。

（3）促销协作：这是在中间商开展促销活动时，企业提供一定的协作和帮助，是一种共同参与。促销协作可以是提供现金的方式，也可以是提供实物或劳务的方式。例如，合作广告、为中间商设计宣传品、提供陈列货架等。

（4）业务会议或展销会：邀请中间商参加，在会上一方面介绍商品的知识，另一方面现场进行演示操作，这样可以促使中间商进货。我国企业召开的所谓订货会即属此类。

（5）销售竞赛：为了推动中间商努力完成推销任务的一种促销方式。获胜者可以获得生产企业给予的现金或实物奖励。销售竞赛应事先向所有的参加者公布获奖的条件、获奖的内容。销售竞赛可以极大地提高中间商的推销热情。

新的营业推广形式还在被不断发明出来，也有一些旧的形式被逐渐淘汰，企业要根据自身情况在它们之间做出选择。

#### 4．营业推广的管理

现在，销售经理，特别是销售日用包装消费品的经理，过于强调营业推广。在中间商为了争夺消费者和注意力而竞争激烈的成熟市场里，营业推广是非常有用的。但实际上，由于营业推广的费用增加，增加了消费者需要支付的钱。

虽然销售经理处于这种情况，但是除了继续下去，别无出路。在产品生命周期的成熟阶段，需要靠频繁的营业推广来弥补竞争者促销带来的影响。唯一从竞争中脱离出来的方法是，销售经理寻找新的机会——不依赖有优势的短期营业推广。

在营业推广领域出现的一个问题是，企业容易犯成本高的大错误。因为营业推广包括多种类型的活动，每次活动都是为顾客设计的，并且只进行一次，很难让典型的企业在这领域发展技巧。由于缺少经验而发生的错误可能导致一次巨大的浪费。

当一家企业没有营业推广管理者时，营业推广的错误可能变得更为严重。如果人员推销或营销经理对营业推广负责的话，那么，他们应把营业推广当成“自己的孩子”。如果有任何危机，他们就会划拨经费用于营业推广。但是，许多企业，甚至是大企业都没有为营业推广实行独立的预算，甚至不知道整个营业推广要花费多少钱。所以，让营业推广产生作用是一门有学问的技术。

## 12.5　策划公共关系

企业的公共关系和宣传活动与其他的促销手段不同，它并不是直接地进行产品的促销，而是通过宣传树立起企业的良好形象，在消费者心目中建立起信誉，间接地促进产品的销售。

### 12.5.1　公共关系的特点

公共关系是一家企业或机构为了与它的各类公众建立有利的关系，而采取的有计划、有组织的活动。公共关系作为整合传播的一个重要组成部分，具有自己的特点。

### 1．注重长期效应

公共关系要达到的目标是树立企业良好的社会形象，创造良好的社会关系环境。实现这一目标并不强调即刻见效，而是一个长期的过程。企业通过各种公共关系的运用，树立良好的产品形象和企业形象，从而能长时间地促进销售和占领市场。

### 2．注重双向沟通

公共关系的工作对象是各种社会关系，包括企业内部和外部公众两大部分。它是全方位的关系网络，它强调企业与公众之间的真情传播与沟通。在企业内部和外部的各种关系中，如果处理得当，企业定会左右逢源，获得良好的发展环境。企业通过公共关系听取公众意见，接受监督，也有利于企业全面考虑问题，追求更高的社会形象目标。

### 3．注重间接促销

公共关系传播信息，并不是直接介绍和推销商品，而是通过积极参与各种社会活动，宣传企业营销宗旨，联络感情、扩大知名度，从而加深社会各界对企业的了解和信任，达到间接促进销售的目的。公关公司的工作参见营销窗口 12.2。

**营销窗口 12.2　　荷恩集团："公关的魔力"**

荷恩集团（Horn Group）成立于 1991 年，拥有 600 万美元的资本，它的总部设在圣弗朗西斯科，而办公地点设在波士顿，它是一家代表两地软件制造公司和服务公司的公关公司。公司细分为 4 个技术市场：顾客关系管理，商业连锁管理，企业信息处理，商业服务与在线服务。公司的使命是"通过对期望中的公共关系提出建议以及产生效果，提升客户在市场中的领导地位。"

为完成它的使命，荷恩集团提供战略建议、公司介绍的开发和培训、产品与公司运行支持、在线媒体关系、分析专家关系、团体交流、投资商关系以及成果衡量。荷恩集团的客户接收到的战略建议涉及从产品计划与定价到危机管理的各种内容。财务部门每周都会召开会议，迅速提出和讨论客户的公关机会。他们还与客户见面或通过电话提供建议，报告现行方案，提出改变的建议。当发生如产品缺陷或争议事件等公关危机时，荷恩集团会帮助客户尽力减少损失并维持信用度。

公司与《电脑世界》和《计算机周刊》等杂志社，《福布斯》、《财富》、《商务周刊》和《华尔街日报》等美国商业出版社，"早安美国"、"CNN 新闻"等广播媒体都保持着广泛的接触，表现出了"公关的魔力"。对荷恩集团公关部门来说，着眼于未来的新闻的尽快传播、产品的进步、公司合并、公司收入和公司人员是最重要的。典型的新闻包装包括全方位的公司介绍、印刷品的发送、详细的印刷品、团队和产品背景的相关信息、试用顾客的证明和指导、执行人员和产品照片、小册子以及文章的添印。荷恩集团每月都会向客户提供报道公众焦点问题、质量与数量成果以及他们的建议。

荷恩集团的首席执行官将公司的成功归因于两个因素。第一，选择客户的慎重。

例如，公关部门在一年内，从他们得到的资料中显示的 400 家销售领头公司中，只选出 12 家作为客户。第二，提供具体测量数据。虽然许多公关部门避免向客户提供具体测量数据，但荷恩集团以自己有能力提供详尽数据而自豪，并激励员工做到最高标准的服务和质量。荷恩集团的首席执行官称："当我们的客户晚上睡觉时，他们不用担心公关的事，因为我们在关心着。"

## 12.5.2 公共关系的内容

公共关系根据客体的不同，应处理以下 6 种关系。

### 1. 正确处理企业与公众的关系

公共关系的主要任务是沟通和协调企业与社会公众之间的关系，以争取公众的理解、认可与合作。公众一般是指处于非组织状态之下的自然人。企业面对的公众既包括了企业的销售目标对象，也包括了企业的非销售目标对象。因此，企业的公共关系活动必须针对所有的个人。

### 2. 正确处理企业与政府的关系

政府机关不仅是国家权利的执行机关，而且是引导企业适应宏观经济发展要求的宏观调控者。企业的活动应服从政府的监督。因此，企业公关工作必须正确处理与政府的关系。在遵守国家法令，自觉接受政府有关部门的指导和监督的同时，企业应主动与政府有关部门沟通信息，赢得政府的信赖和支持。

### 3. 正确处理企业与社会团体的关系

社会团体属于组织公众之一，它是为实现一定目的而形成的集合，因此，社会团体对企业具有强大的约束力和影响力。企业应与社会团体建立并保持良好的互助关系，企业通过它们协调行业关系也是十分重要的。

### 4. 正确处理企业与新闻媒介的关系

新闻媒介对企业的影响极大。报纸、杂志、广播、电视等新闻媒介可以创造社会舆论，影响民意，间接而有力地调控企业行为。因此，它可以被公关人员用来争取社会公众。企业公关人员应当同新闻界保持经常的、广泛的联系，通过主动合作，打开市场局面，提高企业知名度。

### 5. 正确处理企业与其他企业的关系

这里的其他企业主要是指与本企业有经济业务往来的企业，像工业用户、供应商、中间商、金融机构等是企业公共关系活动的主要对象。企业必须和与自己有业务往来的工商企业进行有效的沟通，在他们面前树立良好的企业形象，以利于企业活动的顺利进行。

### 6. 正确处理企业内部公众关系

一个企业由许多员工组成。企业内部公众关系是企业内部员工关系、部门间关系及股东关系的总称。企业内部员工关系及部门间关系是否融洽直接关系到企业经营目标的实现。为此，公关工作要做到：加强企业内部各方面的纵向和横向的信息交流，增进相互了解，协调各方面利益关系，解决各种矛盾，培养集体精神和协作精神，保证企业整体的正常运转。

### 12.5.3 公共关系的形式

公关活动的形式可考虑以下 4 种。

#### 1. 宣传报道

公共关系的一个主要任务是发现或创造对企业和产品有利的新闻，以吸引新闻界和公众的注意，增加新闻报道的频率，扩大影响，提高知名度。

#### 2. 赞助社会活动

赞助公益和社会活动，以提高企业声誉与形象。例如，赞助奥运会，为抗洪救灾、希望工程、保护大熊猫捐助等。

#### 3. 组织宣传展览

企业可组织编印宣传性的文字、图像材料，采用拍摄宣传录像带及组织展览等方式开展公共关系活动。通过一系列形式多样、活泼生动的宣传，让社会各界认识企业，理解企业，从而达到树立企业形象的目的。

#### 4. 开展主题活动

主题活动是企业与公众直接面对面接触的沟通形式，是公共关系活动传播信息的有效媒介。主题活动包括各种场合的开幕式、庆典、仪式、比赛、论证会、招待会、研讨会等。主题活动是使社会各界和公众了解企业，树立企业形象的绝好机会。由于公众能够亲身感受到企业的真实形象，所以对其影响力特别大。

### 12.5.4 公共关系的步骤

公共关系和宣传需要以下 4 个相互衔接的步骤。

#### 1. 确定公关目标

公共关系的基本目标是在公众中树立企业形象和产品形象，扩大影响。但每次特定的公关活动还需要有具体的目标，如建立或提高产品知名度，激励中间商的工作热情，使潜在顾客了解该产品能带给人们健康等。

#### 2. 选择公关内容

确定了公关目标之后，还要选择达到这一目标的适当的公关内容和方式。可供选择的方式主要有提供实证或间接证明。例如，某品牌电风扇在某大商场橱窗陈列中连续运转两年后，组织专门人员检查鉴定，质量正常；某冰箱投进河里，取出后稍加整理就恢复了正常功能等实例。

**3. 组织宣传交流**

公关宣传在付诸实施时常遇到种种困难，如报纸杂志拒绝刊登已撰写好的公关稿件等。因此，需要公关人员与这些单位的有关人员建立良好的关系，以保证及时不断地刊登宣传报道的文章。

**4. 评估公关效果**

公关效果的评估，可通过比较实施公共计划前后销售额的变化来进行。另一个简单可行的办法是统计各种大众传播媒介对本企业和产品报道的次数和长度来衡量公关活动的效果。随着社会的发展，公关的作用将会越来越被大家所重视。

## 复习题

1. 企业整合传播的工具有哪些？
2. 整合传播的过程是怎样进行的？
3. 什么是整合传播的推拉战略？
4. 开展传播和促销的主要步骤是什么？
5. 传播的信息内容取决于哪些诉求？
6. 经理编制促销预算的方法有哪些？
7. 什么是广告？
8. 广告是怎样分类的？
9. 考虑下面两句关于广告的话，从营销的角度分析这两句话：
   (1)“广告的目的在于创造销售”
   (2)“广告的目的在于改进顾客对企业产品的意向”
10. 设计商业服务环境的原则是什么？
11. 企业在利用营业推广方式促销时，一般要做出哪些决策？
12. 公共关系的特点有哪些？
13. 公共关系根据客体的不同，应处理哪些关系？
14. 对企业的公共关系有下面 4 种意见，你认为哪一种最好？为什么？
    （1）See me　　（2）Say me
    （3）Buy me　　（4）Love me

## 案例讨论

### 肯德基“苏丹红”危机的处理

2005 年 3 月 15 日，中央电视台曝光肯德基旗下的新奥尔良烤翅和新奥尔良烤鸡腿堡被检测出含有“苏丹红 1 号”。16 日上午，肯德基要求所有门店停止销售新奥尔良烤翅和新奥尔良烤鸡腿堡。当天 17:00，肯德基连锁店的管理公司百胜餐饮集团向消费者公开道歉，集团总裁苏敬轼明确表示，将会追查相关供应商的责任。

3 月 17 日，《南方都市报》、《广州日报》等媒体在头版头条，大篇幅刊登了关于肯德基致歉的相关报道。其他许多媒体也对肯德基勇于认错的态度表示赞赏。19 日，肯德基连续向媒体发布了 4 篇声明，介绍“涉红”产品的检查及处理情况。百胜餐饮集团总裁苏敬轼发布了调查苏丹红的路径图：肯德基产品调料中发现苏丹红成分→调查这两款产品的配料来源→发现该配料来自中山基快富公司→追查所有中山基快富公司进料→锁定来自中山基快富的 9 批辣椒粉→9 批辣椒粉中有 2 批发现苏丹红成分→查实中山基快富是从宏芳香料（昆山）有限公司采购的原料。根据线索重新追查使用过含“苏丹红”调料的其他连锁店的产品→北京朝阳区肯德基万惠店抽查发现香辣鸡翅、香辣鸡腿汉堡、劲爆鸡米花三种产品含有苏丹红→北京的产品停售。

3 月 23 日，肯德基在全国恢复了被停产品的销售。苏敬轼说：“中国百胜餐饮集团现在负责任地向全国消费者保证，肯德基所有产品都不含苏丹红成分，完全可以安心使用。”28 日，百胜餐饮集团召开新闻发布会，苏敬轼现场品尝肯德基食品。百胜集团表示决定采取中国餐饮行业史无前例的措施确保食品安全。

4 月 2 日，肯德基开始对 4 款“涉红”产品进行促销活动，最高降价幅度达到 3 折，肯德基销售逐渐恢复元气。6 日，肯德基主动配合中央电视台《新闻调查》和《每周质量报告》等栏目的采访，记者的关注焦点已由肯德基“涉红”转变为对原料和生产链的全方位追踪。

肯德基对“苏丹红”危机的处理，从发现问题到顺利渡过危机，大致用了 3 个星期的时间。2006 年 8 月 26 日，广州市中级人民法院对“苏丹红”的始作俑者进行判决：广州田洋公司总经理谭伟棠及助理冯永华分别被法院判处有期徒刑 15 年和 10 年，并处 230 万元和 100 万元的罚金。

## 问题讨论

1. 危机公关的特点是什么？
2. 肯德基的公关对象有哪些？

CHAPTER 13

# 第 13 章
# 人员推销和谈判

## 引导案例

为了替洛杉矶奥运会筹得巨资，第 23 届奥运会组委会主席尤伯罗斯需要把“赞助权”推销出去。他给饮料业赞助商投标设置了自己的心理底线——400 万美元，给媒体行业的投标公司定了 2 亿美元的电视转播权。之所以定出令一般人咋舌的价格，是因为如果他筹不到巨资，就办不成奥运会。随后他便去同各个行业的商业巨头谈判，并使他们明争暗斗展开竞争，结果他从可口可乐公司那里得到了 1260 万美元，从美国广播公司那里得到了 2.25 亿美元。从销售谈判策略的角度讲，这叫做“底线设置策略”，这一策略的要义是给自己的要价设定一个最低目标，使自己的利益最大或损失最小。如果达不到，宁可放弃，再另找合作方。

营销人员需要一个与潜在顾客面对面交流与沟通的阶段，即谈判阶段。在此阶段，销售人员如何针对潜在顾客的需要提出购买方案，如何与潜在顾客达成双赢的共识，对于最终能否成交意义重大。

**本章将阐述下列一些问题：**

- 在设计销售队伍时应做什么工作？
- 怎样选择、训练、指导、激励和评价一个销售队伍？
- 怎样改进销售员在谈判上的技能？

# 13.1 人员推销

现代社会是一个推销社会，我们每个人都需要推销，每个人都在从事推销。其实所谓推销，就是说服，是人的基本行为。这个世界是一个需要推销的世界，大家都是不同形式的销售员，人人都需要推销某种东西，不管你是否喜欢推销。例如，小说家推销情节，画家推销美感，教师推销知识，公关人员推销企业产品和企业形象，演员向观众推销表演艺术，服装模特推销一定的线条和流行颜色，公司向员工推销决策，下属向上司推销建议，男人推销自己的风度和才华，女人推销自己的温柔和美丽。人人都在推销。

## 13.1.1 人员推销的特点

人员推销是指通过销售员深入中间商或消费者之中进行直接的宣传介绍活动，使其采取购买行为的促销方式。

人员推销是人类最古老的促销手段。远在小商品经济时代，商人的沿街叫卖、上门送货等都属于人员推销的性质。在商品经济高度发展的现代社会，人员推销这种古老的形式更焕发了青春，成为现代社会最重要的一种促销形式。

同非人员推销相比，人员推销的最大特点是具有直接性。无论是采取销售员面对面地与顾客交谈的形式，还是采取销售员通过电话访问顾客的形式，销售员都在通过自己的声音、形象、动作或拥有的样品、宣传图片等直接向顾客展示、操作、说明，直接发生相互交流。人员推销的这种直接性的特点，决定了其在实施过程中既具有优于非人员推销的一面，也有劣于非人员推销的另一面。人员推销的优点有以下 4 点。

#### 1．针对性强

采取广告方式等非人员推销手段，面对的是广泛的社会公众，他们可能是也可能不是该产品的顾客。而进行人员推销之前往往要事先对顾客进行调查研究，选择潜在顾客，直接针对潜在顾客进行促销活动。针对性强可以减少浪费，促销绩效也比较明显。

#### 2．弹性大

销售员与顾客保持直接联系，在促销过程中可以直接展示商品，进行操作表演，帮助安装调试，并且根据顾客反映出来的欲望、需求、动机和行为，灵活地采取必要的协调措施，对顾客表现出来的疑虑和问题，也可以及时进行讨论和解答。此外，销售员在促销的同时，还可兼做许多相关性的工作，如服务、市场调研等。

#### 3．灵活多变

销售员与用户当面洽谈，有利于增进相互了解。销售员可根据对方的不同态度和特点，采取相应的策略。

#### 4．及时促成购买

人员推销的直接性，大大缩短了从促销活动到采取购买行为之间的时间间隔。采取广告促销方式，顾客有一个接收、思考、比较、认定以及到店购买的过程。而人员推销在销售员推销产品或劳务的同时，可及时听取和观察买方对产品或劳务的态度，并予以反馈，使企业经营更适合消费者的需要，它能及时促成购买。人员推销也能逐渐演变成与顾客的长期友好关系。

### 13.1.2 销售人员的必要知识

对销售人员来说，与客户沟通前要非常熟悉下列知识。忽略这些要素中的任何一个就是忽略一揽子项目中的关键部分，并有可能对销售人员个人和公司的最终成果造成重大影响。包含所有这些要素的知识能填平这些沟壑。

#### 1．公司知识

了解自己的产品和公司的知识，使销售人员掌握自己公司的独特能力即公司的优势。这些信息在销售人员试图使购买者信服而购买时很重要。对新雇员来说，公司知识是关键信息。新销售人员需要知道的不仅仅是公司的业务和销售人员如何适应这些业务的整体框架，而且还有公司文化。公司文化概念中所包含的内容有：公司理念（引导公司决策的价值观），公司道德标准，部门间关系，以及公司关于顾客在整个框架中的位置的观点。

#### 2．产品知识

对高科技产品和处于不断变化的行业来说，培训产品知识是培训项目中固有的内容。

产品知识在帮助顾客解决问题时是很重要的。

3．顾客知识

顾客知识并非只是“阅读”顾客本人，而是了解关于公司所服务的市场性质。顾客存在多样性，销售人员必须对人们和组织有全面的认识。例如，他们需要知道顾客如何使用产品和产品如何适合顾客的全部运作。此外，销售经理需要明确他们的典型顾客采用的采购程序。

4．行业和竞争者知识

在大多数情况下，拥有竞争者和他们的产品知识，几乎与拥有完整的对自己的公司和产品知识一样重要。然而，仅仅知道公司在哪些方面做得好是不够的，销售人员还需要知道他们的公司在哪些方面比其他公司做得好。换言之，相对它的竞争者有哪些独特的优势，也就是竞争优势。

当我们谈到行业知识时，我们没有过多地将竞争者说成该行业的动态力量。掌握行业特征的销售人员比那些不掌握这些特征的销售人员有优势。当然，有关竞争和行业的培训对新销售人员比对老销售人员更为关键。但是，使老销售人员掌握最新的竞争和行业信息是有用的。这不仅仅是给他们提供新信息，而且可以更新他们对这些信息的敏感性并增强他们自己获取这些信息的能力。

### 13.1.3　销售员的任务

人员推销的关键在于销售员。与早期销售员相比，现代销售员的作用已不仅仅限于单纯的商品销售，他们的地位日益重要，作用也日益广泛。主要表现如下。

1．探寻（prospecting）

销售员不仅要了解和熟悉现有顾客的需求动向，而且要尽力寻找新的目标市场，发现潜在顾客，从事市场开拓工作。

2．沟通（communication）

销售员与现实的和潜在的顾客保持联系，及时把企业的产品介绍给顾客，同时注意了解他们的需求，沟通产销信息。

3．推销（selling）

销售员通过与消费者和客户的直接接触，运用推销的艺术，分析解答顾客的疑虑，达成交易的目的。

4．服务（serving）

销售员除了直接的销售业务外，还提供各类服务，例如，业务咨询、技术性协助、融资安排、准时交货。

**5．调研（research）**

销售员可以利用直接接触市场和消费者的便利，进行市场调研和情报工作，并且对访问的情况做出报告，为开拓市场和有效推销提供依据。

**6．分配（allocating）**

主要是在货源短缺时，销售员根据顾客的信誉和急需程度，分配货源，调剂余缺。

### 13.1.4　优秀销售员的素质

在各种行业中，怎样使优秀的销售员脱颖而出？怎样使干练的销售员不同于那些平庸之辈？为此，作为著名的盖洛普民意调查组织下属的盖洛普管理咨询公司对近 50 万名销售员进行了调查。研究表明，优秀的销售员应有 4 个方面的主要素质：内在动力，严谨的工作作风，推销能力，以及最重要的一点，即与客户建立良好业务关系的能力。

**1．内在动力**

所有优秀的销售员都有一个共同点：有成为杰出之士的无尽动力。这种强烈的内在动力可以通过锤炼和磨炼形成，但却不是能教会的。动力的源泉各不相同，有的受金钱的驱使，有的渴望得到自我实现，有的喜欢广泛的交际和获得人们的尊敬。

**2．严谨的工作作风**

不管销售员的动机如何，如果销售人员组织不好，凝聚力不强，工作不尽力，他们就不能满足现在顾客越来越多的要求。优秀的销售员能制订详细周密的计划，然后坚决执行。在推销工作中没有什么神奇的方法，有的只是严密的组织计划和勤奋的工作。

**3．推销能力**

如果一个销售员不能让顾客购买，那么其他技巧都是空谈。不能成交就称不上推销。因此，如何才能成为一名优秀的销售员呢？有一点很重要，即一种百折不挠、坚持到底的精神。有人认为，“优秀的销售员和优秀的运动员一样，他们不畏惧失败，直到最后一刻也不会放弃努力”。优秀的销售员失败率较低的原因就是他们对自己和推销的产品深信不疑。优秀的销售员非常自信，认为他们的决策是正确的。他们十分渴望做成交易——在法律和道德允许的范围内，无论采取何种方法也要使交易成功。

**4．建立关系能力**

在当今的关系营销环境中，优秀的销售员最重要的一点就是成为解决顾客问题的能手和与客户拉关系的行家。他们能心领神会地理解客户的需求。营销主管会这样描述优秀的销售员：全神贯注、有耐心、思考周到、反应迅速、能听进话、十分真诚。优秀的销售员能够站在顾客的立场上，用客户的眼光看问题。如今客户是在寻求业务伙伴，而不是打高尔夫的伙伴。

## 13.1.5 人员推销的安排

销售员的多少与企业的销售有直接关系，一般来说，销售员越多销售额也越多，但同时也会增加成本。

大多数公司用工作量的方法来确定销售队伍的规模。这种方法包括以下步骤：

（1）确定每个顾客 1 年内所需访问的次数。

（2）确定每个顾客每次访问所需的时间（平均数）。

（3）确定每个销售员 1 年内可用于访问的有效时间（扣除公司内工作时间和花在路途上的时间等）。

（4）将企业总的所需访问时间除以每个销售员 1 年内可用于访问的有效时间，得出销售员数量。

计算销售员工作量的公式如下：

$$M=(C_0+C_1)\times V\times L/T$$

式中，$M$ 为销售人员数量，$C_0$ 为现有顾客数量，$C_1$ 为需要访问的潜在顾客数量，$V$ 为对顾客 1 年内所需访问的次数，$L$ 为每次访问所需平均时间，$T$ 为每个销售员 1 年内可用于访问的有效时间。

假定某企业现有客户数 500 个，明年预计要增加 200 个客户，每个客户每年访问 4 次，每次访问的平均时间为 2 小时左右，一个销售员 1 年的有效时间按全年工作时间的 10%计算（以 1 年 50 周、1 周 5 天、一天 8 小时的工作时间计算），那么，企业需要多少销售员呢？根据公式可以计算如下：

$$M=(500+200)\times 4\times 2/[(8\times 5\times 50)\times 10\%]=28\text{ 人}$$

## 13.1.6 人员推销的步骤

人员推销的步骤一般可以从以下 7 个方面考虑。

### 1. 寻找潜在顾客

推销工作的第一步就是找出潜在顾客，虽然公司提供了顾客线索，但销售员也要自己主动寻找，如向亲戚朋友询问或向已成交客户征求潜在顾客姓名或查阅资料等。

### 2. 事前准备

事前准备，即销售员在接近某一潜在顾客之前进一步了解该顾客情况的过程。事前准备有利于进一步分析潜在顾客的“资格”，有助于制订推销面谈计划，并开展积极主动的推销活动，保证较高的推销效率。

### 3. 接近顾客

接近顾客指销售员直接与顾客发生接触，以便成功地转入推销面谈。销售员在接近顾客时既要自信，注重礼仪，又要不卑不亢，及时消除顾客的疑虑，还要控制接近时间，不失时机地转入正式面谈。

### 4. 讲解和示范

这一阶段是推销过程的中心。任何产品都可用某种方法进行介绍，甚至那些无形的产品（如保险业务），也可用一些图表、坐标图、小册子等形式加以说明。可通过顾客的多种感官进行介绍，其中视觉是最重要的一种，因为在顾客所接收的全部印象中，通过视觉得到的印象所占比重最大。在介绍产品时要着重说明该产品可给顾客带来什么好处。

### 5. 处理异议

顾客在产品介绍过程中，或在销售员要他们订购时，几乎都会表现出抵触情绪。销售员应随时准备应付不同意见。一个有经验的销售员应当具有与持不同意见的买方洽谈的技巧，随时准备好对付反对意见的适当措辞和论据。

### 6. 达成交易

一旦时机成熟就要设法达成交易。有些销售员的推销活动不能达到这一阶段，或者在这一阶段的工作做得不好。他们缺少信心，或对要求顾客订购感到于心有愧，或者不知道什么时候是达成交易的最佳心理时刻。销售员必须懂得如何从顾客那里发现可以达成交易的信号，包括顾客的动作、语言、评论和提出的问题。在洽谈过程中，销售员要随时给予对方提出成交的机会。有些买主不需要全面的介绍，在介绍过程中如果发现对方有愿意购买的表示，应立即抓住时机成交。这时，销售员还可提供一些优惠条件，促成交易。

### 7. 跟踪服务

跟踪服务包括销售员为已购商品的顾客提供各种售后服务。跟踪服务是人员推销的最后环节，也是新推销工作的始点。跟踪服务能加深顾客对企业和商品的信任，促进重复购买。同时，通过跟踪服务可获得各种反馈信息，也为销售员积累了经验，从而为开展新的推销提供广泛有效的途径和线索。

## 13.1.7 处理异议的方法

销售人员的基本任务是在异议产生之前就准备好如何回答潜在顾客。通过分析潜在顾客的需要及其可能提出的异议，销售人员能够做出充分准备。这种准备会使销售人员充满信心，能够对各种情境应对自如。这里讨论的是一般处理异议的方法。

### 1. 处理价格异议

所有销售人员都不可避免地面对顾客对其产品/服务的价格提出异议。实际上，许多销售人员认为价格是最难处理的异议，并且价格异议迟早会发生。但也并非一定这样，一些顾客只买廉价货。而更多的人注重价值，相信“物有所值”，并且认为“便宜没好货，好货不便宜”，购买廉价货可能会冒很大的风险。

销售人员也不必对有关产品价格耿耿于怀。大多数顾客同样会考虑产品的其他特征，如质量、工艺、保证、服务、品牌等。销售人员有时可以淡化价格，有时可以解释公司的价格策略与体系，也可以说明其产品优于低价竞争者的优势。根据不同价位，销售人员操作也不尽相同。若将价格视为仅仅唯一的产品特征，销售人员将无所适从并且销售之路会越走越窄。销售人员可以采用以下方式处理价格异议。

（1）重价值轻价格

强调产品/服务的特性或不同之处，这些特性体现了一种价值。有时价格异议往往并非价格本身。销售人员需要淡化价格，强化价值。价值是顾客所得到的全部利益——解决问题的方法。由于价格是相对稳定的，唯一能改变的是价值。因此，销售人员必须提高价值来降低成本，或者为顾客提供更多的附加价值。销售人员应将这些特性转化成公司独特的优势，进而成为顾客真正想获得的利益。

（2）进行对比分析

销售人员应该尽可能清晰地向顾客宣传产品所具有的特性，并以具体数字说明。由于很少产品是完全雷同的，因而确定本公司产品优于低价竞争产品的特性并不复杂。可以采用对标（**benchmarking**）或 SWOT 分析，对相同产品或替代品做出全面的对比分析。销售人员应强调本公司产品的特性，如品质、物流、服务、品牌、公司形象、设备、知识、个人能力等。这些特性才是顾客最关心的。除非被要求直接比较这两种产品，否则销售人员应避免对比，而应该展示两种产品各自的特性和益处。

（3）转销低价商品

推荐较为低价的产品。有时潜在顾客真的不能承受一个高价格的产品。一旦出现这种情况，销售人员就不能过于“见钱眼开”，而应该随机应变，为了达成交易，转向潜在顾客推荐低价产品，更适合潜在顾客的实际需要。这样，既解决了潜在顾客的实际问题，又与顾客建立了友好的关系，同时也可能使损失最小化。

（4）购买投资回报

向顾客表明他所支付的金钱不仅仅是购买产品和服务，而是一种投资回报。尽管有时产品价格不低，但是销售人员需要向潜在顾客表明，今天的投入就是明天的回报。同时，采用价格分解技巧，将总价与使用期限相相合，使得潜在顾客明白，最初价格与最终价格的区别，即在整个使用期内的价格。

**2．处理拖延**

顾客可能用多种方法来表示拖延或者中止异议。经常发表异议的顾客，一旦停止异议，可能是准备与你成交，更有可能是准备撤退了。潜在顾客可能表现出既不反对，又不赞同，举棋不定，犹豫不决。他们往往心存芥蒂，对产品品质产生怀疑，担心供应商服务不到位，或者害怕后续的维护工作跟不上。这时，销售人员不仅无法达成销售目标，更可怕的是，竞争者可不会睡大觉，他们往往会乘虚而入，捷足先登。销售人员可以采取如下的处理技巧。

（1）要求阐明原因

如“我觉得让你立刻做出决策可能不容易，你能否谈谈一些购买或不购买的理由？”或“我们需要做什么才能和你做成生意？”

（2）尝试其他方式

销售人员可以尝试各种有效的促销方式，如免费品尝、免费安装、特别折扣、免费附属品、免费送货等。

（3）专门量身定制

有时潜在顾客不得不在几家供应商当中选择最合适的。一旦出现这种情况，销售人员可以主动出击，站在顾客的角度，感同身受，换位思考，积极提出个性化的建议，最后仍然能够成交。

#### 3．处理怀疑

潜在顾客对产品产生怀疑，说明他们对公司及其产品还是缺乏了解。处理这种异议，销售人员应对顾客的疑惑进行澄清与承诺。销售人员基本策略是提供证明，如产品说明书、技术手册、品质或使用保证书、研究数据、示例、专业期刊的文章、证明文件和第三方的参考。例如，我理解你关心这个药品的疗效是否真的那么好，我可以为你提供有关使用过这个药品的医院及医生的名单，他们已经使用一年了，撰写了有关临床作用与效果报告，你可以打电话向他们了解一下。

#### 4．处理冷漠

当顾客对销售人员的推销表现得冷漠时，最好的处理方法是借助提问题来引导顾客意识到潜在利益与内在价值。销售人员甚至可将顾客视为知己，让他们来证明产品和服务可能是有用的。好奇心为销售人员提供探索机会的可能。

如果顾客向他们当前的供应商暗示满意，则销售人员可使用以下策略。

（1）销售人员可问一个开放式问题，比如“能否谈谈你对该公司满意的原因吗？”这种提问可以让顾客轻松回答并且可能使他们发现自己并非完全满意。

（2）销售人员要鼓励顾客打破“供货垄断”，向顾客指出“独家经营”的风险。例如，“仅仅依靠一家供应商，可能的风险包括缺货、品质、送货等问题。我们不妨对这些产品做一个对比分析。”

（3）销售人员可以与顾客探讨竞争的积极性。“独家供应商会导致过分自信，可能会降低服务品质，或者价格居高不下。但通过适度的竞争，他们对待顾客的态度就会大不一样了。”

（4）销售人员可以寻找供货缝隙，即从竞争者短缺的产品开始入手，通过这种先小后大的策略，销售人员就可以用自己的独家专有产品作为敲门砖，打开顾客需求之门，随着顾客满意度的提高而不断寻求新的订单。

#### 5．处理存货过多

销售人员尤其会从零售商那里遇到这类异议。销售人员可以审查存货单，向顾客证明他们并非存货过多。然后销售人员可以继续问：“当顾客来到商店而找不到我们的商品时，你能负担起这损失吗？”如果存货真的很多，销售人员则可以利用广告、折扣等方式促销。另一个好的策略是查看是否有行动较慢的竞争者的产品发货延迟了。如果是这样，销售人员可以设法将这些产品搬走，以留下足够的空间给其他可以提供利润的“金牛产品”。

#### 6．处理表面异议

潜在顾客表示异议常常只是为了避免自己被认为是容易争取的顾客。这种异议往往是无根据的，潜在顾客提出的仅仅是一种象征性的意见，实际上他自己也可能没有认真考虑过。在提出的异议中，有 50%仅是顾客一个突发的想法。此外，在许多所谓的顾客异议中常带有炫耀的成分，这时精明的销售人员就会从这种倾向中获利，销售人员可以通过赞扬他们来显示其聪明，他们会沾沾自喜，而没有意识到销售人员已将话题转移到其他方面。

## 13.1.8　销售人员的管理

对销售员的管理不仅是招聘、培训，分给一个销售区域就完了，它还包括日常工作中的监督、激励和业绩评估。

### 1．销售员激励

业务经理可以用以下方法激励销售员。

（1）规定对客户访问次数的标准

一般来说，销售量的增长与访问客户的次数成正比，企业可根据购买潜力给客户分类，然后规定在一定时期内对各类客户的访问次数。

（2）规定访问新客户的定额

企业只有不断发展新客户才能有效地增加销售，若听其自然，销售员可能会把大部分时间用于访问老客户，因此有必要规定发展新客户的任务。

销售员自身的积极性对其工作成效有极大的影响，适当的激励将使他们更努力地工作。企业有必要规定奖励的方式和标准，使销售员认识到，通过更加努力的工作，他们将获得额外的奖励，包括加薪、提升、受到表扬、享受休假等。

然而，对销售员的报酬要建立在对其工作实绩做出正确评估的基础上，为此，需要建立有效的评价标准。常见的评价标准有：完成的销售额、毛利、销售访问次数、访问成功率、每次访问成本、平均客户数、新客户数、丧失客户数、销售总费用与费用率等。

### 2．销售员的评价

评价就是考核，是对销售员管理的重要一环。假定企业领导者对销售员的积极性给予了各种激励，这种激励的效果如何，有赖于对销售员行为的评价。评价包括以下内容。

（1）绩效评定

推销计划的执行情况与新增加的客户数，销售员之间的工作绩效比较，销售员本人现在与过去的推销效率比较等。

（2）素养评定

对销售员进行产品、企业、客户、竞争对手、职责等了解状况的考核，对销售员的风度、仪表、言谈、气质等的评估。

## 13.1.9　人员推销的艺术

人员推销艺术包括 4 个要素：积极聆听、开放式提问、清楚陈述的信息、有效的表述。上述每个因素在销售过程中都有自己的位置，它们都是重要的。然而，那些有助于销售员更好地理解并联系客户的因素，往往最容易于忽略。同时，这也可能对销售成功与否最为关键。

### 1．积极聆听

通常，我们误以为只有在我们讲话的时候才会发生积极的沟通，而聆听则是消极的。然而，如果沟通是一个双向的过程，那么聆听应当算做其中的一个积极的组成部分。尽管初看这也许像是争辩语义学，但其观点在于，如果销售人员想有效沟通，他们最起码应像擅长讲话一样要擅长聆听。

积极聆听，即聆听者有责任获得对说话者想要传达信息的完备和正确的理解。

为什么人们没能做到更好的聆听？首先，聆听是一项很难的工作。研究表明，当一个人积极地聆听时，他或她的新陈代谢过程会轻度加快，体温会轻度上升，瞳孔会轻微放大。这说明真正的聆听绝不是消极的。一个真正聆听的人对正在传输的信息给予密切关注，并且向讲话者表示他或她正在关注当前的谈话。

销售员未能很好聆听的第二个原因是当他们不说话时会感到不舒服。对新销售员来说，该点尤为明显。他们通常借口说他们不想“失去对谈话的控制”。他们害怕如果失控，他们的信息就不能获得好的聆听。然而，他们经常感到如果不讲话就不是在销售，并且他们需要向买主提供尽可能多的信息。提供恰当信息的需求肯定是最优的，但销售人员，特别是新销售员，经常试图“倾销关键因素”，即给客户所有他们所知的信息。他们害怕如果不能如此，就会遗漏某一促使销售成功的重要因素。

在讨论何种特性使得优秀销售人员与一般或较差销售人员区分开来这一问题时，最近的研究发现，许多公司的销售经理一致认为，聆听是销售的关键技能。这里引用其中一位的话：“我通过聆听比通过讲话卖出了更多的商品。聆听意味着关注未来客户所说的话，聆听是销售员最重要的任务。”因此，销售经理需要培训销售人员，使其成为更好的聆听者。在推销过程中，聆听的 4 个目的是：

- 使客户确信自己是重要的；
- 在客户说话时，他会提供有关什么是重要的及他想要或需要什么的线索；
- 当客户说话或就事情进行推理时，他通常是在劝自己购买；
- 当客户说话时，他能够敞开肺腑，更乐于提供给销售员一个好的讲话机会。

积极聆听是给销售人员带来变化的一种重要方式。销售员工作的很大一部分是改变客户对产品的观念或发现如何更好地为客户提供服务，公司的产品或服务需做哪些变化等。这些都需要积极聆听。

当一个人听另一个人说话时，聆听者也获得了说话的权利。尽管这听起来有点理想化，但当一个人如果感到自己被人聆听，他将更乐于听听别人说什么。这也许是基于一种隐含的责任感，或者基于这样的事实，即说话人会对聆听并理解自己的想法和情感的人产生亲近感，这被称为互惠原则。也就是这样一种观念，即当一个人为另一个人做了些什么的时候，另一个人将乐于回报。

### 2．开放式提问

销售人员与客户沟通的一种途径是开放式提问——一种不能简单地用“是”或“否”来回答的问题。在销售准备阶段，营销员应该列一份问题表。一份书面的问题表可以帮助引导谈话的方向。大量证据表明，在谈话中使用准备的问题表的人不容易遗漏有关未来客户需求、态度及问题的信息。

开放式问题优于是-否问题的原因是客户在回答开放式问题时被迫提供更为完备的信息。此外，这类问题使得销售访问更具有会话的性质。是-否问题使会谈更像质问，并常常导致客户提早结束会谈。表 13.1 给出了某些是-否问题与开放式问题对比的例子。

**表 13.1　是-否问题与开放式问题对比**

| 是-否问题 | 开放式问题 |
| --- | --- |
| • 你的秘书是否在目前的文字处理系统方面遇到了困难 | • 你的秘书在目前的文字处理系统方面遇到的问题是什么 |
| • 你感到公司的财务安全吗 | • 对于财务安全你做了什么计划 |
| • 你的通信系统最近是否需要更新 | • 你对通信系统做了哪些变动以确保它处于当前这么好的状态 |

通常，当销售员问是-否问题时，认为自己问的是开放式问题。有些购买者很喜欢回答简单的是-否问题，他们非常清楚销售员本来想使问题成为开放式，但他们特别喜欢与新销售人员玩这种把戏。

**3．陈述清楚的信息**

尽管我们以较长篇幅讨论聆听和理解客户的重要性，但是能够以有说服力的简洁的方式表述信息也是成功推销的关键因素。要做到这一点，在会谈前需要思考和准备。例如，销售员应该：

- 事先知道什么信息对购买者是重要的；
- 确定表述的最有效次序；
- 设计一个与购买者接触的方法；
- 对着购买者说话，而不是对着他或她之上及周围说话；
- 知道怎样将信息的要素结合起来。

记住这些是很重要的，即购买者每天都被销售和促销信息所轰炸。而且，购买者面对的是来自不同销售员的相同故事："我们公司是最好的，我们的产品是最佳的，我们的价格最低，我们最爱你。"

显然，对销售员而言，思考一下他怎样从其他人中间脱颖而出，同时仍能将正确信息传达给客户是很重要的。这是创造性因素在起作用。那些能够描绘"语言图画"的销售员比只是陈述事实的销售员能更为有效地传达信息。这并非意味着销售员的目标应该是"转换一个短语"，而是意味着销售人员应认识到有多种方式来说一件事，并且发现有趣和新鲜的方式来传递信息。销售员应避免陷入销售信息的陈旧模式，应当不断更新其信息。

**4．进行有效表述**

推销是认知递进的过程。当一个人从听开始过渡到看再到做，他就依次转移到比先前阶段更高的认识水平上。包含这一递进的有效的销售表述是：

（1）以有效和恰当的方式陈述销售信息。

（2）使用销售辅助手段，如产品的图片、书面的证书、细述产品优点或与公司事务有关的图表。

（3）在可能的情况下，将有关产品的优势或概念的宣传纳入其中。

在计划表述时，推销的最优方法是采取策略的观点，并把所有因素放在一起组成一个有内聚力的整体。销售员必须认识到每一个公司需要不同的方式和影响战术。表述应当被认为是力图讲一个故事，使用多种方法可以增进对故事的讲述。

AIDA——**注意（Attention），兴趣（Interest），欲望（Desire），行动（Action）**——可以帮助策划销售陈述。许多销售陈述都跟随 AIDA 顺序。每一个销售人员在决定使用哪种销售方法和可能的陈述时，都需要考虑这个过程。陈述可以很快得到预期购买者的注意吗？陈述有趣吗？利益是否清晰，以使预期购买者想购买产品？陈述是否考虑了反对意见和预料中的问题，以使销售人员在时间成熟时可以完成交易？

## 13.1.10　信息技术为销售员提供了工具

信息技术的快速发展对人员推销已产生了深远的影响。考虑一个大消费包装品公司的大顾客销售代表的一天工作。清晨，她快速地吃完早饭，在她的便携计算机上回顾昨天的事情，浏览公司的网络，并且整理电子邮件信息。其中一封邮件是由一个超市连锁店的客户发来的。他担心于他店里销售的一次性使用尿布销量下降了 10%，并想知道销售代表是否能帮他。从她的个人计算机上，她分析了在线数据库，并下载了连锁店一个竞争者的销售趋向数据。从计算机展示版上列出的数据分析图看出，超市在一次性使用尿布上损失的销售转移到了仓库俱乐部这个新的竞争者那里去了。接着，她安排了一个尿布品牌经理和公司促销专家参加的电话会议，听取他们的建议。然后，她准备了一份书面建议，建议客户用包括她公司的和竞争者品牌的更大一些尺寸包装的尿布，同时在连锁店商品中搞促销。她也准备了一份展示版介绍，这是全色的平面图，她将在以后的会议上，用她的便携计算机展示给该客户。在回家以前，这个销售代表用电子邮件把一份预先复印的报告寄给顾客，并打印一份彩色复印件给她的经理。

上面这个例子讲的是有关消费包装商品的情况，这种基本的思想可应用于各种类型的销售环境，特别是在企业对企业的市场上。现在，许多销售员都依赖于软件和硬件的配置进行着广泛分析、电子展示、时间安排、销售预测、顾客联系、货架空间管理等。然而，这些技术的可利用性并不能改变需要完成的销售任务的基本性质。它们改变的是工作方式——怎样做得更好。当然，这不仅仅是一种简单的工具，一个主要的原因是许多这样的工具可能对高效完成销售任务很必要。如果竞争者已有这些工具，他们就能够使用这些工具更好地迎合顾客的需要和提供服务。例如，如果顾客希望发出一个电子邮件后能迅速从销售人员那里得到回应，那么一个没有这种能力的销售机构就会在得到或保持顾客业务关系上失利。而且，为了正确地使用这个工具（新设备），它们必须安置在整个销售系统中。例如，至少应该为销售员配备一台计算机。参见营销窗口 13.1：销售人员用手指尖工作。

| 营销窗口 13.1 | 销售人员用手指尖工作 |
| --- | --- |

便携计算机可以帮助更多的销售人员工作得更轻松愉快。销售人员用许多不同的方式使用计算机。

金伯里·克拉克公司是一个主要为顾客包装商品的生产商，它的销售代表与零售连锁店的许多采购员一起工作。无论销售代表身处何处，购买者有问题时通过一个电子邮件就能很快地与他联系上。如果该信息需要回答，销售代表通过 Internet，就能在金伯里·克拉克的计算机系统中检查销售数据。然后，销售代表快速创造幻灯片并显示数据，做出答复然后作为附件发回给该购买者。整个过程只需几分钟，不然的话，该业务很可能给竞争供应厂家抢去。

这就是为什么很多公司用便携计算机来装备他们的销售人员。信息处理技术发展得非常快。新的信息技术包括移动电话和软件，它们支持发送和接收传真，以及在 Internet 上的电子邮件，这些技术正吸引着越来越多的公司。

## 13.1.11 销售人员的薪酬

为开发和维持一支高效率的销售队伍，企业必须制订和管理一个富有吸引力和驱动力并能留住最高效率人员的薪酬计划。该计划应该向销售经理提供控制的目标水平，向销售员提供一定的自由度、收入和动力。它应该可变性强，讲求平等，方便管理，易于理解。好的薪酬计划有助于激励销售员正确地对待顾客。显然，要将所有这些要求集于一项计划中是很困难的。

薪酬计划的设计者必须确定员工所需薪酬的通常水平及计算薪酬的最理想方法。在分析所要求的薪酬水平时，销售经理必须根据与销售职位相关的任务和责任确定销售员在公司中的价值。销售经理可以考虑的因素，包括公司中其他类型工作人员的薪水，竞争者的薪酬计划，更换销售队伍的成本，以及不算入薪水的销售费用。

销售薪酬计划通常包括支付给销售员的销售费用，公司提供的福利补贴，以及他们的薪酬水平。公司可以采用以下 3 种基本薪酬方式中的一种或几种：全工资、全佣金或两者结合型。在全工资薪酬计划中，定期向销售员支付一定数量的工资。在无提薪或减薪的情况下，这笔工资数量是固定的。在全佣金薪酬计划中，销售员的薪酬完全取决于一定时期内的销售额。佣金可能基于销售额的百分比或涵盖诸多销售指标和百分率的滑动等级而定。在结合型薪酬计划中，销售员的薪酬包括一部分固定工资和一部分由销售额而定的佣金。一些结合型计划要求销售员达到一定销售水平才能得到佣金，另一些则不考虑销售水平如何。表 13.2 中列出了每种销售队伍薪酬方式的主要特征。要注意，结合型方式是最常用的。在选择薪酬方式时，销售经理会权衡表中列出的各种利弊。

**表 13.2 销售队伍薪酬方式的比较**

| 薪酬方式 | 何时使用 | 优点 | 缺点 |
|---|---|---|---|
| 全工资 | 新销售员的薪酬，公司进入需要开发性工作的新销售领域，销售需要冗长的售前和售后服务 | 对销售员来说较安全，有利于销售经理对销售员的控制，易于管理 | 缺乏动力，需要对销售员更贴近的监督，销售不景气时，销售开支仍保持不变 |
| 全佣金 | 需要强攻击性销售，非销售任务很少，公司雇佣合同工和兼职工 | 更多的是可预算开支，提供最多的动力，销售经理可通过提高佣金率鼓励销售员售出特定产品。销售开支与销售对策直接有关 | 销售员几乎没有经济保障，销售经理对销售队伍很少控制，由此可能导致销售员对购买量少的顾客服务不够 |

续表

| 薪酬方式 | 何时使用 | 优点 | 缺点 |
| --- | --- | --- | --- |
| 结合型 | 销售领域有相应类似的销售潜力，公司希望提供更多动力，但仍要对销售队伍的活动进行控制 | 提供一定经济保障，有一定金钱动力，可促进销售队伍向高利润方向努力 | 销售成本不可预计，销售开支不容易预计，可能较难管理 |

## 13.2　商务谈判

大多数企业对企业的推销包含了谈判技术。营销要关心交换活动及与确立交换条件有关的方式。在**谈判交换**（**negotiated exchange**）中，价格和其他交换条件均需通过双方的讨价还价，由两方或多方人员通过谈判达成长期的有约束力的协议。虽然价格常常被认为是谈判活动的主要内容，但并不是谈判的唯一内容。谈判的内容还包括：合同完成的期限、所交货物和服务的质量、货物数量、融资、风险、促销和货物管辖权和产品安全等。

如果销售人员已使顾客对他推销的产品发生了兴趣，并且业务量较大时，他就应发挥他的谈判技术，使买卖双方就价格和其他交易条件达成协议，实现双赢。

### 13.2.1　商务谈判的原则

在知名的“哈佛谈判项目”的研究中，罗杰·费希尔和威廉·尤里总结出“有原则谈判”，就是能使谈判双方成功地达成一致意见的 4 个要素。

#### 1．将人与问题分开

因为是人在进行面对面的讨价还价，所以很容易把感情同正在谈判中的问题的客观是非纠缠在一起。根据谈判者的个性而不是以谈判双方的利益去设计谈判问题，可能使价格谈判毫无成效。如果将谈判当做对对方意愿的检验，而不把它当做共同解决问题的活动时，这种谈判也就失去了意义。

要将人与被讨论的问题分开，首先需要有准确的理解。各方都应当设身处地地理解对方观点的有力论据，并设法体会对方提出这一观点时的感情程度。其次，对谈判中掺杂进去或流露出来的感情成分要明确地加以指出。公开讨论双方的感情因素而不对对方的感情因素采取还击的做法，会有助于防止谈判陷入毫无成效的相互指责之中。

谈判双方之间必须有真正的信息沟通。主动地听取对方的发言，并且有所反应，相互沟通对问题的看法，而不是互相指责对方的缺点。直截了当谈及利害关系所在，而不是仅仅为了被人听而抢先说话。用更有效的沟通技术更好地以对双方都有利的方式解决问题。

总而言之，将人与讨论的问题分开，就是双方站在同一边看问题，而不是对立地看问题。

#### 2．集中在利益上而不是在立场上

立场与利益的区别在于一个人的立场是其进行决策的基础，而一个人的利益则是促使其采取某种立场的根源。因此，一方在讨价还价中的立场，可能是坚持在合同里规定的对

迟滞严厉惩罚的条款，而对方的利益却是保持原料不间断的供应。因为，在每一个利害关系问题上，通常可能有好几种立场可以满足利益的需要，所以，在利益关系问题上进行调和，常会收到更好的效果。

此外，双方相反的立场后面可能存在着共同的、一致的利益。例如，一方希望预见不断收到订单的可能性，另一方希望保证原料不间断的供应。弄明白各方都能理解的利益有哪些，然后采取灵活的措施去获得这些利益，同时，在谈判中坚决地捍卫利益本身，也是一种有效的战略。

#### 3. 创造对双方都有利的交易条件

创造对双方都有利的交易条件就是要设法找到一个更大的馅饼，而不是争论切开的馅饼每一块该有多大。订立这样的条件要求有如同头脑风暴法那样的创造性的思维，首先要想出多种选择方案，然后才能判断哪些条件最合适。寻求双方都有利的选择方案，会促成进行讨价还价所需的气氛，也有助于双方找到共同利益之所在。

#### 4. 坚持客观标准

如果持反对意见的谈判者不愿妥协，而且争的是坚持自己的立场，并不是为了自己的利益，最好的战略就是坚持协议中必须体现不受哪一方单方面立场左右的公正的客观标准。这有助于原则问题获得解决，靠压力则不行。双方一起讨论客观的标准而不是顽固地坚持自己的立场，任何一方都应向公正的解决让步。这种客观的标准可以是市场价值、账面价值、竞争性价格、重置成本、批发价格等。

### 13.2.2 商务谈判的过程

商务谈判是一个循序渐进的过程。一般来说，它是依时间顺序来安排的。谈判的程序是谈判活动的依据，一般是由谈判双方的准备小组在正式谈判前拟订的。从实际的谈判过程看，商务谈判过程就是商务谈判从开始到结束所经历的各个环节。从习惯上讲，它可以分为：开局、摸底、报价、磋商、成交和签约6个阶段。

#### 1. 开局阶段

“万事开头难。”干任何工作，如果开头的工作搞好了，后面的工作就可以顺利进行，达到事半功倍的效果。开局阶段是商务谈判的前奏。它是指谈判人员见面入座开始洽谈到话题进入实质性内容之前的阶段，同时，它又为实质性洽谈提供策略依据。开局阶段的任务就是确立开局目标。为此，需要建立谈判气氛和协商谈判议程等工作。

为了创造一个良好的、合作的谈判气氛，在商务谈判开始前，其行为方式应该包括以下内容。

（1）径直入场，以开诚布公、友好的姿态出现。例如，肩膀要放松，伸出右手与对方毫不迟疑地相握，衣着要整齐、干净、美观、大方或稍考究。如果是迎接对方来己方会场谈判，一般以接待、让座、端茶和互致问候的礼仪进行。

（2）第一次目光接触和握手，要表现出可信/自信。

（3）轻松自如，行动和说话不要慌慌张张、吞吞吐吐。

（4）可适当讨论些非业务性问题。

（5）把预计谈判时间的 5%～10%作为入题阶段。由于谈判即将进行，双方都会感到有点紧张，所以需要一段沉默的时间，以调整与对方的关系，以及考虑如何开场，这段时间有的人叫做“破冰期”。

“良好的开端就是成功的一半”，把破冰期掌握好了，良好的谈判气氛就已形成。

谈判双方确定谈判议程对整个商务谈判有其重要的作用。它将影响己方在谈判中的主被动地位，也是决定谈判效率高低的重要一环。所以，应十分重视谈判议程的拟订。典型的谈判议程一般包含下列 5 项内容。

（1）时间：包括总的期限，开始时间，轮次时间，每次时间的长短，体会时间等。

（2）场地：包括具体的谈判场所，对场所的具体要求等。

（3）主题：包括商务谈判的中心议题，解决中心议题的大原则，围绕中心议题的细节要求等。

（4）日程：包括洽谈事项的先后顺序，系列谈判的各个轮次的划分，各方谈判人员在每一轮次中的大致分工等。

（5）其他事项：包括合同签约的要求与准备，仲裁人的确定与邀请，谈判人员食宿、交通、休息、赠礼等事项的安排等。

### 2．摸底阶段

“知己知彼”才能顺利开展谈判活动。对于对方的陈述，必须细心倾听，发问弄懂，并予以综合归纳。

（1）细心倾听

俗话说，人有两只耳朵，但只有一张嘴，人应该多听少说。细心去听对方所讲的内容，而不要把精力用在寻找对策上。悉心倾听对方吐露的每一个字，注意对方使用的表达措辞，留意对方选择的表达方式，以及对方采用的语气、声调等，可以从中感受到对方的情绪，发现对方的谈判线索，洞察对方一言一语背后隐藏的动机、目的和需要。

（2）发问弄懂

如果有什么不清楚的地方，可以向对方发问。请对方解释己方认为有疑问的内容。同时还可以“打破砂锅问到底”，直到真正弄懂为止。

（3）综合归纳

通过倾听、发问、思考，去理解对方讲话中重要的和关键的问题。概括地反馈对方的发言要点，以了解对方的谈判目标和利益取向。也就是说，在倾听对方陈述并弄懂问题的基础上，综合归纳对方陈述的内容，使本来不大清楚的意见明朗化，帮助对方明确自己的意图。综合归纳切忌将自己的观点强加于人。

### 3．报价阶段

在报价阶段，应根据具体情况选择提出交易条件的方式。但不论选用哪种方式，都应对下列问题加以注意：一是在己方所提出的报价中，哪些部分可能被对方所接受；二是哪些部分对方是不大可能接受的；三是尽可能预测出一种谈判双方都可以接受的最佳交易条款。对以上问题心中有数，就能为下一阶段的商务谈判奠定坚实的基础。

（1）书面报价，不做口头补充

提出书面交易条件必须事先为报价提供较详尽的文字材料、数据图表等，将己方愿意承担的义务表达清楚。这种方式基本上否定了谈判双方磋商的可能。最好用印刷的报价单，这会使对方产生一种严肃且合法的感觉。这在商务谈判中是一种不常用的报价形式。

（2）书面报价，口头补充

以这一方式提出交易条件，较前一种方式要灵活一些。它的优点是提供书面材料，能使谈判安排得更为紧凑，能使对方仔细考虑我方提出的要点，有利于对比较复杂的条款的准确表达。

以上两种报价方式的缺点是，书面材料将成为己方言行的永久性记录，从而加大了条文的约束性，限制了己方在谈判后期的让步和变化；同时，书面材料使对方掌握了更多的己方准备做出的让步，增加了对方在谈判中的主动性；其次，文字性的东西缺少“热情”，限制了谈判人员发挥其能动性的作用。

（3）口头报价

口头报价是不提交任何书面形式的文件，而只是以口语方式提出交易条件。这一方式与前两种方式相比具有更大的灵活性，从而使谈判富有变化。这种方式的优点是：可以察言观色，见机行事，建立某种个人关系来缓和谈判气氛，这也是这种方式最大的长处；可根据谈判进程，调整或变更谈判策略来实现谈判目标，具有很大的灵活性；同时，先磋商后承担义务，没有那种义务感约束；还可以充分利用个人沟通技巧，利用感情因素促进交易的达成。

**4．磋商阶段**

磋商是谈判双方对报价和交易条件进行反复协商，或者做出必要的让步，或者得到一定的利益。这一阶段是商务谈判的实质性阶段。

磋商应从认清分歧存在和不同意的原因开始。商务谈判中的分歧可分为以下3类。

（1）想象的分歧

这是由于一方没有很好地理解对方的要求而产生的主观分歧。这种分歧的根源，在于相互间的沟通还不完善。解决的方法是更好地掌握相互沟通的技巧，避免这种误会的产生。

（2）人为的分歧

这是由一方人为地有意或无意制造出来的。例如，商务谈判的一方故意摆出某些姿态或提出某些报价，使己方在磋商阶段的谈判中留有较大的回旋余地。解决的方法是多留一些时间用于磋商，利用谈判策略与技巧，在逐步降低对方要求的同时，也适时地调整自己的交易条件，使谈判双方的分歧逐渐缩小直到消除。

（3）真正的分歧

这一般是由双方的利益引起的，也可能是由于某一方的报价或还价的确有其商业贸易上的正当理由。解决的根本办法是谈判双方秉着真诚合作的原则，互谅互让，寻求一致的利益。

把沟通中的障碍和人为造成的分歧与真正的分歧分开，是磋商得以顺利进行的前提。

在尽可能准确分析谈判双方之间的分歧以后，就需要进一步地明确以下 4 个问题，并给予回答：哪些问题是对方可以接受的？哪些问题是对方不能接受的？在每项交易条件上对方讨价还价的实力如何？成交的范围如何？

如果决定采取必要的让步，那就要考虑让步所引起的利害关系和原则问题。

**5．成交阶段**

商务谈判成交阶段的主要任务是对主要交易内容达成原则性的协议。为此必须注意以下 4 个方面的问题。

（1）密切注意成交信号

一项交易将要明确时，双方会处于一种准备完成时的激奋状态。这种激奋状态的出现，往往由于一方发出成交信号所致。收尾在很大程度上是一种掌握火候的艺术。通常会发现一场商务谈判旷日持久但进展甚微，然后由于某种原因，如突然涨价的问题，会神速地得到解决。在谈判后期，双方互相做一些让步，而最后的细节在几分钟内即可拍板。

（2）认真进行最后的回顾分析

谈判双方经过“舌战”，已就问题的解决找到了适当的方法，双方的意图在各自做了修正之后已十分接近。在最后拍板成交之前，有必要进行最后的回顾分析。

虽然让步是必要的，但让步的节奏和幅度要恰到火候。如果己方是买方，不管是否急于成交，其让步的节奏和幅度都要小，一句话：让步以慢为宜。

（3）沉着地做最后一次报价

最后的报价，两者都表示没有回旋的余地。对卖方来说，是最低的价格；对买方来说，则是最高的出价了。在商务谈判中，不要轻易地相信最后的报价。你必须试探对方的决心。如果对方决心已定，没有再让步的余地，要么成交，要么生意告吹。此时，作为听取最后一次报价的一方要注意仔细倾听对手所说的话，仔细思考判断其中的奥妙，并要给对方留面子。

（4）明确表达成交意图

商务交易促成是谈判过程中继叙述、回答、说服过程之后的一项重要工作。在这一过程中，卖方通过叙述、回答、示范等做法，宣传己方商品的性能，使买方充分了解了产品的质量和价格，卖方亦已经了解了谁是具有最终的购买权的买方；已使买方有了较强的购买欲望，并已经发出购买信号，双方已有明确的成交意图，这时双方都应做出明确的成交意图。

**6．签约阶段**

签约阶段是商务谈判的最后阶段。谈判者以双方达成的原则性协议为基础，对其内容加以整理，并用准确规范的文字加以表述，最终形成由主客双方代表正式签章或签字的、具有法律效力的合同。

在签约阶段的工作主要有：

（1）相互交换主体资格证明文书，并将复印件作为本合同的复件。

（2）对一些内容比较复杂、涉及面广、履行难度较大的贸易合同，还应尽可能争取有关方面派员参加，以便取得有关方面的承诺和支持。

（3）有特定意义的贸易合同，如标的数额巨大的合同，对经济建设、市场开拓有影响的合同，涉外贸易合同等，还应进行相应的合同签订仪式。

## 复习题

1. 人员推销有什么优点？
2. 销售员的任务是什么？
3. 一个优秀的销售员要具备哪些素质？
4. 人员推销的步骤有哪些？
5. 业务经理怎样对人员推销进行管理？
6. 商务谈判要遵循哪些原则？
7. 商务谈判的过程分为哪几步？
8. 谈判人员在谈判中的报价方法有哪几种？
9. 怎样克服谈判磋商中的分歧？
10. 在一项中国企业与美国企业的商务谈判中，美国人易感情冲动，为了使谈判能“双赢”，请你描述一下中国人一般应采用的方法。
11. 美国摩达公司销售各种各样的销售培训录像带。进入该公司的网站（http://www.achievement.com），选择销售培训。检查销售培训中提供的清单内容，分析该内容可不可以为中国企业所用。

## 案例讨论

### 马歇尔公司的销售薪酬

以加利福尼亚为基地的马歇尔公司（Marshell）要管理 600 名销售员，向 150 家供应商买进 250000 种不同的商品，再卖给 50000 个客户，这对任何公司来说都是很不容易的挑战。现在，马歇尔公司又为这种已极富挑战性的情况增加了新的复杂性，它对销售人员的薪酬方式做了巨大的改革。

**1. 马歇尔薪酬改革方案**

马歇尔公司是一家电子产品分销商，其向世界各地的工业顾客出售计算机芯片及关联产品。公司分销来自全球网络系统供应商的已制成的电子产品和原料，同时还提供工程设计服务、元件测试、库存管理以及其他各种企业组织顾客要求的服务。

人员推销一直是公司营销组合中的一个重要形式，但最高管理层现在开始觉得基于佣金的销售薪酬计划对销售活动有害而无利。有些销售员选择加速产品运输以达到定额来赚取佣金，而不是根据顾客需要安排运输；另一些佣金驱动的薪酬使得销售员变动成本以不超出预算为目标而忽略了他们责任区域内的潜在销售机会。另外，佣金结构鼓励销售员相互竞争，而不是相互合作以满足顾客。

对于首席执行官罗伯特·罗丁来说，主要的想法是销售薪酬计划已伤害到了公司的销售底线。起初，他很不确定该如何改革薪酬系统。“怎样才能设计一个足够健全的激励系统以适应每天、每个市场、每种产品、每个顾客的每种变化呢？”他越思索这个问题，越确信针对个人业绩的薪酬与马歇尔公司和顾客做生意的方式并不适应。

因此，罗丁采用公认激进的方法取消了所有针对公司销售员的个人金钱动力。他说：“我们淘汰了销售员的佣金，淘汰了以公司各业务单位损益为依据的红利制度。”他还取消了奖励旅游、电器和其他的激励方法。他建立了一项全新的薪酬计划，销售人员的报酬是全工资形式的。他们有利润分成，但分成的根据是公司的年度收益而不是他们所在部门的收益的百分比。

销售薪酬的这一变化将销售队伍的注意力从红利和佣金转移到顾客的需求和满意度上来。同时，还鼓励销售员在工作中与公司各部门相互配合，而不是只与某个特定部门的成败有关联。实行薪酬改制后不久，公司给所有销售员配备了高级计算机并与公司计算机系统相连。很快，公司发现交流沟通改善了，销售能力也增长了。

### 2. 马歇尔公司的在线服务

除了通过人员推销服务于顾客外，马歇尔公司还加大投资精心制作了一个网站，现在该网站创收已占公司总收入的 20%。该网站是为全球电子商务特别设计的，以 24 种语言日夜提供详细的产品信息，并有现场顾客支持系统服务于随时访问的顾客。顾客可利用网络对照产品说明书，找出产品的特定位置，索取样品，还可以用信用卡订购新产品和重购产品。网站甚至邀请顾客参加在线行业讨论和相互交流的培训研讨会。无论何时，如果顾客想查一下他们所订货物的状况，只要去网站，输入他们的订单号码，就可查出他们的货品是否包装好和装上运货卡车。

除了这些在线工具外，人与人之间的交流对完成销售和提供售后服务都是必要的。“Internet 世界的便利之处在于可以对网上顾客直接销售，”罗丁说，“顾客因方便而使用 Internet，但是他们也会想和人沟通，于是回到企业内部网寻求顾客服务，也就是又回到了与人交流。你永远不是一个人单独处事的。”这就是为什么公司依赖于其 600 名销售员开展个人交流，依靠其技术服务中心的上千名知识丰富的代表做后台支持，全天候帮助顾客和回答他们的问题。

沿着这条道路，罗丁看到了电子商务的巨大潜力。“Internet 是迈向新机遇的通道，”他总结道：“我们在网上所做的一切都在顾客的高度满意中，在支付中，在订购中，在准时送达货品中，我们得到了回报。”

### 3. 马歇尔公司的薪酬效果

马歇尔公司在销售人员薪酬中的改革及其在技术上的投资都获得了可观的回报。在实行全工资加利润分成的 5 年中，公司年收入从 4 亿美元上升到 7 亿美元，总收入突破了 15 亿美元。员工的生产率几乎 3 倍于以前，员工跳槽率也降低了一半，员工为满足顾客需要而进行的合作与日俱增。马歇尔公司在世界电子产品分销商排名中，从第 6 位跃至第 4 位。同样重要的是，公司也成为了许多供应商选择的分销商。

## 问题讨论

1．在马歇尔公司的佣金驱动的销售薪酬计划中，出现了哪些问题？

2．你认为马歇尔公司的利润分成计划对其销售人员的动力有何影响？

# 第 14 章 开发网络营销

CHAPTER 14

## 引导案例

2013 年 10 月 31 日，国务院召开经济形势座谈会。李克强透露自己曾有过上淘宝的经历，且被店主的留言感动：“那些公司小业主的留言，挺感人的。半夜接到一个单子马上就送出去，送出后告诉购物方，说能不能给赞一个。说我们创业不容易啊。然后，我看到，对方来了一个回应说你的物品有点问题，有点瑕疵。他马上就说，我立刻给你换。最后又说，我们确实不容易，我们是尽了最大的努力，一定给你换，意思是说你千万别毁了我的名声。”

从 2012 年 1 月至 11 月 30 日晚 9 点 50 分，阿里巴巴集团旗下淘宝和天猫的交易额突破 1 万亿元。如果与去年各省市的社会消费品零售总额进行比对排行，淘宝加天猫创造的 1 万亿元销售额可以排列第五位，仅次于广东、山东、江苏和浙江。2003 年淘宝网成立，全年交易额为 2271 万元；2004 年淘宝全年交易额达 10 亿元；2008 年淘宝交易额突破 1000 亿元；而 2012 年淘宝交易额突破 1 万亿元。要知道，2013 年上海国庆节假日 7 天共实现营业收入只有 68.67 亿元。

马云说：“1 万亿元只是刚刚开始，零售行业将会面临致命的打击。这不是一个玩笑，做互联网这么多年，我一直坚信，创造性的破坏比破坏性的创造要重要。我告诉大家，以后的体验跟你今天想象的体验完全不同。传统零售行业与互联网的竞争，说难听点，就像在机枪面前，太极拳、少林拳是没有区别的，一枪把你崩了。”

**本章将阐述关于网络营销的一些问题：**

- **了解网络营销的特性。**
- **了解网络营销与传统营销的区别。**
- **分析网络营销的方法是什么。**
- **分析网络营销组合是什么。**
- **怎样开展网络营销？**

## 14.1 网络营销的特征

人是能够制造工具的动物。马克思在《资本论》中写道：“劳动资料的使用和创造，虽然就其萌芽状态来说已为某种动物所固有，但是这毕竟是人类劳动过程独有的特征。”毛泽东在八届二中全会上的讲话中说：“生产力有两项，一项是人，一项是工具。工具是人创造的。”1988 年 9 月 5 日，邓小平也说道：“马克思说过，科学技术是生产力，事实证明这话讲得很对。依我看，科学技术是第一生产力。”

互联网是人类社会发明的最重要的工具，是人类社会最重要的科学技术。任何企业都需要培养互联网基因，基因储存着生命孕育、生长、凋亡过程的全部信息，它是决定生命健康的内在因素。

现在有许多词被用来描述互联网上的活动和交易，其中最流行的一个是**电子商务**

(electronic commerce)，其含义是“通过网络通信分享商业信息，维系商业关系，进行商业交易”。大量的媒体使用电子商业这个词来描述顾客，进行顾客交易和与所有营销渠道上的成员保持在线关系。

**电子营销**（**electronic marketing**）涉及在一个“电子空间”内从事营销活动，而这个市场空间是与真实的“市场地点”相对应的。这个术语描述了多种多样的电子操作平台。例如，通过电子数据交换系统把订购单发送给供应商，利用传真和电子邮件来处理交易，利用自动提款机和智能卡来方便付款和获取数字化的现金，利用互联网进行在线服务。

**网络营销**（**net marketing**）是以互联网作为传播手段，通过对市场的循环营销传播，达到满足消费者需求和商家诉求的过程。网络营销实质上既是通过互联网为顾客定制、提供产品和服务，并与他们进行网上沟通的一系列战略管理过程，也是一种可以使产品和服务到达顾客手中的有效渠道。一个人作为自媒体，也可以完成网络营销，参见营销窗口14.1。

| 营销窗口 14.1 | 让微信成为网络营销的渠道 |
| --- | --- |

一个人，3 个月，依靠微信朋友圈，卖掉 10 万斤大米，总值接近 200 万元。卖大米，纯属偶然。富军太太的家乡在东北，家里做饭，孩子大人平时都只吃家乡寄来的有机大米。送给朋友，大家也都说好。有一天，太太跟富军开玩笑：你这个金牌销售员，啥时候做点更有意义的事？把咱家乡的好大米推广出去，让我们认识的人都能吃得健健康康的。在太太的启发下，富军开始了自己的米商生涯。

富军通过微信推销大米的形象并没有遭到大家的反感，相反，人们开始记住了这个自信、开朗、乐善好施的“富军”，他在微信朋友圈中勾勒出了一个公众形象。有趣的是他的好友加到了 3000 人，而见面超过三次的不到 10%。也就是说，大部分人虽然没见过富军，但都知道，他是商学院里卖米最有名的人。人们在微信朋友圈跟他打招呼，通常就是：富军，我认识你，你家大米我吃过，很好，我要订一年。

起初，一切都紧紧围绕大米，如各种大米销售组合套餐，健康生活方式。当积累了 3000 好友之后，富军的朋友圈成了一个“媒体发布中心”，上面出现了很多活动召集、社会公益活动发布，各种商业资源交互信息，等等。

## 14.1.1　网络营销与传统营销的区别

网络营销环境与传统营销环境在基本特征上是有区别的。这些特征包括：说明性、互动性、记忆性、控制性和获取性。

### 1. 说明性

**说明性**（**addressability**）是指市场营销者在顾客购买前认识顾客的能力。互联网技术使访问者能够在访问网站时表明身份，在购买前提供有关他们对产品需求的信息。许多网站鼓励访问者注册，是为了扩大他们对网站的使用或是为了获得保险。一些网站甚至要求必须注册。典型的注册表要求一些基本信息，如姓名、电子邮箱、年龄和职务，从这些信息中营销者们可以建立使用者档案来促进他们的营销活动。例如，唱片公司要求音乐爱好者提供他们的音乐口味，这样，公司可以推荐新的专辑。一些网站甚至提供比赛和奖品鼓励用户注册。营销者们可以展开调查，以提供奖品作为参与动力，从而了解更多的进入网站的用户信息。

由于互联网的介入，营销者们才可以以相对低的成本复制大规模的销售能力。营销者们可以更精确地将营销组合针对更小的具有某一兴趣的目标顾客。简化了寻找网站和网上购物活动的流程，这使营销者积累有关个人顾客的数据，以使未来营销活动变得更容易。

### 2．互动性

**互动性（interactivity）**使顾客在公司的营销交流中可以直接表达他们的需要与欲望。这就意味着营销者可以真正地和预期的顾客进行实时交流（或接近实时）。当然，销售人员也可以做到实时推销，但花费更大。网站向销售代表提供了展示的优势，并且有更大的市场覆盖面和更低的成本。

互动性的一个含义就是公司的顾客可以与其他顾客进行交流。为此，营销者与他们的顾客所拥有的信息数量和类型上的差异就不像过去那样明显。结果就是生意变得更有竞争性，因为消费者会带着从网上获得的比较过的更完全的产品与价格信息向经销商走去。通过提供信息、观念和与其他顾客交易的环境，网络营销者可以增加顾客对他们产品的兴趣与参考度。

在企业对企业的环境中，许多公司都在利用通信技术，如电子会议，它将公司的代表与他们的顾客通过互联网连接起来。这减少了出差费用，节约了时间，还能更频繁地接触公司的顾客群。公司也利用网络技术将分布在各处的销售人员集合起来开会，团体讨论，培训课程。

### 3．记忆性

**记忆性（memory）**是指一个公司获取包含顾客个人档案和过去购买记录的数据库或数据仓库，以及在现实中使用这些数据来为特定的顾客提供特定的营销服务的能力。尽管企业拥有数据库系统已有多年历史，但直到最近，它们所包含的信息才被营销者真正及时地使用。现今的软件技术能让营销者们及时地验证访问者的身份，在数据库中找到顾客的档案，然后显示顾客过去的购买经历，在顾客仍逗留在网站上时根据其过去的购买记录，推荐新的产品。

有些网上服装零售商，要求访问者提供他们的电子邮箱地址、衣物的爱好和尺寸，这样它就可以建立一个与顾客具体爱好匹配的网上衣服目录（“我的目录”）。公司使用顾客的购买档案来经营商品。每当它有新的衣服进货时，它会根据顾客偏好的数据库核对信息，一旦发现有符合的，它就发电子邮件告诉顾客。网络营销人员辨认存储的具体的顾客信息，来提供个性化服务的能力增加了每一个顾客的价值。一个公司使用记忆性来更多地了解顾客每次访问公司网站的信息。如果把记忆性应用到大量的顾客身上，它将会体现更大的优势。

### 4．控制性

**控制性**（**control**）是指顾客调整他们所看到的信息和他们认识信息的速度和顺序的能力。网络有时被称为“推动”的媒体，因为用户决定了他们将浏览网上的什么东西，而网站经营者控制用户所看的信息和以什么顺序的能力是有限的。相比较而言，电视的特征就是一种“拉引”媒体，因为一旦观众选择了某一个频道，播放者就决定了他或她将要观看什么。电视和广播都提供了“有限观看控制”（你只能观看或收听被播放的东西，直到你换台）。而在互联网上，顾客有了更大程度的控制权，因为他们只需轻点鼠标换一个网站或直接下线。

大多数的网站使用**超文本**（**Hypertext**），它被定义为“分割衍生并允许读者选择的文本，特别是在互动的屏幕上，根据受欢迎的程度排列，这是一系列连接可以让读者有不同路径的文本集”。就是这种超文本使访问者可以从某一网站上的一个点跳跃到其他点甚至其他网站。不同的浏览者会以不同的方式经历某一相同网站，这就完全取决于他们观看内容进程的途径。公司在营销环境中使用超文本并不能控制浏览者观看内容的顺序。

对于网络营销者来说，最主要的是吸引和保留顾客的注意力，这是更困难的。营销者们必须更努力、更有创造性地、清楚快速地表达他们网站的价值，否则浏览者会失去兴趣而进入另一个网站。

### 5．获取性

**获取性**（**accessibility**）是顾客可以深入了解竞争产品的信息，他们就比以往任何时候都更了解公司的产品与它们的相对价值。例如，一个想买台电视机的人，可以进入长虹、海尔、三星的网站，比较一下这些电视机厂商的产品。这个购买者还可以访问在线杂志和价格指导、中间商网站，以获取产品性能、款式、价格等更详细的信息。

互联网上具有大量的信息，易获取性极大地刺激了对获取互联网用户的竞争。如果没有强力的促销，如在天猫和 eBay 等网站或其他被经常访问的网站上做广告，那么吸引访问者对某一网站的注意是相当困难的。因此，网络营销者必须用更富创造性和创新性的方法来吸引访问者去他们的站点。

获取性的另一个含义是被认知的品牌可能会成为网络营销者更重要的竞争武器。消费者是没有真正的方法去评估他们在网上遇到的众多的不知名品牌的收益和质量的。因此，他们可能会选择熟悉的或认识的品牌以确保质量。因此，越来越多的公司试图在网上消费者之间建立品牌的认识，参见营销窗口 14.2。

| 营销窗口 14.2 | 腾讯——中国用户最多的公司 |
|---|---|

腾讯控股有限公司总部位于广东省深圳市南山区。它是亚洲第一大、全球第三大互联网企业，仅次于谷歌和亚马逊。它于 2012 年进入互联网信息服务收入前百家企业排行榜榜首，是中国用户最多的公司。

腾讯愿景：最受尊敬的互联网企业。腾讯使命：通过互联网服务提升人类生活品质，使产品和服务像水和电一样源源不断地融入人们的生活，为人们带来便捷和愉悦；关注不同地域、不同群体，并针对不同对象提供差异化的产品和服务；打造开放共赢平台，与合作伙伴共同营造健康的互联网生态环境。

1997 年，马化腾接触到了 ICQ，ICQ 是一款即时通信软件，1996 年，三个以色列人维斯格、瓦迪和高德芬格聚在一起，决定开发一种使人与人在互联网上能够快速直接交流的软件。他们为新软件取名 ICQ，即“I SEEK YOU（我找你）”的意思。它支持在互联网上聊天、发送消息和文件等。马化腾也看到了它的局限性：一是英文界面；二是在使用操作上有相当的难度，这使得 ICQ 在国内始终不是特别普及，仅仅局限于“网虫”级的高手群体。

1998 年 11 月 11 日，马化腾和同学张志东在广东省深圳市注册成立“深圳市腾讯计算机系统有限公司”。当时公司的业务是拓展无线网络寻呼系统，为寻呼台建立网上寻呼系统，这种针对企业或单位的软件开发工程是所有中小型网络服务公司的最佳选择。

马云曾经说过“免费是个很诱人的东西，最显著的例子不是我，也不是阿里巴巴，而是马化腾和他的 QQ。从 1998 年开始，QQ 就开始提供免费的即时聊天账号和软件下载，并且在功能上不断完善自己，直到有一天，那个胖企鹅说自己要收费了，我们才恍然大悟——你已经离不开它，你身边的所有人都在用 QQ，从警察到摊贩，无一例外。而直到现在，腾讯还保持着这个传统，每个业务初期都是免费的，瞄准现在年轻人爱时尚爱攀比的心理，赚足了票子。”

2013 年 9 月 16 日，腾讯股价报 417 港元，市值约 7749.82 亿港元，约合 1000 亿美元，成为中国首家市值超 1000 亿美元的互联网公司。

虽然腾讯从 2010 年后就没有再公布过 QQ 用户数，但据腾讯数据部透露的一个统计方法，截止到 2013 年 11 月 21 日，QQ 号已经到了 2044430031（从 10000 号开始），QQ 累计用户数已经超过了 20 亿人。微信用户，在 2013 年 12 月，媒体公开报道的数据是 6.5 亿人。

面向未来，坚持自主创新，树立民族品牌是腾讯公司的长远发展规划。腾讯 60% 以上员工为研发人员。腾讯在即时通信、电子商务、在线支付、搜索引擎、信息安全以及游戏方面等都拥有了相当数量的专利。2007 年，腾讯投资过亿元在北京、上海和深圳三地设立了中国互联网首家研究院——腾讯研究院，进行互联网核心基础技术的自主研发。腾讯的自主创新工作已经进入到企业开发、运营、销售等各个环节当中。腾讯正逐步走上自主创新的民族产业发展之路。

### 14.1.2　与网络营销有关的法律道德问题

互联网发展如此之快，使得无数新的法律和道德问题开始出现，不管是在网上还是网下，这些问题都被人们议论纷纷。在这些问题中，主要有个人隐私的保护、垃圾邮件和注册商标的不当使用等。

随着互联网的持续发展，更多的法律道德问题会出现。基于对这一点的认识，美国市场营销协会已制定了一套互联网营销的道德准则，这类自我规范的政策可能会帮助政府制定网络营销法规。营销者和所有其他互联网的使用者，都应该努力学习和遵守基本的“网络惯例”，以确保他们可以在这个发展迅速的媒体上获取最大的信息资源。

## 14.2　网络营销过程

互联网营销经过多年的努力，已由一个简单的创意策划成长为庞大复杂的群体活动。互联网组织不仅要管理顾客互动，还要整合和管理企业所有顾客。**网络营销过程管理（net-marketing process management）**是将企业互联网营销计划转化为行动和任务的过程，它需要保证这种任务的完成，以实现营销计划所制定的目标。

网络营销过程涉及 7 个阶段：界定市场机会，制定营销战略，设计客户体验，构思客户界面，设计营销计划，分析客户信息和评估营销计划。

### 14.2.1　界定市场机会

界定市场机会即收集足够的在线和离线数据以建立机会评估，其实现可以分为 6 个步骤。

步骤 1：在现有的或新的价值系统中寻找调研机会。机会的识别和分析来自于现有的或新的价值系统——竞技场。公司应该将价值系统看做产生有关新业务创新的机会。具体来说，每个公司都在寻找以下 3 种价值之一。

**被禁锢价值（trapped value）**：可释放出来的被捕获的价值，使客户能够以较低的网络成本买到对自己来说最好的东西。

**全新价值（new-to-the-world value）**：能够被创造的全新价值。公司定制产品或服务，利用网络的数字化便利性和成本优势，公司允许客户对产品或服务进行定制。将客户评价不高的特色去掉，使其产品更具个人化和吸引力。同时，通过网络建立社区以及引入全新功能或全新客户体验也是创造全新价值的方式。

**混合价值（hybrid value）**：当被禁锢价值和全新价值组合起来产生协同效应时，混合价值产生了。其价值可通过瓦解现有定价、易于获取以及从根本上扩展其市场范围等机制来创造。

步骤 2：识别未被满足或服务不周的需求。全新价值的创造建立在更好地满足客户需求的基础上。只有当公司更好地满足了他们的一组需求时，客户才会从现有的供应商转移到该公司。客户决策过程是一个系统寻找未被满足的或服务不周的需求的组织框架。这个过程映射了在新价值系统中评估特定体验时客户开展的活动和进行的选择。客户决策过程包括一系列步骤，从认知到购买体验及使用体验。绘制一个客户决策过程地图的过程有助于产生关于未被满足的或服务不周的需求的新想法。

步骤 3：确定目标客户细分。选择并识别优质客户。价值动议（value proposition）正是这样一个针对特定客户的提供物，其包括目标客户细分的选择、提供的焦点客户驱动的利益选择以及客户相信的理由。客户细分或者类似客户的分组以便更好满足其需求，必须同时具有与公司在市场中采取行动的方式相一致的可操作性和富有意义，即与客户行为方式的相关联。

步骤 4：评估所交付提供物的资源需求。在确定业务最初的焦点客户之后，公司应当监视交付提供物利益所需的能力和技术并识别出至少三四种资源或资产，它们组成了一个成功的资源系统，这些资源或者是公司现成的、公司能创造出来的，或者是通过合作伙伴提供的。这个资源系统对交付新利益或释放被禁锢的价值极为重要，是公司价值的核心。一个资源系统是个体和组织活动的一个离散集合，组合在一起能创造出组织能力，这些能力允许公司满足客户需求。

步骤 5：评估机会在竞争、技术和财务方面的吸引力。

步骤 6：进行做还是不做的评估。机会故事可被视为一个商务计划的草案，这个故事应能清楚描述价值动议和目标客户。它应当估计机会的大小，识别关键的能力和资源，而且讨论令人信服的关键原因。

### 14.2.2　制定营销战略

网络营销战略有 3 个主要内容：市场细分，即识别具有特定需求的相关顾客群体；目标市场选择，即选择一个有吸引力的，与企业资源和目标相一致的顾客群体；产品定位，即向目标顾客群体战略性地表达产品的利益。

市场细分：该过程将一个客户市场分解成大的而且可以识别的群体。这个分解建立在特定变量基础之上。在一个大的客户市场中，可能有若干个客户的子群，每个子群有不同的需求，这些需求是单独一种产品所不能满足的。细分是企业为特定客户群体制造并出售产品的第一步，它揭示出潜在的营销机会并为企业产品开发和营销战略提供了指南。

目标选择：在对市场细分的顾客群体的整体吸引力进行评估时，应当审视细分规模和成长性。一般来说，有吸引力的细分规模大体上取决于企业规模。小公司可以避免大的细分。在理想情况下，企业希望与细分市场一起成长，但增长的细分市场通常吸引更多的竞争对手，这时要考虑细分市场的结构性吸引力，通过分析一个细分市场的结构性吸引力能够提供未来赢利能力的预见。

产品定位：产品定位使企业将其产品在其细分市场的心目中打下烙印，使企业以竞争品牌不具备的独特优势进行传播，清楚地描述企业产品在消费者心目中的象征意义。

### 14.2.3　设计客户体验

一旦企业决定了其产品的定位后，它就必须清楚地表达自己要创造的客户体验。**客户体验（customer experience）**，指的是目标客户对于与企业交互过程中遇到的所有激励因素的感知和诠释。

客户体验包括知觉、遭遇、刺激反应、感官、认知和情感、相对等要素。

客户体验的 3 个阶段分为：

功能体验——“站点工作正常”：可用性、易于导航、速度、可靠性、安全性、媒体可达性；

熟识体验——“他们了解我”：定制、沟通、一致性、可信赖性、意外价值和从消费转移到休闲活动；

福音体验——“我喜欢分享这一体验”：企业很重视我的意见、将消息散布到市场和社区中。客户体验的 3 个阶段参见表 14.1。

表 14.1　客户体验的 3 个阶段

| 阶段 | 公司活动 | 产生相应的客户体验 |
|---|---|---|
| 阶段 1：功能体验 | 对客户行为的深入了解 | 下载迅速 |
| | 设计和信息架构 | 站点易于使用 |
| | 高效的交易过程 | 站点可靠 |
| | 平台独立性 | 导航直观 |
| 阶段 2：熟识体验 | 数据仓库和数据挖掘 | 个人化 |
| | 定制页面和提供物 | 信任逐渐增加 |
| | 持续一致的性能 | 熟知内情的意识 |
| | 真人沟通 | 体验的一致性 |
| | 不断创新和升级 | 意外价值的重复体验 |
| 阶段 3：福音体验 | 对福音传播者的支持 | 热衷于将消息散布到市场中 |
| | 对福音传播者的感谢 | 社区效益 |

### 14.2.4　构思客户界面

客户界面的建设需要构建视觉表示的 7C 框架。

**内容（Content）**：网站上所有的数字化主体，包括数字化主题媒体（视频、音频、文本和图形），以及数字化主题传达的消息，包括产品、服务和信息供应。内容包括提供物组合、吸引力组合、多媒体组合及内容类型。

**场景（Context）**：站点的场景反映了它的美学和功能观感。美感设计关注于站点的艺术特点，功能涉及站点的实际可用性。

**定制（Customization）**：是指一个站点为每一客户修改的能力。当定制是由公司发起和管理时，被称为**量身定制（tailoring）**。当定制是由客户发起和管理时，被称为**个人化（personalization）**。个人化手段包括注册登记、个人化的电子邮件、内容和布局的配置、存储和代理。

**社区（Community）**：建立在共同兴趣上的一组交织起来的关系。标准社区提供物包括消息栏和实时聊天。社区不仅培育了群体成员的感情，而且培养了他们的参与意识。一群人能够创建牢固而持久的关系，通过对共同感兴趣的观点广泛而深入的交流，进而发展出社区意识，这个社区意识以及通过成员产生内容的分享有助于鼓励客户和成员成为网站的回头客。

**沟通（Communication）**：展现网站及其客户间的对话，分为 3 种形式：客户对公司（如客户服务请求）、公司对客户（如 E-mail 通告）、客户对客户（如即时短消息）。

**连接（Connection）**：站点间链接的网络，即通过单击链接将来访者带离一个公司的站点或将在其他站点上的来访者带到该公司的站点上。

**商务（Commerce）**：网站的交易能力，包括站点上商品、产品或服务的销售，以及运输、购物车和支付选项、结账或订单确认等功能。

### 14.2.5　设计营销计划

传统营销 4Ps 是指产品、价格、分销和传播，网络营销在此基础上添加了两个新要素：品牌和社区。品牌是在网络上建立长久关系的关键要素，社区是客户间交流的平台。

品牌：它是一个名字、术语、标记、符号、设计或组合，旨在识别一家卖主或一群卖主提供的产品或服务，并将其与竞争对手区别开来。强势品牌可用于增强所有其他营销活动的效果。与弱小品牌相比，对于强势品牌，消费者可能更乐于响应其营销活动或不可预见的竞争或环境变化。

社区：它是一种建立在共同兴趣基础之上的一组相互交织的关系网，它能够满足个体在别处无法得到满足的需求。社区确保了种类繁多商品的供应，一个强大的社区维持着买卖双方的承诺。为了降低交易风险，社区的评分系统帮助买主从探索转移到承诺阶段。

产品：公司提供用于交易的服务或有形货物。一个产品提供物由为客户提供核心利益的基本产品或服务以及产品包装和标记构成，而且也包括增强基本产品的其他属性或特色。通过客户页面的个人化（由客户确定属性和特色的手段），提供客户想要的信息来维持承诺。同时，也提高了转移成本，一旦客户定制了页面，他们就不大可能在竞争对手的站点上重新定制。个人化也激发了客户从认知转移到探索阶段。

价格：网络为新经济公司创造了全新的定价工具。通过向客户提供购买的价格激励，可以进行有针对性的价格促销，如采取既有个人化又有交互性的许可 E-mail 形式，可将客户从探索/扩展阶段推向承诺阶段。

分销：网络作为一个分销渠道，是使产品或服务得以消费或使用的过程中的一部分。网络促进了买主和卖主间商品或服务的交易，成为了一种满足市场已存在需求的方式。网络的交互性允许供应商和买主紧密联系，这种联系能促进他们之间的协作关系，从而为物流、库存规划和响应敏感性方面带来收益。同时，分销中的交互性极大地帮助了即时生产的实施。例如，通过分享订货信息和预测信息，戴尔公司与供应商的实时交流允许戴尔公司大幅度降低其零部件的库存，供应商也可利用这一信息实现同样的来自自己的供应商的库存的节省，从而使供应链上的所有企业获益。

传播：向一个或多个目标客户群体告知公司及其产品信息的活动。传播类型包括：电视、广播、户外、公共关系、报纸、杂志、黄页、宣传册、购买点展示、电话推销、直接邮寄广告、客户服务等。

### 14.2.6　分析客户信息

客户与某企业的典型关系有 4 个阶段：认知、探索/扩展、承诺和解体。客户没有必要通过所有这 4 个阶段，有些客户停顿在认知阶段，从来不探索与企业建立关系的可能性，另一些则直接从认知阶段跳到承诺阶段。图 14.1 显示了客户通过客户关系各阶段的可能方式。

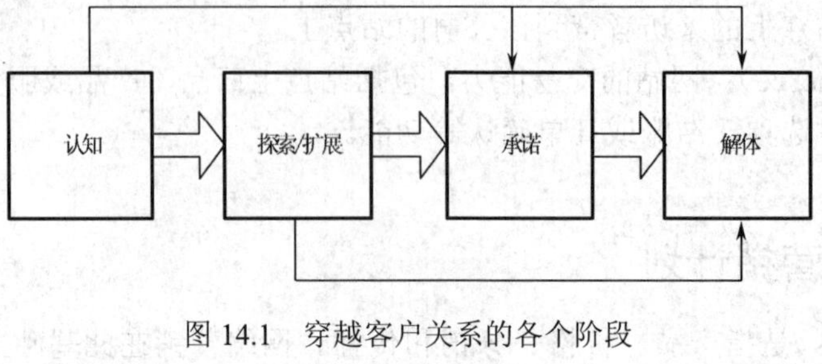


图 14.1　穿越客户关系的各个阶段

**认知（Awareness）**阶段，客户认识到企业是一个可能的交易伙伴，但是尚未开始与企业进行任何沟通或者没有购买企业的任何产品。认知仅仅是客户关系的第一步。

**探索/扩展（Exploration/Expansion）**阶段，客户会考虑交易的可能性以及可能开始尝试购买。在在线世界里，探索/扩展可能表现为频繁的站点访问，少许电子商务零售交易，还可能有一些商品退货。其重点集中在吸引、关系规范、信任、影响力关系和满意度上。

**承诺（Commitment）**阶段，关系双方感到相互之间有义务或责任感。

**解体（Dissolution）**阶段，不是所有的客户对企业都有同等的价值，关系被买主或卖主切断，导致联系的流失。

**市场空间矩阵（Marketspace Matrix）**是一个框架，用于阐述在客户关系的每一阶段上网络营销人员可以选用的营销手段，是整合企业的供方选择（网络营销组合六要素）和目标客户的需方需求（客户关系的四阶段）的有效方法。

市场空间矩阵通过可视方式为表达有效营销活动提供了一个始点，并提供了用以推进客户通过关系阶段的各种营销手段的一个综合性描述。其目的是帮助企业采取一种整合的、以客户为中心的方式进行网络营销。

### 14.2.7　评估营销计划

该阶段是网络营销过程管理的最后一个阶段，企业需要在网络营销计划进行中不断评估。对整个网络营销计划的评估以多种方式进行，包括澄清战略目标、传播战略、跟踪绩效、提高责任感并协调目标。好的指标相对容易测量。它们易于判断，而且有活力。此外，指标需要为企业的利益相关者普遍接受，并与业务结果相联系。每一组指标为经理们提供了经营绩效各个方面的信息。财务指标评估的是企业的绩效底线。测量营销计划实施情况的指标可以强化客户基础，并最终提高企业绩效。

## 14.3　网络营销组合

制定网络营销组合同样要求满足市场中个人消费者的需要，不管他们是通过网络还是通过更传统的渠道进入的。但是，在如何发展营销组合的各种因素和在网络电子环境中把它们组合成一个营销战略是有很大差异的。必须牢记互联网是个变化多端的环境，这也意味着网络营销组合必须同步地经常改变。

### 14.3.1　产品因素

互联网的迅速增长为向消费者和企业出售产品提供了激动人心的机会。通过互联网企业降低了成本，改进了客户服务，加强了与顾客和供应商的交流。计算机和计算机外延产品、工业用品和软件包是主要的企业网上购物内容。消费品只占互联网的一小部分，但增长迅速，消费者主要购买证券、旅游和书籍。通过网络营销，企业可以提供产品，包括商品、服务和创意，这会带来独特的益处，即提高顾客的满意度。

在线销售的商品，如计算机硬件和软件、书籍、影碟、唱片、玩具、汽车，甚至杂货都以惊人的速度在增加。美国 eBay 作为一个全球性的网上购物市场，将各种产品与购买者连接起来，参见营销窗口 14.3。某些服务也可以上网销售，甚至可能会比商品更成功。许多互联网在线经纪商提供网上股票和债券的交易，还提供报价、新闻、研究、计划和其他特别服务。

## 营销窗口 14.3　eBay——全球性的网上购物市场

一位法国籍伊朗移民皮埃尔 · 奥米迪亚（Pierre Omidayar）创办了 eBay，起初只是为了帮助他的女友出售一些过期的收藏品。很快，这个网站就成为了一个广阔的交易平台，在那里用户可以交易很多的收藏品，诸如棒球卡和芭比娃娃。网站的发展一直持续着，卖主提供着各式各样新款的和少见的商品。同时买主在 eBay 上寻找各种日用品，从家具到新款的数码相机。对于小的商家来说，在 eBay 上可以迅速地找到有需求的消费者和商家。而对于大的公司来说，它意味着可以得到销售大量存货的一个很好的机会。为卖方出售商品并得到最好的价格，为买方给自己所要的商品开价，eBay 正在通过这两种方式进行一场价格的革命。

到 2003 年年底，在全球，eBay 在 23 项商品大类中共进行了价值 230 亿美元的交易。这个网站共有 620 万名注册用户，每月有 4300 万个网上浏览者。然而，eBay 本身并没有任何的存货，也没有属于它自己的产品。它通过对发布交易信息的收费和交易成功后的佣金来获得收益。

随着 eBay 对其他商品品种的扩展，收藏品现在只占有它交易总量的 13%。eBay 经常为顾客和商家提供新的商品品种，诸如饭店设备用具（水壶、平底锅、卡布奇诺的搅拌机）等。

例如，当 eBay 意识到有人在玩具汽车类目中成功交易了一辆真的法拉利车之后，它便设立了一个新的交易平台：二手车交易平台。按照传统，二手车是在当地交易的，但是，eBay 的这个汽车交易平台却提供了一个全国范围内的市场。这个品种的交易也是目前 eBay 最大的部分。人们将其美誉为二手车的“销售员”。但是，为什么会有这么多的人相信这个异地的近乎匿名的二手车销售员？eBay 的汽车交易平台在代理二手车的运作中创造了以下的信用建立要素：

- 在线的买家与卖家的信用排名。
- 在汽车抵达之前由第三方保管资金。
- 防止欺诈的罚款，最高达 2 万美元。
- 网上的第三方监视。

eBay 上出售汽车最多的是经销商。这听起来有些令人吃惊，但是事实上，经销商只要花上 40 美元，就可以将信息传递到全国。与此形成鲜明对照的是，根据国家汽车经销商协会的调查，经销商们每卖出一辆车，需要最高达 500 美元的钱来找到一个当地的顾客。所以，eBay 对经销商来说是一个相当有效的销售渠道。经销商也可以得到一个很好的卖价，因为有更多的人在网上寻找汽车，这就增加了需要这种汽车的消费者的可能性。每一天，有 800 万个顾客浏览 eBay 的汽车交易网站。每一笔交易都会有

7～8 人的竞拍，大约有 75%的汽车交易是跨州进行的。

虽然 eBay 起先是一个拍卖网站，但是它也提供自由定价的购买方式。这个选项功能是为那些不想等待拍卖过长的时间并愿意接受卖家开价的用户提供的。多年来，顾客和商家们将 eBay 作为市场价值的非正式的引路人，它成为了实际上的价格仲裁者。消费者或商家可以从 eBay 上寻找某个商品的价格走势，无论是 3D 打印机还是服饰。企业在 eBay 测试它们的新产品对顾客的吸引力和定价合理性。

2013 年 6 月 17 日，eBay 现任 CEO 约翰·多纳霍（John Donahoe）预计，eBay 将成为第一家在中国拿到金融支付执照的海外公司。同时，多纳霍说："一场由移动终端所带来的电商革命正在到来，我们的购物方式正在改变，eBay 公司也将在开辟的电商新世界中成为领导者。"多纳霍告诉分析师，eBay 希望到 2015 年，其交易额从 2012 年的 1750 亿美元上升至 3000 亿美元。

## 14.3.2　分销因素

分销渠道是让产品以正确的数量、正确的时间和正确的地点运送。实体分销渠道特别符合网络营销。电子订单和通过互联网提高交流速度的能力，减少了营销渠道的低效、成本和过剩，同时它加快了传送速度和提高了顾客服务水平。互联网的互动本性使企业能与它们供应链上的成员发展紧密的合作关系。

准许供应商获取顾客交易的数据库有利于促进营销渠道更好的协调。通过电子方式了解顾客们订购了什么，供应商可以精确地知道什么时候运送原料来满足需求，使之可以减少手头的库存，这就降低了运输成本，使其更有竞争力。例如，沃尔玛与宝洁公司和其他生产商交换有关库存量和产品获取性的数据，因而建立了伙伴关系，使它所有的供应链成员的竞争优势机会最大化而获取利益。由于互联网提供了必需的积极合作和沟通，供应链的管理得到了加强。

越来越多的企业正在推进搜索信息技术的进步，以同步推进它们的生产或产品装配以及与顾客的合作关系。这种在企业内各种运营间信息共享的发展使定制化产品更易于产生。营销者可以利用他们的网站获取顾客的需要，然后生产适合顾客需要的产品。例如，盖特威（Gateway）和戴尔，通过询问顾客需要什么具体的配件，帮助顾客定制他们自己的计算机，然后在几天内装配成功并直接将定制的产品送到顾客手中。

由于生产商和供应链上其他成员之间先进技术网络的建立，企业对企业的交易得到了进一步提高。企业外部网（联系企业与顾客、供应商的安全网络）的使用推进了产品的分销、订单处理、库存管理的协调。例如，韦耶哈桑（Weyerhaeuser）的门户（Door Builder）内部网如此成功，以至于生产商将其扩充成一个外部网来促进它与供应商和顾客的沟通。通过韦耶哈桑的外部网，建筑工人、建筑师和其他顾客可以从它的产品清单和相关产品的卖主中订购一套完整的门、窗框和涂料等。企业对企业网络营销基础设施的发展令产品分销更有效、灵活和低廉，因而提高了顾客的满意度。

西雅图的亚马逊公司每年直接从其网站销售产品，超过 80%的顾客是在网上完成交易的。事实上，因亚马逊公司在网上售书的成功，致使一群模仿者从唱片到玩具销售部都采用了它的零售模式。另一种零售方式是网上拍卖，如第一拍卖在线和出售公司，它们拍卖从美酒、高尔夫球棒到计算机、电子商品等一切东西。甚至一些小公司也开始通过互联网销售它们的产品。

### 14.3.3 价格因素

互联网使消费者比以往任何时候都能获得更多的产品成本和价格的信息。例如，汽车购买者可以进入许多汽车制造商的网页，确定理想的车型，获得及时的成本反馈。然后，他们可以带着比过去多得多的价格信息去购车。互联网不仅帮助消费者进行比较购物，而且使那些把价格作为营销组合中的关键因素的生产商有机会将定价信息传递给顾客。营销者们可以利用互联网促进价格和非价格竞争。

一些组织在互联网上实行低价政策，如航空公司，可以在网上订票，并通过网上的旅行安排给顾客提供省钱的机会。网上的低促销成本导致了低价的产品。例如，邮寄目录非常昂贵，但假如企业可以用网上互动的目录代替纸张目录，他们可以节约成本，并以较低的价格让利给消费者，也因此取得了竞争优势。

网络营销与价格有关的仍处于萌芽阶段的一个发展就是**数字货币（digital currency）**的推行，即一个消费者在网上建立账户、使用信用的在线交换系统。这样一个系统的功能类似于今天的记账卡，不同的是它的信用完全是数字化的。但是，可能还需要一段时间才能使数字货币系统广泛使用。考虑到互联网上公开的结构和无法控制的发展，许多长期用户都已习惯于免费获取网上大多数的内容，他们可能会拒绝支付金钱给所使用的信息。为了执行付费使用的模式，营销者们不得不去说服用户，网上提供的信息是有支付价值的。同时，消费者也习惯于用信用卡支付网上购物。如果足够多的消费者习惯于用信用卡在网上支付，但没有一个创新性的营销战略的话，数字货币系统是无法成功的。

### 14.3.4 促销因素

互联网是一个互动的载体，可以使用它来通知、娱乐、说服目标市场接受企业的产品。互联网的获取给营销者带来令人激动的机会以扩大和完成他们传统的促销服务，使消费者得到最好的产品。大量的电影制片厂建立网站让访问者可以看到最新的电影剪辑，新影片的电视广告常常鼓励观众访问这些网站。另外，一些电视网也设立网站，提供观看指导和额外的内容来增加观众的娱乐性。

网络营销的特性使互联网上的促销活动不同于运用传统媒体的活动。首先，互联网用户可以控制他们浏览什么，顾客访问一个网站是因为他们自己的选择，这就暗示着他们对企业的产品有兴趣，因此，可能会更积极地参与发布信息和对话。其次，互联网的互动性使营销者能进行与顾客的对话来更好地了解他们的兴趣与需求。这种信息可以根据个体顾客的不同而不同。例如，亚马逊公司根据名字来辨认顾客，前提是他们曾经从该网站购过书，然后根据他们的购买记录提供他们可能感兴趣的书目。最后，可获取性意味着直接面对具体顾客的营销活动可以更有效。事实上，结合顾客数据库有效分析的直接营销可能成为一个网络营销最有价值的促销工具。

戴尔公司推出一个新的便携式计算机，首先，它安排在商店里展示以激起人们的兴趣。然后，戴尔安排整页广告，提供免费小册子“怎样购买计算机”。紧接着，戴尔向回应者邮寄这些小册子，并承诺得到这些小册子的人在其零售店可特价购买一台新计算机。有 4%的人在收到小册子后去订购计算机。戴尔公司的电话营销者就会打电话给 96%未购买的人，提醒他们去享受这种优惠。下一步，公司将推出直接的一对一电话询问，或邀请人们参加在当地零售店举行的展示会。最后，戴尔在互联网上设立专用网址，即使上网顾客并不准备购买，这种持续性传播也是必要的。

### 14.3.5　网络营销的 4Cs 理论

营销组合是现代营销理论的重要概念之一，它是企业用来从目标市场寻求营销目标的一系列营销工具。互联网作为新兴的营销媒体出现以后，营销的环境发生了巨大的变化。怎样根据网络自身具有的特点，去制定出真正尊重和满足消费者价值和利益的营销战略，一直是当前营销领域众多从事理论研究和市场实践的人们共同探讨的问题。1995 年，美国学者凯思·拜罗针对互联网时代的到来，提出了体现消费者价值的 4 个 C——**内容（Content）**、**商务（Commerce）**、**社区（Community）**和**定制（Customization）**。

#### 1．内容

企业应该充分利用新媒体的优势，对现有的内容加以识别和裁剪，通过图形、视频、动画和文字的加强和编排，为消费者创造出一种深入体验的新环境。不管内容的来源如何，它应该真正吸引消费者，具有内容新颖、增长见识、饶有趣味、易于查找等特点，并且能够为特定的顾客提供定制的内容，让消费者既节省时间，又得到了一次全方位的丰富的网上体验。

#### 2．商务

互联网迅速兴起的原因是对电子商务应用的憧憬，商家总想通过市场空间的扩张来发展自身的业务。然而，这种新的商务模式才刚刚被消费者接受，他们有对于安全性的合理的担忧。通过个性化的信息交换和沟通方式来发展与消费者的密切关系，消除他们对于网上购物的戒备心理，商家必须遵循消费者心理的自然进展，才能达到营销的核心——交易的实现。

#### 3．社区

社区作为商业网站的一个重要组成部分，可以让消费者在网上营造出一个自我的虚拟世界。参与者利用微信、微博和电子邮件等工具与志趣相投的人平等交流，来达到心灵的愉悦和宣泄，进而也增加了他们对商家网站的依赖感和信任感，商家网站上这些积极的社区活动的结果是形成了一批紧密联系的群体。从营销的角度来看，这无疑扩大了潜在消费者的规模。有经验表明，消费者通过网站与志趣相同者的沟通和交流活动，是促成网上交易的一个十分重要的动力。

#### 4．定制

提供定制产品和服务的观念是利用互联网开展营销的基本原则，通过发达的交互式工具，商家获取消费者的特殊偏好和行为模式，使其产品和服务更具个性化，消费者则获得了充分反映个人需求的独特的体验。这种互动的过程，可以使商家持续不断地为顾客提供增值的产品和服务，并且从中实现与顾客关系中效益的优化，参见营销窗口 14.4：亚马逊在线的模式。

| 营销窗口 14.4 | 亚马逊在线的模式 |
|---|---|

自称为“全世界最大的书店”的亚马逊在线（Amazon.com）领导并完善了在线营销的艺术。它是杰夫 • P.贝佐斯（Jeffrey • P.Bezos）在车库中创建的。

1994 年，杰夫 · 贝佐斯还是华尔街一家做套头生意的基金公司的资深副总裁，公司业务蒸蒸日上，他也年轻有为，如日中天。然而，当他注意到互联网的急剧增长时，他看到了一个更大的机会：在线商业。两年之后，作为网络书店亚马逊的执行总裁，贝佐斯已是一大批青年企业家中的一员，依靠强大的消费者和行业特许经营证方式，运用网络技术把顾客从传统的企业那里挖了过来。

那么，一个小玩家是怎么在出版、保险、股票交易和电话簿黄页广告等固若金汤的行业中，建立滩头阵地的呢？1994 年，他就开始考虑打进上述行业。他拉了一个单子，列了 20 种他认为可以在网络上销售的产品，包括书籍、音乐制品、杂志、个人计算机硬件和软件。几经删减，单子上只剩下书籍和音乐制品，最后，他选定了书籍。原因有两个：首先，可供销售的书籍很多（已出版的书有 130 万种之多，相比之下，音乐制品只有 30 万种）；其次，出版界各巨头似乎并不那么咄咄逼人。贝佐斯说，6 家大唱片公司控制了音乐制品行业，这一行业的年销售额为 250 亿美元，可是最大的连锁书店巴恩斯 · 诺布尔也不过只占 12%。

亚马逊公司的网站为顾客提供了一个寻找印刷和非印刷书的强大的搜索引擎。顾客也可以阅读到大量的评论，并只需轻击几下鼠标就可订购图书。为了使购买方便，亚马逊公司安全地储存了顾客的运送和信用卡信息，他们下次订购时，只需点击一次即可。亚马逊公司发电子邮件通知新书，并向顾客推荐他们曾有兴趣的有关主题。它的“点击礼物”服务允许顾客选择一件礼物，指定接收者电子邮件地址，亚马逊公司会完成余下的一切。在这样的服务下，64%的亚马逊公司订单都来自于回头客。

在许多方面，亚马逊不仅是个零售商，也是个软件开发商。为了建造它的网上超市，公司不得不发展能安全处理网上订单和协调分配数百万不同产品的技术。它同时开发了“协调过滤”技术，使它能够分析顾客的购买经历来预测他们可能会购买其他什么书，并根据有类似兴趣的其他顾客购书的情况向他们推荐新书。这项技术让亚马逊公司可以向其 450 万名顾客提供大量的个性化服务。

亚马逊公司将顾客的订单直接递送给分销商或出版商，大多数只需 2～13 天就可以送货。而传统的实物书店要准备 5～6 个月的库存来确保他们可以提供购买者需要的书。这些书商必须让分销者或出版商在订购后有 45～90 天的时间，也就是说，它们平均用于保留这些书的成本长达 4 个月。但亚马逊公司只有 15 天的库存，而且，当顾客订购时，它能立即收到信用卡支付。这种差异使亚马逊公司获得了大约一个月的免息货币，使它有大量的资金来运营操作。

亚马逊公司首创地使用了许多网上营销产品的技术，所以不必惊讶于一些竞争者也建立起网上书店并模仿了亚马逊的一些战略。亚马逊不断地获取顾客和提高服务质量。然而，许多书虫还是喜欢光顾实体书店，它们通常是一些特别的类型书店，能提供很好的顾客服务。在进入光碟、录像、玩具在线市场之后，首席执行官贝佐斯正在寻找更大的发展空间，包括电子消费品、游戏、软件、服装、旅游等。

"我们的目标是成为电子商务终点。"首席执行官贝佐斯说。这些对新市场的进攻会使亚马逊与互联网老手，如 eBay、雅虎等产生竞争。企业如何对待激烈的竞争还有待观察，但对许多希望建立网上商店的企业来说，亚马逊仍是一个成功战略的典范。

## 复习题

1. 什么是电子商务和网络营销？
2. 在网络营销中存在哪些特征？
3. 为什么互联网营销会如此普及，它们为潜在购买者提供哪些好处？
4. 互联网营销的 4Ps 是什么？
5. 互联网营销的 4Cs 是什么？

## 案例讨论

### 谷歌的价值

1998 年，两个斯坦福大学博士生拉里·佩奇和塞尔吉·布林建立了搜索引擎网站 Google，其名字是由一出戏剧的名字 Googol 而来的（由一个 1 以及随后 100 个零组成），表示在线数据的无限性。2006 年 4 月 12 日，Google 首席执行官施密特宣布其中文名为谷歌，意为山谷之歌。

谷歌的价值观：永不满足，力求最佳。为了实现这个目标，谷歌一直在孜孜不倦地追求技术创新，突破现有技术的限制，随时随地为人们提供快速准确而又简单易用的搜索服务。我们总结了谷歌的 10 条经验：

#### 1. 用户体验

创建伊始，谷歌即以提供最佳的用户体验为其核心任务。虽然很多公司主张客户利益优先，但难以抗拒各种诱惑，往往会牺牲客户的少量利益来增加股东价值。谷歌的一贯态度是：如果所做的更改不会给网站访问者带来任何优势，则将坚定不移地予以拒绝。谷歌始终秉持着用户第一的理念，因而从网上赢得了最忠诚的用户群体。正如网易的创始人丁磊所言，"我很欣赏谷歌那种聚焦客户的态度，希望网易的每个员工都能从中得到启发。"

#### 2. 技术创新

谷歌的愿望是将搜索的强大功能应用于以前未曾探索的领域，并帮助用户更多地访问及利用其生活中不断扩展的信息。谷歌追求的是一个完美的搜索引擎。它坚持在每一个机会、每一个网页，为用户创造良好的体验。它的风格是重内涵而轻外表、简单而好用、快速而便利、精准而实用。2010 年，美国国防部无人驾驶汽车项目赞助商之一的谷歌公司在加州试开了自己的无人汽车，目标是在 2013 年达到 30 万英里的自动驾驶距离。谷歌的智能眼镜可以导航、拍照、屏幕锁定、聊天、视频上传和眨眼拍照等功能。“云计算”概念也是谷歌第一个提出的。

### 3．快鱼模式

谷歌相信瞬间带来的喜悦。谷歌可能是世界上唯一努力让其用户尽快离开自己网站的公司。谷歌执着地削减自己网页上的每一个多余的比特和字节，不断地提高服务环境的效率，并一次次地打破自己创造的速度记录。

### 4．多赢平台

如何将网站的人气有效地转化为商业利润，是国内很多互联网企业都在困惑的问题，也是这些互联网企业能否存续发展的关键之一。如果没有商业利润，没有收入来源，网站迟早会无以为继。谷歌的卓越之处在于，它找到了一种可以让用户、广告赞助商和它自己三方“共赢”的商业模式。

### 5．民主作风

谷歌之所以成功，是因为它在网站推行民主作风，在于它依赖数以百万计的向网站发布信息的用户来确定哪些网站提供的内容具有价值。在公司内部，它也充分民主。虽然是首席执行官宣布谷歌中文名为谷歌，其实谷歌是公司的员工从 100 个中文名词中投票选出来的。

### 6．正当赚钱

我们可能从未在谷歌上看到过广告。这是因为，除非广告与所显示的搜索结果页内容相关，否则谷歌不允许在我们的搜索结果页上展示任何广告。因此，只有某些搜索才会在搜索结果的上方或右侧显示赞助商链接。谷歌坚信，仅当广告与用户要查找的内容相关时，才会为用户提供有用的信息。

### 7．信息累加

谷歌索引中包含的网页超过任何其他搜索服务之后，谷歌的工程师开始将精力转到那些不太容易获得的信息上。谷歌持续不断地探索新的方式，将不断累加的所有信息提供给寻找答案的用户。

### 8．超越国界

尽管谷歌的总部位于加利福尼亚州，但谷歌的办事处遍布全球，他们的宗旨是帮助全世界的用户获得所需的信息。为了实现这一目标，谷歌维护着十多个互联网域；在他们所提供的搜索结果中，超过一半提供给美国境外的用户。用户可以根据自己的喜好，从谷歌支持的 35 种语言中任选一种来展示搜索结果。

### 9．生活员工首位

谷歌的创始人一再声明公司的理念是工作应具有挑战性，而挑战可以带来乐趣。正是由于这一点，谷歌的企业文化不同于其他公司：对于在线服务，谷歌始终将用户放在首位；而对于日常生活，谷歌将自己的员工放在首位。谷歌重视团队建设，在公司内有吃有玩，并为个人的成就而倍感自豪，这些都促成了公司的全面成功。谷歌工程师平均年薪 80 万元，列硅谷第一。

### 10．从优秀到卓越

谷歌为用户提供的服务始终超出人们的预期。谷歌不会将最好视为终点，而是看做一个新的起点。通过创新和反复探索，谷歌选择行之有效的技术，并以异乎寻常的方式不断进行改进。他们不断引进与奖励一流的人才。几秒钟之内，搜索谷歌就能在网络上找到许多东西。但这些都需要靠聪明的工程师来完成背后的程序。正如谷歌的一位高管所说：“我们的成长极限，取决于能不能聘得世界一流的人才，以着手处理最困难的运算问题。”

## 问题讨论

1．谷歌的 10 条经验哪些属于营销范畴？
2．你认为谷歌还要发展哪些营销思想和方法呢？

# 第 15 章 管理国际营销

CHAPTER 15

## 引导案例

联想集团有限公司是一家在信息产业内多元化发展的富有创新性的国际化科技公司。1984 年，柳传志带领的 10 名中国计算机科技人员前瞻性地认识到了个人计算机必将改变人们的工作和生活。怀揣着 20 万元人民币的启动资金以及将研发成果转化为成功产品的坚定决心，这 11 名科研人员在北京一处租来的传达室中开始创业，年轻的公司命名为“联想”（Legend，英文含义为传奇）。2003 年 4 月，联想启用新标识“Lenovo”，“Le”来自“Legend”，表示继承前联想的精神。“novo”是一个假的拉丁语词，从“新的（nova）”而来。

2005 年 5 月，联想并购 IBM-PC 全球业务在美国尘埃落定，经美国财政部、国土安全部及司法部等官方机构代表所组成的 CFIUS 审议批准后，在北京和美国北卡罗来纳州的罗利设立两个主要运营中心，通过联想自己的销售机构、联想业务合作伙伴以及与 IBM 的联盟，联想的销售网络遍及全世界。联想在全球有 27000 多名员工。研发中心分布在中国的北京、深圳、厦门、成都和上海，日本的东京及美国北卡罗来纳州的罗利。从 1996 年开始，联想计算机销量一直位居中国国内市场首位，2013 年，联想计算机销售量升居世界第一，成为全球最大的个人计算机生产厂商，世界 500 强排名 329 位。随着国际市场的不断进步和发展，联想所面临的不只有威胁，也有很多的机会。

# 15.1 国际市场特点和发展

**国际营销（international marketing）**是企业跨越国界而进行的市场营销活动。这种国际商业行为，既受到世界经济技术发展的影响，又受到目标市场所在的国家或地区的政治、社会、文化、法律等营销环境的影响。因此，国际营销的含义也随社会的变化和发展而进步。在第二次世界大战之前，国际营销是以产品的出口销售为主的；而在第二次世界大战之后，随着资本国际化活动的增强，发达国家对外投资扩大，纷纷在海外直接组织生产和销售，这种海外投资行为和国外生产的行为也被列入国际营销范围。

国际营销涉及国与国之间商品与服务的交换，在特定的环境中进行，与本国市场相比较，他国市场环境不同，具有不同的特点。在本国能销售的产品，在他国未必能为人们所接受。这就要求国际营销人员必须对目标市场进行周密的调查研究，分析该市场的各种特点，排除各种障碍，找出各种机会，从而决定自己所应采取的方针和对策。

## 15.1.1 市场营销与国际营销的区别

国际营销学建筑于市场营销学之上，很多营销理论可以用来解释国际市场上的不少市场营销现象，这是由于市场营销学具有技术性和社会性的双重特性。技术性使市场营销学不完全受国界的影响，营销技术可以从一个国家转移到另一个国家；社会性却使市场营销工作在不同市场环境下产生不同的效果。因此，需要用一些国际营销理论加以解释。例如，定价方法，产品线组合，市场调查方法，广告方案的规划程序等都是技术性的工作，可以从一个国家转移到另一个国家。由于市场营销学的对象是人，人类的行为受文化背景、风俗习惯、政府法律和教育制度等种种因素影响，因此各地居民的行为各不相同。此外，政府法律和其他环境因素也规定或限制市场营销工作在不同国家的运行。国与国之间的贸易政策和商业习惯不同也形成一些营销障碍。这些环境因素，使营销学的社会性质很难从一个国家转移到另一个国家。

国际营销的这种跨国特征，导致了它与国内营销有如下区别。

**1. 国际营销是一种对交叉文化的管理**

国际营销者与国内营销者面临着不同的环境因素。例如，不同的经济发展程度，不同的语言和价值体系，不同的政治制度和法律体系等。这些非控制因素的国际差异，必然会导致各国在需求、竞争、经营惯例和习俗等方面的差异性，从而影响到企业的营销活动。

**2. 国际营销的手段更为复杂**

国内营销的手段主要是企业可以施加控制的营销组合因素，包括产品、定价、渠道和促销等。这些因素几乎在各国市场上都有所不同。例如，企业在每一个国外市场上提供的产品和产品线，成本结构和价格构成以及促销方式等都可能存在着差异。国际营销除了利用这些企业可控因素之外，还可增加权力手段和公关手段，这就是大市场营销观念。

**3. 国际营销需要进行跨国协调和控制**

当企业在许多国家有营销业务时，营销的任务并不仅仅局限于把在每个国家的营销活动管理好，还需要对各国的营销活动进行统一规划、控制和协调，使母公司和分散在世界各国的子公司的营销活动成为一个灵活运行的整体。只有这样，才能贯彻和执行全球性营销战略，使整体效益大于局部效益之和。

因此，国际营销比国内营销更复杂和更不易确定。企业如果想更好地利用国际市场上提供的机会，并在激烈的国际市场上获得竞争优势，就必须认真学习和研究国际营销学。

### 15.1.2 协调国际经贸的组织

国际营销需要一些国际组织协调国与国之间的经贸关系。当今的国际经贸组织在国际中起着越来越重要的作用，它们主要是世界贸易组织、联合国贸易与发展会议、国际商会、国际货币基金组织和世界银行集团。

**1. 世界贸易组织**

从 1995 年 1 月 1 日起成立的**世界贸易组织（World Trade Organization，WTO）**是解决全球贸易争端和制定贸易政策的国际经济组织。世界贸易组织将统辖关贸总协定谈判最后修改的文本，它除了继承关贸总协定的基本原则外，还增添了新内容，主要包括非关税措施守则、知识产权协议和服务贸易总协定等。

**关贸总协定（GATT）**的基本原则是缔约国之间的贸易在非歧视的基础上进行。这一原则由最惠国待遇和国民待遇两个条款来加以体现。前者是指缔约国一方现在或将来给予任何第三国的特权、优惠和豁免也同样给予所缔约的对方，也就是说，要使来自不同国家的产品在一个缔约国的市场上处于同等的竞争地位。后者是指一国给予外国公民、企业、船舶在本国境内享受与本国公民、企业、船舶的同等待遇。

**2. 联合国贸易与发展会议**

**联合国贸易与发展会议（United Nations Conference on Trade & Development，UNCTAD）**主要是在亚非拉发展中国家的提议和积极推动下，经联合国大会于 1962 年 12 月 8 日正式批准召开的。贸发会议闭会期间，理事会是执行机构，下设海运委员会、非贸易融资委员会、制成品委员会及初级产品委员会，另外会议还设有秘书局。

贸发会议制定的普遍优惠制（General System of Preferences，GSP），是指发达国家对来自发展中国家的商品，特别是工业制成品或半制成品给予普遍的关税减免优惠待遇。这种优惠待遇的特点是普遍、非互惠、非歧视。

由于这种优惠关税是在最惠国税率基础上的再减免，最惠国税率越高，普惠制税率越低，减税差幅就越大。目前欧共体、美国及北欧一些国家对工业品实行全部免税，这就大大提高了发展中国家的商品在世界市场上的竞争能力，增加了其外汇收入，从而促进这些国家的工业化和国民经济增长。

**3. 国际商会**

**国际商会（International Chamber of Commerce，ICC）**是国际民间经济组织，它是由世界上 100 多个国家参加的经济联合会，包括商会、工业、商业、银行、交通运输等行业协会。它也是联合国经社理事会的一级咨询机构。

国际商会于 1919 年 10 月在美国新泽西州大西洋城举行的国际贸易会议发起，1920 年 6 月在巴黎成立，总部设在巴黎，宗旨是：推动国际经济的发展，促进自由企业和市场组织的繁荣，促进会员之间经济往来，协助解决国际贸易中出现的争议和纠纷，并制定有关贸易、银行、货运方面的规章和条款。国际商会制定的《国际贸易术语解释通则》、《托收统一规则》、《联合运输单证统一规则》和《跟单信用证统一惯例》等，虽然是非强制性的，但实际上已为世界各国普遍接受和采用。

**4. 国际货币基金组织**

**国际货币基金组织（International Monetary Fund，IMF）**是根据 1944 年 7 月联合国货币金融会议通过的《国际货币基金协定》而建立的国际金融机构，于 1945 年 12 月成立。主要任务有：

（1）作为会员国在国际金融问题上进行协商与合作的常设机构。

（2）促进国际贸易的扩大和各国经济的平衡增长。

（3）促进国际汇兑的稳定，防止竞争性货币贬值。

（4）在会员国国际收支发生暂时性不平衡时提供资助，向会员国政府发放各种贷款，以弥补其国际收支的暂时不平衡。

### 5. 世界银行集团

**世界银行集团（World Bank Group）**主要分为 3 个机构。

（1）**国际复兴开发银行（IBRD）**。国际复兴开发银行于 1945 年 12 月成立，也可称世界银行，主要任务是：与其他机构合作，为生产性投资提供长期、优惠贷款，并派出专家给予技术指导，以协助会员国复兴经济和开发资源；通过对私人贷款的保证或参与贷款，以促进发达国家中私人对外国的投资。该行的贷款，起初以西欧的经济复兴为重点，后已转向给发展中国家开发资源。资金项目亦已从早期的运输、电力等，转向发展农业，提高教育水平，控制人口增长等。该行也向会员国在开发问题上提供咨询，协助进行资源调查和帮助拟订长期发展计划等。

（2）**国际开发协会（IDA）**。国际开发协会于 1960 年 9 月成立，主要任务是：为低收入的发展中国家提供最为优惠的长期贷款，贷款不收利息，只收 0.75%的手续费，而贷款偿还期限最长的可达 50 年。

（3）**国际金融公司（IFC）**。国际金融公司于 1956 年 7 月成立，主要任务是：直接向发展中国家的私人企业贷款，而不需其本国政府担保；对上述私人企业进行股本投资，而不是单纯的贷款；转售对上述私人企业的投资，以加速该公司资金的周转和运用；辅助世界银行执行其促进发达国家的私人或企业对发展中国家增加投资。

## 15.1.3 国际营销政策

一个国家的对外贸易和国际营销政策是其经济政策和对外政策的重要组成部分，是为它的经济基础服务的。世界上每个国家的对外经济贸易政策时有变化，但从根本上说，只有自由贸易和保护贸易两种政策在起作用。

### 1. 自由贸易政策

**自由贸易政策（free trade policy）**指国家取消对进口贸易的限制和障碍，取消对本国进出口商的各种特权和优待，使商品自由进出口，让其在国内外市场上自由竞争，既不限制进口又不鼓励出口。

### 2. 保护贸易政策

**保护贸易政策（protectionism）**是一种限入的外贸政策，即国家采取各种限制进口的措施以保护其本国市场免受外来商品的竞争，并对本国出口商品给予优惠和津贴以鼓励其出口。

## 15.1.4 国际条约的遵守原则

国际贸易需要用国际商法进行规范。国际商法（International Commercial Law）是调整国际商事交易和商事组织的各种关系的法律规范的总和。国际商法有两个渊源：国际条约和国际贸易惯例。

国际条约是各国缔结的有关国际商业和贸易的国际公约或条约，如《联合国国际货物销售合同公约》、《国际海上货物运输公约》等。如果这些公约被各国批准和接受，各缔约国的企业就必须遵守，即“条件必须遵守原则”（pacta sunt servanda）。

1980 年在维也纳通过的《联合国国际货物销售公约》是一项重要的外贸公约，它是有关国际货物买卖的统一实体规划。该公约遵循平等互利的原则，在国际贸易中顾及不同社会制度与不同经济、法律制度国家的习惯和法律规则，有利于减少国际贸易中的法律障碍，以促进国际贸易的发展，因此，能为多数国家所接受。该公约主要内容是：适用范围、订立合同的规则、合同当事人的权利和义务、违约责任、损害赔偿、风险转移、免责事项等。

除此以外，国际上还就国际海运、陆运、空运、知识产权、仲裁等订有公约。这些公约只要被政府批准，企业都必须遵守。

### 15.1.5 国际惯例的制约原则

国际贸易惯例，简称国际惯例。根据《国际法院规约》的规定，所谓国际惯例，是指“作为**通例（general practice）**的证明而经接受为法律者”。按此解释，构成国际惯例应当具备两个条件：一是经长期、普通的实践而已形成通例的；二是经接受而发生法律效力的。

国际惯例不是法律，不具有法律的普遍约束力，但是，许多国家法律也规定，一旦当事人在合同中采用了某项惯例，它对合同的当事人就具有约束力。有些国家的法律还规定，法院有权按照有关的国际惯例来解释各方当事人的合同和行为。

改革开放后的中国十分重视国际惯例。我国《涉外经济合同法》规定：在处理涉外经济合同的问题时，我国法律“未作规定的，可以适用国际惯例”。国际惯例的效力如下：

（1）在当事人之间，如果事前约定按某个国际惯例办理，并在双方的合同或协议中加以明文规定者，则按双方约定办事。

（2）当事人之间事先没有上述的约定，事后双方却发生纠纷，如按照双方所制定的合同或协议，又不能从合同或协议的内容中，推定出解决该项纠纷的原则，在此情况下，如果该项纠纷提交诉讼或仲裁处理，那么法官或仲裁员在审理案件时，一般将参照国际惯例做出判决或裁决。一旦此项判决或裁决是终局的，在该项判决或裁决中，所援用的国际惯例，将对各方当事人产生法律的约束力。

（3）如果某项国际惯例已被吸收进当事人所在国家的法律或者当事人所在国家参加的国际公约之中，或者某项国际惯例在双边或多边条约中反复出现，已成为人们公认的国际准则，那么，这些惯例将具有强制力。当然，在这种情况下，这一部分惯例已改变了原来的性质，成为强制性的法律。

## 15.2 国际营销环境分析

参与国际营销的企业必须熟悉和了解各国不同的市场背景，其中最主要的是国际政治环境、经济环境、文化环境以及各国的贸易习惯等。

### 15.2.1 国际政治环境

每个国家的政治法律环境大不相同。企业在决定是否到某个国家做生意时，需要弄清

3 个问题：第一，了解目标市场所在国的社会性质、政治体制及其内外方针政策，估量进入该市场的可能和前景；第二，分析目标市场所在国的政治稳定性及其发展方向，以防可能出现的风险；第三，研究企业产品在当地销售会否产生排斥问题。

当今社会，政府在许多国家经济活动中担任着重要角色，它们基本上归纳为两种：一是参与者，政府以购买者的角色出现，这是政府参与经济活动的一个重要方面。在许多国家，政府是商品和劳务的最大买主，但其重要性也因国而异。例如，日本政府的支出占其国民生产总值的 17%左右，美国政府约为 35%，而瑞士政府则为 60%以上。二是法令制定者。法律是政治的产物。政府所制定的贸易政策、金融政策、外交政策等都是制定各种法令的依据，并通过法令的实施而得以贯彻。因此国际营销者必须熟悉各国的政治环境，才能对国际法律环境有较深的理解。

企业还要深入剖析各国的政治法律。第一，会不会被国有化征用。国有化征用是指政府将外国人投资的企业收归国有或给予若干补偿。当然，这种补偿同被征用的公司财产相比，往往差距较大，甚至只是象征性的。第二，会不会提高关税，以阻止或限制外国产品进口，削弱外国企业的竞争能力。第三，会不会加强关税壁垒措施，如规定进口许可证、进口配额，复杂的海关手续和苛刻的卫生、安全、技术质量标准，以及特写的包装条例等。第四，会不会对外汇买卖、国际结算和外汇汇率实行管制。当地政府实行外汇管制的目的是促进本国国际收支平衡，防止资金外逃，加强外汇储备，维持货币信用的稳定。由于各国情况不一，对待外汇的态度也不一。发达国家的趋势是逐步放宽，而发展中国家则还没有出现放松的趋势，对外汇管制时松时紧。第五，经济立法是否完备。如商标法、广告法、投资法、专利法、竞争法、海关法、反倾销法、商品检验法、环境保护法以及保护消费者条例等法令。有些国家利用反倾销法、环境保护法等阻挠外国产品进入本国市场。

政治环境中的变化常常会引起法律环境以及现行法律执行方式的变化。法律环境为企业在社会中的运行规定了基本规则。法律环境可能会严格禁止某些行为，但法律的变动以及对法律条文的解释同样也创造了新的机会。

人们的态度和反应、社会舆论和政府行为都会影响政治环境。同一国家的人通常处于同一政治环境中，但政治环境同样会对当地或国际范围的机会产生重大影响。许多企业管理者，通过研究政治环境，利用与它相关的变革机会来制定战略。

### 15.2.2　国际经济环境

国际经济环境对开展国际市场营销具有重大影响。

国际营销的经济环境，具有两个层次上的含义。第一个层次是世界经济，主要是指国际贸易体系（包括贸易方向、商品结构、国际收支、贸易政策、区域性经济与贸易惯例等因素）和国际金融体系（包括汇率、国际金融机构、国际支付制度和储备体系等因素）。毫无疑问，无论国际贸易体系还是国际金融体系，都会对企业的国际营销决策带来影响。因为国际营销是跨国界的经营和销售活动，必须伴随着商品和货币的国际转移，因而也必然受到国际贸易体系和国际金融体系的制约。

国际营销经济环境的第二个层次是国别经济。企业在进入目标市场的所在国前，必须弄清其所要进入的目标市场所在国经济发展所处阶段。一个国家（地区）所处经济发展阶段不同，对进出口商品结构、档次、数量等都会有所不同。世界银行曾对 188 个国家和地区，按人均收入分为 5 种经济发展阶段：第一，前工业化国家，是指人均收入抵于 330 美元的国家或地区；第二，不发达国家，是指人均收入在 330～759 美元之间的国家或地区；第三，发展中国家，即半发达国家，指人均收入在 760～3249 美元之间的国家或地区；第四，工业化国家，指人均收入在 3250～7589 美元之间的国家或地区；第五，后工业化国家，是指人均收入超过 7590 美元的国家。当然，人均收入不能完整反映一个国家的经济发展水平，还需研究其综合国力的情况。

当一个国家或地区的经济快速滑坡时，即便是计划周全的营销战略也会失败。当消费者的收入下降时，他们必须改变自己的消费方式，他们一般会不再使用某些商品。1997 年，这种情况在亚洲的许多国家出现。在这段“亚洲感冒期”，许多企业倒闭。而那些没有倒闭的则损失惨重。只要看看泰国，你就会知其来势迅猛。在几个月内，泰国货币泰铢的购买力下降一半。想象一下，如果顷刻之间，你的钱只有原先的一半了，你的生活会怎样变化？如果这种事情在你和你的亲朋好友身上发生，这会对经常向你们出售东西的那些企业产生何种影响？

在许多国家，通货膨胀确实存在。在通货膨胀期间，利率会上升。在战略计划中，仍要将其考虑在内。当成本快速增长，并且没有降低成本的措施可以采取时，营销经理必须提高价格。但营销经理提高价格的个人决定又会加剧更大范围的通货膨胀。这会使政府做出降低收入、就业和消费支出的政策。

### 15.2.3 国际文化环境

世界各地人民的生活方式和消费需求往往同社会文化相联系。由于各国文化基础不同，反映在风俗习惯、语言文字、教育程度、宗教信仰、价值观念、艺术审美等方面都有较大的差异。因此，在国际营销中，必须对产品设计、营销方法、信息传递采取因地制宜的措施，以适应不同国家和人民的消费习惯、消费心理和消费行为。

文化社会环境会影响人们的生活和行为，这又进一步影响消费者的购买行为，并最终影响经济、政治及法律环境。文化社会环境包含了许多要素，例如，人们所讲的语言、所受的教育、所信奉的宗教、所喜爱的食物、衣服和住房，以及他们对婚姻和家庭的态度。可能正是由于文化社会环境对人们有如此广泛的影响，绝大多数的人才不会特意去想它，或不考虑它的变化以及对于不同的人所存在的差异。

在企业的国际营销活动中，语言是文化的镜子。如广告、产品目录和产品说明书等，经常会遇到翻译问题。翻译实际上是两种文化的交流，稍有不慎就可能犯错误。美国通用汽车公司生产的 Nova 牌汽车在美国很畅销，但在销往拉美国家时一度无人问津。原来，许多拉美国家过去曾是西班牙的殖民地，在西班牙语中，Nova 意为“不走”，于是美国 Nova 汽车在拉美成为不走牌汽车了。

我国企业在外销翻译中也出现过不少错误。如某公司把白象牌汽车配件译为 White Elephant Auto Parts，而 White Elephant 在英文中有“废物”之意。也有公司把芳芳牌唇膏直译为 Fangfang Lipstick，而 Fangfang 在英文里有“毒蛇的牙齿”的含义。“废物”牌汽车配件和“毒牙”牌唇膏当然难以唤起顾客的需求。

从各国企业的国际营销实践来看，重视文化分析者成功，忽略文化分析者失败，这已成为国际商界的一条定律。不少美国企业曾认为在美国畅销的东西拿到国外自然会畅销。美国的金宝牌浓缩罐头汤，在美国十分畅销，在美国同类产品中享有 90%的市场份额，但产品投放英国市场后，几年时间也没能得到英国消费者的认可，使金宝公司在几年中损失了 3000 万美元。究其原因，是英国人要求的品味与美国人不同。另一家大公司在美国国内销售蛋糕配料很成功，在把同样的配料销往日本时受挫，原因在于日本家庭不像美国家庭一样有烘烤蛋糕的习惯，家里一般也没有烘烤机。直到最近几年，在美国企业经历了无数次失败之后，才认识到适应异国文化在国际营销中的重要性。一位美国专家告诫说："国外经营的成败，取决于国际企业管理人员对文化基本差异的认识和理解，取决于他们是否愿意把美国文化观念当做超重行李一样留在美国境内。"日本企业在这方面却精明得多。单从"车到山前必有路，有路必有丰田车"这句广告词中就可看出日本企业营销人员对中国文化理解之深刻。日本企业对异国文化的高度敏感性，使他们能够深入了解各国顾客的需求特点和购买心理，从而使日本企业更好地满足顾客需求，为其在国际市场上取得成功奠定了基础。

在国际营销中减少因社会文化背景不同而产生的风险的共同经验有：第一，尊重和配合当地国施政目标，明确企业处于客人地位，同当地政府建立和发展和谐的交往关系；第二，价格适中，买卖公平，薄利多销；第三，入境随俗，提高当地语言交流能力，尊重当地风俗习惯；第四，加强公共关系，增进相互了解，树立企业形象；第五，应多雇用学有专长并有实际工作能力的本地人。

### 15.2.4　国际商务环境

各个国家的贸易形式和行为也有千变万化的差别。主管销售的经理人员在与外国商人谈判之前，必须简要了解这些情况。下面是一些与本国贸易行为不同的实例。

阿拉伯商人习惯在谈生意时与对方的身体亲密地贴近，实际上几乎是鼻子贴着鼻子。有时他们会握着对方的手，作为友谊的象征。如果中国商业主管人员畏缩不前，阿拉伯人就会感到不快。

在面对面的谈判中，日本的商业经理人员很少对美国商业经理人员说"不"字。美国人因此感到不知所措。美国人总是直截了当，开门见山；而日本商业经理人员觉得这样会咄咄逼人，令人不快。

法国的批发商不重视促销产品。零售商需要什么货，他们就提供什么。如果中国公司将其战略建立在谋求与法国批发商合作促销的基础上，它可能会失败。

美国人对他们自己商业作风的评价是"轻松自如，不拘小节和雷厉风行"。但是，表面的随随便便并不意味着对工作缺乏责任心。有一位英国的大企业家告诫说："即使是在鸡尾酒会或宴会上，美国人还在工作。如果他们发现了一位有学问、有口才的年轻客人，就会把他的名字暗记下来，作为公司潜在的招聘对象，并且行动起来。"

日本与中国在文化上有千丝万缕的联系，日本商人谦恭有礼，不紧不慢，不慌不忙，常常使谈判对手失去耐心和沉着。在与日本人颇为频繁的经济交往中，人们普遍感到要注意"礼、情、言、信、精"5 个方面。

# 15.3 国际化进程

过去，许多发展中国家面临的问题是各国参加国际营销的企业都为数较少。国家无法获得充足的外汇，用以支付想要进口的货物。结果，许多政府都转而从事积极的出口促销。出口促销计划建立在对企业国际化进程有充分理解的基础上。发展中国家的企业要通过 4 个阶段才能取得国际化进程。

第一阶段，企业基本上面向国内市场，产品的经营方针、价格制定、销售渠道、促销活动等，都以国内市场需求为导向，仅有少量产品由国内进出口商或国外贸易公司负责销往国外市场。此时，企业还未形成开拓海外市场的战略和计划。

第二阶段，企业虽然以国内营销为主，但自己开始组织力量和货源打入国际市场，而企业的经营体制、生产布局和产品结构基本不变。

第三阶段，随着生产发展、科技进步以及世界市场的扩展，企业为获取更大利润，开始制订长期的国际营销计划，并相应地设立产品设计、试制、生产以及海外市场调查研究等工作机构，强化营销组合的功能，将产品大批地投入国际市场。此时，企业除采取直销、经销以及利用国内外中间商组织外销外，还在世界各地设立分销机构，并逐步增加涉外经营的投资项目，在合适的国家或地区组织产销活动，以扩大产品在国际市场的份额。

第四阶段，企业对国外市场逐步扩张，并相应转换经营机制，实行国际化经营和面向全球的市场营销。企业开展全方位的国际市场业务，在世界各地建立跨国公司机构，兼并和收购海内外企业，在国际市场上组织产品销售，展开多元化的经营和服务。此时，企业产品面向全球，把跨国经营推向更高层次。

## 15.3.1 是否进入国外市场

如果国内市场足够大的话，大多数企业都乐意待在国内开展经营活动。经理们用不着去学习外国语言，不必处理外国货币，无须面对外国政治与法律的不确定因素，也无须改动产品设计去迎合不同顾客的需求与希望。经营国内市场既简单又安全。然而，有几个因素驱动一个企业进入国际领域从事经营活动。

（1）企业的国内市场受到全球企业的优质或低价产品的攻击。企业可能想要在外国竞争者的国内市场展开反攻以锁住其资源。

（2）企业可能发现国外市场比国内市场有更高的利润机会。例如，泰国航空和新加坡航空公司，因为国内市场太少，它们别无选择，只能到海外去。的确，新加坡的政府着重为它的工业经济发展两翼，一个在中国，另一个在印度，以克服它的有限市场问题。

（3）企业可能需要扩大顾客的盘子以实现规模经济。

（4）企业可能想要减少只依靠一个市场而带来的风险。这就是为什么许多中国企业积极投资海外的原因。

（5）企业的顾客想到国外去并要求国际服务。例如，西方跨国公司在亚洲的原产地设备制造商一般要追随它们的顾客或将运作本地化，以便维持与这些顾客的紧密配合。

中国华侨在做生意时总是扮演中间人的角色，他们已开辟出东南亚和东亚市场。从表面上看，他们在投资时总是不对可能遇上的风险加以分析；而事实上，他们早已收集好数据并孜孜不倦地分析，以求赶在竞争对手之前做出决定，抓住机会。

## 15.3.2　进入哪些市场

企业在决定打入国际市场时，应该设法确定自己国际营销的目标政策。首先应确定国外销售将占企业总销售额多大的比例。大多数企业在国外业务开创阶段，规模都很小。有些企业只将国外业务作为企业业务的一个微小部分，国外业务一直保持较小的规模。另一些企业期望国外业务最终将与国内业务有同样的规模，甚至觉得国外业务比国内业务更加重要，因而就为国外业务制订一个宏大的计划。

同时，企业需要在向少数国家销售或向许多国家销售之间，做出抉择。肯德基公司在 20 世纪 80 年代后期和 90 年代前期进行了大幅度扩张。它在新加坡、马来西亚、印度尼西亚、菲律宾、泰国、中国香港、中国台湾、中国内地、中东、匈牙利、波兰、墨西哥和美国从事一系列不相关的经营。该公司因经营面扩得过宽，以至于在许多国家和地区亏损。总而言之，应把经营范围限制在少数几个国家或地区，并在每个国家或地区全力向纵深发展，这样才较为妥当。

如果一个国家很大，企业还得对首先进入哪一个城市做出决定。食益补太平洋有限公司就是一个很好的例子。

以生产白兰氏鸡精而闻名的食益补太平洋有限公司，最早在广州推出自己的产品。随后，该公司又先后进军上海、北京的市场。当中国市场的各项条件成熟之后，他们又将产品的生产地从泰国移至中国。

企业还必须决策进入的国家属于什么类型。一些国家的市场是否具有吸引力，取决于产品、地理因素、收入、人文状况、政治气候及一些其他因素。有些销售商也可能对某些国家或对世界的某个地区有特殊的偏好。有人认为只有“三大列强”——美国、欧洲和日本——值得作为市场来开拓，因为这些市场富有。然而，这些市场已处于饱和，消费者的消费观念也很成熟。因此，投资者的目光最好还是聚集在亚洲这块蓄势待发的土地上。

假定企业搜集了一份潜在的出口市场名单，它如何在其中选择呢？许多企业会选择向毗邻国家销售产品，因为它们对自己的邻国比较了解，而且向邻国出口的分销成本和控制成本较低。因此，中国香港的最大市场在中国内地，这是不足为奇的。但有时在进行选择时，**心理相近（psychic proximity）**比**地理相近（geographical proximity）**更重要。这也解释了中国香港、马来西亚和新加坡为什么选择英国作为进入欧洲的跳板。的确，心理相近也解释了中国香港、中国台湾、新加坡向中国内地投资的理由，这个战略来自于华侨企业的认知感觉。对海外游子来说，向内地投资是叶落归根。

## 15.3.3　全球市场战略

**全球行业（global industry）**是指在这个行业中，在主要地区或国家市场的竞争者的战略地位将受到全球市场地位的总体影响。

全球公司在超过一个国家的市场上经营时，在其成本和声誉上，比纯粹国内的企业拥有研究与开发、生产、后勤、营销和财务上更多的优势。全球公司以世界为基础计划，经营和协调它们的活动。福特公司的“世界车”，其驾驶室是在欧洲制造的，底盘是在北美制造的，而整车则在巴西组装，然后运入美国销售。奥的斯电梯从法国引进电梯门，小传动部件来自西班牙，电子设备来自德国，马达装置来自日本，作为系统一体化使用则是在美国。一家企业并非要很大才能进行全球化，中小型企业也可以进行全球补缺。甚至，一个运动联合会也可以全球化，参见营销窗口 15.1。

| 营销窗口 15.1 | NBA 商业模式的成功 |
| --- | --- |

美国国家篮球联盟（National Basketball Association）的缩写是 NBA。2013 年的年收入超过 50 亿美元，NBA 虽然不是北美地区观众最多的联赛，但却是世界上最全球化、影响力最大的职业体育组织，它以 42 种语言向 212 个国家直播赛事，7.5 亿个家庭在观看 NBA。NBA 经常作为成功的案例出现在各商学院营销教程里，它们把 NBA 联盟总裁大卫·斯特恩塑造成全球最佳营销员。1984 年，41 岁的大卫·斯特恩上任成为 NBA 总裁时，他所接手的是一个彻头彻尾的烂摊子。当时联盟有 75%的球员吸毒。1980—1981 赛季，联盟 23 支球队，有多达 16 支球队处于亏损状态。那时候，NBA 比赛没有电视直播，只能等到第二天录播。每场比赛，平均只有 1 万名观众到场，上座率仅为可怜的 58%。斯特恩是怎样缔造了今日气势恢宏的篮球商业帝国？

**1．全球化营销**

1989 年，大卫·斯特恩首次来中国与央视洽谈转播 NBA 比赛。那一年，央视没有人知道斯特恩的来意和重要性，接待人按照接待外宾的制度，经过逐级申报审批见到斯特恩时，斯特恩已经在春寒中瑟瑟地等了一个多小时。随后，斯特恩耐心地解释 NBA 是什么，转播可以不收费，等等，直到央视同意转播。多年后的另一个春天，当斯特恩再次来到北京，他说：“现在每次来北京，我都会不自然地缩一下脖子，因为十几年前的那个春天实在太冷了。”

1998 年以前，NBA 基本上是免费赠送节目内容和信号（每周都会寄一盘集锦到北京），仅在节目当中夹播广告；而且，NBA 官方还会自掏腰包请央视的转播小组现场直播明星赛和总决赛。这种看似赔本的买卖，为 NBA 在世界人口最多的国家打下了深厚的球迷基础。2005 年秋天，NBA 的球迷互动活动 Jam Van（大篷车）首次来到中国，这也是这项活动第一次在美国本土以外举行。目前，NBA 正在把 NBA 比赛带到中国，他们将目标瞄准在北京、上海和广州以外的中等城市。在努力让更多的球迷亲身地体验 NBA 的同时，NBA 也在不断地扩大他们的全球网络，NBA 在全世界有 11 个分公司。

**2．造星运动**

NBA 几代经营者都深谙球星对于市场的重要价值。斯特恩上台时正值湖人和凯尔特人争霸天下，两支球队各有一名巨星——“魔术师”约翰逊和“大鸟”伯德。斯特恩将这一黑一白两大传奇巨星作为联盟的形象推向市场，无数球迷因为喜欢球星从而喜欢上 NBA。

20 世纪 90 年代，“魔术师”和“大鸟”两人相继退役，正巧乔丹横空出世弥补了空缺，于是斯特恩以乔丹作为主打球星在全世界推广 NBA。这一策略再次收到奇效，乔丹迷人的笑容、经典的吐舌头动作和神话般的技术征服了全世界的球迷，甚至包括其他国家的篮球球员，使得 NBA 成为真正国际化的联赛。乔丹退役后，斯特恩又开始寻找新的代言人，奥尼尔、科比、艾弗森、加内特、麦克格雷迪、姚明等人，都是 NBA 新的人选。

像姚明、奥尼尔和詹姆斯等 NBA 超级巨星对一支球队来说是至关重要的。从 2002—2003 赛季姚明加盟火箭队至今，火箭队的价值一路飙升，从 2.55 亿美元直线上升到了 2005 年度的 4.22 亿美元。奥尼尔和詹姆斯的加盟，也都给各自所在的球队带来了类似的增长。从 2003 年入选 NBA 以来，“小皇帝”詹姆斯帮助骑士队的价值从 2.58 亿美元，上涨到了 3.56 亿美元。

**3．产品多元化**

在斯特恩出任 NBA 总裁的这 20 年间，他建立了 NBA 有线电视、NBA 网站、NBA 城、NBA 商店、NBA 流动大巴等娱乐项目，这些推广方式已经几乎成为篮球联赛固定的运作模式。20 年，NBA 的总资产翻了 5 番。

NBA 成功地将品牌拓展至其他领域，内容包括：坐落于美国纽约市第五大道的“NBA 专卖店”，店内展售全球最齐全、顶级且适合各年龄阶层的 NBA 与 WNBA 授权商品；在奥兰多的 NBA 餐厅“NBA City”，提供时下的美式美食及播放独有的多媒体节目，老少皆可在这里享受刺激的篮球运动，并参与数之不尽的互动篮球游戏。

NBA 的国际授权商为全球 6 大洲超过 100 个国家的球迷提供 NBA 授权产品（包括运动服装、运动用品、球星卡、文具、出版物、录像带、家居用品、电子游戏、玩具游戏、纪念品与电话卡）。授权产品全球总销售额的 25%除来自美国本土以外，仅在中国就有 20000 家 NBA 授权产品专卖店。不久前，NBA 跟著名的法国超市家乐福在中国合作，在 5 个城市的家乐福超市设立 24 个专门销售相关产品的“NBA 专柜”。

比赛季节结束后，篮球巨星并没有去佛罗里达休息和娱乐，卡尔·马龙到中国香港，艾林·伊福逊到中国内地，沙奎尔·奥尼尔到韩国。受 NBA 和可口可乐、锐步、麦当劳的调度，这些高酬金的“推销员”向众多的年轻球迷叫卖苏打水、零食、汉堡包和篮球。

NBA 是美国社会的一个缩影，它以金钱为圆心，充分吸纳社会资源的关注，并达到实现经济利益最大化和提升社会生活品质的双重目的。NBA 品牌经营智慧，是 NBA 的生存之道，是 NBA 精神的发扬光大的动力源泉。

从跨国公司的内部组织结构与管理形式来看，从以**母国为本**（**ethnocentrism**）的**跨国公司**（**transnational corporation**）模式逐渐演变为以**所在国为本**（**polycentrism**）的**多国公司**（**multinational corporation**）模式，现在则以**世界为本**（**geocentrism**）的**全球公司**（**global corporation**）面貌出现，也就是实行**全球营销**（**global marketing**）。

跨国公司和多国公司与全球公司的主要区别是，前者虽然在许多国家经营，但按较高的相对成本来调节其在每个国家的产品，而全球公司则坚定不移地以较低的相对成本经营，它们把整个世界看成单一的实体，在世界各地用同一种方法销售质量最优、性能最可靠、价格最低廉的产品。

全球营销管理有以下 6 个特征：

（1）总公司和附属公司的组织结构繁复，并且相互依赖。

（2）总公司与附属公司的权力构架以达到相互协调为主。

（3）对本地员工和国际性行政人员的考评，以企业全球性目标为衡量标准。

（4）企业内部信息传递实行双轨制，包括总公司与附属公司以及附属公司之间的信息沟通。

（5）培养最优秀的人才派往总公司和全球各分支机构担任主要职位。

（6）优秀的职员经常从一国调至另一国，使其成为国际性管理人员。

## 15.4　国际营销组合决策

在一个或几个外国市场上经营的企业，必须研究对营销组合要进行多大的调整，才能适应当地市场状况。一种极端的情况是，企业使用其全球范围内标准化的营销组合，产品、广告、分销渠道和营销组合的其他要素都标准化，这样，由于不需要进行重大的变动，成本也就可以降至最低限度。另一种极端的情况是制定当地化的营销组合，企业根据各个目标市场的特点调整其营销组合的内容。在上述两种极端情况之间，存在着许多供选择的可能。我们就企业介入国外市场时，可能采取哪些措施调整其产品、价格、渠道和促销分别讨论如下。

### 15.4.1　国际产品策略

有人把适用于外国市场的产品和促销的策略区分为以下 4 种。

（1）**直接延伸（straight extension）**是把产品直接推入国外市场，不加任何改动。最高管理层指示营销人员“就拿这种产品去寻找顾客”。那么，第一步应当先弄清楚外国消费者是否使用这种产品。有些企业采用直接推广的方法在照相机、家用电器、机床等许多产品上获得了成功，然而，也有些企业遭到了惨败。直接延伸的方法之所以能常常被使用，是因为不需要增加研究与开发费用，不需改动生产工具，也不需要改变促销方法。但是，从长期看，可能会使成本上升。

（2）**产品适应（product adaptation）**指改变产品的设计以适应当地的情况和爱好。这里有几种改变方式。一个公司可以生产地区型产品，例如西欧型、北美型等。或者它生产某一国家型。在日本，唐尼咖啡馆里使用的咖啡杯要比别处的小而轻，它更适合日本人的手形，甚至热狗也小一些。

硬石咖啡馆保持着它所固有的美国风格。但是，为了适应亚洲顾客的口味，他们还是做了新包装。你能在曼谷、北京、加尔各答、新加坡的硬石店内吃到“海南椰鸡饭”。在中国台北的硬石餐厅里，你会听到卡通歌曲和台湾歌曲。而在巴黎，营销者根据当地的流行风俗，把餐桌摆在阳台上，允许顾客在户外用餐。

俱乐部米特发现亚洲人与西方人存在文化差异，他们不喜欢长假，希望能在最短的时间内参观最多的国家。就这样，俱乐部米特放弃了原本以阳光、大海、女郎来推广知名度的计划而采用“一国三日游”的“组合包业务”。

企业不应该预先设定自己的产品能被其他国家所接受，而是应检查所有可能修改的因素，确定哪些修改会使收入的增长超过成本的增长。修改要素包括以下几点：

| | | |
|---|---|---|
| 产品特点 | 颜色 | 广告主题 |
| 品牌名称 | 材料 | 广告媒体 |
| 标签 | 价格 | 广告技巧 |
| 包装 | | 促进销售 |

一项对公司修改计划的研究表明，企业对 80%出口产品都要做一项或若干项修改。不管企业是否愿意，一些东道国要求做这种修改。法国不允许用小孩做广告，德国不准用“最好”这个词宣传产品等。

（3）**产品创新（product invention）**是指生产某种新产品。新产品的发明可以有两种形式：后向创新与前向创新。**后向创新（backward invention）**是指老产品的翻新，把以前的某种产品形式加以适当的改变，以适合某国现在的需求。

在 20 世纪 80 年代初，当制造商带着一过时的盒式唱机来到中国时，松下这一电器品牌就开始为中国消费者所认识。对于许多中国家庭而言，松下是他们使用的第一个国外品牌。虽然他们带来的电器都已过时，但是人们还是把松下看成电器品牌中的佼佼者。

（4）**前向创新（forward invention）**是指创造一个全新的产品以满足另一个国家的需求。在发展中国家，对低价的高蛋白食品有极大的需求。一些食品公司，像雀巢公司，对发展中国家营养需要状况进行调查，生产出一些食品新品种，并且大做广告，吸引消费者试用和购买这些新产品。发明新产品看起来所花代价很大，但获利也将很大。

## 15.4.2　外销价格策略

跨国企业向海外推销商品时，面临几种特定的定价问题。它们必须处理价格阶升现象、转移价格、倾销价格和灰色市场等问题。

当企业向海外销售产品时，它们面临**价格阶升（price escalation）**问题。一个 Gucci 的手提包在意大利可以卖 120 美元，但在日本卖 240 美元。为什么？因为 Gucci 包在出厂价的基础上加上了运输成本、关税、进口商差价、批发商差价和零售零差价。根据这些增加的成本，再加上货币波动风险，制造商利润不变，产品在国外要卖到原价的 2～5 倍。需要说明的是，国与国的成本阶升情况各不相同。企业有以下 3 种选择：

（1）在各地统一定价：例如，可口可乐公司在世界各地都以 1 美元的同等价格销售。由于各国的阶升成本不同，可口可乐公司在各国利润率有较大差别。它在贫穷国家就是高价，而在富裕国家就不是高价。

（2）根据各国市场定价：可口可乐公司用各国所承受的价格销售。但这忽视了各个国家之间实际成本的差异。而且，中间商会把可乐从低价格国家运到高价格国家。

（3）根据各国成本定价：可口可乐在世界各地使用统一的标准成本加价。但在那些成本高的国家，可口可乐使用这种定价方法会失去市场。

另一个问题是在商品运往其国外的子公司时，总公司应如何确定**转移价格（transfer**

**price**），即在同一公司内向另一单位收取的费用。如果总公司向子公司索价太高，结果就要支付更高的关税，尽管它可能在外国支付的所得税较少。如果售价太低，企业就会被指控为倾销。企业用低于国内市场的价格在国外销售同一产品的做法被称为倾销。增你智公司曾经指控日本的电视机厂商在美国市场倾销电视机。如果美国海关总署认定是倾销，则将征收反倾销税。各国政府都在严防舞弊现象发生，常常迫使企业以正常交易价格，即与其他竞争者相同或相似的产品价格销售。

许多跨国公司受到灰市（**gray-market**）或平行进口（**parallel importing**）问题的困扰。灰色市场是同样的产品在不同的地域以不同的价格出售。在低售价国家的经销商把它们运往高售价国家出售，这样就能获利更多。

由于运输费用和关税低，美能达公司向香港经销商出售照相机的价格低于销往德国的价格。香港经销商销售照相机的毛利比德国零售商的毛利低，因为后者在大宗交易中往往加价很高。结果，美能达照相机在香港的零售价是 174 美元，而在德国的零售价是 270 美元。一些香港批发商注意到这个差价，就将美能达照相机销给德国经销商，售价比德国分销商的价格还要低。德国分销商无法销售库存货，只能向美能达公司抱怨。

企业常常发现一些雄心勃勃的分销商的购买量超过他们在本国的销售量。他们为了从利润差价中获利，将商品转运到其他国家或地区，与那里已有的分销商竞争。跨国公司试图通过控制分销商，或者向成本较低的分销商提高售价，或者改变产品特点为不同的国家或地区服务等办法，来防止出现灰市。

### 15.4.3 国外渠道策略

国际公司将产品送至最终消费者手中的分销问题，必须有一个整体渠道的策略。国际公司从卖方至最终买方之间一般有 3 个主要环节。第一个环节是卖方的总部机构，它管理整个渠道，也是整个渠道的一个组成部分。第二个环节是国与国间的渠道，它负责将货物运至国外市场边境之前的各种活动，其中包括决策中间商类型（代理商、贸易公司等）、运输类型（海、陆、空等）和财务与风险管理。第三个环节是国外市场内部的渠道，它负责将进口货物从入境处送达最终消费者手中。

各个国家国内的分销渠道状况很不相同，各国市场中经营进口商品所涉及的中间商数目和类型也有显著的差别。宝洁公司要向日本市场销售肥皂，必须一一经过可以认为是世界上最复杂的分销系统：宝洁公司只能将产品出口售给一家总批发商，总批发商再卖给行业批发商，行业批发商再卖给专业批发商，专业批发商再卖给区域性批发商，区域性批发商再卖给各地方的批发商，最后由各地方的批发商卖给零售商。所有这些层次使进口商品的零售价格比宝洁公司在美国直接向零售商送货要高很多。相反，在日本，超过 325000 家的零售商受大量批发商的控制。而且，宝洁公司认识到，这种分销与美国截然不同，在美国，它把产品直接卖给超市。相反，日本有超过 325000 家的小零售商在为大量的批发商服务。更进一步，日本的文化支配了它们对批发商忠诚的牢固关系。在最初设立渠道关系时，宝洁公司采用美国的分销战略——跳过批发商，结果使它在与花王的竞争中处于劣势，因为花王与批发商有牢固的长期关系。

国外零售商的规模及特点还有另一不同之处。在印度，虽有几百万个零售商，但开的都是小小的店铺，或者干脆摆地摊，他们的加价幅度甚大，不过通过讨价还价成交的价格是会大幅度下降的。超级市场能使零售价格有明显的下降，但是，由于经济方面和文化方面的重重障碍，要他们开设一个超级市场，又谈何容易。人民的收入很低，他们不得不每天只买当天所需的物品，此外，他们一次购买物品的数量，还受步行时或骑自行车时有限携带量的影响。另外，他们缺少能贮藏物品的地方和能保存几天食品量的大冰箱。在那里，商品的包装不为人们重视，因为商品常常拆零销售，考究的包装反会增加成本、减少利润。譬如，香烟不是整包卖的，而是拆包按支卖的。把批量商品拆零销售，依旧是那里中间商和小商人的一个重要职能，正是这种职能，使得那些阻碍着发展中国家大规模零售商业扩大和发展的冗长的分销渠道得以长久存在下去。

## 15.4.4　国际促销策略

在国际营销中，企业既可以原封不动地采用与国内市场相同的促销战略，也可以根据每一个当地市场的状况加以改变，这称为**传播适应**（**communication adaptation**）。如果它既调整产品，又调整传播，则称为**双重适应**（**dual adaptation**）。

以信息为例，企业可将信息变化分为多个不同的层次。企业只要改变语言、名称和颜色就可将同一个信息普遍用于全世界。埃克森石油公司的广告都是“给你的油箱加个老虎”，已为世界各地所接受。广告的文稿可以稍加修改，例如，将色彩略加变化以避开某些国家的忌讳，紫色在马尼拉会与死亡联系起来，白色在日本用于哀悼。甚至对某些标题也要进行修改。

广告媒体的使用也需要国际适应性，因为可用的媒体在不同的国家是不同的。看一看亚洲制作的香烟广告就能明白。

在中国台湾地区和韩国，香烟广告只允许刊登在杂志上。马来西亚的香烟广告只能登在报纸和杂志上。然而，另一个极端是在日本、菲律宾、印尼，对于香烟广告没有任何限制。这些广告既可以登在印刷品上，也可以在电台、电视中播出。而在中国香港、新加坡、泰国，任何形式的香烟广告和促销活动都是被禁止的。新加坡与泰国政府甚至不允许由任何一家烟草公司出资赞助各项演出或纪念性事件。而且在这几个国家或地区中，产品品牌的市场占有率信息属于企业所有。

## 15.4.5　大营销观念

市场营销学的核心内容之一是 E.麦卡锡在 1960 年提出的营销组合 4Ps（产品、价格、地点、促销）。然而，在开拓国际市场时，另一营销学权威菲利普·科特勒把它发展为大营销，即 6Ps。大家可能还记得大营销是科特勒根据百事可乐公司应用大营销进入了印度市场的例子而开始阐述。他说了一个在全世界都脍炙人口的故事。

在可口可乐公司撤离印度时，百事可乐公司开始计划进入这个巨大的市场。百事和印度企业集团合营，以越过印度国内软饮料公司和反跨国公司立法机关的反对，从而使印度政府很难拒绝批准。百事帮助出口某些农产品，并使其出口额大于进口软饮料浓缩液的成本。百事还答应把其销售力量放在农村地区，以帮助发展他们的经济。百事进一步把食品加工、包装和水渗透处理技术提供给印度。很明显，百事的战略是把利益互相捆在一起，它使百事可乐公司赢得了印度各利益集团的支持。因此，百事的营销已超越了在市场上有效经营的 4Ps，百事可乐增加了 2 个 P，即加上**政治**（**politics**）和**公众意见**（**public opinion**）。大营销进行经济、心理、政治和公共关系技能的战略调整，以获得有关各方的支持配合，从而进入该特定市场并开展经营活动。

大营销中涉及的公共关系技能，在市场营销学中被广泛称为“关系营销”。关系营销需要与企业的利益方建立广泛的合作关系，关系营销的结果是各利益关系方建立了经济、社会和技术上的纽带关系。

## 复习题

1. 什么是国际营销？
2. 国际营销与国内营销的区别在哪里？
3. 协调国际经贸的组织主要有哪些？
4. 对国际营销的经济环境，具有两个层次上的含义，分别是什么？
5. 为什么世界各地人民的生活方式和消费需求往往同社会文化相联系？
6. 在国际营销中，减少因社会文化背景不同而产生的风险的共同经验有哪些？
7. 什么是全球公司？
8. 跨国公司和多国公司与全球公司的主要区别在哪里？
9. 全球营销管理的特征是什么？
10. 国际企业应该实行全球标准化还是适应化？
11. 怎样认识价格阶升现象？
12. 国际公司如何确定转移价格？
13. 什么是传播适应和双重适应策略？
14. 进入海外市场的企业必须决定它的营销组合是否采用标准化策略。做出这个决策需要考虑哪些因素？举一个外国产品进入中国的例子，说明：①采用这个策略的益处；②不用这个策略的复杂性。
15. 某香港客商愿为上海某生产玩具的合资公司代理一批熊猫玩具出口到沙特阿拉伯，代理费为销售额的 5%，请问上海企业能不能接受这批业务？

## 案例讨论

### 海尔品牌的国际化之路

海尔的张瑞敏说：“创立一个品牌很难，但如果你不坚持这样做的话，你永远只能为别人打工。”

从 1984 年创业至今，海尔集团经历了名牌战略发展阶段、多元化战略发展阶段、国际化战略发展阶段、全球化品牌战略发展阶段四个发展阶段，2012 年 12 月，海尔集团宣布进入第五个发展阶段：网络化战略发展阶段。

### 1. 名牌战略发展阶段（1984—1991）：要么不干，要干就干第一

20 世纪 80 年代初，青岛电冰箱总厂债台高筑，职工牢骚满腹，产品质量低下，服务恶劣。8 月的一天，一位满脸不高兴的顾客来到厂里，抱怨说他买的是台劣质冰箱。当年 36 岁的总裁张瑞敏眼睁睁地看着这位顾客挑了几十台冰箱，挑来挑去都有毛病，最后终于选中一台拉走，说是感到满意了。但张瑞敏不满意。他到仓库里把所有冰箱重新检查了一遍。他回忆说："那里有 400 台左右，我找出了 76 台我觉得不能投放市场的冰箱。"他把这些不合格产品挑出来放在仓库的空地上，把全厂大约 600 名职工召集起来，让他们都来看看这些报废的冰箱，他拿出一把大锤，下令："砸掉它们！"工人们犹豫了，但张瑞敏毫不动摇。他说："如果我们把这 76 台卖出去，就会继续犯错误，最终导致我们公司破产。"不一会儿，仓库的空地上留下了一堆废铁。这把大锤已被中国国家博物馆正式收藏为国家文物。

### 2. 多元化战略发展阶段（1991—1998）：海尔文化激活"休克鱼"

张瑞敏说："我们处于一种混合经济中。你得有三只眼睛：一只盯着市场，一只盯着工人，还有一只盯着政策。"重要的是，海尔的成功表明，即使在这些制约之下，集体所有制企业和国有企业也是可以振兴的。海尔开始实行 OEC（Overall EveryControl and Clear）管理法，即每人每天对每件事进行全方位的控制和清理，目的是"日事日毕，日清日高"。这一管理法也成为海尔创新的基石。1998 年，哈佛大学把"海尔文化激活休克鱼"写入教学案例，邀请张瑞敏参加案例的研讨。张瑞敏成为第一个登上哈佛讲坛的中国企业家。

### 3. 国际化战略发展阶段（1998—2005）：走出国门，出口创牌

20 世纪 90 年代末，中国加入 WTO，很多企业响应中央号召走出去，但出去之后非常困难，又退回来继续做订牌。海尔认为走出去不只为创汇，更重要的是创中国自己的品牌。因此海尔提出"走出去、走进去、走上去"的"三步走"战略，以"先难后易"的思路，首先进入发达国家创名牌，再以高屋建瓴之势进入发展中国家，逐渐在海外建立起设计、制造、营销的"三位一体"本土化模式。

引进利勃海尔的技术后，张瑞敏把这家德国公司的样品摆在装配线工人一眼就能看见的地方，以便他们时刻铭记质量标准。1996 年海尔在印度尼西亚建厂，1997 年在菲律宾建厂，并培养跨国经营人才，1999 年在美国投资建厂，初步实现本地化，2001 年以收购方式投资欧洲意大利。美国海尔大厦位于美国纽约曼哈顿百老汇大街，这幢建筑是纽约的标志性建筑，现在成为了海尔在美国的总部。

### 4. 全球化品牌战略发展阶段（2005—2012）：创造互联网时代的全球化品牌

国际化战略和全球化品牌战略的区别是：国际化战略阶段是以中国为基地，向全世界辐射；全球化品牌战略则是在每一个国家的市场创造本土化的海尔品牌。海尔实施全球化

品牌战略要解决的问题是：提升产品的竞争力和企业运营的竞争力。与分供方、客户、用户都实现双赢利润。从单一文化转变到多元文化，实现持续发展。这一阶段，海尔探索的互联网时代创造顾客的商业模式就是“人单合一双赢”模式。

位于美国加利福尼亚州南部的海尔工厂的围墙外，到处都是中英文的旗帜和海报，上面写着“创新是海尔文化的灵魂”。

**5. 网络化战略发展阶段（2012—2019）：网络化的市场，网络化的企业**

互联网时代的到来颠覆了传统经济的发展模式，而新模式的基础和运行则体现在网络化上，市场和企业更多地呈现出网络化特征。在海尔看来，网络化企业发展战略的实施路径主要体现在三个方面：企业无边界、管理无领导、供应链无尺度，即大规模定制，按需设计，按需制造，按需配送。

2013 年 12 月，阿里巴巴大张旗鼓牵手海尔。双方联手打造家电及大件商品的物流配送、安装服务等整套体系及标准，该体系对全社会开放。马云说，阿里巴巴与海尔此次是一个“3W”的合作：Win、Win、Win。首先对客户创造价值，其次是为海尔、阿里巴巴共同创造价值。放大一点看，是传统产业与互联网产业的共赢。

拥有 41 年历史的英国老牌调查机构欧睿国际（Euromonitor）发布 2013 年全球大型家用电器调查结果：海尔 2013 年品牌零售量占全球市场的 9.7%，第五次蝉联全球第一。按制造商排名，海尔大型家用电器 2013 年零售量占全球 11.6%的份额，首次跃居全球第一。同时，在冰箱、洗衣机、冷柜、酒柜分产品线市场，海尔全球市场占有率继续保持第一。 目前，海尔已构建了“一云 N 端”的产业架构，将每一类产品都变成互联网终端，这些终端具备智能感知、互联互通和协调共享的功能，让用户无论何时何地都能充分享受智能时代的最佳应用服务。

## 问题讨论

1. 海尔品牌的国际化之路经历了哪几个阶段？
2. 海尔在经历不同时代机遇时是怎样创新的？

CHAPTER 16

# 第 16 章 营销活动的管理

## 引导案例

益民糖果公司是一家中型糖果公司。在过去的两年里，它的销售额和利润几乎不能维持公司的生存。管理者觉得问题在于销售队伍，“他们工作不努力或不够聪明”。为了解决这一难题，管理者计划推出一套新的奖励报酬体制并雇用一位培训员对销售队伍进行现代商业和销售技巧方面的培训。然而，在进行这一计划之前，他们决定雇用一位营销顾问，营销顾问会见了经理、顾客、销售代表及经销商并调查了各组数据，总结如下。

该公司的产品线主要有 20 种，大多为糖果。它的一个领头品牌已成熟并占销售额的 53%。近来，公司调查了它在顾客中的形象，其产品特别吸引低收入和年老的顾客。当调查对象被要求评价益民的巧克力产品并和其他竞争者产品相比时，他们将其产品描述为“质量一般，式样过时”。益民将其产品出售给糖果批发商。然而，益民没有恰当地渗入大型综合连锁店。而它的竞争者大量依靠大众化消费者广告和店中店销售方案，在大型综合商店获得了更大的成功。

益民的营销预算定为其总销售额的 20%，相比之下它的竞争者的预算接近 30%。公司大部分营销预算用于支持销售队伍，剩下的支持广告。消费者促销非常有限。广告预算主要被用来为该公司的两个拳头产品做提示性广告。该公司不常开发新产品，对于偶尔开发的新产品，他们会通过推动战略向零售商介绍新产品。

营销组织由销售副总裁领导。该副总裁领导的是销售经理、市场调研经理及广告经理。因为是从销售员提拔上来的，销售副总裁偏袒销售队伍的活动而不太关注其他营销功能。营销顾问推断出，益民的问题不会由于改进销售队伍所采取的行动而顺利解决。

益民糖果公司的问题在哪里？如果你是营销顾问，你会向益民的管理层提出哪些短期和长期的建议？这些都是营销管理的问题。

**本章将阐述涉及营销活动管理的一些问题：**

- 当前流行的营销组织结构有哪些？
- 怎样编制营销计划？
- 怎样控制营销活动？

## 16.1　建设营销组织

随着现代企业制度建设的逐步深入，很多企业认识到目前的营销组织如果沿用老一套办法，已不能适应市场经济和国际竞争的大环境。中国在向市场导向的转轨过程中，需要调整企业结构。现代营销的组织主要有以下 6 种结构。

### 16.1.1　营销职能型组织

营销职能型组织是最常见的营销组织形式，它由各种市场营销职能专家组成，他们分别对营销副总经理负责，营销副总经理负责协调他们的活动。在跨国公司中，这种复杂机构常有的专业人员是：营销行政事务经理、广告与促销经理、市场调研经理、新产品开发经理、顾客服务经理、营销计划经理和实体分配经理。

在中国的营销部门中，随着企业介入市场的程度不断加深，企业市场营销的一些基础工作，如市场调查、广告策划、顾客满意度分析，仅交给**销售部（selling department）**越来越不能胜任。于是，企业应该设立一个相对独立于销售部门的营销组织——**市场部（marketing department）**。

市场部的主要工作有：收集市场信息、确定目标市场、提出营销计划、制定商品价格、组织广告策划、开展营销公关、搞好用户服务和考评营销业绩。

市场部与销售部的分工是：市场部负责销售前和销售后的工作，而销售部负责销售中的工作。销售部的职能主要是：建立销售网络、发展客户队伍、实现商品销售、组织送货活动和回收商品货款等。

市场部的营销者虽然可能来自于销售部，但这两种职业在导向上有相当大的区别，市场部营销者的作用是确定市场机会，制订计划和指导产品走向市场，而销售员的责任是执行这些计划。营销者与销售员的区别见表 16.1。

**表 16.1　营销者与销售员的区别**

| 营销者 | 销售员 |
|---|---|
| • 依赖于市场调研 | • 依赖于实际经验 |
| • 努力了解各个细分市场 | • 努力了解每个购买者 |
| • 在企划工作中花费时间 | • 在面对面推销中花费时间 |
| • 目标是企业利润与市场占有率 | • 目标是产品销售额 |

许多企业忽视了市场部营销者与销售员的区别。时间一久，他们认为销售员的成绩看得见摸得着，而营销者是在做虚功，最后市场部成为一个摆设。造成这种现象的根源在于经理，也就是说，经理首先要有市场导向的经营思想。经理树立了营销思想，市场部才能发挥其在市场竞争这个战场上参谋的作用。

### 16.1.2　产品或品牌管理组织

生产多种产品或品牌的企业，常常设立一个产品或品牌管理组织。这种产品管理组织并没有取代功能性管理组织，只不过增加了一个管理者层次而已。产品管理组织在 1927 年最先出现在美国宝洁公司，当时，一种叫佳美的肥皂新产品销售景况欠佳，一位年轻人——麦克埃尔·罗伊提出了设立产品管理组织这种思路并成为佳美肥皂的产品经理，他的工作取得了成功，后来他升任宝洁公司的总经理。

**产品经理（product manager）**实际上成为负责该产品的“小总经理”。产品经理的职责是制订产品的市场开发计划并付诸实施，监督其结果并采取改进措施。其责任细分为以下 6 项任务：

- 发展产品的长期市场与竞争战略；
- 进行销售预测和编制年度营销计划；

- 与广告人员研究广告文稿设计、行动方案和宣传活动；
- 激励销售员和经销商对该产品的支持和销售；
- 收集产品在市场上的新问题和销售新机会的信息；
- 组织产品改进工作，以适应不断变化的市场需要。

随着企业对无形资产建设的日益重视，许多企业从产品管理制走向品牌管理制。品牌管理在消费品中已成为大众所接受的固定模式，但它的发展产生了戏剧性的变化，有些观察家已看到了这种管理制度的弊病。

今天的**品牌经理（brand manager）**在市场上受到两种新的压力。首先，商业企业对其讨价还价的力量在日益增强，他们要求生产企业以更优惠的条件来换取短缺的货架空间，并不断要求产品暂时降价和促销，其结果是品牌经理将大量的资金投入促销活动，而不能去建设品牌。其次，顾客的品牌忠诚水平在下降，消费者越来越多地倾向于价格优惠而不是品牌优势，消费者接受的品牌越来越多，品牌转移已成为一种潮流。

这种发展迫使生产企业重新考虑其品牌管理的政策。例如，宝洁公司在洗衣粉中有 9 个品牌，其中最有名的是汰渍，其他洗衣粉品牌模仿汰渍的广告进行宣传，以致冲淡了汰渍在市场上的影响。宝洁公司的结论是：品牌经理有责任成为类别管理的新队伍，以便解决内部冲突，保护市场定位，安排计划与预算，以及为该类别开发新品牌。

企业还需要改变品牌经理的工作重点，品牌经理应该在广告与促销计划上少花时间而更多地参加产品改进和生产，也就是说，广告与促销计划由类别经理来处理，而品牌经理应较多地介入生产、成本和实物分配等工作过程。世界最大的牙膏制造商高露洁公司最近已从品牌管理（高露洁）转换成类别管理（牙膏），并再进入新阶段，即顾客需要管理（口腔健康），这最后一步使其组织的重点置于顾客需要之中。

## 16.1.3　地区管理组织

由于各地区的市场环境不同，许多公司按照地区来组织其营销结构，国际上许多大公司，如联合利华、IBM、金宝汤料公司等，以及我国多数大公司也采用这一形式。

像中国这么一个大而地区差别复杂的国家，许多大公司的地区型组织形式有一个全国销售总经理，他分管 4 个大区（东南西北）经理，再下去依次是：地区经理、销售主任、销售主管和销售代表，共 5 个层次。各**地区经理（geographical manager）**根据各地不同的情况进行营销策划，甚至对产品改进提出建设。地区经理制的创始者金宝汤料公司为不同的地区推出不同配方的汤料，它把美国划分为 22 个地区，各地区有自己的广告与促销预算，这占整个公司营销费用的 50%左右。

对于高销售量和独特的地区，公司还增设地区市场专员，以支持这些地区的营销方案。地区专员必须制订年度和长期计划，并在总公司与地区经理之间起到沟通桥梁作用。地区管理制度的缺点是天高皇帝远，部分地区经理可能成为独立王国，再加上地方保护主义，会成为滋生三角债的温床。

## 16.1.4　客户管理组织

大多数公司认识到市场是由各种顾客群体组成的。例如，计算机设备既卖给单个消费者，也卖给企业与政府。当客户可以按不同的购买行为或产品偏好分为不同的用户类别的时候，设立客户管理组织是颇为理想的。这种组织形式是把公司的组织机构集中在一起，使主要客户成为公司各部门为之服务的中心，由各客户经理来协调。

**客户经理（customer manager）**负责制订其所主管市场的长期计划和年度计划，分析公司应向客户提供什么新产品。他们的工作成绩常用市场份额的增加状况进行判断，而不是看其市场现有的赢利状况。这种市场组织的最大优点是，其营销活动是按照满足各类显然不同的顾客需求来组织和安排的，而不是集中在营销功能、销售地区或产品本身上。

许多著名的跨国公司正在按照客户系统重新安排它们的营销机构。亨氏公司以前是围绕品牌管理制度组织起来的，如汤料、调味品、甜食等，由各品牌经理专管，每个品牌经理既负责对杂货店和超市的销售，也负责对各种机构团体的销售。现在，亨氏公司设立了三大客户组：杂货零售店、饭店和机构团体。其中，机构团体销售部又有熟悉学校、医院和监狱市场的专家。同样，施乐公司已把地理区域的销售模式改为按顾客行业销售，施乐的这种新营销组织结构分为 4 个组：全国性客户经理、主要客户经理、客户代表和营销代表。

### 16.1.5　产品管理/市场管理组织

生产多种产品并向多个市场销售的公司，趋向于采用**矩阵型组织（matrix organization）**。比较典型的例子是美国杜邦公司。

杜邦公司是按矩阵结构设置营销机构的先锋。它的纺织纤维部内分别设有主管人造丝、醋酸纤维、尼龙、奥纶和涤纶的产品经理，同时也设有主管男式服装、女式服装、家庭装饰和工业用料等市场的市场经理。产品经理负责制订各自主管纤维品种的销售计划和赢利计划，集中精力研究如何改善自己主管纤维品种的赢利状况和设想如何增加这些纤维的新用途。他们的日常工作之一就是同各市场经理接洽，请他们估计该种纤维在市场上的销售量。另一方面，市场经理则负责开发有赢利前景的市场去销售杜邦公司现有的产品和将要推出的新产品，他们必须从市场需求的长远观点出发，更多地注意培植适应自己主管市场需要的恰当产品，而不仅仅是只管推销杜邦公司的某种纤维产品。在制订计划时，他们需要与各产品经理磋商，了解各种产品的计划价格和各种原材料的供应状况。各市场经理和各产品经理的最终销售预测总计数应该是相同的。

现在，许多公司把它们的组织结构重新集中于关键过程而非部门管理，这种管理方法被称为以过程和结果为基础的组织形式。企业的部门组织正在被许多人看成顺利执行职能性业务过程的障碍，例如，在新产品开发、顾客获得和维持、订单履行和顾客服务工作上，为了获得过程结果，企业现在可任命过程负责人，由他管理跨职能的训练小组工作。然后把营销人员和销售人员作为过程小组成员参与活动，每个小组定期发出对营销部门营销人员的成绩评价。营销部门还有责任做计划以训练它的营销员工，安排他们加入新的小组并评价他们的总成绩。

### 16.1.6　集团公司与子公司营销部的关系

许多大公司或集团公司下的子公司或事业部，都是经济独立核算的利润中心，这些子公司都有自己的职能部门。这就产生了一个问题：集团公司总部应当保留哪些营销功能和怎样开展营销活动？这应根据各公司的具体情况分别处理，目前流行的有以下 3 种结构。

第一种是集团公司设营销部门，下属子公司不设营销部门。这种模式适合于产品种类较少的生产型集权公司或超市等商业集团。公司的营销部门制订企业营销计划，开展统一的市场调研活动，统一安排广告，统一开展促销活动，统一进行行政管理。

第二种是集团公司保持适当的营销部门，子公司也设营销部门。这是国际上比较流行的一种组织管理结构，适合于集权与分权相结合的大型集团公司。集团公司营销部门的任务如下：协助公司总部全面评价营销机会，促进公司其他部门树立营销观念，应子公司的要求向其提供营销咨询，帮助营销力量薄弱的子公司解决营销问题。下属子公司在集团营销部门的指导下实际操作营销活动。

第三种是集团公司基本不设营销部门，子公司设很强的营销组织。这种模式适合于多元化经营或实行分权式管理的集团公司。集团公司主要向子公司提供市场和竞争信息，做必要的指导工作，而放手让子公司的营销部门从事市场研究与开发工作。

营销组织机构的落实，是保证企业稳定地走向市场的基础。但要使企业营销成功，还应该有领导的重视与其他各职能部门的配合，营销部门与其他部门之间还需要建立沟通网络。当前，企业的等级制度在让位给网络化管理。随着更多的公司使用计算机、电子邮件和传真机，日益增多的信息可在不同层次的组织机构中传递。企业把精力集中于核心业务过程，努力打破部门之间的壁垒。

一家企业建立了营销管理结构，并不等于已成为现代营销企业，只有企业中的每一位员工都树立了以顾客为导向的营销基本观念，互相配合和协调工作，才能使营销为企业的业绩发挥关键的作用。

## 16.2 计划营销活动

全面营销活动涉及什么人在什么地方、什么时候、怎么做的问题。营销需要制订有效营销计划。但一个好的营销计划，如果执行不当，也不大会有成效。

企业营销管理最重要的任务之一就是制订营销计划。

**营销计划（marketing planning）**是在组织目标、技能、资源和它的各种变化市场机会之间建立与保持一种可行的适应性管理过程。战略计划的目标就是塑造和不断调整企业业务与产品，以期望获得目标利润和发展。

每位营销管理人员都应懂得如何制订营销计划。企业营销计划一般包括 8 个内容，如图 16.1 所示。

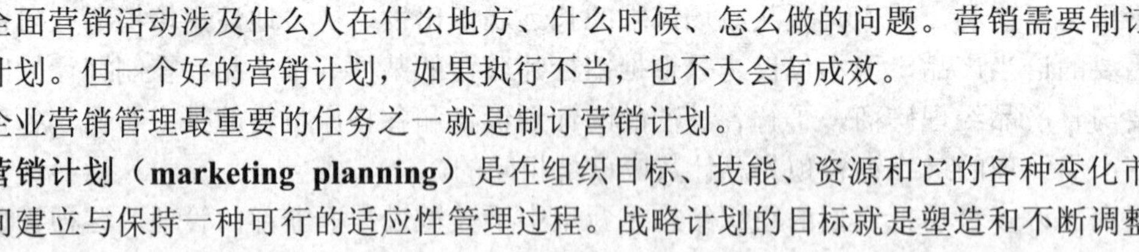


图 16.1 营销计划的构成

### 1. 内容提要

内容提要是对主要的营销目标和措施进行概括性的说明，便于企业领导者很快掌握整个计划的核心内容。

例如，某电视机公司的营销计划提要可这样表述："本计划在新的一年里使数字式彩电的销售与利润额比上年有明显增长，增长率达到 10%，其中，销售收入目标为 1500 万元，利润目标为 150 万元。打算采用的主要营销手段包括调低价格、强化广告促销、开设新的销售点、增加销售人员等。为此要求营销预算增加 15%，达到 100 万元。"

### 2. 营销状况

在内容提要之后，营销计划的第一任务是提供当前营销状况的简要而明确的分析。

（1）宏观环境状况

描述宏观环境的主要趋势，包括人文、经济、自然、技术、政治与文化等。它们都与企业营销的前途有着某种联系。

（2）市场情况

分析市场的范围有多大，包括哪些细分市场，市场及各细分市场近几年营业额有多少，顾客需求及影响顾客行为的各种环境因素等。

（3）产品情况

说明产品组合中每个品种的价格、销售额、利润率等。

（4）竞争情况

分析主要竞争者是谁，各个竞争者在产品质量、定价、分销方面都采取了哪些策略，他们的市场份额有多大以及变化趋势等。

（5）分销状况

列出企业在各分销渠道中的销售数量以及每个渠道上变化的重要性。注意分销商和经销商在力量上的变化以及激发他们所必需的价格和贸易条件。

例如，该电视机公司在计划中列出：当地彩电市场规模约 1 亿元，预计还会以每年 10%的速度增长，但购买台数预计平稳，甚至下降，主要因城市家庭拥有量已经很高，而新购买者倾向购买单价较为昂贵的 40 英寸以上大屏幕、数字式彩电。然后，可采用表格列出过去几年该企业各主要产品的销量、价格和收益情况，附上简单的分析说明。对竞争者的分析则侧重它们的销售规模、市场占有率、目标市场、营销策略等。最后还要就企业面临的未来宏观环境趋势等变化做一简单阐述。

### 3. SWOT 分析

SWOT 就是优势（strengths）、劣势（weaknesses）、机会（opportunities）和威胁（threats）的缩写形式。

（1）优势/劣势分析（S/W 分析）

优势和劣势是企业内部因素，与此对应的是作为外部因素的机会和威胁。企业的优势指的是企业在应用中可以获得成功的一些因素，而企业的劣势指的是企业需要加以改正的一些不足之处。

例如，该电视机企业的优势有：品牌有知名度和给人以高质量的形象。经销商在销售方面有丰富的知识和受过良好的训练。

劣势是：企业对广告和促销的预算只占销售收入的 5%，而某些主要的竞争者在这方面的预算却等于这个水平的 2 倍。企业品牌在质量上没有提供真正可见的特性，但在价格上却高于其他企业的品牌，从而丧失了有价格意识的购买者。

（2）机会/威胁分析（O/T 分析）

根据上述营销现状的资料，计划人员要找出企业或某一产品面临的主要机会与威胁，作为下一步采取措施的依据。

例如，该电视机企业的机会是：部分高收入消费者对大屏幕、数字式彩电的需要为企业产品的更新换代提供了机会。很多购买彩电的家庭正在考虑更换或增添性能更好的彩电。随着电视频道的增加，电视节目日益丰富，卫星转播开通和供电情况改善，偏远地区的居民也能方便地收看电视。

威胁是：零售商不及时结账，三角债严重等。

#### 4．计划目标

营销计划应建立两种目标：财务目标和营销目标。

（1）财务目标

每一个企业都在寻求一定的财务目标。企业主们将会寻找一个既定的长期的投资报酬率，并且希望知道他们在本年度所能获得的利润。

例如，该电视机企业的财务目标是：销售收入 1500 万元，利润 150 万元，两者比去年增加 10%。

（2）营销目标

财务目标应转化为营销目标，营销目标包括市场占有率、分销网点等。

例如，该电视机企业的营销目标是：销售数字式彩电共 8000 台，当地市场占有率为 1.5%，在当地扩大 10%的销售点。

#### 5．营销组合

营销人员应针对上面的分析，设计一个营销组合方案。营销计划的中心是整合营销活动。整合营销活动中最基本的工具（第 1 个工具）是产品——企业提供给市场的有形物体，包括产品质量、设计、性能、品牌和包装。作为产品供应的一部分，企业还提供各种服务，如租赁、送货、修理和培训。在市场上，这类服务要有竞争优势。

第 2 个整合营销工具是价格，即顾客要得到某个产品所必须付出的钱。企业必须制定批发价、零售价、折扣、津贴和信用条件。它的价格应该同供应物的认知价值相称，否则买者就会转向竞争者购买产品。

第 3 个整合营销工具是渠道，它是指企业为使目标顾客能接近和得到其产品而进行各种活动。因此，企业必须识别、吸收和联系各种中间商和营销服务设施，以便更有效地将产品和服务提供给目标市场。它必须了解各种类型的零售商、批发商和从事实体分配的企业以及它们是如何进行决策的。

第 4 个整合营销工具是传播，它是企业将其产品告知目标顾客并说服其购买而进行的各种活动。因此，企业必须雇用、培训和激励销售人员。它还需制订传播与促销计划，包括广告、销售促进、公共关系、直接营销和网上营销。

**6．行动方案**

现在，必须详细分段阐述营销计划的每个要素的行动方案：做什么？什么时候做？由谁做？成本为多少？

1 月，电视机企业在报上做广告，在该月，购买电视机企业产品的任何人都可得到免费的上门服务。由消费者促销经理筹备，预计成本为 50000 元。

3 月，电视机企业参加在北京召开的消费者电子贸易展览会。由经销商促销主任筹备，预计成本为 30000 元。

6 月，发动销售竞争活动。对在推销产品上有最高增加率的 3 位经销商，给予去云南度假的奖励。销售部负责这项活动，预计成本为 150000 元。

9 月，在报纸广告中宣布，在 9 月的第二个星期里参加本企业展示会的消费者，可以参与抽奖，最高奖为 10 台电视机。销售部负责这项活动，预计成本为 30000 元。

**7．制定预算**

在行动计划中，产品经理应该集中说明支持该方案的预算，即列出一张实质性的预计**利润表（profit-and-loss statement）**。在收入的那一方，它指出预估的销售数量和平均实现价格。在开支方面，它表明生产成本、实体分销成本和营销费用，以及再细分下去的细节项目。收入和开支之差就是预计利润。

当预算编制好后，上一级的管理者将审核这个预算，并提出赞同或修改的意见。如果认为要求的预算太高了，那么，产品经理就必须进行一些削减。一旦批准之后，该预算就是制订计划和对材料进行采购、生产调度、人力补充、营销活动安排的基础。

**8．控制措施**

计划书的最后一部分概述控制措施，用以监督计划的过程。通常，目标和预算是按月或季来制定的。上一级的管理者每期都要审查这些结果，并且找出那些没有达到预期目标的部门。这些落后部门的经理必须说明发生的原因，以及他们正在采取什么行动来改进计划，以争取实现预期的目标。

有些控制部分包括权变计划。**权变计划（contingency plan）**概述企业在遇到特殊的不利情况时所应该实行的步骤。权变计划的目的是鼓励经理们对可能发生的某些困难做事先考虑。

## 16.3　控制营销活动

一个好的营销战略计划，如果执行不当，是不大会有成效的。**营销执行（marketing implementation）**是将营销计划转化为行动和任务的部署过程，并保证这种任务的完成，以实现营销计划所制定的目标。

当营销经理制订了一个很好的营销计划后，执行中所遇到的问题仍将数以百计，它可能涉及许多人，它会要求大量的细致的协调和联系工作。无论在哪种情况下，当操作决策和活动能够出色地进行时，顾客就会得到他们想要的东西。并且，如果原先的计划是正确的，顾客将会非常满意，会再次来购买，需求会不断上升。但是，如果执行情况不好，好的计划也可能会引起顾客的不愉快而转向别的提供者。营销概念要转化为营销活动，包括建设营销组织，制订合适的营销计划，并加以实施和控制。

## 16.3.1　营销活动执行

执行一词涉及什么人在什么地方、什么时候、怎么做的问题。影响有效地实施营销计划方案的因素有 3 类：发现和诊断一个问题，对企业存在问题的层次评估，执行计划和评价执行结果。

### 1. 诊断技能

当营销计划执行的结果未达到预期目标时，战略和执行之间紧密的内在关系就会提出一些困难的、需要诊断的问题。低销售率究竟是由于战略欠佳造成的，还是执行不当的结果？然后，还得确定究竟是什么问题（诊断），应该对此做些什么（执行）？对这些问题，在各种管理"手段"和解决措施方面，有多种不同的组合。

### 2. 执行层次

营销执行问题，可能发生在三个层次上。第一个层次是行使营销职能的那一层，如怎样能使企业从其广告代理商处得到更多的创造性广告？第二个层次是营销规划，这一层把各种营销职能协调地组合在一起，考虑怎样把产品推向市场。第三个层次是营销政策这一层，如企业希望每一个员工都把顾客放在第一位。

### 3. 执行评估

营销者必须掌握一套能有效地执行营销计划或政策的技能。这 4 种基本技能就是分配、监控、组织和相互协调。营销在职能、方案和政策上应用分配技能来预算资源（时间、费用和人员），应用监控技能来评估营销活动的结果，应用组织技能来开发一个有效的工作组织，应用协调技能来提高营销效率。

## 16.3.2　营销活动控制

营销过程的最后一个环节是控制营销活动计划。在营销组织实施营销活动计划的过程中可能会出现许多意外情况，企业需要有一套反馈和控制程序，以确保营销诸目标的实现。

### 1. 年度计划控制

**年度计划控制（Annual-plan control）**是为了保证企业在年度计划中所制定的销售、赢利和其他目标的实现。这一任务可分为以下 4 步：

- 管理者必须明确地阐明年度计划中每月、每季的目标；

- 管理者必须掌握衡量计划执行情况的手段；
- 管理者必须确定执行过程中出现严重缺口的原因；
- 管理者必须确定最佳修正行动，以填补目标和执行之间的缺口。

管理者运用多种方法来检查计划执行的绩效，它们是：销售分析、市场份额分析、营销费用-销售额分析和财务分析。

（1）销售分析

**销售分析（sales analysis）**由根据销售目标衡量和评价实际销售情况构成。实现这一分析有两种特定工具。**销售差异分析（sales-variance analysis）**用以衡量在销售目标执行中形成缺口的不同要素所起的相应作用。假设年度计划要求在第一季度销售 4000 部手机，1000 元一部，销售额为 400 万元。在季度末，却只销了 3000 部手机，而且是 800 元一部，即销售额为 240 万元。销售绩效差异为 160 万元，即为预期销售额的 40%。现在的问题是：在未完成额中有多少是由于价格降低所造成的，多少是由于销售量下降所造成的？下列计算回答了一这问题：

| | | |
|---|---|---|
| 由于价格下降所造成的差额=（1000−800）×（3000） | =60 万 | 37.5% |
| 由于销售量下降所造成的差额=（1000）×（4000−3000） | =100 万 | 62.5% |
| | 160 万 | 100.0% |

几乎有 2/3 的销售差额是由于没有实现销售量目标所造成的。企业应该对其预定的销售量目标为何没有实现进行仔细的调查研究。

（2）市场份额分析

企业的销售额并不能表明企业相对于竞争者的绩效如何。因此，管理者需要追踪它的市场份额。如果企业的市场份额增加了，就意味着企业比竞争者跑得快；如果市场份额下降了，则意味着该企业落后于竞争者。

经理们必须仔细地通过产品线、顾客类型、地区或其他有关方面来分析市场份额的变动。分析市场份额变动的一个有效途径如下：

总市场份额=顾客渗透率×顾客忠诚度×顾客选择性×价格选择性

式中：

顾客渗透率是指向该企业购买的顾客占所有顾客的百分比。

顾客忠诚度是指顾客从该企业所购买的商品量占这些顾客从其他同类产品的供应商那里所购数量的百分比。

顾客选择性是指该企业的顾客平均购买量与某个一般企业的顾客平均购买量之比。

价格选择性是指该企业的平均价格与所有企业的平均价格之比。

假设该企业以金额表示的市场份额在这一时期下降了。总市场份额公式提供了 4 种可能的解释：企业失去了某些顾客（较低的顾客渗透率），现有顾客从该企业购买较少一部分他们所需的供应品（较低的顾客忠诚度），该企业所留下的顾客规模较小（较低的顾客选择性），企业价格与竞争者相比已向下滑动（较低的价格选择性）。

（3）营销费用-销售额分析

年度计划控制要求保证企业在实现其销售目标时，没有过多的支出。这里要看的关键百分比是营销费用对销售额之比。例如，在某公司中，此比例为 30%，它包括 5 个费用对销售之比：销售队伍对销售额之比（15%）、广告对销售额之比（5%）、促销对销售额之比

(6%)、营销调研对销售额之比（1%）、销售管理费用对销售额之比（3%）。

（4）财务分析

营销者越来越倾向于利用财务分析来寻找提高利润的战略，而不是仅仅限于扩大销售的战略。管理者利用财务分析来判别影响企业**资本净值报酬率（rate of return on net worth）**的各种要素。资本净值报酬率是企业的资产报酬率和其财务杠杆率的乘积。要提高资本净值报酬率，企业就必须提高净利润与总资产之比，或者提高其总资产与资本净值之比率。企业应该分析它的资产构成（即现金、应收账款、库存及厂房设备），并且注意是否能改善它的资产管理。

### 2．赢利能力控制

现用某空气净化器的例子说明营销赢利率分析。某空气净化器的营销经理要通过3种不同的零售渠道：电器商店、超市大卖场和百货商店，计算出售空气净化器的赢利率。其简化的利润表见表16.2。

**表16.2　简化的利润表**　　（单位：元）

| | | |
|---|---|---|
| 销售额 | | 60 000 |
| 销售产品成本 | | 39 000 |
| 毛利 | | 21 000 |
| 各项费用 | 15 800 | |
| 工资 | 9 300 | |
| 租金 | 3 000 | |
| 供应品 | 3 500 | |
| 净利 | | 5 300 |

假设表16.2所列的各项开支是由销售产品、广告、包装和运送产品、开账单和收款等活动引起的。第一个任务是衡量每项活动将引起多少费用。

如果销售代表的工资占大部分工资支出，其余的则是广告经理、包装和运送商品的工人和一位会计的工资。将9300元分为5100元、1200元、1400元和1600元。表16.3表明了工资支出在这4项活动中的分配。

表16.3还表明了3000元租金在这4项活动中的分配。由于推销代表们不在办公室里工作，因此在推销中并不发生建筑物租金费用。大多数场地费和租用的设备都用于包装和运送商品。一小部分场地则为广告经理和会计办公之用。

**表16.3　按性质划分的费用转化为按职能划分的费用**　　（单位：元）

| 渠道类型 | 总计 | 销售 | 广告 | 包装和运送 | 开单和收款 |
|---|---|---|---|---|---|
| 工资 | 9300 | 5100 | 1200 | 1400 | 1600 |
| 租金 | 3000 | — | 400 | 2000 | 600 |
| 供应品 | 3500 | 400 | 1500 | 1400 | 200 |
| 合计 | 15800 | 5500 | 3100 | 4800 | 2400 |

最后，供应品支出包括促销材料、包装材料、运输用的燃料及办公文具等。在这个账

目中供应品支出为 3500 元，并被分配到构成供应品费用的各项职能性活动中去。表 16.3 概括说明了按性质划分的费用如何转化为按职能划分的费用。

下一个任务是衡量伴随每一种渠道的销售所发生的职能支出。先研究销售努力结果。销售努力结果用每个渠道的销售数额表示。这个列在表 16.4 的销售栏目中。这一时期共有 275 次销售访问。因为总的销售费用为 5500 元（见表 16.4），所以平均每次访问的销售费用为 20 元。

**表 16.4　向各渠道分配职能性费用的依据**

| 渠道类型 | 销售数额 | 广告 | 包装和运送 | 开单和收款 |
|---|---|---|---|---|
| 电器商店（元） | 200 | 50 | 50 | 50 |
| 超市大卖场（元） | 65 | 20 | 21 | 21 |
| 百货商店（元） | 10 | 30 | 9 | 9 |
| 职能性支出（元） | 5500 | 3100 | 4800 | 2400 |
| ÷单位数量 | 275 | 100 | 80 | 80 |
| 平均（元） | 20 | 31 | 60 | 30 |

广告费用可以根据不同渠道提出的广告数进行分配。因为一共要做 100 个广告，所以平均每个广告成本为 31 元。

包装和运送费用按照每一种渠道提出的订单数进行分配，开单和收款费用的分配也以此为根据。

现在可以为每一种渠道准备一份利润表，其结果见表 16.5。由于电器商店的销售额占总销售额的一半（60000 元的一半，即 30000 元），所以其产品销售费用也占一半（39000 元的一半，即 19500 元）。这样，电器商店的毛利是 10500 元。毛利还必须减去电器商店所耗费的各种职能性支出。根据表 16.4，电器商店在总共 275 次的销售访问中占到 200 次。按每次 20 元的投入计算，电器商店必须承担 4000 元的销售开支。表 16.5 还表明电器商店的广告目标是 50 个广告。以每个 31 元计算，电器商店要承担 1550 元广告费。电器商店的其他职能性支出也可按照同样的原则计算。结果电器商店的总支出为 10050 元。从毛利中减去这笔费用，通过电器商店出售商品的利润只有 450 元。

**表 16.5　各渠道的利润表**　（单位：元）

| | 电器商店 | 超市大卖场 | 百货商店 | 整个公司 |
|---|---|---|---|---|
| 销售额 | 30 000 | 10 000 | 20 000 | 60 000 |
| 商品销售成本 | 19 500 | 6 500 | 13 000 | 39 000 |
| 毛利 | 10 500 | 3 500 | 7 000 | 21 000 |
| 各项费用 | | | | |
| 推销（每次访问 20 元） | 4 000 | 1 300 | 200 | 5 500 |
| 广告（每个广告 31 元） | 1 550 | 620 | 930 | 3 100 |
| 包装和运送（每一订单 60 元） | 3 000 | 1 260 | 540 | 4 800 |
| 开单（每一订单 30 元） | 1 500 | 630 | 270 | 2 400 |
| 总费用 | 10 050 | 3 810 | 1 940 | 15 800 |
| 净利润（净损失） | 450 | −310 | 5 060 | 5 200 |

对于其他渠道也可重复上面的分析。通过超市大卖场出售，企业将亏损；而通过百货商店的销售，企业实际上获得了它的绝大部分利润。这里要注意的是，每个渠道的销售总额并不是每个渠道所获净利的可靠指标。

如果由此认为应该放弃超市大卖场乃至电器商店，以便集中经营百货商店，那将是天真的。首先需要回答下列问题：

（1）购买者在多大程度上是根据零售商店的类型对不同品牌进行选择的？他们会不会从未撤销的销售网点中去寻找所需的品牌？

（2）关于这 3 种渠道的重要性的未来趋势如何？

（3）针对这 3 种渠道而做出的企业营销战略是不是最佳的？

在对上述问题做出回答的基础上，营销管理者才能评价一系列不同的行动。

（1）对处理小额订货收取特别费用，以鼓励较大的订货。这一行动的假设是，小额订货是超市大卖场和电器商店利润低的一个原因。

（2）向超市大卖场和电器商店提供较多的促销帮助。这一行动的假设是，多提供一些培训或者促销材料，这些商店的经理将能增加其销售量。

（3）减少超市大卖场和电器商店的销售访问次数和广告次数。这是假设减少一些费用的话，并不会大幅度地减少这些渠道的销售量。

（4）增加投入。这是假设现行的营销组合方式为最佳，或者认为营销趋势的发展将使目前较弱的渠道的赢利情况很快就能好转，或者认为放弃任何一种渠道都会由于生产成本或需求的影响而减少利润。

（5）不要从整体上放弃某种渠道，只是剔除每种渠道中最软弱的零售单位。这是假设详细的成本研究可以发现许多有利可图的商店，如超市大卖场和电器商店，这些商店的赢利被同类型的其他一些经营不力的商店掩盖掉了。

总之，营销利润分析表明了不同渠道、产品、地区或其他营销实体的有关利润情况。它既不能证明放弃不赢利的营销实体乃是最佳行动方针，也不是说如果放弃了这些不重要的营销实体后就可能改善赢利情况。

### 3. 效率控制

**效率控制（efficiency control）**是当利润分析揭示了企业在若干产品、地区或者市场方面的赢利情况不妙后，分析是否存在更有效的方法来管理销售队伍、广告、促销和分销等绩效不佳的营销实体活动。

（1）销售队伍效率

各级销售经理都应该掌握自己地区的销售队伍效率的几个关键的指标：

① 每次销售人员访问的平均收入和成本是多少？

② 销售人员销售访问的订货单百分比是多少？

③ 销售队伍成本占总成本的百分比是多少？

④ 销售队伍规模是否足以完成企业诸目标？

⑤ 销售报酬水平和构成是否提供了足够的刺激和报偿？

⑥ 销售队伍是否显示出高度的信念、能力和努力？

⑦ 制定份额和评价业绩的程序是否合适？

⑧ 与竞争者的销售队伍相比，企业的销售队伍有何特点？

（2）分销效率

企业应研究分销渠道效果，包括分销商、经销商、经纪人、代理商等：

① 他们有否足够的市场覆盖面和服务？

② 企业是否应考虑改变其分销渠道？

（3）广告和公共宣传

许多经理认为，要衡量他们从广告和公共宣传支出中获得多少好处几乎是不可能的，但至少要掌握下述统计资料：

① 企业的广告目标是什么？

② 广告用量是否适宜？

③ 广告主题及其文稿是否有效？

④ 顾客和公众对于本企业广告有哪些想法？

⑤ 企业内部广告人员是否足够？

⑥ 公共宣传预算是否足够？

⑦ 公共关系部门的职员是否精明强干并且富有创造性？

（4）促销效率

销售促进包括多种激发买方购买兴趣和试用产品的方法。为了提高促销效率，管理者应该坚持记录每一次促销活动及其成本和对销售的影响。如果企业委任一位促销经理，那么这位经理可以观察不同促销活动的结果，然后，向产品经理提出最有效的促销措施：

① 销售促进预算是否足够？

② 是否充分而有效地利用了各种销售促进工具，如赠送样品、赠券、展销和销售竞赛等？

③ 促销费用所占销售的百分比是多少？

日本谚语说：“光看不做是白日做梦，光做不看是晚上做梦。”如果企业既能根据市场环境编制出好的营销计划，又能适当地加以实施和控制，就能持续不断地在市场经济的风浪中乘风破浪向前进。

## 复习题

1. 营销组织结构有哪几种类型？
2. 市场部与销售部的分工是什么？
3. 营销者与销售员的区别在哪里？
4. 为什么产品经理实际上成为负责该产品的“小总经理”？
5. 集团公司与子公司的营销部关系有哪几种？
6. 什么是 SWOT 分析？
7. 能够影响有效实施营销计划方案的因素有哪些？
8. 怎样进行年度计划控制？

9．“成功的营销在于将创造力付诸行动。然而，我们不能控制创造力。因为控制的结果是创造力的丧失。”你同意上述的说法吗？

## 案例讨论

### 下一步的营销方案

某公司是销售辅助材料的，销售经理谢先生在与客户的接触中发现客户经常抱怨：

- 售出的材料质量不稳定；
- 经常有交货不准时的现象。

面对这种现象，谢经理组织了一次部门会议，征求各销售人员的意见。销售员王某认为这几个问题都不是本部门所能解决的。张某认为应该直接与生产部、技术部和运输部联系，以取得相关部门的支持。其他几个销售员也认为这不是销售部的责任。作为销售经理，应该如何去做呢？

谢经理在仔细考虑之后，决定以书面报告的形式直接向总经理汇报。总经理李先生在看到报告后，立即把营销副总经理郑先生找来，要他负责解决这些问题。郑总看了报告后把销售经理谢先生找来，首先责备他为什么不向自己报告，后又指示他与相关部门直接联系以解决这些问题。

谢经理根据郑副总的指示先后与技术部、储运部、生产部、供应部和财务部进行联系，得到如下答复：

技术部：“可以为客户提供技术支持。”

储运部：“因为没有成品，生产跟不上，找生产部门去。”

生产部：“原材料供应不及时，影响生产进度，找供应部门去。”

供应部：“没有足够的资金，找财务部去。”

财务部：“因为销售部回款不力，应收款占用大量资金。”

问题绕了一圈，又回到谢经理这里，可谢经理也有话说：“不就是这些问题，客户才不按期付款的呀!”

## 问题讨论

1．问题的关键在什么地方？

2．作为销售经理，谢先生下一步行动方案应该是什么？

3．这个案例对公司有什么启发？

# 参 考 文 献


[1] 邝鸿．现代营销大全[M]．北京：经济管理出版社，1990．
[2] 苏亚民．现代营销学[M]．北京：对外经济贸易大学出版社，1996．
[3] 陈启杰．市场调研与预测[M]．上海：上海财经大学出版社，1996．
[4] 罗伯特·E.史蒂文斯，大卫·L.洛顿，布鲁斯·雷恩．等．王琦等译．营销规划（第2版）[M]．北京：机械工业出版社，2000．
[5] 梅清豪．21世纪新营销[M]．上海：世界图书出版公司，2000．
[6] 施宇靖．营销产品策划[M]．上海：上海财经大学出版社，2000．
[7] 骆温平．物流与供应链管理[M]．北京：电子工业出版社，2002．
[8] 阿尔·利斯．王笑歌等译．聚焦法则[M]．上海：上海人民出版社，2003．
[9] 陈祝平．服务营销管理[M]．北京：电子工业出版社，2003．
[10] 马克·利普顿著．范征等译．愿景引领成长[M]．广州：广东经济出版社，2004．
[11] 小威廉·佩罗特，E.杰罗姆·麦肯锡．梅清豪译．营销学基础（第9版）[M]．北京：中国财经出版社，2004．
[12] 利夫·穆汉默德．王刊良译．网络营销（第2版）[M]．北京：中国财经出版社，2004．
[13] 郭国庆．市场营销学[M]．武汉：武汉大学出版社，2004．
[14] 菲利普·科特勒，凯文·凯勒．王永贵等译．营销管理（第14版）[M]．上海：格致出版社，2012．